兴衰的密码

评说影响中国历史演变的六位君主

棹夫 呈瑞 著

中国青年出版社

目录

【第一章】千古第一帝——汉高祖刘邦 〇〇一

【第二章】在罪孽和救赎间苦苦挣扎的男人——晋文帝司马昭 〇三九

【第三章】正午的光辉——唐太宗李世民 一〇一

【第四章】手系中原王朝千年之运的男人——唐宪宗李纯 一五五

【第五章】兄基弟业定乾坤——宋太宗赵光义 二三九

【第六章】清王朝的真正建立者——清太宗皇太极 三三三

【第一章】千古第一帝——

汉高祖刘邦

早年的乡间生活

刘邦是秦始皇事业真正的继承人。

这个贡献无疑被很多人忽略，但却是确凿的事实。

汉民族的前身是华夏族，到了西周，一体的华夏族开始形成，但随着分封制度的发展和强国对弱小国家的吞并，到了战国时代，各大强国的民族意识已经开始萌发，秦、楚、赵、魏等国内部民众已出现强烈的民族认同，最典型的事例就是楚人"楚虽三户，亡秦必楚"的誓言，清晰地表示了秦楚之间不共戴天的民族仇恨，尽管这一事实常常为后来者有意无意掩盖。各国之间的民族矛盾逐步消弭，彼此的认同感逐步加强，是从汉帝国建立开始的。

然而刘邦的形象，千百年间却颇为不堪，集中在他"好酒及色、言而无信、屠杀功臣"等几点上，由于中华民族是一个人情味很浓的民族，刘邦由于有这几个毛病，他的形象始终高大不起来。

拨开这些历史的尘埃，我们可以发现，刘邦的形象在宋朝以前，一直是高大而丰满的，特别是后赵皇帝石勒对刘邦的评价，更是流传千古。同为草莽出身的石勒对刘邦评价极高，甚至愿意为刘邦马前卒，任其驱使；而石勒自信能与光武帝刘秀一争天下，却对曹操、司马懿等英雄人物不以为然。在中古时代，刘邦无疑是个盖世英雄形象，这与事实也不远。

刘邦年纪和秦始皇嬴政相仿，当秦始皇在中国政坛上开始叱咤风云的时候，刘邦只是一个普通的群氓，眼睁睁地看着秦军征服自己的家乡，又像一个牲口那样被编入户籍，成为新帝国的普通一员。刘邦的一生，似乎就要在这样的惨淡中度过。

但未来的高皇帝似乎感觉不到这样的惨淡。司马迁在《史记》中对高皇帝的乡野生活做了饶有兴味的描述。高皇帝喜爱饮酒，早年常在乡野酒店中欠下累累的酒债，饮酒之余还喜爱与乡野村妇调情，据说皇长子刘肥就是这种浪漫混乱关系的产物。刘邦不爱劳作，却喜好与一群兄弟厮混，为此常遭父亲辱骂，但刘邦依然是我行我素，很快就成了沛县的混混头子。

很快有人发现了未来高皇帝的不凡，高皇帝应该永远感谢这个人。

发现刘邦潜质的是他的岳父，赫赫有名的吕后生父。相传吕后之父避难沛县，与县令友善。某日吕父庆贺寿辰，邀请县中名流参加，一文不名的刘邦自称"贺钱万"，引起吕父的注意。经过深入交流，吕父发现了刘邦的不凡，毅然将女儿下嫁刘邦。

吕父的这一举动深为后世称赞，但我们如果从提高自己决策能力的角度来考察，便可以发现这一事件所蕴含的玄机。秦皇的暴政使得当时人们的预期很差，连普通民众都预感到山雨欲来的政治形势，普通民众不得不谋划一些力所能及的自保方法，托付强人成为其中一个重要选项。吕父在交谈和观察后断定，刘邦显然是一个能在动荡之中在沛县保护自己全家的人物。吕父在交谈中还发现，刘邦不仅有强人的潜质，而且有着政治家的狡黠，这样的人物无疑在乱世有着辉煌的前途。吕父出于对社会发展的不良预期，下定了赌一把的决心，将女儿嫁给了刘邦。

吕父的这一举动无疑成就了高皇帝。一般来说，英雄的成长总要经历一个认识自我的阶段，很多潜质极佳的人物就是缺乏社会的足够肯定而生活在自我怀疑中，最后在碌碌无为中度过一生。刘邦幸运地遇到了吕父，得到了吕父这么一个"高大上"人物的足够肯定，使得刘邦重新审视自己的价值。特别值得指出的是，刘邦得到了吕后作为妻子，这样一段梦幻般的经历令高皇帝从此脱离了那段浑浑噩噩的生活，开始把自己视为一个不凡的人物，似乎吕氏家族也在有意地不断加强高皇帝的这种自我认知——我们注意到，高皇帝发迹前的许多传说，都和吕后有关。如果这个推测成立，那么吕氏家族无疑是最古老最出色的包装专家。但他们的策略的确成就了刘邦，如果没有遇到吕父，刘邦绝没有如此强大的心理成就动机，他也许会成为一名将领，但很难成为大汉高帝，特别在考虑到许多对手都是政治经验远较刘邦丰富的贵族这一点——历史留给高帝的机会只是瞬间，但他牢牢地抓住了，由此可见高帝资质的不凡。

婚后的高帝开始了较为稳定的家庭生活，他开始步入地方政坛，担任亭长之职。这个职位几乎是秦帝国官僚系统最底层的小吏，工作繁重而琐碎，但这对刘邦的政治成长意义重大。在这个位置上，刘邦开始有机会系统接触到县域官僚系统方方面面的人员和工作，逐渐明了这些以前看上去"高大上"的人物其实和自己的乡间伙伴，如樊哙、周勃等，都是有着同样喜怒哀乐和利益诉求的普通人。不同的是，这些人在追求自己利益方面，显得更加曲折而迂回——这似乎很符合高皇帝狡黠的天性。若干年后，当高皇帝开始在项羽等诸侯间施展自己在沛县政坛练成的手腕时，这些诸侯才明白高皇帝小吏生涯的真正意义。

小吏生涯还给高皇帝带来了另一层便利，高皇帝开始有机会公费出差和游历，这就在历史上留下了另一个脍炙人口的故事：高皇帝在咸阳见到秦始皇出巡的排场，大为感叹："大丈夫当如是也！"此时的高皇帝，在心理上已不再仰视始皇，而是将其视为自己可以通过努力达到的"大丈夫"，与另一个枭雄项羽见到始皇后发出"彼可取而代也"的言论相比，高皇帝的感叹更加大气。两个对中国发展影响至巨的皇帝，居然有着这样戏剧性的交集。

参加反秦起义

在中国历史上，秦法以琐碎苛刻、执行严厉著称，始皇帝统一六国，更是把苛刻的秦政推行到了东方六国。作为秦朝的属吏，刘邦不但要押解和督促丰沛民众到咸阳等地服劳役，甚至有时自己也要加入服劳役的大军。秦政在平定天下后充分显示出它的暴虐，令人不得不怀疑秦国统治集团有借繁重劳役虐杀六国男丁的动机。但这一政策也带来了相反的效果。虽然秦统治集团借助各种方式在和平年代虐杀了大批六国男丁，却使得六国的豪杰有了串联的机会，而这些豪杰由于身体素质较好，比较容易在繁重的劳役中幸存，而且通过服劳役的机会了解到秦军的虚实，学习到了军事化管理的精髓。

刘邦也在这样繁重的劳役中得到成长，但作为基层小吏，刘邦不得不经常押送民夫，长期活在暴虐秦法的阴影下。刘邦心中的郁闷终于在一次偶然性事件中爆发出来。

刘邦带领一批泗水郡的百姓和囚犯到骊山陵墓服劳役，途中手下不断逃亡，即使刘邦按期将这些人员送到骊山，他也会因夫役逃亡过多而被处以死刑，刘邦在痛饮一番后，终于下定决心将这群人释放，走上了逃亡之路。许多人感激刘邦，自愿与其一起逃亡。

这起事件充分显示了刘邦的智慧和胆识。从各种记载分析，这起事件应该早于陈胜和吴广的大泽乡起事，但精明的刘邦并没有公开打出反秦的旗帜，除了实力有所不足，也有静观时变的考虑。刘邦通过各种渠道，包括通过吕后这个渠道与沛县政坛联系，萧何、曹参等人自然乐得通过与刘邦的联系保持对其一定程度的控制，而吕后的政治才能也在这些联络中得到初步锻炼。这些迹象表明，秦帝国在东方统治架构的基层已经开始朽坏，体制内外心怀不轨者开始携手，而这离秦始皇统一六国仅仅十余年时间。

大泽乡起义的爆发成为撼动秦帝国的第一声惊雷。被多年的征战、劳役折磨的人们，终于在这里正式向秦帝国宣战。陈胜、吴广无疑是有相当政治天赋的，应该说他们在起事之初表现出的政治水平超过了同时期的高帝。为了坚定戍卒的反心，陈胜和吴广策划了多个政治花招，比如在戍卒购买的鱼里事先塞入"大楚兴、陈胜王"的锦帛等，并有意诱导押送秦军军官的暴行，从而激起戍卒反抗的怒火等，成功地挑起了起义。

但陈胜等人的政治才华似乎仅限于此，陈胜难以团结散落民间的六国贵族，也缺乏建立和驾驭复杂官僚机器的能力，更缺乏保卫自己已有胜利果实的军事能力。当秦帝国的当权者开始从最初的惊慌中恢复过来，陈胜这个"山寨"政权随即在秦军的打击下土崩瓦解。

对于秦帝国来说，陈胜及其张楚政权并不可怕，真正可怕的是散落在民间的各国贵族和豪杰侠士。贵族们具有丰富的政治经验和广泛的人脉，豪杰侠士们则具备相当丰富的军事技能和组织能力，这些都是陈胜所缺乏的。这些人物在各自祖国灭亡之后陷入了苦难的深渊，秦帝国还没有一套机制与这些亡国之人分享政治权益，这些人的生活陷入窘境，随时都盼望着有东山再起的可能。

陈胜的起义得到了六国旧贵族和豪杰人士的积极响应，随着这些人加入反秦起义的行列，秦帝国陷入了真正的危机。

短短数月间，项梁叔侄、田儋、赵歇、张耳、魏咎、田荣等贵族和豪杰纷纷趁势而起，利用自身在民间的强大号召，赶走秦军和官吏，割据一方，成为秦帝国的劲敌。这些贵族和豪杰不但自身素质相对较高，更有着像张良这样的知识人士做他们的参谋、辅佐，实力远非陈胜所能相比。多年的亡国之恨也教育了这些贵族，他们之间的合作开始跨越国界和族群，指向了他们的共同敌人——秦帝国。

此时那支曾经无敌于天下的秦军几乎已不复存在。始皇帝统一宇内，并未给秦国本土父老乡亲带来更多的好处，由于新生帝国实行郡县制，分封制在实际上已经不复存在，秦地将士们几乎未能大规模地在东方六国获得封地上的利益。同时松弛的还有二十级爵位制，统一后秦军的作战对象已经指向匈奴、越人等土地贫瘠的族群，即使战胜，所获战利品也无法弥补战争的消耗，更增加了秦地父老的负担，使他们处于困窘之中。秦军在统一六国、征伐南越、驱逐匈奴的作战中，损耗了多数有经验的军官和士兵，再加上秦二世的暴虐统治，秦军已不再是那支令人闻风丧胆的无敌之军，这也是起义不能被迅速扑灭的重要原因。

高帝也趁势而起。天下大乱，人人都在谋求自保，不但底层百姓如此，上层官员亦然。面对遍地烽火，沛县县令急思自保之策，为此与县中主要吏员萧何、曹参商议。萧何、曹参等人劝县令将刘邦等在外地流亡的人员召回，一来保卫桑梓，二来可在秦廷和义军之间作骑墙之态，既可以借刘邦等人的归来表明自己已加入义军阵营以避免骚扰，又可不打出鲜明的反秦旗号以向秦廷输诚，可谓一石二鸟之策。县令大喜，急忙命令召回刘邦。

在经过最初的狂喜后，县令开始冷静下来。他突然发现，萧何、曹参的这一计策固然可收到保卫沛县的奇效，但有着一个最大的隐患：刘邦归来后，谁是沛县的最高决策人？沛县武力本就薄弱，难以抵挡刘邦军队，同时萧何、曹参等人在沛县守卫力量中有着很大的影响。倘若刘邦与萧曹等人沆瀣一气，自己便成了光杆司令，随时有被取而代之的可能。县令越想越怕，下令关紧城门抵挡刘邦军队，并通缉萧曹等人。

应该说县令的顾忌是很有道理的。作为秦王朝在沛县的最高代理人，县令的权力来自秦王朝，他是最没有资格与刘邦合作的。刘邦等人进了沛县，不一定会认同萧曹等人的策略，即使认同，实际权力也将转入刘邦和萧曹等人之手，自己的命运将取决于秦朝控制局势的能力。倘若秦军难以控制局势，自己随时可以被刘邦等人杀掉作为反正的标志。县令下定决心，要将自己的命运与秦王朝绑在一起。

但此时局势已非他所能控制。萧曹等人趁乱逃出城与刘邦会合，沛县子弟也在刘邦朋友们的组织下打开城门，县令在混乱中被杀，沛县正式打出反秦的旗号。

刘邦率军进入沛县，马上面临着理顺内部秩序的问题。沛县要想在群雄并起的现实中生存下来，必须有一个坚强的领导阶层。按照社会地位和地方民望，萧曹二人似乎都是不二人选，但这两位心里也有自己的小九九。

萧曹二人对于起义能否成功并没有足够的把握，长期秦帝国属吏的生涯使得他们深深明白秦帝国官僚系统的执行力和军队的战力，因而不愿意冒这个险，极力推举刘邦担任沛县义军的首领。这一下奠定了刘邦、萧何、曹参等人的君臣名分与际遇。本来萧曹二人的社会地位远高于刘邦，在刘邦面前一向也有些颐指气使，但在这种天下大乱的情势下，萧曹二人的胆略和气魄比起高帝来，差了很大一截，在随后的军事政治斗争中，萧曹二人更被高帝的才情气魄所征服，安安稳稳地做了高帝的臣属，终身无二心。沛县军政集团雏形已具，高帝也从萧曹等人的臣服中找到了自信，开始把目光转向沛县之外。

以刘邦为核心的沛县本土精英，结合邻近丰县部分成员，形成了丰沛军政集团，主要成员有吕雉、萧何、曹参、周勃、樊哙等，在其后的南征北战中，又增加了张良、陈平等核心成员。虽然随后加入刘邦集团的成员不断增多，但丰沛军政集团始终保持了成员上的稳定性，很少有新的核心成员为这一集团所认同和吸纳，而这一集团在汉初的政治风云变幻中始终居于主导地位。

仔细分析，这一集团又可以分为若干派系：一是以吕后为首的外戚派别，这一派成员主要有吕后、樊哙、吕氏族人等，他们成为刘邦平衡其他派系的棋子，并利用自身在身份上的优势，长期在政治上占据优势地位；二是以萧何、曹参为首的官僚派系，这一派出身于旧秦官吏，具有丰富的行政和军事经验，在进入秦地后又与旧秦法吏官僚结合，实力最为强大。刘邦对这一派是既拉又防，甚至有意无意在萧曹二人之间制造矛盾，也由于萧曹二人在起事之前地位高于刘邦，刘邦与他们之间总有一丝看不见的裂痕；最后一派是周勃、樊哙、周苛、灌婴、陈平等，这些人出身低微，早年即与高帝相交，最为高帝信任，在战场上又为汉朝建立立下大功，并长期掌握着汉朝军队，与高帝关系最为贴近。张良的身份始终较为游离，未加入其中任何一个派别，但由于张良和刘邦的特殊关系，以及与吕雉、周勃等人的友情和在政治上的合作，因而得以善终；韩信多次拒绝在政治上与这一集团合作，最终为这一集团所消灭。特别值得指出的是，杀害韩信是整个丰沛军政集团的意志。

搭上项家的顺风车

丰沛军政集团一开张，立即就遇到生存问题。已被推为沛公的刘邦积极率军对外发展，不断与周围的秦军和义军发生冲突。乱世之中生存是最硬的道理，但是否能在残酷的丛林法则中生存首先取决于你是否足够强大，如果有足够的实力，无疑是有着更多生存下去的筹码。刘邦深知这个道理，立即率军进攻胡陵、方与等地区，并且攻陷了自己的家乡丰县，泗水卒使周苛、周昌投降了刘邦，沛县军政集团扩展为丰沛军政集团。

但扩展并不是一帆风顺的，丰沛地区向来是四战之地，易攻难守，刘邦很快与新复国的魏国发生摩擦。魏相周市率兵进攻沛公所占据的方与，与曹参军发生战斗，沛公旧日好友雍齿却率丰县守军投降了魏国。沛公刘邦大怒，立即亲自率军进攻丰县，但丰县城池高大，数攻不下，沛公又恰逢此时生病，不得不暂时率军还沛，苦思对策。

已成为沛公的刘邦想到一个计策。在这个混乱的世界里，唯有依附强者方能生存。雍齿为什么不顾老乡情谊投奔魏国？除了唯利是图之外，最主要的还是魏国实力比自己强。刘邦决定要找一个强者作为靠山，他把目光对准了楚假王景驹，试图利用同为楚人的渊源得到支持。刘邦是个想到就做的人，病好后立即出发，结果在留地遇到了一生的师友张良。

遇见张良绝对是高帝人生的另一个重要转折点。高帝之前遇见的人物，除了张耳等少数人外，基本属于中下层，高帝从他们身上吸取到了丰富的营养，但由于这些人才能和眼界的限制，他们难以向高帝传授治军、理民和驾驭行政系统的高级经验。这些经验在当时仅限于在一些世家内部传授，稀缺程度远远胜过当今。张良出身于韩国世家，五世为韩相，具有丰富的政治经验和卓越的用兵才能。张良的这些才能使得高帝大开眼界，明白了天下的真正形势，刘邦的眼界已不再限于丰沛一带，而开始具备了全局意识，沛公身上的帝王资质开始被张良开发出来。

对于张良而言，复兴韩国是他一生最大的愿望，张良流落江湖十余载而不愿和秦帝国合作，甚至不惜铤而走险刺杀始皇，都是为了实现这一愿望。大泽乡起义后，张良也拉起了一支队伍，并游走于群雄间，希望找到复兴韩国的合作者。

令他失望的是，这些豪杰与书生气浓的自己并不合拍。但生活还得继续，韩地靠近秦国本土，张良的队伍不得不经常与秦军主力部队作战，始终难成气候，张良于是想出和刘邦一样的主意：向景驹借兵。两个人生轨迹相异、却有着暂时相同目标的人在留地相遇，改变了中国历史发展的轨迹。

史载刘邦与张良在留地相遇后相谈甚欢，大有相见恨晚之意。刘邦的大度、豪爽和诙谐吸引了知识分子味道甚浓的张良，而张良对于天下大势的见解、对于用兵之道的总结和实战经验都令刘邦大开眼界。特别是张良游击于秦国本土附近，对于秦军的作战特点和战术知之甚详，更令刘邦如获至宝——毕竟战胜秦军才是义军生存下去的根本。张良也惊异地发现，虽然刘邦并未受过正规军事训练，但刘邦对于军事方面具有极高的悟性，对于自己讲解的军事原则，刘邦迅速能举一反三，找到实际应用的战例。张良不得不大为感叹："沛公殆天授。"意思是说沛公是上天授予我们的。张良甚至感觉到自己苦修多年的军事才华只有放到这个中年男人手上才会开花结果。大喜过望的刘邦和张良决定合兵一处，不再向景驹借兵，刘邦壮大了实力，张良也有了一块地盘暂时栖身。以此为契机，奠定了两人一生的君臣际遇。

与张良合兵后，刘邦回到沛县，恰逢此时秦军章邯别部司马尼攻略西楚，威胁到刘邦的根据地。在此危急关头，刘邦决定暂时放下雍齿和魏军，迎击秦军。首战不利，经过补充后击败秦军，先后取得砀（今河南永城芒山镇）、下邑（今安徽砀山县）等地。此时的刘邦认为自己实力已大有增长，回军进攻雍齿，仍然未能攻破丰县的坚城。此时项梁的军队已到薛地，刘邦迎来了生命中的第三个贵人。

项梁正是刘邦生命中第三个贵人。项梁出身楚国贵族世家，其父项燕是楚国大将，在始皇统一六国战争进程中曾大破秦将李信，最终被秦国骁将王翦击败自刎。楚国败亡后项梁带着侄儿项羽流落江湖，最后在江东立足。

秦末起义，项梁杀了当地郡守，从江东起兵，渡江攻秦。因为项梁身份高贵，并具有丰富的军事经验，所以很快击败了楚地其余几支武装，从而在陈胜后成为楚地势力的又一代言人。陈胜败亡后，项梁从谏如流，听从谋士范增的劝告，立楚怀王孙子熊心为楚王，仍号楚怀王，这就最大限度团结了楚地势力，消除了他们对项氏家族的疑虑。项梁安定内部后，下一步就是向中原地区发展，目标首指刘邦所在的西楚地区。

由于刘邦也是楚人，所以对楚地的势力怀有天然的亲近感，在熊心被立为楚怀王前就和项梁取得了联络。而项梁为了尽快拿下西楚之地，就要充分利用地方势力，将其纳入麾下，因而对刘邦颇为热络。刘邦于是率百余骑兵到了项梁所在的薛地，向项梁借兵攻打丰县。

项梁慷慨地借给刘邦五千人马，刘邦带着这支生力军回到丰县，经过三次激烈战斗终于拿下丰县，赶走雍齿。项氏势力顺势进入西楚，刘邦也成为项梁手下一员大将。

刘邦参加项氏集团，表面上看是失去了一些自主性，实际上却成为大赢家。加入项氏集团之前的刘邦，充其量只是地方的一个土豪，缺乏全楚乃至全"世界"的号召力；加入项氏集团后，刘邦一跃成为楚国的大将，具有了全国性影响，并且名声开始传于全"世界"，沛公的名头越来越响亮。

在项梁的提携下，刘邦参与了项氏集团的一些重大决策，特别是参与拥立怀王，这使得刘邦也颇得楚国旧贵族的好感。这种好感很快就转化为雄厚的政治资本。

从项梁的角度来说，丰沛一带是楚国进军中原的跳板，战略意义重大，要想控制好这块战略要地，就必须做好地方势力的工作。刘邦具有出色的军事才能，政治经验也不俗，如果留在西楚一带，必有尾大不掉之忧，重用刘邦，既可以增加一员大将，又可以名正言顺地将刘邦与丰沛和西楚之地分离，实在是一个一举两得的好主意。

另外，刘邦出身卑微，在项梁眼里，刘邦难以成为对项氏集团的威胁，重用他比重用六国旧贵族出身的人放心。这种用人路线被其后的项羽所承袭，项氏集团重用的范增、英布、钟离眜、蒲将军等人，多为出身卑微之辈。在项梁的提携下，刘邦的地位越来越重要。

重用刘邦，是项梁的重大成功之处，亦是其重大失策之处。刘邦资质不凡，且经过多年征战和张良的调教，已逐步成长为独擋一面的人才。刘邦加入项氏集团后，因其拥立之功，很快便与怀王身边的旧贵族打得火热，这些旧贵族对刘邦大为赞赏，将其视为对抗项氏集团的一枚有力棋子；刘邦也从与这些旧贵族和项梁的交往中，学到了大量的政治经验，加速了在政治上的成熟程度。项氏集团正在给自己培育一个可怕对手。

西向灭秦

在中原，秦将章邯正横扫六合，大有当年秦始皇统一六国的势头。章邯击垮张楚军主力，陈胜、吴广等尽死于其手。更可怕的是，章邯正在将关中临时编组的乌合之众变为一支真正能征善战的大军，力挫章邯势头成了义军生存下去的当务之急。

项梁深知这个道理，在安定内部后立即出兵中原，迎击章邯。项梁或许已看出高帝的资质，但大敌当前，必须放下一切内部恩怨，共同对敌。项梁下令分兵，刘邦、项羽率一部攻击侧翼的秦军，自将主力迎击章邯。

刘邦和项羽开始了一段密切的交集。从后来的历史发展轨迹来看，刘邦和项羽关系显然不错，在这段时间内结下了深厚的友情。史载刘、项曾结为兄弟，最大的可能就是发生在这段时期。当时的项羽虽然骁勇，但实战经验却不丰富，独当一面的能力也未受到充分锻炼。可能正是出于这种考虑，项梁才将项羽和刘邦安排在一起。

刘邦作战经验丰富，人也比较老成持重，能够有效弥补项羽的不足。

高帝显然很明白自己在各方面与项羽的距离，也明白项梁如此安排的用意，因而在相处的过程中小心翼翼地拿捏着和项羽关系的分寸。

显然，高帝的慷慨和豁达也征服了项羽，多年后名震天下的项王对待汉王始终下不了狠手，尽管项王曾有多次机会能置自己的盟兄于死地。应该说项梁的这种安排是十分成功的，项羽和刘邦的联手使得双方的优点都得到放大，而双方的缺点则被刘邦的豁达与忍让所化解。此时的项羽还不是后来的项王，对于刘邦的合理建议则显得十分尊重。二人在魏地和韩地屡破秦军，有力地遏制了秦军上升的势头。

正当刘邦、项羽二人取长补短，仗打得越来越顺手之际，一个噩耗突然传来：项梁在定陶为秦将章邯击败，项梁本人死于乱军之中。原来项梁本人亲率主力进攻章邯，于公元前208年秋分别在东阿、定陶击败章邯军主力，打破了章邯不可战胜的神话。此时刘邦和项羽又在雍丘与秦军交战，打败秦军，斩杀李斯儿子、秦国三川守李由。反秦战争出现重大转折。

面对大好形势，项梁开始骄傲起来，认为秦军不堪一击，开始疏于防备。章邯被击败后并未慌乱，而是积极奏请秦二世调来援军，蓄积反击的力量。此时的项梁因轻视秦军，战备也开始松懈下来，瞄准时机的章邯集中兵力，在定陶打败楚军，项梁战死，反秦战争遭受重大挫折。

项梁是秦末反秦战争中的重要人物，他在陈胜战死，反秦起义遭受重大挫折之际，力挽狂澜，恢复楚地，极大地削弱了秦国的力量，也有力地扭转了反秦战争的颓势，并为楚国争得了实际上的反秦盟主地位。如果没有项梁挺身而出，章邯极有可能消灭各路义军，恢复秦帝国的统治秩序。也正因为项梁在反秦阵营中的重要地位，在项梁身死后，章邯也开始轻视楚军，认为楚地已构不成大患，从而将兵锋指向赵国。事实证明，这是一个致命的错误。

被这个消息击晕的不只是刘邦、项羽二人，还有楚怀王和他的臣子。

不过对楚怀王和他的臣子来说，这是一个天大的好消息，怀王和贵族们看到了振兴王权的契机。怀王和贵族们立即行动起来，填补了项梁战死留下的政治空白，开始向各路楚军发号施令。刘邦和项羽早已被项梁战死的消息弄得不知所措，此时也顾不上质疑怀王政权的决策，稀里糊涂地成了怀王真正的臣属。这两个强人还需要一些时间的历练，并抓住一些稍纵即逝的契机，才能成为后来赫赫有名的自己。

怀王令刘邦和项羽归还楚地，驻扎彭城，并将都城由盱眙迁到彭城，以有利于自己对军队的掌握。怀王令项羽与吕臣合兵，自己亲自出任这支新军的主将，而命令刘邦驻在砀，不动声色地将刘邦析出项氏集团。怀王虽年轻，但他身边的臣子都是政治经验丰富之人，在这些对刘邦深具好感的臣子的协助之下，楚国的形势逐渐稳定，实力开始恢复。

怀王政权正在重组，那厢章邯也没闲着。章邯击败项梁后，顺手扫荡了齐魏势力。鉴于楚国成名将领都已战死沙场，章邯认为楚地人物已不足为虑，从而将打击的矛头对准了赵国。

赵国在项梁战死、齐魏崩溃之后，是诸侯中最具实力的一家，章邯认为如果击败赵国，那么天下就可以重新平定。公元208年9月，章邯率秦军主力渡过黄河，进攻赵国。在与王离的大军汇合后，章邯打败赵军，攻下赵国都城信都（今河北邢台）。赵相张耳保护赵王歇，退守巨鹿城，决定秦帝国命运的巨鹿之役即将打响。

章邯率军来到了巨鹿城，老谋深算的他并没有直接下令攻城，而是在离巨鹿城不远的地方驻扎下来。章邯的意图很明确，与其劳师远征，挨个攻打造反的诸侯，还不如以巨鹿城为诱饵，引诱各国诸侯出兵援救，在巨鹿城下将这些诸侯军的主力聚而歼之，各国诸侯必将土崩瓦解。这一招颇有些后世曹操聚歼马超等雍凉诸将的味道。各国诸侯果然坐不住了，纷纷派兵援救巨鹿。

决定刘邦和项羽命运的时刻也来到了。怀王和贵族们也接到了赵国的求救信，决定派兵救赵。据司马迁记载，怀王与老臣们确定了两个进攻方向：一是直接发兵救赵，二是向西攻击，经武关方向入关攻秦。由于秦国势头尚大，兵力也比较丰富，特别对老巢关中的把守更是重视，张良在韩地游击始终没形成气候就是明证，所以第二条道路被众人视为畏途。

怀王与众人商议，怀王老将认为，项羽为人强悍狡猾，嗜杀成性，不是合适的人选。陈胜、项梁的败亡，与好杀有很大关系。老将们指出，秦国法令严苛，民众苦不堪言，对付秦人的最好办法，就是派遣一位忠厚长者为统帅，军事政治两方面手段相结合，在打击秦军的同时瓦解秦民的心理防线，撼动秦王朝在本土的政治根基。要完成这一任务，最好的人选非刘邦莫属。

从怀王老将们的分析看来，楚国主要的进攻方向是第一条路线，这条路线的胜败将关系到六国的生死存亡；第二条路线是侧翼的牵制方向，这条进兵路线完全是为了保证第一条进攻方向上的胜利。西进楚军应该尽可能吸引秦国本土方向上的秦军，使之不能充分增援巨鹿方向的秦军，为北线楚军击败章邯等部秦军创造良好条件。

简而言之，就是以西进楚军的牺牲换取北线楚军的胜利。既然这两个方向唇齿相依又异常重要，主帅的人选就不得不十分慎重。权衡再三，怀王决定命宋义为主将，项羽为次将，范增为末将，率军六万援救巨鹿；刘邦率本部军西进，向秦国本土发动攻势作战。

任命一发布，项羽大为不快。原来项羽希望担任西线作战任务而非北线任务，好为叔父项梁报仇。但对怀王政权而言，西线作战还有另一层含义：楚军主力已远赴北线，都城彭城随时会遭到秦军的攻击，这样西进楚军就有了攻势防御的意义。楚军在西线的作战行动也将吸引秦军的注意，从而消除秦军对彭城的威胁。西线为秦国较早征服的地区，秦王朝在这里具有强大的政治根基，因而必须由政治经验丰富的刘邦出马。

刘邦和项羽的命运，就在这一刻分野。

刘邦临危受命，率军由砀出发，向秦国本土进军。这绝非像后世史学家所描述的那样，是一次摘桃子的胜利之旅，而是一次前途凶险莫测的进军，一年前周文和吴广悲壮失败的依然历历在目。如果计算死亡概率的话，刘邦死亡的概率要远高于项羽。但后来的高帝并未因此而表现出怯意，反而意气风发地踏上了征途。也许他的心中还怀着一丝兴奋：终于能与老友张良见面了，张良现在韩地打游击，虽然难以扎根，却也毫发无伤。老张能做的，老刘一定能做到！

怀王择日拜将出师，为鼓舞楚军士气，怀王约定，先至咸阳者可王关中。在秦军肆虐的肃杀气氛中，这一约定很难不被人看成开玩笑。但刘邦还是受到了鼓舞，于是与秦军首战安阳。此时的刘邦部众不超过万人，却勇敢地向强大的秦军发动挑战。

经过激烈战斗，刘邦攻取安阳，而随后的宋义、项羽大军正是在安阳驻扎40余天。数月间，刘邦率不足万人的队伍转战黄河南北，击败大量秦军，为宋义、项羽的楚军主力夺得了前进阵地，扫清了外围，也间接拱卫了彭城。

在北线楚军与秦军对峙的时候，刘邦军有力地护卫了北进楚军的侧翼，使得西线秦军难以偷袭北线楚军。当时北线楚军内部相互猜忌，内部不稳，正是秦军偷袭的最佳时机。倘若没有刘邦部的牵制，西线秦军完全可能从侧翼偷袭宋义、项羽部，章邯和王离必将趁机夹击北线楚军。由于楚军在安阳一带逗留失机，宋义与项羽又不和，楚军被击败的概率甚高，项羽这一战神能否有在历史上横空出世的机会，可就难说了。

公元前207年12月，项羽率楚军和诸侯联军取得巨鹿之战的胜利，秦将王离部被全歼，章邯部主力虽保存，但战意大减，驻扎在棘原与诸侯联军对峙。刘邦部拱卫楚军主力和彭城的压力顿时减轻，在消灭了出现在彭城附近的秦军后，刘邦开始筹划向关中进军，直捣秦王朝的巢穴。

此时秦王朝的主力虽已遭到重大打击，但章邯主力尚存，关中人力资源还比较丰富，秦王朝百余年来经营的函谷关防线依然固若金汤。如果赵高等措施得力，保住秦国本土的可能性还是很大的。刘邦在此情况下迅速向关中进军，对秦王朝迅速土崩瓦解起了重大作用。

公元前 207 年 2 月，刘邦率军进攻昌邑，昌邑守军尚有相当实力，未能攻克，于是转攻陈留。在陈留附近的高阳，刘邦遇见了秦末著名策士郦食其。刘邦素来讨厌儒生，接见郦食其时命两名侍女伺候洗脚，遭郦食其一通奚落，指责其怠慢天下豪杰，难成大事。此时刘邦身上不凡的一面开始显现出来，刘邦连忙遣退侍女，待郦食其如上宾。

刘邦的豁达，与当时的项羽、后世的袁绍形成鲜明对比，更难能可贵的是，刘邦不像曹操那样，当面豁达，搞事后报复。郦食其见刘邦果然如传说的那样大度，便献上里应外合之计，利用自己与陈留县令的关系，协助刘邦攻下了陈留坚城。

陈留积谷甚多，刘邦利用这批粮食招兵买马，郦食其的弟弟郦商又带了几千兵马前来投奔，刘邦的队伍一下子充实了许多，具备了入关攻秦的资本。随后刘邦进攻开封，大破守军，继而与秦国名将杨熊激战于白马，大败秦军，杨熊逃到荥阳，被恼羞成怒的秦二世派使者斩首。由于杨熊军与章邯军互为掎角之势，杨熊被歼，章邯军更显孤立，不得不在不久后投降项羽。

虽然楚军在两条战线上都已取得了辉煌的胜利，但秦国毕竟是百足之虫，死而不僵，秦国在本土周围依然有较强的兵力，这可从两个方面得到印证：一是项羽带着投降的秦卒进攻关中，秦卒私下议论认为没有攻下关中的把握；二是后来刘邦在楚汉战争时正是依靠秦地兵员击败的项羽。这两点说明秦国的人力资源远未枯竭，灭秦还需费很大的气力。

其后刘邦的战绩证明了这一看法。刘邦在战胜杨熊后，先是在韩地与老友张良会师，然后与韩军沿着传统的崤函古道进攻关中，虽然击败了救援的秦军，结果还是受挫于洛阳坚城之下，不得不另择道路进攻关中。

刘邦选的是武关道。武关道沟通关中地区与江汉，起自长安（咸阳），经蓝田、商州，至河南内乡、邓州，相传为商末周初开凿，经春秋战国时代不断修缮，到了战国时期，许多大的军事行动，特别是秦楚战争都围绕着武关道展开，白起、王翦等秦国名将多次经武关道对楚国进行惨烈的军事打击，楚故都郢都、新都寿春都是被武关方向的秦军攻克，因而武关道比崤函古道更能激起楚国人的爱恨情仇。身为楚人的刘邦对武关道自然不陌生，也正因为在崤函古道上的挫折，刘邦千里迂回武关道，演出了一场千里灭秦的大戏。

受挫于洛阳坚城的刘邦军全力南下，取道南阳。南阳秦军虽然兵力不如华北，但这里是秦国老巢所在，防守不弱，最关键的是实力没有经受大的损伤，以逸待劳迎击刘邦军。

刘邦南下后经数场恶战取胜，又受挫于宛城坚壁。刘邦军数次攻坚战未得手，关键原因还在于兵力不济，心急如焚的刘邦犯了一个低级错误，他率兵绕过宛城，直扑武关，却忽略了在武关城下遭受武关、宛城之敌两面夹击的危险。张良及时提醒了刘邦，刘邦不愧为从谏如流又头脑一流的统帅，立即回师反攻宛城。

看到回师的楚军，秦军主将斗志丧失，投降刘邦，刘邦封其为殷侯。这一举措让秦国将吏看到了前途，纷纷投降刘邦，刘邦迅速进至武关城下。在政治军事双重手段的打击之下，武关之敌迅速覆灭。刘邦终于打开了通向关中的道路。

公元前 207 年 8 月，刘邦攻占武关，关中南面门户大开，秦廷震动。秦相赵高遣使密会刘邦，欲与刘邦分王关中，刘邦态度暧昧。9 月，得到某种暗示的赵高弑杀秦二世，立公子子婴为秦王。

子婴设计杀掉赵高，派遣关中全部部队迎击刘邦，希望复制屈原时代的蓝田大捷。刘邦采纳张良的计策，一边虚张声势恐吓秦军，一边贿赂秦军将领，待秦军将领意志松懈后绕至秦军背后发起突袭，秦军大败，降者不计其数。10月，刘邦率军至灞上，子婴走投无路，白衣出降。关中立国500余年的秦国灭亡，秦帝国也在建立15年后寿终正寝。

纵观刘邦入关灭秦历程，令人感受最深刻的是秦军南线二三流部队在困境下的战斗力。尽管秦军受到重挫，但南线秦军依然给刘邦造成很大麻烦，如果不是刘邦封赏投降的南阳守将，采用政治手段瓦解了秦军的心防，武关道之战最终能否成功大有疑问。入关灭秦的成功也使得刘邦看到了政治手段的威力，真正地体会到人心向背对于政权的作用，加上他宽厚的天性，汉王朝统治手段与秦王朝有了很大不同。

鸿门宴

按照怀王之约，刘邦已成为关中的新主人。秦地民众战战兢兢，牵牛赶羊慰问刘邦的军队。刘邦却大度地向秦地父兄表示慰问，宣布废除秦国商鞅以来所制定的一切苛法，只与父老约法三章："杀人者死，伤人者刑，及盗抵罪。"并力辞秦地父兄的慰问品。秦人大悦，自己的人身和财产安全都得到了保证，也不用再受秦法的压榨和迫害，纷纷视刘邦为新王。

从此，刘邦军事集团正式形成，它是以丰沛军政人物为灵魂，以秦地将吏为主体，结合依附于刘邦的六国人才所组成，刘邦也因此拥有了自己的根据地，从而沿着秦国统一六国的旧路线，重新开展了统一华夏的军事政治斗争。刘邦也因此成为秦始皇统一事业的真正继承者。

但历史的发展不是一帆风顺的。此刻的项羽正率诸侯联军和章邯降军日夜兼程向关中进发。投降的秦军都是秦地将吏出身,深知关中虚实。他们明白,关中尚有丰富的人力,加上函谷天险,如果秦廷措施得当,在关中进行动员,同时调回武关外南线秦军,收缩兵力,在函谷关堵住诸侯联军还是有很大可能的,历史上曾多次出现这种局面。秦降军人心浮动,开始为家人父老的安全和自己的未来担忧。项羽却在此时表现出了与刘邦完全不一样的凶残。他在英布、蒲将军等人的煽动下,将投降的20万秦卒坑杀于新安,创下了白起长平坑卒后的又一起大惨案。

项羽的这一举动与秦地父兄结下了血海深仇,使得秦地父兄更加义无反顾地跟随刘邦,也使得项羽不敢完全毁弃怀王之约,自王关中。从长远来看,这一丧失理智的蠢行带来了更为严重的后果:项羽本可以在关中自立为王,或者与刘邦分王关中,但这一举动却使得这种稳妥的选择成为不可能。项羽不得不回到关东侵夺怀王的地盘,并最终暗害怀王,为刘邦统一天下拔掉了一颗最大的钉子。

以后的过程一波三折,刘邦听信谗言派兵把守函谷关不让诸侯联军入关,联军强行破关而入,项羽率四十万联军与刘邦十万楚秦联军对峙,刘邦军左司马曹无伤密告项羽刘邦欲独霸关中,战争一触即发。

此时豪杰间一些私人情谊起到了改变历史走向的作用。项羽叔父项伯与张良交情很深,连夜给张良报信,却被张良带着见了刘邦。知道自己闯了大祸的刘邦立即盛宴款待项伯,并与项伯结成儿女亲家,请托项伯在项羽面前斡旋。项伯答应,并命刘邦次日向项羽请罪,项羽于鸿门设宴款待刘邦,这就是历史上著名的鸿门宴。

鸿门宴上一片刀光剑影,项羽谋士范增几次欲对刘邦不利,项羽都采取了默认的态度。在项庄舞剑意在沛公的关键时刻,樊哙破帐而入,喝退项庄,项羽不得不掂量刘邦军的实力和杀害刘邦可能对自身威望带来的损害。对于项羽来说,杀害秦卒可以被解释为复仇,而在刘邦已主动认错的情况下,如果杀害入关第一功臣刘邦,很容易被人解释为蓄意毁弃怀王之约，势必损害自身威望和宰制天下的资格。樊哙闯帐挑破了这层窗户纸，项羽权衡利弊，只得暂时放过刘邦。宴会照常举行，但并不意味着风险已经过去，范增随时可以再度发难。危急关头张良和樊哙劝说刘邦逃离楚营，鸿门宴草草结束。

后人多附和范增对项羽的指责，认为项羽对刘邦起了妇人之仁，放虎归山。其实从项羽的角度出发，刘邦有着灭秦大功，按照怀王之约，刘邦是当仁不让的新秦王，如何处理刘邦是摆在项羽面前极为棘手的一个问题。

在这个紧急关头，刘邦独霸关中的贪欲给了项羽解决刘邦问题的极佳口实，如果刘邦痛快放项羽及联军入关，并在诸侯间及时合纵连横，同时联系怀王，逼项羽履行怀王之约，处境不利的反而会是项羽。

此时的沛公在政治上还未完全成熟。项羽在鸿门宴上不是不想杀害刘邦，只是不想自己直接动手，最佳的解决方案应该是扣押刘邦，然后派人招抚刘邦大军，但这样一来刘邦的楚秦联军与项羽就有了血海深仇，动起手来项羽也无绝对取胜把握，何况诸侯会不会趁势而起偷袭自己，也是项羽拿不准的事。

对项羽来说，当务之急不但是废弃怀王之约，更要取代怀王，取得宰制天下的地位和权势，如果和刘邦翻脸，对达成这个目标并无好处，如果关中因刘邦之死大乱，项羽控制不住局势，无疑会突出怀王最终裁定者的角色，这是项羽无论如何不愿看到的。在这种复杂心态的左右下，项羽默认了刘邦逃走这一事实。鸿门宴上，刘邦并不像后世认为的那样老奸巨猾，项羽也表现出了把握复杂政治局势的才能。

项羽入关，对秦地展开了大破坏和大屠杀，旧秦皇室成员被尽数屠戮，宫殿被焚，关中一片荒芜，繁荣的咸阳从此变为一个普通的城邑。在破败的宫殿上，项羽篡夺了本应属于怀王的权力，分封诸侯。项羽和范增密谋，将关中一分为四，分别封给了刘邦和章邯等三位秦军降将，刘邦得到了最荒蛮的蜀地，经张良通过项伯说项，才给他增加了汉中，从此刘邦被称为汉王。

令刘邦沮丧和气愤的是，不但自己的部队被解散，编入章邯等人的属下，关中肥沃之地也得而复失。这时张良也离开了刘邦，回到了韩王成的身边。此事在刘邦心中留下了深深的阴影，也微妙地影响了日后刘邦对张良的态度。刘邦带着项羽拨给自己的三万军队到了汉中和蜀中，诸侯慕沛公高义而从者数万人。到达汉中后刘邦采纳张良的计策，一把火将栈道烧得精光，不但是为了防止章邯等三秦的窥伺，也是为了向项羽表明无东向之心。

继承始皇帝的事业

然而汉中和蜀中的艰苦还是超过了刘邦部下的想象。艰苦的物质条件消磨了刘邦部属的忠心，对家乡和爱人的思念更令他们发狂，部队开始有人逃回关东，很快便成为大潮。生性宽厚的汉王刘邦并未因此大开杀戒，他的心情与部属一样，只是他连逃亡的权力都没有。一日突然有人来报，国相萧何逃走，刘邦几乎晕厥。

随后不久，萧何奇迹般地出现在刘邦面前，刘邦又惊又喜，涕泪交流地捶打着萧何，已经完全不像一个君王，仿佛又回到了沛县的岁月；萧何也像在沛县那样宽厚地笑着，只是这种笑容多了几分谦恭。汉王终于冷静下来，追问国相逃亡原因。

萧何的回答几乎令汉王再度晕厥。原来萧何并不是自己逃跑，而是追一个逃跑的小将韩信。汉王觉得这个回答实在太不可思议了，于是拿出在沛县混世界的架势，非要萧何给个说法。萧何耐心地告诉汉王，韩信乃当世骁将，希望大王拜他为大将军，他定会带着汉军杀回关东，令大家衣锦还乡！

刘邦不愿意再冒失去萧何的风险，决定拜韩信为大将军。汉王在此事上也不是没有自己的小九九，逃亡如此严重，必须给大家一点念想才能遏制这股风潮，拜韩信为大将军，基层将士就会看到升迁的希望，反而会坚定杀回家乡的决心，否则军队在数月间必垮。汉王一听，便召见了韩信，发现此人精通兵法，大喜过望的汉王择日设坛拜将，拜韩信为大将军，令汉军上下大为震惊。果然如汉王所料，军士看到了希望，军心逐渐稳定。

这次拜将也开启了刘邦和韩信一生的爱恨情仇。韩信最初的军事历练是在项羽麾下完成的，因而对项羽作战风格所知甚详。刘邦的军事才能在那个年代无疑也是很突出的，与刘邦的接触也增加了韩信对于汉王作战风格的了解，这对韩信的成长至关重要。

对于汉王来说，韩信军事才能虽然突出，但并未担任过独当一面的主将，对其还要有个培养和放手任用的过程，汉王在这方面显然是慷慨的。正因为汉王的放手，韩信才迅速成长为独当一面的大将，但这种放手并不意味着信任。汉王丰富的人生和政治阅历使他发现，韩信秉性高傲，并不甘居人下，时有悖逆之意。汉王于是不敢将全部的军事大权交予韩信，在整个楚汉战争过程中，汉王亲自担任汉军的统帅，与项羽在成皋—荥阳一带正面对决，这也构成了楚汉相争的主战场；而韩信则转战于黄河流域，避实击虚，先后击败了较弱的赵、齐等国，取得赫赫战功。

平心而论，如果没有刘邦对项羽的牵制，韩信直接面对项羽主力，能否取得如此战绩仍有疑问，甚至能否取得超过汉王的战绩也无把握。这一点汉王和韩信心中都心知肚明，韩信对汉王一直心有顾忌，不敢公开自立门户，就是这个原因。韩信最终遭杀身之祸，关键原因在于高帝身后的丰沛诸人没有把握控制韩信，吕后也正是通过杀害韩信确立了丰沛集团新一代龙头的地位。

但此时的韩信意气风发，献上"明修栈道、暗渡陈仓"之计。尽管这一计策最终获得了成功，但成功的关键无疑是当地人指出了一条不为人知的通向陈仓的道路，同时汉军在关中的迅速胜利更多应该归因于汉王在关中的民望。汉王与韩信在这一时段的合作无疑是愉快的，双方都拿到了自己想要的东西：汉王重新拿到了关中，韩信则拿到了梦寐以求的统兵权力，并成为备受各方瞩目与肯定的大将。

而此时项羽正处于焦头烂额中。项羽在进入关中后强行越过怀王，主持分封，将各诸侯国统兵大将封为诸侯，与原主人共分一国，借以削弱各国实力，以及拉拢各国实权人物作为盟友，借以掩盖自身分封的合法性缺陷。这样的安排显然是有问题的，不久归国的将军们和原主人很快就陷于互相厮杀的混乱中，尤以齐国的状况为最。

项羽在这个节骨眼上还犯了一个低级错误，他在侵夺怀王地盘后，尊其为义帝，将义帝迁往长沙郴县，暗中却命人将义帝杀害，从而给了刘邦攻击他的口实，也陷自己于不义之中。项羽不得不把注意力转向陷入动乱的齐、赵等国，并在齐国陷入战争泥潭，无暇对付刘邦在关中的军事行动，这就给刘邦挥师出关提供了可乘之机。

公元前205年，刘邦以为义帝复仇为名，誓师出函谷关进攻项羽。由于项羽对各国的削弱和对齐地的残酷杀戮吓坏了诸侯，刘邦很顺利地组织了一支诸侯联军进攻西楚，5月攻占彭城，此时的项羽还在齐国。闻知此讯，项羽立即率3万骑兵向彭城进发。

此时的刘邦被唾手可得的胜利冲昏了头脑，日日在彭城置酒高会，沉溺于温柔乡中，却不料项羽率兵如天兵下凡，诸侯联军大败，死伤过半，刘邦率数十骑狼狈奔逃至荥阳，准备重整旗鼓。7月，汉王回师攻杀章邯，解除了后顾之忧，稳定了关中父老的信心。

面对危机，刘邦决定派遣韩信率部分新军攻略黄河流域，主要目标为附楚的魏、赵、燕、齐等国。在楚汉战争中，这些诸侯国是叛降不定的第三方，它们的立场对于楚汉相争的结局具有举足轻重的作用：如果它们倾向项羽，刘邦就是章邯、赵高第二；如果它们倾向刘邦，那么西楚缺乏天险和战略纵深狭隘的缺陷立马就会暴露出来。

项羽在彭城之战后充分认识到汉军已成为自己的主要对手，因而将主力放在了成皋—荥阳一线，对北方诸侯采取了绥靖和结盟政策；刘邦则腾出手来，对这些诸侯采取军事打击和政治分化政策，并充分运用了韩信、彭越和英布等军阀势力打击旧诸侯，项羽的分化诸侯政策在刘邦手上被运用得更得心应手。韩信的北征就是在这样一种背景下进行的。

韩信不负众望，率军先后击败魏、赵、代国，逼降燕国。此时在韩信的心中，自立的苗头已经很明显，汉王对其也深具戒心。汉王在成皋—荥阳一线，多次被项羽击败，但汉王拖住了项羽的主力，使其始终难以进一步进攻关中，也有力地保障了韩信军事行动的进行。

为了进一步孤立楚军，汉王派出著名策士郦食其策反齐国，齐国于是与汉国结盟，郦食其也作为人质留在齐国与齐王日日饮酒作乐。韩信在得知齐国已与汉国结盟的情况下，依然背信弃义地攻击齐国，导致郦食其被齐王烹杀。

由于郦食其已说服齐国，齐军对韩信军几乎毫无防备，韩信以极小的伤亡拿下齐都淄博，并在潍水击败前来增援齐国的楚军，击杀楚国名将龙且。天佑韩信，韩信北征遇到的将领几乎都是如陈余、龙且等刚愎自用之辈，韩信"智将"的特点在这些将领面前发挥得淋漓尽致。公元前203年冬，韩信遣使至广武，向汉王刘邦正式提出，请为齐国的代理大王。

此时的汉王正被项羽杀得大败，龟缩于广武与项羽对峙。闻知韩信的请求，不由得大怒："我被困在这里，整天盼望他来救援，没想到他却趁我兵败受伤之际，逼封齐王。"突然坐在两边的张良和陈平各踩了刘邦一脚。

汉王立即醒悟：韩信已有自立之心，只是苦无口实。如今他遣使入觐，正是投石问路：汉王若答应他的请求，他便理所当然地成为齐国主人；如果汉王拒绝，则给了他自立的理由和口实。为今之计，只有答应韩信的请求。此外，如果韩信获得代理齐王的任命，下一步目标必然是成为真正的齐王，这就会埋下进一步摩擦的隐患。只有将好处一次给足，才能暂时稳住韩信，使他对自己保持最低限度的忠诚。汉王决定，立即封韩信为正式的齐王。

这件事在刘邦心目中留下永久的阴影。经历了这一系列变故后，刘邦早年那种豁达、开朗和自信已经开始慢慢消退，取而代之的是对周围人，尤其是有功之臣的猜忌。尽管刘邦对早年丰沛伙伴依然存在着温情，对韩信等英雄也有怜惜之情，但数年楚汉战争多次从项羽手中狼狈逃亡的经历，特别是与韩信的关系从好到坏不断地演变，使得汉王的心开始变硬，对周围人已经极少信任。

楚汉战争后期的一件大事就是陈平的崛起。陈平出身寒微，却好读书，其兄全力供养弟弟，承担全部农活，成就了陈平的事业。陈平年长后相貌堂堂，行为却遭人诟病，但这些都掩盖不了陈平智计超群这一事实。秦末天下大乱，陈平加入项羽军队，颇受项羽赏识，但敏感的陈平很快发现了项羽并不是真正的天下至尊，从而将目光转向了更具帝王资质的汉王。

陈平加入刘邦阵营后，刚开始颇受丰沛人物的猜忌，刘邦对其也有些误会，但在与陈平深入交流后，刘邦发现陈平的气质和经历与自己多有契合，并且多奇谋秘计，大喜过望，对其大加放手任用。陈平在汉王阵营一出手，就用离间计赶走了项王的智囊范增，为汉王除去了一个心腹大患，也使得项羽阵营开始离心离德。

陈平的崛起也改变了刘邦阵营的生态，刘邦阵营多了一个奇谋之士，无形中降低了张良的地位，也使得刘邦可以避免很多潜在的危险。同时由于陈平行事较之张良更无底线，从而成为刘邦手上一把利剑，刘邦便有更多的资源和力量来对项羽、萧何、张良、韩信等进行牵制和算计，这对汉帝国的建立和巩固极为重要。

公元前203年10月，内外交困的项羽与刘邦约和，双方约定以鸿沟为界中分天下，东归楚，西归汉。楚人在形式上统一了天下。11月，项羽引兵东归，刘邦在张良与陈平的提醒下追击楚军，但韩信、彭越等军失约，汉军与楚军在固陵大战，刘邦被击败。在张良、陈平等人的建议下，刘邦将大量封地赐予韩信、彭越等人，韩信等军方来与刘邦会合，共击楚军。

公元前202年1月，刘邦、韩信、彭越、英布等各路汉军约40万人，与项羽军10万战于垓下，楚军大败，项羽在四面楚歌声中退往乌江，自刎而死。战后，对韩信早有戒心的刘邦率军回师，在定陶飞车驰入韩信军中，收其统兵印信，夺了韩信的兵权，随后改封韩信为楚王，将其调离出经营有年的齐国。2月，刘邦大封异姓王，并在诸王的拥戴下于定陶即皇帝位，国号为汉，初都洛阳，在策士娄敬的建议下，高帝将都城迁往关中，最终定都长安。

半心半意地拔刺

西汉王朝建立在风雨飘摇之中，内有功臣分配果实之忧，外有异姓王窥伺之患。有了秦代二世而亡的先例，谁也不知道这个新兴王朝能支撑多久。史载刘邦即皇帝位之后，诸将为封赏争执许久，最后刘邦用封赏背叛过自己的雍齿为什邡侯这个不是办法的办法安定了人心，保证了封赏过程的顺利进行。

在排定功臣座次时，刘邦两次压服丰沛诸将，定萧何为首功，并将萧何排为第一功臣。此时的萧何早已在关中重建旧秦国的官僚机器，并成为秦地将吏政治上的代言人，从而与丰沛人物产生了微妙的间隙，刘邦和丰沛人物还需再花十余年时间才能将整个官僚体系彻底纳入自身势力范围。

为报萧何长期辅佐之恩，同时安定秦地将吏之心，刘邦依然压服丰沛诸将的意见，定萧何为第一，并且采纳陆贾与叔孙通的建议，拟定朝仪，整个西汉王朝的法律、制度、典章开始初具形状。

丰沛集团和秦地将吏之间的矛盾尚算好协调，真正令刘邦头痛的是异姓诸侯王。这些诸侯王中比较强大的有楚王韩信、梁王彭越和淮南王英布。这些诸侯王在秦末趁乱而起，与刘邦的关系半是盟友半是君臣，刘邦与他们一直无法建立起如丰沛集团般亲密的关系。

更令刘邦警觉的是，韩信、彭越等曾在楚汉战争中多次失信，很难不保证他们在自己百年之后不挑起新的内战，建立属于自己的霸权或王朝。刘邦此时已步入老年，对于解决这些问题开始有了很强的紧迫感，一场针对异姓王的大屠杀也在长安的皇宫中开始酝酿。

首要的目标是楚王韩信。韩信在项羽覆灭后收留了项羽的大将钟离眜，钟离眜曾多次迫使高帝狼狈出逃，高帝对之恨之入骨，韩信却收留了他，这就给了高帝迫害韩信的口实。公元前201年，有人告发韩信谋反，高帝召集诸臣商议，诸将都主张发兵征讨，只有陈平建议刘邦假托出游云梦，召韩信见驾，伺机抓捕。陈平这把短剑再一次在内争中显露出寒冷彻骨的锋芒。

皇帝出游的消息很快传到楚地，韩信不由有些着慌，他知道皇帝是为何而来，当初他收留钟离眜也正是出于培养自己嫡系势力的考虑，自己的部属多出于刘邦属下，常令韩信感到如芒在背。有人便向韩信献计，建议杀钟离眜以向皇帝表明忠心。

韩信此时表露出他人格中猥琐的一面，当面逼钟离眜自杀。钟离眜感慨："皇帝忌讳你的智谋，害怕我的武勇，这才不敢图谋楚国。现在你杀了我，只怕你就是下一个！"言毕自杀，韩信割下他的人头觐见高帝，果然被皇帝埋伏的武士所擒。皇帝见了韩信，夺了楚王封爵，降韩信为淮阴侯，分楚国为荆国和（新）楚国。

韩信被押往长安软禁，下一个是彭越。彭越在楚汉战争中运用游击战术，多次截断项羽的粮道，为汉军最终击败项羽立下奇功。公元前197年9月，代相陈豨起兵反叛，刘邦征彭越兵进击陈豨，彭越推辞不往，仅派部分军队应付，亲征的高帝大怒。

公元前196年，高帝平定陈豨后，开始收拾彭越，恰好此时彭越打算杀害他的太仆，太仆逃出，上告彭越企图谋反。刘邦抓住这个由头，废彭越为庶人，迁往蜀地。彭越在半路上遇到吕后，向吕后请求回到故乡昌邑，已杀害韩信的吕后假意答应，带着彭越回到了洛阳。吕后告诉刘邦，彭越是个壮士，切不可放虎归山。对赦免彭越已有悔意的刘邦随即罗织罪名，诛灭彭越三族。

韩信与彭越的遭遇震动了淮南王英布，久蓄异志的英布认为下一个必然是自己，并认为韩信、彭越已被杀，皇帝病重难以亲征，其余诸将不足为虑，于是公然扯旗造反。英布久经沙场，在楚地素有威名，迅速攻占楚国和荆国。

刘邦本想命太子刘盈为帅平叛，吕后使诸人在皇帝面前日夜哭诉，刘邦决定拖着病体亲征。刘邦与英布两军在会甀（今安徽宿州市大营镇）相遇，英布长期追随项羽，排兵布阵颇有项氏遗风，对付项羽颇有心得的刘邦迅速找到了英布军队的弱点展开攻击，英布大败，渡江逃到番阳（今江西鄱阳县），为乡人所杀。三个心腹大患全部铲除。

这里要说说韩信最后的命运。韩信入居关中后，常闷闷不乐，深居简出。皇帝暗算韩信后，心中也有些歉意，便常召韩信入宫闲谈，以培养感情。高傲的韩信却不理皇帝的茬，问答时居然说出"陛下将兵不过十万，臣将兵多多益善"的话，无形中更恶化了双方的关系。

由于韩信战功卓著，丰沛人物对其也极为仰慕，甚至有人对韩信颇有想法，欲将其收归门下。据司马迁所述，一日韩信路过樊哙府门，樊哙跪迎韩信："大王之至寒舍，蓬荜生辉。"韩信在受到樊哙热情招待后离开樊府，一出门就大笑："想不到我韩信居然落到了与樊哙为伍的境地。"樊哙是吕后的妹夫，他热情招待韩信，背后其实是后党势力想将韩信收归门下，但韩信一点都不给后党面子，又不愿与高帝搞好关系，结果就是死路一条。

高帝东征陈豨后，吕后忧虑韩信在京中为变，更顾忌以韩信与萧何为代表的秦地将吏可能存在的盟友关系，决计处死韩信。吕后逼迫萧何召诱韩信至宫中，在未央宫处死了韩信。

刘邦闻知韩信被杀，反应比较复杂，用司马迁的话来说是"既喜且怜之"。喜的是除去了一个心腹大患，还有自己没有亲手染上韩信的鲜血；怜的是韩信毕竟是他一手拔擢，并为自己立下大功。在这种复杂情绪的驱动下，高帝赦免了曾劝韩信作乱的蒯彻。但在与自己情感联系最深的功臣韩信伏诛后，高帝在屠戮功臣方面就更加果断狠辣了。

高帝屠戮功臣一直为后人所诟病，但至少在他自己看来也有不得已的因素。高帝是靠诸侯的大联盟最终击败了项羽，也是被这些诸侯拥立为帝，因而不得不在称帝之初承认这些诸侯的利益。汉朝建立的时候，高帝仅仅控制着原来的秦国土地，六国都以不同形式存在，诸侯们控制着诸多战略要地，对秦地的安全构成了相当的威胁。

如果这种情况长期存在，那么战国时期诸侯林立的情况又会复现。高帝首先把目光转向韩王信。韩王信本名韩信，是韩襄王的庶孙，勇武过人，在刘邦平略韩地时投靠高帝，为和淮阴侯韩信相区别，史书上多依据他后来的封号，称其为韩王信。

卢绾则是高帝在丰邑的好友，两人同日出生，关系一直很亲密。高帝起兵后，卢绾一直跟随高帝转战南北，是丰沛集团的重要人物。公元前202年，燕王藏荼反叛，卢绾随高帝击败藏荼，被封为燕王。

在高帝的严令下，韩王信被迫交出封国，改涉太原以北，建都晋阳。韩王信借口晋阳不利于防备匈奴，请求建都马邑获准。匈奴骑兵多次南下，韩王信在抵抗的同时不得不与之虚与委蛇，结果引起高帝的疑心，韩王信恐惧不已。

公元前201年秋，韩王信举马邑之地投降匈奴，并引匈奴军攻打太原。高帝亲自领兵迎战，结果在白登被匈奴军主力围困，被围七日七夜后，高帝采用陈平的计策，贿赂了匈奴单于的皇后方得以突围。

这一失利使得高帝认识到，要解决北方异姓王的威胁，必须使匈奴保持中立，因而对匈奴采取了和亲政策。和亲政策虽然没有杜绝匈奴干预中原的内政，却使高帝在与北方诸侯的斗争中占据了相当的主动，匈奴对北方异姓王的支持力度大减。这就在相当程度上加快了全国军令政令统一的过程，从这个角度来看，和亲政策是有着积极的意义的。后来的卢绾也在匈奴的支持下企图起事，但并未得到匈奴的积极支援，不得不流亡匈奴。

就这样，在西汉建立后的七八年间，刘邦冒着匈奴干预的风险，逐步用军事手段铲除了北方各异姓诸侯王，并将自己的儿子分封到这些诸侯国为王。对于韩信等南方诸王，刘邦主要运用政治手段解决，军事打击则是辅助手段。

在这个过程中，为高帝驰骋天下、斩将夺旗的诸将，几乎都是丰沛集团出身，丰沛集团在西汉政权中的实力，不仅没有随异姓诸王的覆灭而削弱，反而得到了加强。所以通常人们认为刘邦屠杀功臣，还是要做具体的分析。刘邦杀的功臣，几乎都是异姓诸侯王，或者统兵独霸一方的人物，对于追随自己的旧人，则很少杀戮，反而大加依靠，这就造成了西汉政权内部的失衡。很快这种失衡就在储位之争中表现出来。

人生的最后一搏

我们知道中国历史上曾多次出现皇子争储，却很少有人注意到帝国时代发生在汉惠帝刘盈和赵王刘如意之间的第一次储位之争。刘邦与吕后婚后感情虽说比较融洽，但在刘邦出门打江山后，夫妻之间的关系明显不如以往亲密。

高帝戎马多年，身边少不了年轻漂亮的女子，而吕后却被项羽俘虏，关押在彭城数年，备受艰辛。在这期间，汉王却宠爱上了年轻的戚夫人。戚夫人很快就生下了一个男孩，取名如意。高帝登基后，对刘如意异常宠爱，常说"如意类我"，同时对刘盈大加白眼，渐有易储之意，这就急坏了吕后与丰沛集团。

老百姓常说"皇帝爱长子，百姓爱幺儿"，高帝也是老百姓出身，自然不能免俗，但高帝欲选择如意为太子，主要还是出于延续刘氏江山角度考虑。刘盈性格和善，却失于懦弱，这在深谙帝王之术的高帝看来，实在是不可饶恕的大过。但令高帝始料未及的是，自己要更换太子的想法迎头被浇了好几盆冷水。

首先是丰沛集团坚决反对。高帝对大臣说出了自己易储的想法，丰沛集团重要人物几乎无一赞成，甚至有人公开反对，令高帝大为扫兴。不过在高帝看来，丰沛功臣们真正的目的是希望出现一个懦弱的皇帝，这反而加强了高帝易储的决心。

吕后也经常在高帝面前求情啼哭，恳请皇帝不要易储，但高帝此时已成长为一位心肠颇硬的政治家，根本不会为夫妻患难情分所动。更令高帝心惊的是，吕后势力与丰沛集团几乎成了水乳交融之势，在这场易储的斗争中，丰沛人物几乎都站到了吕后一边，不得不令高帝感到了前所未有的危机。

高帝称帝后一直征战在外，这场斗争使他不得不将眼光从战场转移到了宫闱，转移到自己的结发妻子身上。在易储问题上，高帝摆出了势在必行的态度。

吕后也没闲着。吕后和整个吕氏家族明白，一旦在这场易储斗争中败下阵，等待整个吕氏宗族的将是灭顶之灾。但各种方法均已用过，高帝还是油盐不进，一心易储。

吕后情急之下，便派自己的哥哥，建成侯吕释之绑架张良，向张良问计。张良心知高帝在得到陈平后，自己的地位已大幅下降，同时自己长期追随韩王成，数次离高帝而去的历史在高帝心中留下了永不可磨灭的印迹，因而在西汉立国后便远离军政活动，明哲保身。

吕后采用非常手段迫使张良表态，与后世刘琦诱骗孔明上楼，拆梯问计的伎俩如出一辙。张良无奈，更看到吕后身后站的是整个丰沛集团，张良的智谋还是胜韩信一筹，于是献计，让太子刘盈请商山四皓为师傅，伺机将此事告知皇帝。

这商山四皓本是秦朝主掌文物典章的博士官，学问高深，德行高洁，秦亡后在商山隐居。高帝素来钦慕四人声名，多次罗致而不至。吕后和吕释之得知张良的计谋后不由大喜，请动了商山四皓为太子师傅，商山四皓能拒绝高帝的罗致，想必也不是贪恋富贵、害怕权势的人士，归根结底还是刘盈谦虚好学的君子作风打动了四皓。

在一次宴会上，高帝与太子饮酒，却发现太子身边有四位须发皆白、举止有度的老者，不由问这四位老人的来由，太子回答是商山四皓，现正在东宫为傅。高帝大惊，质问四皓："朕多次罗致四位，尔等都不奉诏，朕怜惜尔等德高年迈，故不治罪。为何太子一招致，尔等就为太子之傅？"四皓叩首谢罪："我等因皇上轻慢士人，多开口詈骂，故而不愿奉诏。太子仁厚爱人，礼贤下士，故而我等愿追随太子左右，请皇上恕罪。"

换了别的皇帝，或者到了袁绍、曹操那里，四皓每人长十个脑袋也不够砍的，但高帝却默然不语。宴后高帝来到戚夫人寝宫长叹："我本欲废掉太子，立如意为太子，现在他居然能请动四皓，看来羽翼已成，已得天下人之心，朕已奈何他不得了。"戚夫人泪如雨下，高帝也悲不自胜："你跳一段我们楚地的舞蹈吧，我为你唱段楚歌。"戚夫人擦干眼泪，跳起了轻盈的楚舞，高帝几次张开嘴，却没能唱出声，试了几次终于唱出了一段流传千古的楚辞：

"鸿鹄高翔，一举千里。羽翮已就，横绝四海。横绝四海，当可奈何？虽有缯缴，尚安所施？"

唱罢，高帝与戚夫人哭成一团。

此时的高帝百感交集。长子已经羽毛丰满，更关键的是得到了丰沛集团和秦地将吏的一致支持，由于这些年自己一直征战在外，国事都交与太子、吕后和萧何打理，他们已经形成稳固的利益联盟，即使是自己要撼动这个联盟也要掂量再三，稍有不慎，只怕自己也难以善终。如果真的发生这样的情况，那自己牺牲了那么多亲人、部下、朋友换来的一切，都将化为乌有！

此时的高皇帝沉浸在悲离中，他的眼前一定闪过了许多人影，包括项羽和韩信。当高帝看到戚夫人那婆娑的舞影和姣美的面容时，更加悲不自胜："朕身为天子，竟然无法保护自己最心爱的女人！"夫妻几十年，高帝对于吕后的性情是太了解了，这个女人刚毅果决，心狠手辣犹在自己之上：自己一直想要韩信的性命，却始终下不了这个狠心，这个女人却不费吹灰之力就取下了韩信的头颅。当自己看到韩信的头颅时，高兴中不也带着一丝怜惜和恐慌吗？高帝知道，当韩信头颅被砍下的那一刻，整个丰沛集团都为之战栗，尽管他们也是韩信之死的同谋者和受益者。戚夫人将来的命运可想而知！

"杀死吕雉！"一个声音恶狠狠地在高帝胸中叫喊。高帝紧紧抓住自己的胸口，感到了一阵剧痛：自己大限将至了！高帝慢慢地摇摇头，如果自己还能再多几年寿命，那就有充分的时间剪灭吕氏羽翼，废掉太子，但现在呢？现在吕氏羽翼已成，自己已无精力对付他们。更为重要的是，自己多年征战，虽然消灭了几乎全部的异姓王，却也使丰沛集团做大，杀掉吕雉，谁能在自己百年之后制约丰沛集团？靠娇弱的戚夫人和年幼的如意？高帝感到自己的眼角在不断地剧烈抽搐：能担当此任的唯有吕雉！

高帝不得不为自己安排后事。当务之急是在将权力交给吕后的同时，设法拆散吕后与丰沛集团的联盟。高帝庆幸自己在拿下一个又一个异姓诸侯王的时候，没有将这些诸侯国改为郡县，而是将自己的子侄分封为王。现在，这些子侄将成为钳制吕后势力和丰沛集团最强有力的力量。

还有，萧何与吕后合作甚为亲密，已威胁到刘氏江山的传承，必须继续对萧何进行敲打，并为萧何安排继承人——曹参。曹参虽然也是丰沛集团的主要人物，但这些年先是追随韩信，继而又在齐国为相，辅佐自己的长子、齐王刘肥，因而是一个钳制吕后并分化吕后与丰沛集团的上佳人选。一切都计划妥当后，高帝做了一个出人意料的举动。

公元前195年春，高帝召集诸王大臣，设坛盟誓："非刘氏不得封王，非有功者不得为列侯。非刘氏而王者，天下共击之。"这就是历史上有名的"白马之盟"。这个"白马之盟"，将功臣们尤其是丰沛集团与刘氏皇族的利益紧紧地捆绑在了一起。

刘邦以维护功臣集团的相对稳定性为条件，换来了他们对刘氏皇族的拥戴，无形中拆散了吕后与丰沛集团的联盟。在刘氏皇族—吕氏后族—功臣集团三角关系中，吕氏后族开始居于劣势。

但是，只要吕后不越过"非刘氏而王"那条红线，吕后就可以平安地充当皇权的守夜人，成为事实上的皇帝。如果吕后越过了这条红线，那么吕氏后族将成为刘氏皇族和功臣集团的共同敌人，出局势在必然。晚年的高帝为了稳固皇权，采取的是固化利益而非杀戮的办法来换取自己嫡系功臣集团的支持，这一点往往为论者所忽略，值得重视。

在白马之盟前，高帝已经将后事向吕后作了交代。高帝击英布时为流矢所中，寿命无形中进一步缩短，吕后以进献良医为名，出长安迎高帝于途中，以探虚实。目的就是预防当年始皇帝去世，有人篡改诏书的旧事重演，或者干脆就是防着高帝临终将皇位传给赵王如意。

高帝一眼就识破了吕后的把戏，怒斥医生后赏金五十斤令其退下。在人生的生死关头，高帝表现出了坦然、豁达和无畏的态度。高帝直接召见了吕后，向吕后交代了身后安排，司马迁这样写道：

> 已而吕后问："陛下百岁后，萧相国即死，令谁代之？"上曰："曹参可。"问其次，上曰："王陵可。然陵少憨，陈平可以助之。陈平智有余，然难以独任。周勃重厚少文，然安刘氏者必勃也，可令为太尉。"吕后复问其次，上曰："此后亦非而所知也。"

高帝以政治遗嘱的形式，将丞相、太尉等关键职务做了安排，从而笼络住了功臣集团的主要首脑，并将陈平与丰沛集团牢牢地拴在了一起，以防其为吕氏所用。为防止吕后变卦，高帝又隆重地设立了"白马之盟"，进一步限制了吕后的选择，迫使其按照自己的遗嘱，与丰沛集团共享政权，从而确保了刘氏皇族在政权中的优势。

正因为高帝煞费苦心的安排，吕后的手脚被捆绑，也更难以利用功臣集团来谋划吕家的霸业。纵使吕后可以屠杀高帝其余的皇子，并大封吕氏宗族为王，最终只不过是在为吕氏一族挖掘坟墓而已，因为功臣集团的命运已经和刘氏皇族牢牢连接在一起。精密的谋划无疑加速了高帝的死亡，但保证了汉帝国政局的相对稳定和刘氏江山的延续。

公元195年4月，刘邦病逝于长乐宫，吕后谋诛功臣，四日不发丧。谋泄，功臣群情汹汹，乃以丁未日发丧，大赦天下，尊刘邦为"太祖"。

【第二章】在罪孽和救赎间苦苦挣扎的男人——

晋文帝司马昭

家族发轫

在中国历史上，司马懿父子三人名声很大，当然也很不好。但仔细分析，司马懿虽然阴险，但具有相当的儒学素养，其韬光养晦在开始只是为了逃避曹操的暗算而自保①，算是曹操自己作孽吧，所以司马懿的阴险应该主要是曹操后天培养的；司马师性格暴烈，属于压不住自己脾气的那类人，其阴险程度当然不如老豆；司马昭则洞察人心，擅长于设计精巧的阴谋手段，性格喜怒无常让对手难于窥测内心，更敢于在重重危机中放手一搏。司马昭文不及乃父，武不及乃兄，但正是司马昭消灭了曹魏皇族最后的力量，并且不顾重重阻力和困难攻灭了蜀国，为中国最终统一打下了坚实基础。

其实当时蜀国虽然政治黑暗，魏国也好不了多少，而且正是看到魏国内部曹氏与司马氏之间存在着尖锐的矛盾，吴、蜀两国统治阶层内部才敢放手相互争斗的，却未曾料到司马昭居然能置国内尖锐的矛盾而不顾，一举拿下蜀国。司马氏篡国之后，其后人将大量关于司马昭篡权的资料销毁殆尽，因而后人看到的司马昭只是一个模糊的影子。下面我们就将利用有限的资料，为读者描述一个司马氏发迹过程。

司马昭，字子上，211 年出生于河内郡（今河南温县），为司马懿第二子。司马昭出生时，天下初定，虽然 208 年孙刘联军在赤壁之战中一举击败曹操，但战乱频仍，至少对于北方来说，最坏的时候已经过去，终于有了一个难得的休养生息时间。

---

① 即父亲。

司马懿家族本来是武将出身,后弃武从文,摇身一变为儒学世家,但与其他大儒学世家相比,司马家族显然属于新晋势力。也正因为司马家族有着尚武的基因,司马懿才能凭借出色的军事才能在曹魏脱颖而出。

当然这是后话,208年的司马懿正面临着人生的一场危机:曹操早在201年就听说了司马懿的大名,希望辟为己用,没想到司马懿鄙薄曹操的出身,称病卧床在家,拒绝为曹操服务,这也许是司马懿第一次采用韬晦之术,后来用着用着就成了习惯。

这一病就是七年,这七年曹操平定了袁绍,正准备征伐荆州刘表势力,结果得知了司马懿装病的消息,不由得大发雷霆,再次征召司马懿。司马懿知道这次曹公的使者带来的可是脚镣和囚车,得,好汉不吃眼前亏,跟着走吧!司马懿于是来到了曹操身边。

老狐狸曹操见到中狐狸司马懿,自是大大不爽。曹操可不是什么好伺候的主,若干年后杨修的下场就是明证。此番见到司马懿,当然没什么好脸色。此外,曹操敏锐地从司马懿身上发现一种阴谋家气质,这种气质让曹操深感不安。不过司马懿初来乍到,一时间也拿不出什么合适理由来做掉,那就先给他安排些活计吧,就不信抓不到他的小辫子。

司马懿十分乖觉,曹操眼中的杀机令他不寒而栗:自己是生活在刀尖之上啊!司马懿从此兢兢业业地伺候曹操,曹操一时间还真拿不到司马懿的什么小辫子。不过越是这样,曹操越不甘心。

曹操做事,要么不做,要做就做到底,如果司马懿很快就让曹操抓住了小辫子,曹操或许会哈哈一笑,然后鄙薄地放过司马懿;但这厮就是滴水不漏,自己拿着放大镜也抓不住他的毛病,厉害啊!曹操想起自己年轻的时候都还没这么厉害,那时自己被周围人看成一个毛躁猴子,现在这司马懿远较自己当年成熟,他会不会……

司马懿也没闲着。司马懿看到曹操长时间阴冷的眼神,知道曹操内心对自己始终未曾释怀,自己的性命随时会被曹操夺走。要想摆脱危机,唯有成为领导的心腹。但曹操明摆着是不会把自己当成心腹的，司马懿于是把目光转向了曹丕。

此时的曹丕正殚精竭虑地与曹植为储位而争斗。曹植文采斐然，风华绝代，并且得到了曹操的欢心和三弟曹彰的支持。与这样的对手相争，真是件不可能完成的任务啊！曹丕所能依靠的，除了身为降虏的河北士人外，就是一些虾兵蟹将了。曹丕盼望着身边有一个智囊，带领自己走出一条通向光明的道路。

一个需要保护伞，一个需要指明灯，曹丕和司马懿出于不同的目的，为了相同的目标（夺嫡）走到一起了。在司马懿的策划下，曹丕拥有了让朝野仰慕的威望，终于让曹操不得不立曹丕为魏王世子，这一回合曹丕、司马懿大获全胜，自此曹丕对司马懿刮目相看。

有了曹丕的友谊和保护，司马懿与曹操的关系也迅速改善。司马懿开始参与军国大计，参与了曹操征伐张鲁之战，并献计解除了关羽攻击荆襄的危机，诱使孙权击杀关羽，令人刮目相看。

但在曹操心中，司马懿始终是一个危险分子，但由于曹丕的保护，司马懿多次转危为安。220年，曹操逝世，曹丕继为魏王，司马懿迎来了自己的春天。曹丕随后夺取了帝位，司马懿更是功不可没。曹丕当然是投桃报李，对司马懿大加信用。我们的主人公司马昭，正是在父亲为曹丕夺嫡、篡位的过程中渐渐长大的。

226年，曹丕逝世，抚军大将军司马懿与曹真、曹休、陈群等受命辅政。未曾想到曹丕之子曹睿却是个狠角色，大事小情一决于己，辅政大臣不得置喙。饶是如此，由于曹丕苛待支持曹植的宗室及其支持者，曹魏政权出现了人才危机，司马懿的地位还是节节提高。

227年，蜀相诸葛亮趁曹丕逝世，出师北伐，司马懿的地位更加吃重。228年，已升任骠骑将军的司马懿一战击败孟达，消除了曹魏王朝内部的一颗定时炸弹。由于曹真病重，司马懿开始取代曹真，主持对蜀战事。

针对诸葛亮远道而来、粮饷转运困难的局面，司马懿采取持重之策，生生拖垮了诸葛亮的军队和身体。238 年，太尉司马懿受命讨伐辽东公孙渊，一举而平之，完成了曹操当年未能完成的事业，但却给高句丽的坐大扫平了道路。239 年，魏帝曹睿病逝，遗命曹爽和司马懿共同辅佐幼帝曹芳。

在魏国建立和壮大的过程中，司马懿屡建奇功，并成为朝野之望，朝廷重臣。但在魏国统治阶层内部，对于司马懿能否始终如一地效忠于曹魏，一直存在不同看法。曹丕对司马懿是给予了完全的信任，但从曹睿继位开始，相关的争议就此起彼伏。曹睿临终前也对是否任用司马懿辅政有过动摇，但考虑到司马懿业已坐大，如果不用其辅政反而会激发他的反心，所以曹睿不得不冒着风险任命司马懿为辅政大臣。

一同受命辅政的曹爽是个公子哥，这种人对司马懿这种重臣最是猜忌，因为他们缺乏足够的能力和信心与司马懿合作。曹爽在党羽们的挑唆下，以曹芳的名义升任司马懿为太傅，夺取了司马懿的兵权。司马懿眼看曹爽等猜忌自己，于是托病不问政事，曹爽大肆任用亲信，形成了专权的局面，引发了元老重臣们的极度不满。

249 年正月初四，曹爽随魏帝曹芳祭祀曹睿的高平陵，司马懿抓住这个机会，在洛阳发动政变。缺乏政治经验的曹爽轻信了司马懿的诺言，交出大将军印信，数月后被处死。司马懿掌握了曹魏的大权。虽说已经掌握了曹魏的中枢权力，但在地方上，特别是在朝廷内部，司马家族的敌人还是很多。

司马懿在 251 年去世，临终前的一段时间，司马懿平定了以王凌、令狐愚为首的反对势力，为家族铲除了最可怕的一个对手。王凌本东汉司徒王允侄子，王允被李傕等以为董卓报仇的名义杀害后，只有王凌逃出生天，后来成长为曹魏重臣。王凌当时是曹魏仅次于司马懿的掌握重兵的重臣，如果撑到司马懿身后，司马师司马昭能否压住王凌，实未可知。现在父亲为他们拔去了最大的一颗钉子，能不能走下去，就要看司马师、司马昭的能力了。

初入政坛

托庇着父荫长大的司马昭一开始并未引起大家的充分注意，人们包括父亲司马懿，更关注的还是司马昭的长兄司马师。早年司马昭与乃父乃兄一起在关陇前线与诸葛亮的蜀军作战，由此在关西地方和军内打下了人脉基础。

239 年，司马昭被封为新城乡侯，这是一个很尊贵的爵位。东汉侯爵分三等：县侯、乡侯、亭侯，依次递降。关羽一生戎马，所获爵位不过亭侯；诸葛亮有辅弼之功，获封爵位也不过乡侯而已。司马昭在成人后不久即被封为乡侯，可以想见司马懿当时的逼人权势。240 年，司马昭步入政坛，出任洛阳典农中郎将。

当时天下残破，东汉人口十不存一，据西晋皇甫谧在《帝王世纪》中的说法，263 年，司马昭灭蜀后，魏蜀人口合计才五百三十七万多人，而东汉末年人口为五千九百余万人！为了走出这一灭种危机，曹操设置典农中郎将这一官职，管辖大片无人荒地，招募军人和民户进行生产。这是在战乱状况下没有办法的办法，连首都洛阳在恢复 30 年后还能设置典农中郎将，说明当时的社会远未走出灭种危机。

魏明帝曹睿性好奢侈，不顾当时民间人口稀少，征发民夫大兴宫室，对魏国残破的经济造成重大伤害。幸亏曹睿在 239 年逝世，否则曹魏经济必将受到更大损伤。

司马昭任职之后，针对民间残破这一现状，采取轻徭薄赋、休养民力的做法，鼓励发展农业生产，显露出不凡的行政能力。须知三国时代，各国统治者为了争霸，无不对百姓采取敲骨吸髓的做法，即使廉明如诸葛亮，征调起蜀汉民力来也毫不手软。当年高帝、吕后与民休息的遗训，早已被抛弃到九霄云外。

司马昭能重新奉行高帝和吕后的遗训，不啻为乱世之中光彩的亮点。数年后司马昭的辖地人口增加、物力丰盈，给司马家族和司马昭本人带来很大的声誉。司马昭由此被拜为散骑常侍。

在此期间，司马懿的权力已渐遭曹爽集团侵夺。饶是如此，在发生战事时，曹爽集团还是离不开司马懿这匹识途老马。241年，孙权兴兵攻打魏国，被司马懿击退。司马懿借此机会，命邓艾在淮南兴办军屯，淮南实力大增，面对东吴时优势更大，这样司马懿、曹爽等衮衮诸公在洛阳争斗时就不需考虑来自东南方向的威胁。

243年，司马懿再次率军攻打东吴，孙权从此失去了窥测中原的志向，转而把精力放在内部清洗上，寻找东吴的司马懿去也。司马懿的赫赫战功，对曹爽集团形成了强大的震慑和压迫效应，其影响力甚至超出国界，一直冲击到孙权，孙权从此在内部发动一轮轮清洗，直接造成了吴国的衰落。

曹爽集团当然不甘挫折。他们意识到，要想接管司马懿的权力，彻底将司马家族赶出政坛，唯有在军事上建立功勋，取代司马懿在对外征战中第一男主角的地位。曹爽于是和心腹夏侯玄等策划攻打蜀国，希望建立不世之功。

244年初，曹爽推荐表亲夏侯玄为征西将军，从司马懿手中夺取了关西地区的军权。夏侯玄一赴任，就积极地策划攻打蜀汉，征发汉羌民众从军或充任民夫。3月，曹爽以司马昭为夏侯玄副将，带着部分御林军到了关中，合关西兵约步骑六七万，大举伐蜀。

蜀汉自从诸葛亮死后，继任的蒋琬、费祎等颇有自知之明，对魏采取了守势，客观上给了疲惫的蜀汉民众休养生息的时间。虽说实力不能和魏国相比，但自保还是有余的。曹爽柿子拣软的捏，算是找"对"了人。曹爽率大军选择了骆谷侵蜀，骆谷是关中通往汉中的要道，长仅765余华里，谷道仅不足500里，比其他道路快上很多。但这条道路要翻越十八盘和老君岭等大山，路程异常艰险。

蜀军利用有利形势，大将王平等率大军三万，占据有利地形，以逸待劳，等着迎击魏军。曹爽等率兵进入谷内，未想到道路如此艰辛，后勤保障异常困难，汉羌民夫，死伤枕藉。伐蜀之役陷入僵局。

司马懿集团也意识到，如果放任曹爽攻蜀成功，那么司马懿集团就可以回家啃红薯（当时没有红薯，红薯到明末才传入中国，暂时借用）了，于是不惜采取一切手段破坏：司马昭利用自己副将的地位，将曹爽等人的计划和军机变化，向洛阳的司马懿和盘托出；郭淮等与蜀军有着长期的作战经历，蜀军素来畏惧郭淮，此时竟一反常态，拒绝与蜀军正面交锋，动辄拔营而退；在曹爽最需要后援的情况下，司马懿等洛阳重臣拒绝了增援之议，逼迫曹爽退兵。

可怜曹爽外有王平蜀军之逼，内有司马父子内乱之忧，连像样的仗都没有打一个，不得不退兵回朝。此战曹爽声望大减，后来的诸葛恪伐魏失败为自己埋下杀身之祸，伐蜀失利对曹爽也有相同的效应。

此次伐蜀，魏国方面最大的胜利者是司马昭。司马昭利用这个机会，进一步密切了和关西将领的关系，并取得了统兵作战的初步经验，军事才能得到进一步的锻炼。一颗军政新星正在魏国政坛上空冉冉升起。

但对于司马懿这只老狐狸来说，虽然司马昭的表现令他欣慰，他最看重的还是长子司马师。造反是杀头抄家的买卖，司马懿岂能不知？所以司马懿最堪虑者，乃是有人借着司马家族内部的矛盾，挑动司马家族成员之间的争斗，达到消灭司马家族的目的。这一手自己在三十年前就玩得很熟，当年曹氏家族不就是在自己的谋划下分崩离析，重要成员离心离德的吗？不然自己的地位哪能这么吃重，在中央的权势甚至超过了西汉的王爷和丞相！虽然司马昭聪明颖秀，颇有功劳，但为了家族的利益，还是辛苦子上（司马昭字）忍忍吧！司马懿于是刻意压抑司马昭，受到重点培养的是长子司马师。

兄长的阴影

司马师字子元，为司马懿长子，长司马昭三岁。司马师性格刚烈，略带凶残，却不乏奇谋秘计，可以说是谋士和武将的完美结合。司马师长期在禁军中服役，培植了一大帮党羽，这些人在高平陵政变中发挥了重要作用。251年，司马懿去世，司马师以抚军大将军的身份辅政，一时间鹰视狼顾，雄心不已。

253年，东吴大将军诸葛恪发全国兵攻打合肥，司马师应对得当，诸葛恪大败而逃，回国后被宗室孙峻暗杀，夷三族，诸葛瑾一系仅过继给诸葛亮的诸葛乔一脉得免。经此一役，司马师威望空前高涨，司马家族对中枢政权的把握愈加牢固，这就引起了曹魏残余势力的恐慌。

本来嘛，曹魏皇室势力寄希望于司马懿子孙日渐衰弱，曹魏皇室凭借大义名分，不愁没有夺回政权的希望。但司马师如此了得，比之司马懿不遑多让，野心和暴烈更有过之而无不及，曹魏皇室于是加快了行动。

254年，深受司马师信任的中书令李丰和国丈、光禄大夫张缉密谋政变，打算趁司马师进宫之际杀死司马师，以夏侯玄为大将军辅政。这个计划显然是在冒险，因为即使侥幸杀死司马师，还有司马昭和司马懿弟弟、重臣司马孚在，届时曹魏势力如何收场，是一个大可玩味的问题。

此时显然应该是保存实力，暗中联络忠于曹魏的势力，利用皇统优势，以拖待变，而非孤注一掷，给对方创造一网打尽的机会。密谋很快泄露，狂怒的司马师亲手将李丰活活打死，并将夏侯玄、李丰等诛灭三族，废掉了张皇后。司马师一不做二不休，干脆废掉了魏帝曹芳，改立曹髦这个"非常之主"为帝。

有这么一个狠如豺狼、心狠手辣的老哥，司马昭的日子当然不那么好过。幸亏老爹英明，将家族族长之位直接给了大哥，大哥对自己才客客气气，否则大哥哪会这么对自己？司马昭深知大哥的脾气，大哥对权力和资源有着超出常人的占有欲和支配欲，这种欲望甚至远在父亲之上！任何对他构成阻碍的人都会被他无情消灭，即使是自己！

司马昭记得，父亲为大哥礼聘了曹魏宗室夏侯尚之女夏侯徽为妻，大哥其实很喜欢夏侯徽，数年间就和她生了五个女儿。但夏侯徽异常聪慧，很快就觉察到父亲和大哥的异心，结果被大哥下毒而死，年仅二十四岁。夏侯徽的死给司马昭以很大刺激：大哥狠毒啊，手段狠辣绝对远远胜过曹丕，自己如果与大哥起冲突，父亲绝对会站在大哥一边。司马昭终于找到了自己的定位：做大哥的最佳辅佐，协助他夺取天下！

不过司马昭也有他的长处：与大哥相比，自己的优点是精细，擅长行政事务。大哥属于那种项羽式的人物，这种人往往不屑于琐碎的行政事务，对需要长期完成的目标也往往缺乏耐心。大哥不是常常自比为王莽、董卓吗？王莽暂且不论，董卓固然是胆略过人的一代枭雄，但董卓的致命弱点是粗暴、不精细和缺乏方向感，不是和大哥有点像吗？虽然大哥在父亲的调教下谋略过人，但有些东西是改变不了的，比如脾气和秉性。司马昭越来越觉得自己的精细和耐心是司马家族在这场政治争斗中最需要的品质，慢慢地，司马昭走出了兄长的阴影，对自己有了更大的信心。

尽管如此，司马昭还是感受到了来自大哥的压力。司马师执政后，提携故旧，访贫问苦，却有意无意地忽略了这位老弟。司马昭心中雪亮，这是老大在提醒自己，兄弟关系已变为准君臣关系，应该适应彼此身份的变化，摆正自己的位置。

司马昭明白，这里面还有一层扯不清道不明的关系：老大在毒杀夏侯徽后，又有了两段婚姻，但始终没有生出儿子。248年，自己的次子司马攸出生。父亲做主，将司马攸过继给大哥，从此大哥看自己的眼神就有了一种怪怪的感觉。老大自任抚军大将军以来，意气风发，唯一的隐痛可能就是没有自己的亲生儿子了。

不过大哥正值壮年，身边又有众多的女人，生个男孩应该不是什么难事。一想起这个，司马昭就感到浑身不自在：如果老大生了一个自己的儿子，攸儿该如何自处？大哥对自己的防范，未尝没有为自己做嫁衣的感慨！也许，祸事不久就会来了吧。

司马师的打击果然来了。252年10月，吴主孙权病逝，大将军诸葛恪受命辅政。司马师认为机会来了，不顾"义不伐丧"的古训，出兵15万进攻东吴。其中王昶攻击南郡，毌丘俭进攻武昌，胡遵、诸葛诞等率军七万，司马昭为胡遵等监军，进攻江南门户东兴。

此战于诸葛恪的声望特别是地位关系甚大，诸葛恪不敢怠慢，率军四万亲自援救东兴。老将丁奉为先锋，利用水军机动力强的优势，绕到魏军防守薄弱的区域，大败魏军，胡遵、诸葛诞等败退，诸葛恪取得了东兴之战的胜利，国内威望大增。

首战就吃了一个闷亏，魏国上下都在看司马师如何善后。如果处置稍有失当，司马家的权势基础就会慢慢动摇。司马师深知利害，这场战役本是自己急于求功而发动，前线诸将为迎合自己，几乎无人提出反对意见，只有尚书傅嘏表示反对。现在打了败仗，这些不同山头、背景各异的将领心中都惴惴不安。司马师此时表示出了罕见的大度。司马师抚慰诸将，自己领下了战败的责任，并将监军司马昭免职，夺取侯爵。司马师此番举措为自己赢得了赞誉，却让司马昭将所有的责任一肩扛起。

司马昭心中大为感慨：大哥啊大哥，你真会将丧事办成喜事啊！这一下你的声望大增，这些将领本来或多或少都有皇室背景，结果这一来都对你心悦诚服了。你让我去做监军，不就是对胡遵、诸葛诞有所怀疑吗？刚战败的时候，这些将领心中恐慌，急切之下，只需一颗火星就能引发燎原之火。你削了老弟的官爵，一下子把他们的恐惧之火熄灭了。但这些宝贵的情报，不是老弟我及时传递给你的吗？这么些年，你一直压制着我，父亲也都站在你这边，为什么受伤的总是我，为什么？

司马昭擦干眼泪：流泪是没有用的，只有坚强才能解决问题！有了老大的领导，司马家族的前途应该是不成问题。但自己这一房前途并不十分乐观，特别是如果老大有了自己的子嗣的话。只有奋发图强，增强自己的实力与威望，还有在大哥面前的分量，方能为自己、为妻儿争得一个好前途。

机会很快就来了。253年，姜维率蜀军进犯陇右，扬言进攻狄道。狄道是古陇西郡的政治、经济、文化中心，更是李氏这一中华第一大姓的发源地。狄道若失，陇西就将落入姜维之手，关中亦岌岌可危。打虎亲兄弟，上阵父子兵，关西是司马父子的自留地，切不可容他人染指的。尽管不十分情愿，司马师还是任命司马昭为代理征西将军，率兵抵御姜维。

当时的雍州刺史陈泰异常恐慌，想在姜维之前占据狄道。司马昭却认为，姜维征伐魏国，目的是收服诸羌，增强军事实力，以待明年攻击魏国。现在目的已经达到，撤退还来不及，怎么会再度舍近求远，攻打狄道？所以姜维放出攻打狄道的风声，正是为了掩护军队撤退。

果然不久后，姜维火烧军营退兵。司马昭也不能白来一趟，正好赶上新平羌胡叛乱，司马昭率军一举平定。取胜后，司马昭率军在灵州北部耀兵示武，北部羌胡纷纷表示归顺。司马昭立下了大功，回京后恢复了爵位，更通过此次征伐进一步密切了和关西军队的关系。

这场及时的胜利也让司马师对司马昭刮目相看。司马昭在这次征战中，表现了极为出色的谋略水平，和对军事行动尺度把握的绝佳感觉，将关西地区一干将领都比了下去。此战对司马师也是一场及时雨，司马师的辅政地位也因此更加巩固。倘若此战不胜，司马兄弟的威望势必被一步步削弱，诸葛恪的下场就是司马兄弟的未来！关键时候还是自家人靠得住啊！司马师发出这样的感叹。

254年李丰等策划杀害司马师事件更坚定了司马师的这一想法。在亲手打死李丰、拘捕夏侯玄后，司马师长出一口冷气：如果去年司马昭再在关中之战失利的话，李丰能纠集的可就不是这点人了，好险！在这场未遂政变中，司马昭坚定地站在老哥这边，并帮助老哥废掉了曹芳。兄弟之间的关系和睦了不少。

255年，镇东将军毌丘俭、扬州刺史文钦起兵反抗司马师的统治，并送子入东吴为质，一时间声势浩大。司马师闻知此讯，本来想派司马孚率大军镇压，但左右皆以为毌丘仲恭宿将，非大将军亲征难以成功。司马师正患眼疾，听闻此言后决计亲自出征。

战事都还顺利，毌丘俭被杀，文钦逃入东吴，但未料到文钦之子文鸯有万夫不当之勇，居然敢夜袭司马师大营。文鸯左右冲杀，如入无人之境，司马师惊吓过度，结果眼球蹦出眼眶，血流如注。左右见状急忙将司马师送往洛阳，结果司马师在许昌疼痛而死，终年四十七岁。

毌丘俭为魏明帝曹睿亲信，也曾担任洛阳典农之职，并上书劝说明帝珍惜民力，缓修宫殿，得到明帝采纳，很快升为荆州刺史。后转任幽州刺史，与司马懿一起平定辽东公孙渊。244年和245年，毌丘俭两次率兵大败高句丽，有力地遏制了高句丽对于辽东的蚕食，并刻石记功。因功升为左将军，假节、监豫州诸军事，领豫州刺史。252年，毌丘俭为镇东将军，驻节扬州，并在253年击败诸葛恪，诸葛恪回军建康后即被宗室孙峻诛杀。

由此可见，毌丘俭为明帝一手栽培，是曹魏皇室的嫡系将领。毌丘俭眼见夏侯玄、李丰等被诛，曹芳被废，心中常有报国之志，但考虑到亲人皆在洛阳，深有顾忌。危急时刻，其子毌丘甸不顾自身安危劝说父亲起兵，毌丘俭深受感动，毅然起事，毌丘甸也因此为司马师诛杀。东晋史学家习凿齿曾说："毌丘俭感明帝之恩遇，故为此役。"历来史家对毌丘俭都赞誉有加。愿毌丘父子的忠义精神能代代相传！

迎来春天

司马师一死，魏国权力格局势必要重新洗牌。在司马师临终前，出于对司马家族前途的担忧，也出于对老弟司马昭能力的顾虑，司马师曾有意将朝政托付给傅嘏。傅嘏深知司马家族势力盘根错节，即使司马昭看上去显得有些仁弱，但德高望重的司马孚尚在！傅嘏极力推辞司马师的美意，并力荐司马昭继任大将军辅政。

远在洛阳的曹髦也意识到这是一个收回皇权的好机会。司马师骄横跋扈，威福自专的作风早已令曹髦不堪忍受，一心想恢复祖辈的荣光。得到司马师的死讯后，曹髦立即下诏，令司马昭镇守许昌，军队由傅嘏率领，回到洛阳。

接到诏书后，傅嘏等马上明白这是曹髦的计策：只要司马昭留在许昌，军队一回到洛阳就会被曹髦所夺，到时不但司马家族，像傅嘏、钟会这些依附于司马家族的党羽都会遭到灭顶之灾。傅嘏于是和钟会等定谋，伪造司马师的命令，要司马昭立即来许昌。司马昭来到许昌后，傅嘏等与之率军一起回到洛阳。曹髦见木已成舟，只得拜司马昭为大将军、录尚书事，辅佐朝政。

忍耐了四十多年，司马昭终于迎来了自己的春天。司马昭不由得感慨万千：本以为今生就在隐忍中度过，没想到历史居然将自己推上了风口浪尖。司马家族的重担就交给自己了。朝堂之上虽然诸位大臣都对自己恭恭敬敬，连那位小皇帝看到自己都不敢大声说话，但他们心里到底是怎样想的，有谁知道？稍不留心，老大就是自己的榜样！

数十年的隐忍没有白过，曹髦和大臣们很快发现，看似仁柔的司马昭在玩弄起权术来，要远比司马师来得娴熟。司马昭总结了东汉以来历次政变的教训，认为自己不宜单身出入宫禁，因而长居大将军府，极少入宫拜见曹髦，这肯定令曹髦感到失望。

被钟会誉为"文如陈思、武类太祖"的曹髦，无疑是一位英主，只可惜生不逢时，遇上了从仁柔变为阴毒的司马昭。如果司马昭敢于单身入觐，胆子更大的曹髦也是敢于将其格杀在深宫的。司马昭还总结了司马师执政期间在淮南方向根基不稳的教训，认为必须培养起完全依附于自己的独当一面的将才，方能与皇室从容地周旋。司马师时代嫡系将领的数量捉襟见肘，讨伐四方的任务不得不交给自己和老叔司马孚，不但不利于发现和培养嫡系将领，而且造成有事时中枢空虚，从而给曹魏势力以拉拢人才、政变中枢的空间。司马昭决心培养起一批亲信将领，逐步取代那些忠于曹魏或不赞成代魏的力量。

最后，司马昭还认为，必须祭起曹爽之故技，提拔起一批年轻的世家人才，让这批人站在司马家族而非曹魏皇族一方。只可惜足智多谋的傅嘏在回洛阳后不久即去世，司马氏失去了自己的张良和荀彧，不得不在谋略上更加依赖于钟会。

司马昭曾数次率军在关西作战，因而对关西将领颇为熟悉，或许这就是司马师时代关西将领颇遭冷落的原因吧。关西将领中，邓艾无疑是其中翘楚。

邓艾字士载，义阳棘阳人，三国后期第一名将。邓艾幼年，曹操强行将邓艾家族迁徙至汝南为屯田民，形同奴隶，生活异常艰苦。邓艾从小给人放牛，但天资聪颖的他，决心好好努力，通过学习改变自己的命运，在放牛时也手不释卷，孜孜苦读。令人惊异的是，邓艾对军事似乎有着特殊的敏感，每到一地都指指点点，认为此处可屯兵，那处可设伏，状似疯魔，也因此常常遭到别人的嘲笑。

成人后，邓艾被推荐为典农都尉学士。那个时候天下残破，千里无人烟，县早已被典农都尉所代替，放到现在这个官应该是县政府秘书。因邓艾有口吃的毛病，典农都尉认为他不适合出任重要职务，所以只是指派他担任看守稻草的小吏。

邓艾在平淡中生活了近二十年，偶然得到了一次去洛阳的机会。在洛阳，邓艾遇上了太尉司马懿。司马懿欣赏邓艾的才能，征辟邓艾为太尉府的掾属。邓艾由是感激司马氏，成为司马氏最得力的党羽。邓艾跟随司马懿之后，在屯田、军事等方面，屡建奇功，成为三国后期为数不多的既能打仗，又善于搞经济的人才。

司马昭任大将军后，对邓艾更是不吝拔擢，邓艾因功被封为镇西将军，都督陇右诸军事，晋封邓侯。邓艾与蜀汉姜维多次作战，姜维数败于邓艾之手。邓艾、姜维为司马懿和诸葛亮的弟子，在学生之间的争斗中，司马懿无疑占了明显的上风。

邓艾为司马氏坐镇陇右，并且拿出自己的看家本事——屯田，大大减轻了陇右对关东粮草的依赖。司马氏能放手在关东夺权，有邓艾稳定关西无疑是重要因素。

除了将关西根本之地交给了类似家奴的邓艾，司马昭在中枢也组织了属于自己的力量。钟会、裴楷、陈泰等世家子弟，无不依附司马氏。得到这些一流人才的辅佐，还有他们背后的家族力量的支持，司马昭信心爆棚，开始找到了一丝当年乃兄的感觉。

生性谨慎的司马昭并未被暂时的顺利冲昏头脑。他知道，魏皇室尚有不少残余势力，在民间的号召力也不容低估。虽然目前司马家族顺风顺水，但辅政之位并不具有永久的法定效力。从礼法上来说，辅政大臣总有一天是要向皇帝交还政权的。现在的小皇帝曹髦才华过人，并不是随意可操控的对象。如果等小皇帝长大成人，自己也垂垂老矣，朝中会发生怎样的变化，不得而知。更何况钟会、陈泰等世家子弟虽说现在和自己合作，将来一有风吹草动，会不会反戈相向也未可知。司马昭决定抓紧目前的有利时机，为司马家族的下一步布局。

平定诸葛诞

256年，司马昭派心腹贾充游说征东、征西、征南、征北等四征将军，进行试探，以观察他们对司马家族代魏的态度。其他各处都还顺利，唯有在征东将军诸葛诞面前碰了钉子。

贾充试探诸葛诞："洛阳现在的各位贤达，都认为司马公受禅是大势所趋，您怎么看？"诸葛诞义正辞严："你不是贾豫州贾逵的儿子吗，怎么能说出这种话？如果发生这种情形，我愿为国家而死。"贾充见状，知道诸葛诞志不可夺，于是回京向司马昭汇报，建议其早作打算，趁诸葛诞做好充分准备之前，逼反诸葛诞。司马昭采纳了他的意见。

257年，司马昭以朝廷的名义升诸葛诞为司空，命其赴洛阳任职。诸葛诞为这一天已经准备很久了。接到诏令，诸葛诞深知如果交出军权回到洛阳，自己的前景一定是凶多吉少。为自身安危和家族存亡计，索性一不做二不休，扯旗造反。

扬州刺史乐琳是司马昭安排在诸葛诞身边的一颗钉子，诸葛诞想做他也不是一天两天了。5月，诸葛诞顺利地取下了乐琳的项上人头，夺其军，合本部兵十余万人造反。诸葛诞本非魏室纯臣，只是不甘做司马昭的走狗而已，因而与毌丘俭不同，他的军事部署都是守势：寿春早已备下了一年的存粮，将士们都撤到寿春，固守待敌；派儿子诸葛靓赴东吴求援，当然是以称臣为代价的。

东吴很快收到诸葛诞的求援信。虽说孙峻、孙綝兄弟杀了诸葛诞堂侄诸葛恪满门，但遇到这等国家大事还是不敢怠慢。此时孙峻已死，其弟孙綝代为大将军辅政。孙綝立即封诸葛诞为左都护、假节、大司徒、骠骑将军、青州牧、寿春侯，并发兵三万，以全怿、全端，加上投吴的毌丘俭搭档文钦为统帅，前来救援诸葛诞。孙綝等自率大军接应。

接到诸葛诞反叛的报告，司马昭冷笑连连：早就防着你来这么一手！司马昭早已从各地抽调防军，加上中枢的禁卫部队，共计二十六万，准备讨伐淮南。这么大的一支军队，交给谁都不放心，当然是由老夫亲自挂帅！中枢吗，就交给二叔司马孚好了。

不过二叔这个假道学对我们大房父子三人的做法早就啧有烦言，老说自己是什么魏室纯臣，真真烦死人！你也不想想，我们大房事败了，魏室挥舞屠刀杀司马家的时候，会放过二叔你吗？中枢全交给你，也不让人全放心。二叔，不是侄子不相信你，对那些魏室臣子，你不好意思把事做绝，会给人空子钻的！给你老人家多安排几个辅佐吧，又怕伤了你脆弱的自尊。老头子再哭哭啼啼地叨唠几句"大魏纯臣"，做侄子的也受不了。司马昭一拍脑袋，想出一个既能安定中枢，又不伤害二叔老脸的法子：带着皇帝和太后出征！

皇太后御驾亲征，在中国历史上不仅是空前，而且是绝后的。开创了这一壮举的司马昭将皇太后和小皇帝安置在后方，选择亲信将领看管，自己带着大军到了淮南前线。王基和陈骞率领前部军，急急赶往前线，争取在东吴援军到来之前包围寿春。

寿春本有十几万军队，兵精粮足，本来就摆出一副龟缩城中纹丝不动的架势，不打算与司马昭的大军野战。王基、陈骞一路顺风，来到寿春城下，正欲对寿春形成合围，结果遇上了全氏兄弟和文钦率领的吴军。一番恶战之下，吴军击破魏军的阻击，顺利进入寿春城，诸葛诞军士气大振。

本来嘛，与吴人结盟只是诸葛诞对下属的安慰话，到底吴人买不买这个账，买到什么程度，诸葛诞自己也心中无底。这一下眼见吴人不仅买账，还下了如此之大的血本，寿春城内军民情绪的亢奋程度，可想而知。但在这番亢奋情绪下，危机正在酝酿。

显然，面对二十六万魏军的团团围困，要想在军事上打开局面，光靠死守显然是不可取的。大凡围城之战，如果采取守势的一方缺乏外援，那么城中粮食一旦耗尽，攻势一方自然得手，这是军事常识。

要想打破这种不利局面，除了要有强大的外援之外，城内也不能采取一味死守的办法，而是要适当分出一部军队（最好是有舟楫之利的吴军），在敌军包围圈的外围采取游击战术，骚扰对手，使之不能全力攻城，同时接应救援之军。现在寿春城内的诸葛军和吴军加起来有十五六万，勇将谋士都不缺乏，应该派一支游击之军，骚扰疲惫魏军，同时城内应该主动派军队出击，选择有利时机狠狠打击魏军，为孙綝大军的到来创造条件。很遗憾，这些事诸葛诞一件都没有做，充分暴露出庸将的本质。

司马昭来到前线，发现虽然寿春已被魏军团团包围，但由于先前被吴军击败，眼见城内兵精粮足，魏军上下皆有怯战之意，士气空前低落。司马昭大怒，此战关系到司马家族的身家性命，如果有个闪失，司马满门将死无葬身之地！司马昭决心祭出铁血手段，提升魏军的士气，争取这场战争的胜利。

司马昭下令，将临敌怯战的将军李广和泡病号的泰山太守常时立即处斩，以正军法。效果立竿见影，慌乱的军心慑于严厉的军法，开始稳定下来。司马昭亲自到达前线，也使得魏军军心一振。司马昭指挥诸军将寿春包围得如铁桶一般，并且命石苞、州泰等率一支精兵严阵以待，准备迎击来援的吴军。

现在慌乱的反而是城中的诸葛诞和吴军了。文钦指挥属下军队数次突围，皆被魏军击退，城中守军只能将胜利希望寄托在孙綝的大军身上。

孙綝果然命朱异为假节、大都督，率军三万前来援救寿春。朱异率军日夜向寿春进发，结果遇到了石苞、州泰等人的游兵。吴军缺马，野战能力不如魏军，被魏军打得大败，不得不狼狈奔逃。7月，孙綝亲率主力前来援救寿春，在路上遇到了朱异的军队。孙綝补充了朱异的军队，命朱异和名将丁奉率五万人一起援救诸葛诞。

朱异等率军试图渡过淮河，结果被石苞、州泰军发现，大败吴军。朱异等明白事关重大，整兵后再次试图攻击石苞、州泰军，又为石苞、州泰部击败。这时已升为泰山太守的胡烈来了一个神补刀，派遣五千兵马抄小路一举焚毁了吴军的全部粮草辎重，朱异军失去作战能力，不得不引兵而退。

孙綝大怒，命朱异再率兵三万，进攻魏军。尝到魏军厉害的朱异坚执不从，孙綝顿时起了杀机。孙綝传令朱异，命朱异赴孙綝帐中相见。陆逊之子陆抗劝朱异不要前往，朱异却不疑有他，坚持赴会。朱异一到孙綝大帐，就被武士牢牢捆绑，朱异大呼无罪，但孙綝还是处死了这位吴国后期的军事台柱子。借机杀死妨碍自己专权的朱异后，孙綝派弟弟孙恩虚张声势，假装援救寿春，自己却返回了建康。如果孙綝继续坚持进攻，是会给司马昭更大压力的，城中守军也会坚持更久，但孙綝的退缩使得战场主动权落到了司马昭手里。

消息传到寿春，城内慌作一团。司马昭连日来虽然未发动猛攻，却将寿春围得如铁桶一般，诸葛诞发起的多次试探性进攻，都被司马昭坚决地顶了回去。城内守军唯一的指望，就是孙綝的大军了。现在孙綝已经回到建康，一个尖锐的问题就摆在城内众将面前：坚守还是突围？这个问题好比哈姆雷特遇到的"生存还是毁灭"，但棘手的是，这两个选项哪一个对应着"生存"哪一个对应着"毁灭"，却是个公说公有理婆说婆有理的问题。

诸葛诞部将蒋班等认为，东吴虽说全力救援，但孙綝内心是想坐观成败。孙綝处斩朱异只是为了坚定寿春城内众将坚守的决心，已不可能冒着主力覆灭的危险救援寿春。唯一可行的计策是趁着城内军心未散的当口，集中全部兵力突围。这样虽说可能造成一些损失，但能保存相当实力，投奔东吴也更有资本。

蒋班等的合理建议却遭到文钦的坚决反对。文钦认为，东吴在与曹魏的战争中多次获胜，从来不认为向北方用兵是什么难事。现在全氏兄弟和东吴子弟兵都在寿春，即使孙綝想放弃寿春，吴帝和亲贵们也不会同意。而且曹魏内部曹马相争，已非一日，大臣多首鼠两端，不稳定因素甚多。只要坚持下去，魏国内部必生变故，届时东吴必定会发兵救援，魏军的崩溃，也就指日可待了。所以，在这个节骨眼上应该坚持，而非突围。

从战略层面，文钦的意见无疑是极有道理。文钦正确地看到寿春之战是三国历史的一个发展拐点：此战魏国若胜，不仅曹魏宗室力量基本损耗殆尽，在曹、马之间观望的儒学世家也将不再骑墙，将会彻底站在司马氏一边。司马氏的基业将稳如磐石，代魏只是个时间问题了；魏国若败，司马氏的威望将遭到空前打击，不但曹氏宗室会趁势而起，其他儒学世家也将试图接管曹魏政权，成为司马家族的替代力量。这两股力量一旦结合，司马全族将死无葬身之地！从东吴的角度来讲，如果出现第一种情形，吴国迟早是司马家的猎物，而如果出现第二种情形，曹魏必将大乱，东吴会在诸葛诞、文钦等内奸的带领下，占领中原大片领土，甚至可以统一北方。这个道理并不晦涩，司马昭、文钦等都看到了。

诸葛诞虽然刚愎自用，却也不是傻瓜，他同样看到了这一点。魏、蜀、吴三国鼎立，魏国实力一向比吴、蜀两国的总和还强。诸葛诞投奔吴国，打破了这个实力平衡。现在吴、蜀和诸葛诞的实力加起来，俨然超过司马氏。连远在蜀中的姜维都看到了这一点，姜维趁此机会，出骆谷讨伐魏国。关西魏军已有相当部分被调往淮南讨伐诸葛诞，安西将军邓艾等率魏军苦苦支撑，抵御蜀军。小小的寿春城，孕育着改变天下大势的机运。孙綝庸人，未能看出这一点，历史的天平将再度倾向司马家族。

在这个节骨眼上，司马昭使出两个巧妙的计策，大大削弱了寿春城内的防御力量。司马昭派人散布谣言，声称吴军主力已打破魏军的阻截，即将抵达寿春城下，意图诱使寿春城内粮食尽快耗尽。诸葛诞听到这个谣言，信以为真，果然放开了粮食供应，结果很快出现粮食危机；寿春城内吴军统帅全怿的侄子全辉、全仪在建康城内与其他贵戚发生冲突，被迫率数十家部曲渡江，投奔司马昭。

看到这个情形，钟会献上计策，利用欺骗手段取得了全辉、全仪的笔迹。钟会之父钟繇是一代大书法家，钟会书法得其父真传，十分善于模仿各类笔迹。钟会模仿全辉、全仪的笔迹给全怿写信，声称吴主因全怿等未能拔取寿春而震怒，欲尽诛全氏家族。信写好后，司马昭派全仪兄弟的亲信送入城内。全怿见信大慌，于是背着诸葛诞和文钦，带着所部数千人出城投降司马昭，城内守军的力量进一步削弱。

事情到了这个田地，死守已看不到希望，诸葛诞和文钦就不能不考虑出路了。文钦向诸葛诞提议，司马昭看到城内守军越来越少，一定不会想到守军居然敢突围，如果利用这个机会突围，说不定能逃出生天。诸葛诞也是病急乱投医，就同意了这个建议。

258年正月，诸葛诞等率军突围，没想到司马昭早就防着这一手，精心构筑了大量防御工事防止守军突围。诸葛诞军难以攻克这些坚固工事，在付出大量伤亡后只好退入城中，不但未能突围，反而进一步损耗了力量。

诸葛诞等人率军狼狈逃往城内，粮荒却像一个恶魔一样紧紧缠着他们不放。虽然寿春城内原来存了一年的粮食，但三万吴军的到来一下子打乱了供粮计划，诸葛诞等人又不善于筹划，终于导致了今日的危局。在这危急时刻，文钦向诸葛诞提议将城内北方士兵放出寿春，只留东吴士兵守城，以节约粮食。

诸葛诞大怒：老子手上的这几万残兵是老子最后的本钱。现在都放出城外，那寿春还不是你姓文的说了算！诸葛诞与文钦在魏国为官时就有嫌隙，在文钦与毌丘俭发动第二次淮南之叛时就未积极援助，梁子又深一层。这次合作本来是碍于形势，文钦又提出这么一个不着调的建议，一下子将两人的新仇旧恨全部激发。

诸葛诞与文钦大吵，盛怒之下，诸葛诞手刃文钦。文钦二子文鸯、文虎逃出城外，投降司马昭。文鸯曾令司马师眼球崩裂而死，许多人都劝司马昭杀掉文鸯，为司马师报仇。司马昭力排众议，反而对文氏兄弟多加封赏，赐爵关内侯，并令其率兵在寿春城下绕行，劝说城内军士投降。城内军士眼见文氏兄弟都得富贵，军心更是慌乱。

司马昭眼见时机已渐渐成熟，对士兵生命较为珍视的他终于下令开始攻城！252年2月，魏军以极小代价攻占寿春，诸葛诞为乱军所杀。司马昭进入寿春城中，除了处死为首的一些死硬派外，司马昭赦免了大多数参与叛乱的将吏。

被魏军俘虏的，还有万余吴军将士，许多人向司马昭建议处死这些敌国士兵，司马昭却赦免了这些人，将其带至魏国内地务农。司马昭的处置方式令天下人赞叹，在那个杀人如麻、视民命如草芥的年代，这种珍惜人命的做法实属难能可贵。

司马昭击败了诸葛诞，不免有些志得意满，对魏帝曹髦也愈加轻慢起来。司马家族已辅政三代，党羽遍布朝野，唯一可虑者，就是那些手握重兵的士族。这些士族对司马家族执政的合法性可谓是嗤之以鼻，抱着"皇帝轮流做，明年到我家"的观念，就等着司马家族后继无人，自己好取而代之。诸葛诞就是这些士族的代表。现在诸葛诞已覆灭，大士族家族再无典掌重兵者，司马昭环顾四周，舍我其谁？未想到小皇帝曹髦却给司马昭制造了一场足以令司马家族三世基业一朝覆灭的政治危机。

天子慷慨死街市

曹髦是曹丕之孙，东海定王曹霖之子，241年出生。曹髦从小热爱学习，聪颖灵慧。254年，司马师废曹芳后，屈从于郭太后的意见，改立高贵乡公为帝。年仅十三岁的曹髦在这场宫廷惊变中表现出与年龄不相称的成熟。曹髦在十月初四来到洛阳郊外邙山的玄武馆，群臣请曹髦住在前殿，曹髦认为前殿是先帝寝宫，坚辞不就，选择了西厢房休息。群臣又欲以天子之礼迎他入京，曹髦仍然拒绝。

次日，曹髦进入洛阳，文武百官拜迎曹髦于西掖门南，曹髦见状，立即下马答礼。礼仪官认为天子不必向群臣答礼，曹髦回答："我也是别人的臣子啊！"群臣大为叹服。

到了魏宫的正车门，曹髦要和百官一起下马，礼仪官又加劝阻，曹髦回答："我被皇太后征召而来，所为何事，一直要到见了皇太后才知道。"曹髦的气度令群臣心折，大阴谋家钟会给出了一个"才如陈思，武类太祖"的评语。

立了这么一位爷，司马师心中当然后悔不迭，补救之策只能是加强对曹髦的监管。曹髦自为皇帝以来，根本不能与闻政事，只能在深宫读书，阐发圣人之理。这反而给了小皇帝一个政治上的契机。

曹操本人出身于宦官家庭，寒门气息浓厚，曹操本人幼年又有一段游侠生涯，生性狡黠而无赖气十足。同时曹操本人又颇工诗文，才华横溢，但这些学问并不入当时儒学贵族们的法眼。在他们看来，唯有儒家的《五经》及名家注解才是真学问。曹氏家族的这种游侠气和才子气相交织的族风，暗中令儒学世家瞧不起，曹氏皇族和儒学大臣之间，一直存在着紧张的文化对峙和不可逾越的文化鸿沟。

曹髦的出现改变了这一点。曹髦深好学术，对儒家经典颇有研究。司马氏不允许他接触朝政，反而给了他充分地从事学术的时间。利用这个机会，曹髦与朝中儒学朝臣进行了深入的交往。曹髦的学识令朝臣们佩服不已，其高尚的品行和谦虚的作风，赢得了朝臣们的一致赞誉。曹髦的声望，远非当初的齐王曹芳所能相比。朝局，暗中孕育着一场激变。

这样一个才华横溢、自尊心强、富于朝气和血性的青年皇帝，当然不会满意于大权旁落的现状，千方百计地想恢复皇权的内涵和尊严。这就必然与司马昭发生矛盾。早在司马师逝世的时候，曹髦就试图让司马昭镇守许昌，从而夺走军队的指挥权，进而掌控朝政。

在傅嘏的帮助下，司马昭挫败了曹髦的企图。司马昭回洛阳后，对曹髦的控制进一步加剧，甚至不愿单独进宫参拜曹髦。平定诸葛诞后，司马昭举动愈加骄横，篡位野心也渐渐显露。这一切都在青年皇帝的心上刻下了深深的伤痕。

260 年 5 月，这种矛盾终于激化到爆发的境地。曹髦与司马昭发生争执后，极为气愤，召集三位亲信大臣王沈、王经、王业。在三位大臣面前，曹髦慷慨陈词："司马昭之心，路人皆知。朕不能忍受坐等司马昭废黜的耻辱，今天朕将率你们去讨伐他。"

三位大臣大惊。片刻，王经回答："当年鲁昭公因为不能忍受季氏的专权，奋而讨伐季氏，结果失败。不但失去了国家，更为后人所耻笑。现在司马氏的专权已经很久了，朝堂之上和四方戍守之臣，不顾顺逆之理为司马氏效劳，也不是一天两天了。何况宫中宿卫的兵力只有百余人，哪能和司马昭的大军相比？如果皇上贸然讨伐司马昭，不是想祛除疾病，反而让疾病更厉害了吗？应该重新加以研究。"曹髦猛然站起，掏出怀中写好的讨伐司马昭的诏书，狠狠地摔在地上："就这样决定了！即使是死了，也没有什么可怕的，而且还不一定会死！"曹髦转过身，向郭太后寝宫方向走去，准备取得太后的首肯，留下三位大臣愣在那里。

王沈、王业回过神来："事急矣！我等若不想自取灭族之祸，赶紧去向司马大将军汇报！"王沈、王业拉着王经一块走，王经怒斥："主忧臣辱，主辱臣死。王经不能为主上分忧，唯有一死而已！你等不思报效主上，反而卖主以求富贵，难道是人臣所为吗？"王沈、王业不由大为惭愧，但求生的本能促使二人加快脚步，低着头急急地离开了皇宫。

曹髦禀报完太后，属下数百名卫士、太监也集合完毕。曹髦下令发给这些乌合之众兵器和盔甲，一行人浩浩荡荡地出了宫门。可怜的王经还跪在一旁苦苦相劝："臣非惜命，此事的确不可行啊！望陛下收回成命。"王经的确是忠臣！如果此时曹髦听了他的劝说，皇位虽不能保住，保住性命应该还是可以的，唯一的要在这次事变中丧命的，就是这位王经了。曹髦也心生怜惜，只得加以安抚，命其在一旁护驾。

那边厢司马昭已从王沈、王业处得知消息，慌忙派军队入宫镇压。双方在魏宫内东止车门相遇。正好司马昭的庶弟司马伷有事进宫，三方撞在东止车门。面对这两股敌对势力，曹髦摆出了天子的威严，怒喝敌军。司马伷到底无乃父乃兄枭雄之胆，在天子威严面前尿了裤子，慌忙逃走，司马伷手下卫兵一哄而散。

首战告捷，曹髦和皇帝卫队军心大振，继续前行，结果在南阙下被贾充带领的数千甲士拦住了去路。这数千甲士都是司马昭的贴身护卫，忠心无比，精锐非常。信心大增的曹髦走上前去，对这数千甲士大喝："朕乃天子，你们这些人想造反吗？"甲士们闻得此言，不由得面面相觑，畏缩不前。

贾充急红了眼：如果这种情况持续下去，手下这些甲士再一哄而散，或者临阵倒戈，那么司马昭就真成砧板上的肉，任曹髦宰割了。司马家出了事，那像自己这样的走卒也跑不掉。贾充心一横，对手下甲士大喝："司马公养你们何用？正为今日之事也！"手下的成济跃跃欲试："大人，要死的，还是要活的？"贾充丧心病狂地大喝："只要死的，不要活的！"

话声刚落，成济这个莽夫勒马上前，抡起画戟，一戟刺穿曹髦前胸。可怜曹髦在被刺前还冲成济大呼："汝欲何为，难道要造反不成？"鲜血，从曹髦嘴中不断向下流淌，一条高贵的生命就这样消失在魏宫南阙。

曹髦被弑的消息传到司马昭耳中，司马昭惊吓得从床上瘫倒在地下，大呼："天下人将如何看待老夫？"后世多将此看成司马昭在演戏，但从当时的情形分析，司马昭的举动虽有做戏成分，但这份惶恐也不是装出来的。在这一恶性事件之前，臣子敢公然杀害君主的，除了赵高之外，只有从《春秋》中去找了。那些敢于弑君的乱臣贼子，无一不被钉在历史的耻辱柱上。在这个谋篡夺位的节骨眼上，出了这档子事，叫司马昭如何善后？

事情既然已经发生，也只有硬着头皮上了，躲避不是办法，只能使事情朝最坏方向发展。司马昭连忙穿戴整齐，跑到南阙，只见二叔司马孚抱着小皇帝的尸身，一把鼻涕一把眼泪地号啕大哭，一边哭还一边说："陛下遇此不幸，都是臣之过也！"司马昭不由得头皮发麻，只好硬着头皮走上前去，陪二叔一起号啕大哭。两个老男人抱着一个孩子的尸身一起大放悲声，也算是一大奇观。

戏得演，事情还得办。司马昭干号了几声后，命令各位大臣开会，讨论善后事宜。大臣们怎敢怠慢，很快到了会场。司马昭清点人数，发现尚书左仆射陈泰未至，不由得沉下了脸。陈泰是陈群之子，陈群家族在魏国士林中威望极高，影响力甚至不亚于司马家族，陈泰也因战功成为朝廷中仅次于司马昭的二号人物。如果陈泰拒绝与会，那么司马昭拿出的任何办法，都会在士林中受到非议。司马昭下令，由陈泰舅舅、荀彧之子荀𫖮去请陈泰。

荀𫖮到了陈泰家中，发现陈泰子弟正在苦苦相劝陈泰赴会。陈泰看到荀𫖮，半是伤心，半是自得地说："天下人都以为舅舅和陈泰是并驾齐驱的人物，现在看来，舅舅还是不如陈泰啊！"荀𫖮老脸一红，硬着头皮地劝说陈泰赴会。陈氏子弟也纷纷跪地，苦苦哀求陈泰。陈泰泪水盈盈，只得和荀𫖮一起赴会。

司马昭看到陈泰，立马走上前去："玄伯，你看怎么解决这件事情？"陈泰拜祭过曹髦灵位，饱含着怒火对司马昭说："只有杀掉贾充，才能向天下人谢罪！"司马昭脸色一沉："请为我想一个退而求其次的办法。"陈泰义正辞严："这已经是最低限度的办法了，哪有什么退而求其次的办法！"司马昭下意识地后退了一步。

司马昭沉思片刻，大喝："来人，将弑君罪犯成济处斩，夷灭三族！"贾充面如土色，战战兢兢地擦拭额头上流下的汗水。成济大喊："这都是贾充要我干的！冤枉！冤枉！"但呼喊有什么用？司马昭含意颇深地看了陈泰一眼，昂然而去。

陈氏家族为此付出了重大代价。当年年底，陈泰神秘地死去。正史上对陈泰的死因讳莫如深，一些野史认为，陈泰是因曹髦被弑而受到重大刺激，呕血而死的。一百多年后，王羲之说起陈泰，极为尊敬地评论陈泰"垒块有正骨"，认为陈泰死于君父之难，是天下难得的正人君子。陈泰死后，显赫一时的颍川陈氏迅速地衰落，子陈恂、陈温皆不得重用，陈氏人物凋零，与其他世家大族人才辈出形成鲜明对比。特别是陈泰一支，一直受到司马氏的抑制。陈泰死于天下公义，无疑是铁板钉钉的事。

下一个是王经。这一次小皇帝向自己发难,小命差点不保,还蒙上了弑君的千古骂名,司马昭将一腔怒火全都发泄在尚书王经身上。王经是冀州清河人,农家出身,与被司马师诛杀的许允并称河北名士。王经深受曹髦厚爱,曾任雍州刺史,任上被姜维击败,幸得陈泰相救,转危为安。卸任后到洛阳,先后任司隶校尉、尚书,是曹髦不多的亲信之一。危急时刻,王经秉持良心,不愿卖主求荣,自然成为司马昭的清算对象。

王经壮年时,一心求取功名,王母深以为虑,常劝王经:"你已经做到了两千石的高官,应当收手了,如果继续升官,家族可能有不测之难。"王经功名心切,不听母亲劝告。现在廷尉来收治王经全家,王经痛悔不听老母之言,流着泪向老母叩头谢罪。这位深明大义的母亲却大笑着说:"自古人谁能无死,只恐不得死所!今日我王氏满门为君父而死,死得其所,还有什么遗恨!"也只有这样伟大的母亲才能培养出王经这样忠义的儿子!

司马昭下令,夷灭王经三族。行刑那天,故吏向雄不顾司马昭的淫威,痛哭流涕,为王经母子送行。王经母子身着刑具,相互搀扶,含笑走向刑场,向魏宫曹髦遇弑处方向再三跪拜后,坦然受戮。整个洛阳的人民都为之下泪。王经母子得到了全天下人的赞叹与崇敬,连司马氏后人也觉得良心不安。西晋开国后,司马昭的儿子、晋武帝司马炎特赐王经之孙为郎中,恢复王经的门户。

王经的举动受到后人的高度评价,人们在痛惜王经母子的遭遇、感叹王经母子高贵品格的同时,对司马昭的评价可谓是一落千丈。诚然,在那种紧急的情况下,处死王经可以收杀鸡儆猴之效,但这完全可以用一种和缓的方式进行,比如赐死而拘禁全族。司马昭对待王经毒辣的手段,在当时就在人们心中埋下了反抗的种子。屠杀虽可逞一时之效,但给司马氏的王业蒙上了长长的阴影。

耐人寻味的是,司马氏最得力的鹰犬钟会在曹髦遇弑的问题上也表现出耐人寻味的缄默,甚至将因为王经母子送行而得罪的向雄从监狱中救出,作为自己的僚佐。可见司马昭弑君的不得人心。

料理完大臣这一头,还得对曹髦做些手脚,以给天下人一个交代。司马昭威逼郭太后下旨,声称曹髦昏乱狂悖,郭太后早有废立之心,多亏司马昭劝阻,他才免于被废。曹髦不但不感激,反而变本加厉,不但用箭射郭太后的宫殿,还想发兵进攻司马大将军。总之就一句话,是可忍,孰不可忍!

在司马昭的淫威下,郭太后宣布剥夺曹髦的皇帝称号,以民礼下葬。司马昭、司马孚等假惺惺地奏请郭太后,以王礼安葬曹髦。真正下葬的时候,司马昭却派出了破车,连旌旗都没有准备。百姓看到如此寒酸的葬礼,都流下辛酸而无奈的泪水。

司马昭采用强力手段,以王经一族的生命吓住了众人,众人自是不敢与司马昭理论。但复仇的种子,早就播撒在众人的心底。对于司马昭本人来说,弑君事件也是一个极为沉重的打击。司马氏一向以儒家信徒自诩,一举一动务求合礼,并借此收揽天下人心。现在爆发了如此严重的弑君事件,司马家脸上的儒学油彩一下子就斑驳不堪。司马家人心丧尽,但即使是儒学世家,对司马昭弑君行为不以为然的也大有人在。司马昭就像莎士比亚笔下的麦克白一样,为了觊觎王位杀死自己的君主,更杀死了自己的人格。弑君之后的司马昭,彻底失去了之前的雍容与仁和,变得阴险毒辣,不择手段,充分暴露出人性险恶的一面。可以说,在成济的画戟刺穿曹髦胸膛的那一刻,司马昭的人格也被这一戟狠狠地刺穿了!

魏帝曹髦讨伐司马昭的行动,在历史上一直有争议,有人称赞曹髦不畏强暴的高贵品格,有人认为曹髦过于冲动。这两种说法都有道理。曹髦文武双全,又有扎实的儒学功底,深得朝廷上儒学世家之心。曹髦被视为理想的君主,儒学世家对曹髦也表现出力所能及的忠诚,陈泰的表现就充分说明了这一点。对比曹芳被废时朝廷上下一片寂静相比，曹髦遇害激起了千层大浪，也给司马家族造成了持久的政治危机。如果曹髦能磨磨自己的性子，耐心地将儒学重臣集合到自己周围，是可以有更多的机会与司马昭周旋的，毕竟他比司马昭年轻约三十岁！但司马昭也是一代雄杰，这一点他看得很清楚。作为一名成熟的政治家，他是不会给曹髦翻盘机会的。更重要的是，汉献帝之所以能够苟延残喘近20年，是因为外藩尚有孙权、刘备等人，极大地制约了曹操的政治选择，而当时魏国上下都是司马氏的私党，皇室缺乏公开的外援来掣肘司马昭的举动。曹髦也正是看到了这一点，因而才毅然赴难，讨伐司马昭，以自己高贵的热血玷污了司马昭的双手，使得司马氏推动禅让的计划落空。

曹髦的壮烈举动甚至影响到后来的皇帝。两百多年后，北魏孝庄帝受权臣尔朱荣的挟制，孝庄帝正是呐喊着"宁做高贵乡公死，不做汉献帝偷生"而与权臣展开决斗，杀掉了尔朱荣后壮烈牺牲。曹髦不愧为曹操子孙！司马昭现在必须另寻理由，推行自己的禅让计划，那就是建立不世功业。如果在有生之年不能建立大功业，那么司马家族的辅政地位在司马昭身后，必然被其他儒学世家，比如钟会家族取代，这也是钟会在弑君事件上与司马昭保持距离的理由。等待司马家族的，将是万丈深渊！

伐蜀决议

263年，司马昭决计进攻蜀国。魏蜀战争从234年开始，已经断断续续进行了快30年。从魏蜀战争的历史来看，基本上都是蜀国采取攻势，魏国采取守势。蜀国精锐的山地步兵让魏国吃了大苦头，因而魏国上下对蜀国颇有忌惮。司马昭决定进攻蜀国，标志着魏蜀战争形势的根本性逆转。这个计划的用意显而易见：曹髦被弑后魏国上下都对司马氏离心，司马家族在司马昭身后的前景变得晦暗不明，代魏进程遭到挫折，事实上已陷于停顿状态。只有建立大功业，司马家族才能摆脱政治上的窘境，重新推进魏晋禅让进程。

司马昭的计划招致了举国上下一致的反对，尤以前线将领的反对为甚。征西将军邓艾连连上书朝廷，力言蜀不可伐，惹得司马昭大为不满。本来嘛，邓艾是司马氏的军事台柱子，司马昭之所以能在洛阳发动一次又一次的政治争斗，关键原因就在于关西军的威慑力量，以及邓艾不断在关西取得对蜀的军事胜利，为关西维持了一个平稳局面。邓艾常在关西，深知双方力量对比尚未出现根本性转折，此时伐蜀，只能仰仗于军事冒险行动了，那和姜维伐魏又有什么两样？

邓艾到底是脑子里少了一根政治上的弦，他没能看到司马昭策划对蜀军事行动的良苦用心，却在这个节骨眼上大唱反调，不能不令司马昭又羞又恼。司马昭派遣相府主簿师纂到关西前线，对邓艾做了一番开导。在师纂的威逼利诱下，邓艾终于捏着鼻子同意了伐蜀之役。按照司马昭的安排，师纂顺势成为邓艾司马，成为司马昭安插在邓艾身边的耳目。

邓艾好摆平，要做通朝中大臣的工作，却是一件困难的事情。满朝大臣唯有钟会支持司马昭的伐蜀之议。情急之下，司马昭祭出血腥手段，处斩了反对伐蜀最坚决的将军邓敦。邓敦位居前将军，位高权重，他的人头有着足够的震慑力，一时间朝堂上下鸦雀无声。经举手表决，伐蜀之议一致通过。

前线将领赞同了，大臣附议了，就该选择统帅了。在这个问题上，司马昭犯起了嘀咕。按理说，邓艾长年与蜀军作战，对关西地形异常熟悉，又具有杰出的军事才能，当然是统帅的不二人选。但此次邓艾坚决反对伐蜀，令司马昭心中好大不快。不过邓艾的态度还是得到了司马昭的重视：蜀未可轻伐，应做细致的准备，防止可能出现的败局。这么一来主帅的选择就十分重要。

出于这些考虑，司马昭舍弃邓艾，选择从未担任过统帅之责的钟会出任伐蜀总帅。这样做的妙处有二：

其一，邓艾是司马氏乃至魏国在关西的军事台柱子，这根台柱子的安危对于魏国西部边陲的安危，以及司马家族对于西军的掌控至关重要，一旦有个闪失，失去了邓艾的司马家族就不得不任命其他儒学世家出身的将领坐镇关西，对司马氏的服从将远不如邓艾，司马氏不能冒失去邓艾的风险，故而此次邓艾不能为帅。

其二，钟会在世家大族的青年一代中，才能卓著，也颇有威望，其与司马昭的关系，酷似当年司马懿与曹操的关系，司马昭对他是久有戒心。在弑君事件中，钟会不像贾充一样坚决站在司马昭一边，已经引起了司马昭的极度不满和警觉。弑君事件对司马昭也不完全是减分，通过这一恶性事件，司马昭对手下干部做了一次筛选，贾充、王沈、王业等手上沾满皇帝鲜血的人士，成为司马氏集团的骨干力量，钟会的地位无形之中边缘化。

司马昭认为，钟会积极赞同自己的伐蜀之议，不仅是要重新夺回在司马氏集团中的核心地位，更是要借机给司马家族难堪。因为朝野上下一致认为伐蜀风险很大，如果失利，司马昭的地位将进一步动摇，钟会就会积蓄更多的力量，以便在司马昭身后夺取执政地位。司马昭冷笑一声：小子，算得挺精哈！既然你赞同老夫的伐蜀之议，那这桩好差事，就由你去好了。赢了，爷有领导的功劳；输了，你小子去当替罪羊吧！谁叫你做这个出头橼子的？

263年8月，司马昭在洛阳誓师，讨伐蜀汉。钟会为主将，率主力十二万出斜谷、骆谷和子午谷，兵分三路，进军汉中；征西将军邓艾率军三万，自狄道进兵甘松和沓中，从正面牵制姜维大军；雍州刺史诸葛绪率兵三万自祁山进攻武街，断绝姜维退往成都的道路。

伐蜀之前，就有人对司马昭的这一安排大大不以为然。相府西曹属邵悌就密奏司马昭，认为钟会擅长阴谋，早有不臣之心，而且并无子嗣。按照大魏的规矩，将军出征，妻子要留在洛中为质，钟会无此约束，恐他攻蜀成功后为乱。司马昭哈哈大笑，认为一旦攻蜀成功，蜀人必然丧胆，哪敢跟随钟会作乱，而且众将士家属都在北方，怎敢跟着钟会造反？

司马昭的见识果然不俗，后来东魏、西魏对峙的年代，东魏骁将侯景向东魏权臣高欢夸口，愿率两万铁骑踏平西魏，高欢心下甚喜，回家与老婆娄昭君商量。娄昭君认为即使侯景成功，也会据西魏之地自立，是平一西魏又生一西魏也，高欢乃止。由此可见在谋略上，高欢这个不世出的枭雄比司马昭低了一个档次。

尽管如此，司马昭在人事上还是做了小心的安排。在寿春之役中对吴军朱异部来个神补刀，烧毁朱异军全部粮草的胡烈，被封为钟会部的护军，田续被征为邓艾部护军。钟会和邓艾的一举一动，都被置于这两个护军的严密监视之下。廷尉卫瓘持节，为钟会、邓艾监军，给兵千人，不受钟会、邓艾节制。司马昭妹夫杜预为钟会镇西将军府长史，总理钟会一军机密和来往文书。经过这一番细心的安排，司马昭方敢放心地让钟会上路。

三路大军向蜀汉浩浩荡荡地杀来，此时的蜀汉正陷于政治黑暗、君臣相疑的状态。姜维屡次北伐中原，却因得罪宦官黄皓而遭多番掣肘，不得不率蜀军主力约五万人在沓中屯田避祸；后主刘禅沉湎酒色，对国事不闻不问；黄皓勾结朝臣，干预朝政，欺上瞒下，无恶不为；诸葛瞻等权贵子弟既不能匡扶国政，遏制黄皓，也不能与姜维通力合作，共度时艰。

尤其重要的是，蜀汉民众负担沉重。小小的一个蜀汉，人口仅有九十二万，却要供养四万官吏和九万军队，蜀汉政权赋税的残酷可想而知。司马昭之所以敢于冒险进攻蜀汉，正是看到了蜀汉政权的脆弱性，因而决计豪赌一把。

邓艾灭蜀

钟会率领十二万大军，浩浩荡荡地向汉中杀来。汉中是蜀中的门户，汉中失守，蜀中便无凭借，只能任人攻取了。这就是当年刘备、诸葛亮为何下令全蜀男子上阵作战、女子荷粮运送前线与曹操争夺汉中的原因。正是因为汉中之战的胜利，蜀国四十余年基业才告奠定。

夺取汉中后，刘备异常重视汉中的防御，特派勇将魏延长驻汉中，以防守魏军。魏延的防御策略，是在险要处建筑堡垒，派兵驻守，整个汉中这样的堡垒有数十处。魏延的防御方案起到了重要的作用，魏国面对如此坚固的防御，一直感到无从下手。

但到了钟会时代，蜀国兵力早已大不如前，汉中驻军不超过万人，因而姜维不得不将兵力从各个堡垒中撤出，搬走所有军粮，迁徙所有百姓，集中兵力防守三座要塞：阳安关、汉城和乐城。只要这三座关隘不失，魏军千里荷粮，补给困难，迟早都要退兵。届时蜀军利用魏军的困境进行追击，定可大胜。因而钟会进入汉中后，一路如入无人之境，一直杀到三座关隘前。

钟会下令，胡烈率一万余军队向险峻的阳安关发动牵制性进攻，防止阳安关守军救援其他关隘，自己则亲率主力全力进攻乐城。未想到数次进攻都被乐城守将王含轻易粉碎。

此时阳安关方向却取得重大战果。守将傅佥、蒋舒防守阳安关，蒋舒想投降魏军，于是假意向傅佥称愿出关与魏军作战，傅佥信以为真。出关后，蒋舒立即向魏军投降，还带着魏军诈开了阳安关城门。傅佥忠义，力战而死，魏军占领了阳安关。钟会得知阳安险关被轻易攻陷，不由大喜，于是放下乐城和汉城两关，取道阳安关，直扑剑阁。

消息传到洛阳，整个洛阳上下都喜气洋洋，司马昭更是一扫弑君事件后的晦气，以往雍容的风度恢复了不少。10月，司马昭以收复汉中之大功，被魏帝曹奂封为晋公，加九锡，割取十郡之地建立晋国，一如曹操故事。但司马昭高兴得太早了，他未曾想到，一场政治危机随着邓艾、诸葛绪两军的失利，正悄然向他逼近。

邓艾点起本部人马三万，自狄道向沓中杀来。雍州刺史诸葛绪亦率兵三万，直扑阴平桥头，截断姜维军归路。邓艾将本部军分为三部，天水太守王颀率一部攻击姜维大营，陇西太守牵弘负责攻击姜维前路军，金城太守杨欣攻击姜维后路军。

邓艾的部署倒也严密，但姜维是吃素的吗？以往邓艾与姜维交战，除了诸葛诞闹腾的那一次外，邓艾的兵力都与姜维仿佛，但此次姜维的兵力远多于邓艾，就有了充分的余地和邓艾纠缠。

姜维假意与邓艾军保持低烈度的接触战，同时派出斥候（侦察兵），掌握整个战场消息。当姜维得知钟会军已大举进入汉中时，当机立断，率全军向汉中转移。邓艾军措手不及，结果丢失了目标。

王颀愤恨于姜维屡次骚扰天水，于是不顾兵法，强行军追上姜维后军，大败蜀军，杀了蜀汉牙门将赵广。但赵广一军仅仅是姜维抛出的诱饵，姜维军主力就像传说中甩掉尾巴求生的壁虎一样，向汉中扬长而去。

姜维军向着汉中日夜兼程，到了阴平桥头，不由得天旋地转。原来诸葛绪一军已按司马昭的安排，占据了阴平桥头，以逸待劳，等着姜维落网。

姜维不愧为沙场宿将，虽然对付邓艾吃力，对付一个诸葛绪还是绰绰有余的。姜维下令，全军不与诸葛绪军交战，而是经孔函谷向北道进军，假装要包抄诸葛绪后路。诸葛绪本是庸将，得知此消息连忙后撤三十里，让出了阴平桥头。

没想到姜维立即向阴平桥头出发，全军迅速过桥，与驻守在诸葛绪侧翼白水关的廖化部汇合后，头也不回地向阳安关进发。路上，姜维等得知阳安关已失陷，急忙奔向剑阁。剑阁是通往成都的要道，剑阁失守，成都就在眼前。姜维军轻装急进，终于抢在钟会前头占据了剑阁。

邓艾军追姜维不及，与诸葛绪军会合。望着姜维军的背影，邓艾甚为懊恼。如果邓艾部能紧紧纠缠住姜维，诸葛绪军再在阴平桥头配合，姜维就有全军覆没之危机！根本原因还在于邓艾部兵力不足，如果诸葛绪和钟会两军能分兵一到两万人交予邓艾指挥，那么姜维想要避免全军覆灭的命运，简直难于登天。

此时邓艾和诸葛绪得到钟会已攻陷阳安关的消息，为了挽回失去的面子，邓艾便提出一个惊人的构想：翻越人迹罕至的阴平古道，攻陷江油，直扑成都！

阴平古道起于阴平郡，途经文县县城，翻越青川境内的摩天岭，经唐家河、阴平山、马转关、靖军山，到达江油关，全长265公里，约合三国时的700里。阴平古道崎岖难行，不适合大部队进军，只有对道路极为熟悉的当地农民和猎户，贪图方便才偶尔走此道路。虽然此道难于登天，但如果克服困难走过全程，攻占江油后，四川盆地便一览无余，成都城近在咫尺！邓艾提出这么一个看似疯狂的方案，倒是和司马昭攻蜀的冒险构想相契合。

诸葛绪岂能有此眼光和气魄？阴平古道崎岖难行，之前几乎从未有过大部队成功通过的记录，诸葛绪岂肯同邓艾一起去冒那个全军覆没的危险？诸葛绪一口回绝了邓艾，带着自己的部队追赶钟会去也，留着邓艾在原地发愣。

诸葛绪率军赶赴剑阁外钟会处，与钟会一军会合。钟会军正被姜维所阻隔，成都锦绣繁华之城近在眼前，却被剑阁天险所阻遏，寸步前进不得。钟会热情地接待了诸葛绪，暗中却向远在洛阳的司马昭参奏了诸葛绪一本，声称诸葛绪贻误军机，结果导致姜维军成功退守剑阁，导致钟会大军进退两难。一本薄薄的奏折，将钟会和邓艾两名统帅用兵失利的责任，由诸葛绪一肩扛起。

不久司马昭传令，将诸葛绪押往洛阳，听候处置。钟会哈哈大笑地看着一脸沮丧的诸葛绪被押上囚车，趁机兼并了诸葛绪的三万大军，而这支部队原来是属于邓艾编制的。

邓艾眼看诸葛绪被囚送洛阳，不由倒吸了一口冷气。早听闻钟会手段毒辣，面慈心险，看来钟会比传言所说的还要狠上三分！邓艾深恐自己率军出发后，再被钟会向司马昭奏上一本，声称自己擅自行动，那么俺老邓岂不成诸葛绪第二了？邓艾赶紧将自己的军事计划写成奏章，报送司马昭。不过邓艾玩了个小花样，奏章写好后，邓艾将其扣了一个多月才送往洛阳。

这一个多月里，司马昭进位晋公的兴奋劲渐渐过了，眼见得钟会迟迟不能攻克剑阁，取得伐蜀全功，钟会大军后面还有数座雄关在蜀军之手，吴国又接到蜀国求救急报，派丁奉等率军援救蜀国。一旦吴军到达战场，内外夹攻，钟会大军就有全军崩溃的危险！

如果真的发生这种情况，不消说成为大众笑柄，晋公爵位和封地也只得乖乖交出，以谢天下！甚至司马氏的执政地位，也会因伐蜀的失利而岌岌可危！

晋公正抓耳挠腮，坐卧不安，突然接到邓艾这么一份军事计划，不由得惊为天人。司马昭决定，一定要抓住这根救命稻草，当即批准了这份军事计划。

邓艾本隶民出身，虽有卓越之才华，前半生却屡遭排挤，郁郁寡欢。

幸得太傅司马懿之垂青，大将军司马师之提拔，晋公司马昭之肩以方面重任，此生受惠司马氏多矣！故而邓艾感于司马氏大恩，竭尽忠诚以报。淮南二征，身先士卒；九御姜维，八风不动；曹髦之弑，关陇齐喑。在儒学世家与司马氏貌合神离的时候，邓艾的西军是司马氏与政敌周旋的最大倚仗。正是背靠精锐的西军，司马氏才逐步肃清了忠于曹魏的势力，魏晋禅代之势方才告成。

现在钟会受阻于剑阁，司马氏的霸业面临着前所未有的危机，如果全军覆没，司马氏的霸业必将毁于一旦；即使侥幸回到陇右和关中，司马昭恼羞成怒之下，必然大开杀戒，钟会、邓艾都有性命之忧。无论是为报太傅司马懿大恩，还是为自身身家性命计，邓艾都下定决心，自蹈死地，偷渡阴平，与天一搏！

邓艾率近三万精兵，艰难跋涉在崎岖的阴平古道上。每过一处险要，邓艾都留千余人乃至数千人防守，一为接应，二为输运粮草。邓艾命其子邓忠率精兵数千为先锋，一路逢山开路，遇水架桥。在大自然的威力下，邓忠士卒伤亡累累，却也为后来的大军开出了一条血路。魏军虽被天险折磨得精力、意志几乎耗尽，但邓艾却带着大军，走在中军的最前列。

看着年近七十的主帅都不惧艰险，魏军无人敢于叫苦。邓艾等率大军蹒跚而行，费尽气力到了摩天岭，好容易爬上山去，只见邓忠等数千将士已在山上等候多时了。

邓艾大怒，责问邓忠为何在此空自等候，拒不进军，以致贻误军机。邓忠见到邓艾，放声大哭，用手指着下面的谷地，对邓艾说："父帅，下面就是江油关，但山高崖险，除非插上翅膀才能飞到下面啊。"邓艾放眼望去，只见山崖与平底近乎成垂角，最平缓的地方至少也有六七十度，实在难以步行下山。山间云雾缭绕，根本看不清谷底有多深，朝崖下一望，前列腺顿时有收缩之感，只看得腿脚发软，头晕不已。

将士们多为陇右人，平时见惯险山恶水，看到这样险峻的山岭也不由得心惊胆战。想砍藤条编织成绳索攀爬到谷底吧，又不知道藤条应该编多长，别到半空中悬在那里，那才叫个上不着天下不着地，求生不得求死不能呢！将士们都一个个瘫倒在地，有的放声大哭，要求邓艾回军。

好个邓艾，见状不由得大怒："弟兄们，前面就是江油，只要我们过得摩天岭，攻下江油，蜀人将无险可守，成都就在我们的手心了！攻下成都后，老夫将为各位表功，各位都将获得重赏！弟兄们，随老夫来！"邓艾下令，将自己全身裹上厚厚的毛毯，再系上藤条，从山崖上滚了下去！将士们都惊呆了。邓艾平安着地，解开藤条，对将士们说："老夫已经下来，众将士快来追随老夫，谋取富贵吧！"

邓艾的英雄壮举鼓舞了士兵们。将士们纷纷学邓艾，或者以毯裹身，滚下山崖；或者编织藤条，由下面的战友们接应，从山上攀缘而下。只消一日功夫，将士们就整顿整齐，来到了江油城下。

江油本是蜀北名关，四面环山，西北有凤翅山与鹰嘴岩对峙，涪江从这两座大山之间流过。蜀人依山高水急处建关，可谓是一夫当关，万夫莫开。面对这样一座关隘，不付出重大代价是无法攻克的。

俗话说"大难不死，必有后福"，邓艾疲军看到这样一座险关，不由心中凉了半截，正在犯嘀咕时，魏军的运气来了。关前突然涌出一股埋伏的蜀军，向着魏军杀奔而来，却不料正中魏军下怀。

魏军野战能力本来就超过蜀军，邓艾部兵士更长期与羌胡杂居，战力远非一般魏军能比。交手的结果自然是不消多说，3000余蜀军几乎被全歼，将军马邈被俘。江油已变为一座空城，邓艾率魏军进了城，获得大量补给物资，魏军在江油恢复了元气，继续向成都进军。

消息传到成都，蜀汉朝廷上下一片慌乱。刘禅惊惶失措，在朝臣们建议之下，任命卫将军诸葛瞻率领数万军队，迎战邓艾。

诸葛瞻是诸葛亮的独子，诸葛亮四十六岁时（227年），诸葛瞻才出生。早年诸葛亮曾抱养诸葛瑾次子诸葛乔为子,这一下诸葛乔就处于尴尬的地位。诸葛瞻出生的第二年,诸葛乔凑趣地死了,诸葛瞻世子的地位得到了确立。但诸葛乔也有他的历史价值：253 年,东吴诸葛家族受诸葛恪连坐,被诛三族,后来诸葛乔在西蜀的后代回归诸葛瑾一系,接上了东吴诸葛氏的血脉。

不过东吴那个时候也有另一支诸葛氏,就是诸葛诞派往东吴为质的幼子诸葛靓。诸葛亮死时诸葛瞻才八岁,所以在兵法和行政上未得父亲真传。诸葛亮生前颇为欣赏的接班人是姜维,诸葛瞻心生嫉妒,因而与姜维不和,结果成为刘禅对付姜维的一枚重要棋子。现在西蜀有难,刘禅不得不派诸葛瞻领兵,希望诸葛瞻继承乃父余绪,在战场上创造奇迹。

诸葛瞻率军迎战邓艾,尚书郎黄崇建议诸葛瞻一定要将魏军堵在山地,千万不能让他们进入平原。诸葛瞻贪功,认为魏军远来疲惫,将其堵在山中不易肃清,但如将魏军放入平地,则可收全歼之效。黄崇苦苦劝诫,诸葛瞻不听。邓艾部轻易地就进了平原。

魏军如下山乳虎一般,砍瓜切菜般地将蜀军击败,诸葛瞻退守绵竹。邓艾致信诸葛瞻,愿表诸葛瞻为琅琊王,劝说诸葛瞻投降。诸葛瞻斩杀使者,出兵与邓艾进行了魏蜀之间的最后一战——绵竹之战。

蜀军困兽犹斗,死战不退,甚至将士兵半埋在土中与魏军交战。魏军几乎从未遇到过这么拼命的对手,败下阵来。邓忠、师纂带着残兵回到本阵,邓艾大怒,要斩杀二人。二将只得补充军队,再度出战,终于击败蜀军,诸葛瞻、诸葛尚父子战死。邓艾乘胜向成都进发。

诸葛瞻虽然战死,但诸葛亮一族并未绝嗣,其后人迁入魏地,逐渐衰微。诸葛氏重振家族的重任,就落到了诸葛诞一系诸葛靓的身上。诸葛靓在东吴受到重用,任右将军、大司马。吴亡后重新回到中原,晋武帝司马炎年少时与诸葛靓相友善,欲封其为大司马,诸葛靓坚辞不就,并因杀父之仇拒绝与司马炎相见。

晋武帝不甘心，终于有一天在诸葛靓姐姐、琅琊王妃家的厕所里堵住了诸葛靓。诸葛靓见到武帝，泪如雨下，泣不成声。武帝深情地问诸葛靓尚记得年少旧游之事否？得到的却是这样一句"不能漆身皮面，复睹圣颜，诚为惭恨！"

诸葛靓的意思是，不能仿效春秋豫让为主复仇的典故，用漆涂身，在脸上刺青改变容颜向您复仇，是我最大的遗恨！两人相距不过五步，凭借诸葛靓的武功，要效仿豫让、蔺相如、荆轲，让皇帝血溅当场，为家族报得大仇，只是举手之劳。但诸葛靓的手上，不仅是个人的性命，还有魏、蜀、吴三系诸葛族人的安危！如果轻举妄动，诸葛家族三系族人将永远从世上消失！难道这么些年诸葛氏流的血还不够多吗？！还有，还有和皇帝的旧情，那如梦般的历历往事，以及此番不顾皇帝之尊，将诸葛靓堵在厕所门口，这份情谊也实在令人动容。千般情绪涌上心头，只能化作一滴英雄泪，从诸葛靓的眼中喷涌而出。

武帝闻言长叹，怅然若失，知诸葛靓心志难夺，不可复用，乃放诸葛靓归乡里。诸葛靓回到家乡，终身不向洛阳方向而坐，以示绝不向司马氏称臣之心。诸葛靓的孝行和志向受到时人的称颂，琅琊诸葛氏也因此成为当时的一流高门。

邓艾率新胜之军势如破竹，进攻雒城。雒城是通向成都的必经之路，刘备攻略益州时，在雒城耗费了将近一年的光阴，还失去了谋士庞统，才攻下这座坚固的堡垒。

邓艾军很快逼近了这座名城，有鉴于刘备的教训，邓艾等显然做好了长期作战的准备。想到姜维尚在身后威胁到自己的后路，成都守军尚有数万，邓艾的脊梁骨上就不由自主地冒出一阵阵凉气。结果天上又掉下来一个大馅饼，直接砸晕了邓艾。蜀主刘禅遣使送上降表，投降魏军。

邓艾大喜过望，连忙接受降表，并与蜀使约定了受降时间。到了约定的时间，成都城门大开，邓艾等率魏军进入城内，刘禅等自缚双手，率领诸王大臣 60 余人，抬着棺木入觐邓艾。邓艾亲自为刘禅松绑，焚烧棺木，并援引东汉初年邓禹平蜀故事，拜刘禅为行骠骑将军，蜀太子为奉车都尉，诸王为驸马都尉，诸王以下，各有封赏。邓艾并命魏军，不得擅杀，保护民众生命财产安全。成都人心大安，都称赞邓艾有古名将之风。

公元 263 年 11 月，蜀亡。

消息传到洛阳，整个京城都轰动了。蜀乃国之劲敌，自武帝以来就是边地巨患。孝文、孝明、齐王、高贵乡公等数代君王都曾与蜀人大战，一直未能占到太大的便宜，反而折损了不少兵马，更损失了张郃这样的国之名将。虽然自晋公司马昭摄政以来，大魏凭借着国力优势，在对蜀战争中渐占上风，但蜀攻魏守这一军事态势并未得到根本性的逆转。

自诸葛诞起兵以来，魏国政局风雨飘摇，更加上高贵乡公之弑，魏国上下相疑，随时会爆发更大规模的血腥残杀。在这种情况下征伐蜀国，在大多数人看来无异于找死。这正是伐蜀之前多数臣僚反对的原因。现在蜀国被大魏天军一扫而平，不正说明司马氏自有天佑，故能逢凶化吉，遇难呈祥？欢欣鼓舞之余，人心，在悄悄发生着变化。

功臣变元凶

晋公司马昭更是容光焕发，以天子之命下诏，进位"相国总百揆"。司马氏自高平陵政变以来，度过重重政治危机，从未像前几年一样，遇到弑君这等足以招致能将三代人心血毁于一旦的大危机！在司马昭看来，曹髦被弑事件无异于一场政治大劫难。虽然自己当机立断，果断处置了王经、陈泰等忠于曹魏的大臣，但反抗的种子早已在群臣心中埋下，像钟会这等脑后长反骨的臣子甚至起了"彼可取而代之也"的心思。朝廷上上下下，都在等着自己死啊！司马昭长叹。

多少个日日夜夜，司马昭的眼前都晃着曹髦那张沾满血污的脸，这张脸高贵、纯净，即使是溅上鲜血也掩盖不了它傲人的光芒！不愧为魏武之后啊！司马昭常常这样慨叹。戕害了这样高贵而璀璨如花的生命，是何等的罪孽，何况是这个人身份是皇帝！司马昭，你怎么做出这种事？将来即使夺得天下，自己，还有司马家的后人，该怎么号召天下人效忠于君父？君父，君父啊！

司马昭时常感到心如刀绞。多年严格的儒学教育开始发挥作用。司马昭感到自己是一个不仁不义、不忠不孝之人，是一个注定要走上历史审判台的家伙。周围人都不敢在司马昭面前做出任何出格的表情，因为这样的表情很容易被司马昭认为是在嘲笑或诽谤他的弑君罪行。司马昭变得日益狐疑，渐渐好于杀戮。

263年，名士嵇康因为拒绝司马昭征召，被司马昭以莫须有的罪名杀死。司马昭并非不知道嵇康的冤屈，但既然嵇康敢于公然反抗自己，这种火星如果不及时被扑灭，那么迟早会变成燎原之火，将自己和司马家族烧成灰烬！魏晋禅代的工作已经走进死胡同，唯有对蜀战争胜利才能使司马氏稍稍摆脱危机。

司马昭原来也无大望，只需拿下汉中就心满意足了。现在邓艾居然灭了蜀国，这是何等功业！司马氏必将借此机会摆脱所有的危机，魏晋禅代又有了柳暗花明又一村的感觉，司马昭不由得对邓艾感激万分，决心重重酬赏邓艾的战功！

12月，司马昭以魏帝曹奂的名义下旨，封邓艾为太尉，这是当年司马懿初见邓艾时曾担任过的位置，象征意味浓厚；食邑由六千六百户一下子增加两万户，计两万六千六百户，两个儿子都被封为亭侯，各得封邑千户。这可是魏国开国以来对武将的最大封赏，须知当时魏国户口数仅有八十余万！

钟会等也得到了封赏，钟会食邑万户，进位司徒，加封为县侯，两个养子俱为亭侯。司马昭在封赏诏书中，对邓艾不吝赞美之词，认为白起、韩信、周亚夫、吴汉等古之名将，功业也不如邓艾。看到如此赞誉，邓艾不由得飘飘然，开始连出昏招，授人以柄了。

邓艾已得灭蜀大功，如今的他已经年近七旬，自感人生短促，开始觊觎起平吴的大功了。邓艾在成都给司马昭上表，提出了自己的灭吴方案。

邓艾认为，蜀国出人意料地灭亡，对吴人造成了极大震恐。利用这个机会，以蜀国为基地，据上游之势，水陆并进，灭吴不成问题。但将士们经过近半年苦战，已经疲惫，所以攻蜀应放在明年进行。

邓艾建议，应当收编蜀军，择其精壮可得两万，再将陇右军留两万人驻扎蜀中，利用蜀中的资源优势，煮盐冶铁，以为平吴军用。有了财力基础，可在蜀地大肆造船，抵消吴人的水军优势。同时，对付吴人应采用军事打击和政治招降相结合的办法，宜善待刘禅和蜀国王公，将刘禅安置在董卓所修筑的郿坞，封其为扶风王，饶以资财供养，以招降吴人。吴人见刘禅受此厚待，必望风而降，吴地自可不战而取矣！邓艾写好表文，上报洛阳，兴奋地等着洛阳的回音。

司马昭看到邓艾的表文，大为不快。在司马昭看来，灭蜀本是意外之喜，对蜀用兵的根本目的在于将司马氏拉出弑君造成的政治泥潭。现在这个目的已经达到，应当见好就收，下一步应当仔细谋划的就是推动魏晋禅代，进一步将权力和名器抓在自己手中，为受禅创造条件。灭吴固然是大事，但并不是急务，打赢还好，万一打不赢呢？打赢了算你的，打输了算谁的？当然算老子的！

司马昭越想越气：邓艾啊邓艾，我敬你年长，又在这关键时刻为我司马家立下大功，不但赐你前所未有的厚赏，而且你拜刘禅等人官爵，又未经批准命师纂领益州刺史，牵弘领蜀中诸郡民政，爷都默认了。现在你拿出这么一个方案，是何居心？

而且你还要收编蜀军，并在蜀中驻扎陇右兵，这不是要把钟会赶到洛阳吃老米饭吗？这是你该指手画脚的吗？刘禅断断然不能留在蜀地，更不能留在郿坞，一定要到洛阳。他不到洛阳，怎么搞献俘大典？怎么彰显我司马公的恩德？

还有，你要在蜀中驻扎陇右军队，刘禅还要住在你的地盘，整个帝国的西半部尽在你的掌握，刘备、诸葛亮一辈子没抓到的地盘，都被你抓到了！咱在你就这样，咱不在还不知道你怎么跳。而且咱这身子骨已经不如以前了，如果有个三长两短，这相国总百揆还是让你来干好了！

尽管憋了一肚子气，但司马昭还不想与邓艾闹翻，只是觉得有必要给邓艾发热的头脑泼点凉水，让他清醒清醒。邓艾盼着司马昭的批准公文，司马昭却懒得和他走程序，正好借此给邓艾一点颜色看。很快邓艾就从监军卫瓘之处得到了司马昭的回音，那是冷冷的八个字："事当须报，不宜辄行。"

这八个字含义丰富，韵味悠长，直包含宇宙之玄机，孕万物之灵长。听懂此意者，前途光明自不待言，听不懂者，领导也只好放弃你，你就自求多福去吧！司马昭通过卫瓘传话，就是要让邓艾吃一记排头，杀杀邓艾的威风。司马昭也在反思自己，之前对邓艾褒奖太过，结果邓艾头脑发热，自己也不是一点责任没有。现在用这种手段私下里给邓艾一点难堪，既可保全邓艾的面子，也可以让他冷静下来，岂不妙哉？

司马昭这个如意算盘打得那叫一个得意，觉得既可敲打邓艾，又可保全功臣，真是一举两得！正得意之间，司马昭却收到邓艾的上书，信中文辞语气强硬，不由得令司马昭暴跳如雷，顿起杀机。这是一封什么样的书信，逼得司马昭不顾后世议论，抓捕邓艾呢？奇文共欣赏，兹录全文如下：

> 衔命征行，奉指授之策，元恶既服；至于承制拜假，以安初附，谓合权宜。今蜀举众归命，地尽南海，东接吴会，宜早镇定。若待国命，往复道途，延引日月。春秋之义，大夫出疆，有可以安社稷，利国家，专之可也。今吴未宾；势与蜀连，不可拘常以失事机。兵法，进不求名，退不避罪，艾虽无古人之节，终不自嫌以损于国也。

邓艾在信中扬言，本将军奉您的命令征讨蜀国，托您老人家的齐天洪福，打下了蜀地。为了安定人心，哥按照古制，还有你爹司马懿的榜样，"承制"拜官，那都是为了大魏的王业。如果我向您汇报这些拜官之事，时间拖延，人心惊惧，所以哥就不计较个人得失替您做主了，大家都是大魏的臣子嘛！现在还有吴国的场子未曾拿下，哥要去踢吴国的场子，这是个绝好机会。兵法说进取不求名，退缩不畏惧罪过，只要对国家有利就好。你同意也罢不同意也罢，哥就这么办了。

按照《世说新语》的说法，钟会劫夺了邓艾给司马昭的表文，将内容修改得傲慢无礼，钟会再利用自己的专业技术，模仿邓艾的笔迹，写就了这篇奇文。考察表文内容语气，狂悖无礼，即使这是给普通朋友的书信，口气也让人无法接受，所以这封书信被人动过手脚的可能性极大。

但司马昭何等厉害，他在乎的不仅是邓艾这封书信的措辞，而是这封书信所透露的关键信息：邓艾灭蜀后"承制"拜官，目的就是要把蜀地抓在手中，为攻吴做准备。即使司马昭一时半会不准备攻吴，邓艾也会借口准备对吴战争，在蜀地推行军管体制，将蜀地变为自己的私人地盘。看来灭了蜀国，反而迎来了一个更大的祸患。

司马昭暗自思量：即使按照邓艾的计划，明年攻吴成功，那么邓艾的功劳将无与伦比，该受魏禅的是司马氏还是邓氏？

邓艾如此作为，在曹操那里只怕早就被下狱杀头了，司马昭也决定不再容忍，下令拘捕邓艾。逮捕邓艾当然要由钟会来执行，否则使者奉命前往邓艾军营逮捕主将，岂不是要邓艾自己逮捕自己吗？钟会收到命令，当然心中大喜，顺手将这等好差事交给了监军卫瓘。

卫瓘得到这个差事，不由得心中叫苦。官场老手卫瓘当然知道，逮捕邓艾有可能激起兵变，为首的多半会被邓艾诛杀。现在钟会命自己去收捕邓艾，却不拨给支援兵力，自己帐下仅有司马昭拨给的一千兵马。钟会无非是想让邓艾杀了自己，这一下邓艾谋反就是铁板钉钉了。虽然诬告邓艾谋反，自己也是有份，但要想顺利逮捕邓艾，还得想些手段。卫瓘绞尽脑汁，终于想出一条妙计。

264年除夕，卫瓘带着帐下一千兵士偷偷地来到了成都城外。成都城中，邓艾和麾下两万多名将士正沉浸在一片欢乐中，丝毫不知道危险正在逼近。卫瓘等到午夜时分，估摸着邓艾已经醉倒，于是派出使者带着司马昭的手令晓谕邓艾部下。邓艾部下一见司马昭的手令，都跑出城外依附卫瓘。可怜成都魏军都已跑光，邓艾父子犹高卧未醒。

凌晨，卫瓘见城中已无魏军，于是带着亲军进了城，将醉眼蒙眬的邓艾父子从床上拽起，塞进囚车。正做着平吴大梦的邓艾父子稀里糊涂地成了阶下囚。

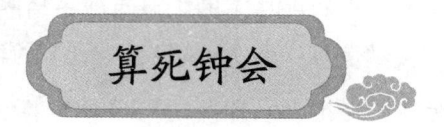

算死钟会

正月十五，钟会率领大军，昂然地进了成都城，顺势兼并了邓艾的陇右军。此时钟会麾下有魏军十五六万，投降蜀军近十万，天下精锐，尽操钟会之手。

望着如此雄壮的大军，钟会的野心无形中像仲春的野草一样疯长。当邓艾的囚车隆隆地向北驶去的时候，邓艾、陇右军士，还有成都民众惊异地发现，随着钟会进城的，居然是蜀汉前大将军姜维！

原来邓艾攻陷成都之时，姜维等已放弃剑阁，回救成都。未曾想到却得到了刘禅投降的消息。姜维等开始还不相信，不久却接到了刘禅下令姜维向邓艾投降的手令。姜维接过手令大哭，蜀军将士纷纷拔出刀剑砍向岩石，以泄心中怒火。姜维冷静下来，做出一个令人震惊的决定：舍近求远，向距离较远的钟会军投降。

钟会被邓艾抢了头功，正闷闷不乐地向成都进发，脑子里正思量着如何陷害邓艾，独吞大功。没想到姜维居然要向自己投降，不由得心花怒放。姜维等到了钟会处，交出符节印绶，钟会心情愉快，也想消遣姜维一把，半开玩笑地说："来何迟也？"

未想到姜维的回答颇具节操："今日见此为速矣！"钟会不由得刮目相看。一番交谈之下，钟会不由得对姜维大为叹服。大喜之下，钟会特地将符节印绶暂时交还姜维，并允许姜维暂时指挥蜀军。魏军诸将大为不解，杜预也为之质问钟会，钟会向杜预解释道："以伯约比中土名士，公休、太初不能胜也。"

真是一语道破天机！原来在钟会心中，诸葛诞、夏侯玄并非逆贼反臣，而是天下一流人物，是自己的榜样和钦慕的对象。要知道诸葛诞和夏侯玄可是反对司马氏的领军人物，因而遭司马氏屠戮。现在钟会明白无误地表现出对他们的仰慕，可见在其脑海之中，对司马氏的不以为然，已非一日。身为司马昭妹夫的杜预听到此言，一定是心头一缩，胆气为之所夺。钟会如此厚待姜维，到底是为什么呢？

钟会很快向姜维亮出了自己的底牌。钟会计划派遣姜维率本部蜀军，加上其他蜀军共五六万人出斜谷，钟会自率魏军主力居后，攻陷长安。进入长安后，骑兵从陆路进攻，步兵则乘船从渭水顺流而下进入黄河，进攻孟津，水陆两路向洛阳进发。

钟会认为，长兄钟毓正持节荆州，都督荆州诸军事，听闻自己造反，为了保全自身也只好响应，届时天下一战可定。钟会做梦也想不到，此时的钟毓已经病逝了。如果钟会早点得知这个消息，造反的胆量不一定会有这么大。

姜维当然假意应承，钟会大喜。但在暗地里，姜维却将计就计，准备先借钟会之手尽杀魏军诸将，然后再杀钟会，兼并魏军，复兴蜀汉。钟会和姜维开始了同床异梦的合作，一如当年的曹操与司马懿。

大家可能要问，钟会为什么要谋反？他身为曹魏开国功臣之后，又深得司马昭宠信，没有谋反的理由啊！钟会虽深受司马昭宠信，但在司马昭的圈子中，钟会已经被逐步边缘化，契机正缘于曹髦被弑。

在那场惨祸中，贾充、王沈等人上蹿下跳，为司马昭立下汗马功劳，也彻底地将自己绑在了司马昭乃至司马氏的战车上。司马昭此时已五十有余，今生能否完成魏晋禅代，还是未定之数。司马氏虽然实力强大，奈何缺乏自己的亲信集团，一直未能形成像曹操谯沛集团那样强有力的军事和权力支柱，只得借壳上市，利用曹魏元老之后，甚至短暂地利用过毌丘俭、李丰等人。

这种人事组织上的脆弱性直到曹髦被弑、司马昭借此对手下干部做了一次忠诚度筛选才部分解决。围绕着贾充，一批才干、人品都无足称道的小人，像裴秀、荀勖、陈骞等人，相互援引，在司马氏集团中的分量越来越吃重。钟会正是因为在曹髦之弑事件中表现不力，渐为司马昭猜忌，又不屑于与贾充等小人为伍，结果渐渐为司马昭身边的这个亲信集团所不容。

司马昭要想在身后维持司马氏的地位于不坠，必须借助于这个亲信集团。现在钟会干掉邓艾，对这个亲信集团来说无异于当头棒喝，势必要加大力度，陷害钟会；司马昭为权力的顺利传承，也必然会对钟会下手。邓艾如此迅速地被收监，也是给了钟会当头一棒，钟会甚至对陷害邓艾有些懊恼，这么一块上好的挡箭牌，就这样白白地损失了。不管怎样，钟会从邓艾身上，看到了自己的未来，因而不得不有所策划和行动了。

贾充等人也不是什么省油灯。贾充连皇帝都能下得了手，何况你一个区区钟会？钟会才学能力兼备，本来就令贾充等人如芒刺在背，更何况立下如此大功！贾充等本来指望邓艾能成为他们对抗钟会的栋梁，司马昭一开始也未尝没有此意。利用邓艾、钟会两人互斗，以收驾驭之效，岂不妙哉？但邓艾头脑发热，径自取死，贾充等人也只好撕破脸皮、赤膊上阵了。

不过这对于贾充等人也非坏事，试想依贾充等人的能力、声望，安能驾驭邓艾？司马昭都有些吃力！贾充等人于是纷纷在司马昭面前进言，声称钟会谋反，要求司马昭有所准备。司马昭拈须微笑，似乎不以为然，然而某个人的劝诫却令司马昭怦然心动。

这个在关键时刻粉墨登场的是自幼生长在钟家的钟会外甥荀勖。荀勖为东汉司空荀爽的曾孙，门第十分高贵，因而家中就有一些世传的宝物。荀勖曾将一柄家传的价值万金的名剑藏于钟会母亲处，钟会对此名剑一直十分觊觎。为了得到这柄名剑，钟会施展出独门秘技，模仿荀勖的笔迹给老母写信，索要这柄名剑，借机占有了荀家的传家之宝。

这件事传出去，对钟会的名声当然产生了不好的影响，荀勖也一直寻机报复。现在司马昭对钟会的信任随着众人的小报告而一点点流失，荀勖瞅准这个机会，向司马昭进言，认为钟会虽受司马氏厚恩，然而从本性上来说钟会并不是感恩之人，建议司马昭妥善安排，防止钟会叛乱。

荀勖的进言无疑是压倒司马昭对钟会信任的最后一根稻草。司马昭一拍大腿，荀勖说得对啊！钟会此人本来就是见利忘义，贪婪成性，现在天下精锐，十有六七在钟会之手，危险系数实在太高了。邓艾固然是定时炸弹，手上嫡系不过只有两万多人马，只要稍加控制就可无事；钟会手上足足有二十余万人，这可是一颗不定时炸弹，倘若钟会回军时抢占长安，打出反旗，这可如何是好？司马昭眼睛一转，想出了制约钟会的妙招。

司马昭意识到，要想消除钟会的威胁，关键在于控制长安和汉中，不能让这两个地方落入钟会之手。只要占据了这两个地方，即使钟会谋反，也会像当年的诸葛亮和姜维一样，进退两难。时间一长，钟会麾下的魏军必然发生哗变，将枪口对准钟会。司马昭于是祭出故技，此时郭太后新丧，但皇帝曹奂还在，虽然太后出征的盛事不能再重演，司马昭并无遗憾，挟持着皇帝出征了。

出征前为防邺城根本之地不稳，司马昭特命心腹山涛驻守邺城，看管曹氏诸王，以防祸乱。264年正月，司马昭命贾充率步骑万人进驻汉中，自己则和曹奂带着十万大军进驻长安，以待钟会。

264年正月十五日，就是钟会进入成都的当天，司马昭派人将一封书信交到了钟会手上，告知钟会已派贾充进入汉中，自己和皇帝率十万大军，恭迎征蜀魏军得胜回朝。钟会接信大惊。司马昭带着十多万军队进入潼关，哪里是防备邓艾，分明是冲着自己来的。这个枭雄对谁的信任都是有限的，贾充占据汉中，就是要和自己麾下的司马嫡系将领连成一气，瓦解自己的大军，等到了长安，已被掏空的自己就会成为司马昭特别是贾充的砧板鱼肉，任其宰割。

让钟会更加心虚的是，邓艾并无反状，自己诬告邓艾的痕迹过于明显，一旦到了洛阳，司马昭要自己与邓艾对质的话，邓艾的清白就会得以洗刷，不利的反而是自己了。到那个时候，贾充这些人必然会向自己狂咬，邓艾也不会放过自己……太可怕了，太可怕了！钟会心如乱麻，在姜维的挑唆下，终于下定了孤注一掷的决心。

264年正月十六日，也就是钟会进入成都的第二天，钟会借口为郭太后发丧，大会魏军将领与前蜀官员。在会上，钟会同志先是代表广大蜀地军民，对太后逝世表示了沉痛的哀悼。在大家都沉浸在一片悲痛之中的时候，钟会眼看火候已到，突然拿出一份诏书，声称是郭太后给他的遗诏，要蜀地军民与他讨伐司马昭，为高贵乡公报仇！

不消说，这份诏书又是造假大师钟会的杰作。不过这次难度系数比以往几次稍高，因为牵涉到一个伪造玉玺的问题，有点跨界，不知道钟会是怎么解决的。如果众人没看出玉玺文字和诏书材质有什么破绽，只能说钟会策划伪造玉玺和诏书已不是一天两天，连出征蜀国都带着这些宝贝，难怪贾充等人一口咬定他想造反，看来实在不冤。

不过钟会的这一道诏书还是在众人的心中点爆了一颗原子弹：这不是要俺们随你造反吗？心理素质强一些的，还能按下汹涌的血气寻思对策，差一点的只觉得天旋地转等着命运的安排了。钟会也明白众将所思所想，连忙拿出笔要众人在诏书上签名，希望用最低的代价将众人拖下水。

诸将心中明白，这份诏书就是钟会为自己准备的卖身契，一旦在诏书上签名，万事休矣，只能死心塌地地跟着钟会跑了。眼见得钟会亲军和姜维蜀军明晃晃的刀锋，有的人腿脚已开始发软，准备上前签下这份卖身契了。

谁想到半路杀出个程咬金，居然有人不避锋刃出头反对了。带头的人大家一定想不到，乃是夏侯渊之子、夏侯霸之弟、夏侯玄堂叔夏侯和是也！夏侯玄一代名士，惨遭司马氏夷灭三族，夏侯霸远走西蜀，服侍杀父仇人（夏侯霸之父夏侯渊在定军山战役中为刘备所杀），抱憾终身。夏侯氏一门，与司马氏可谓是血海深仇。在这个节骨眼上，夏侯和不思报仇，反而为仇人出头，实在叫一个猥琐！曹魏之亡，亡于曹操屠杀忠义之士、公然出招贤榜招募鸡鸣狗盗之徒，亡于曹丕寡廉鲜耻，苛待宗室！这才培养出夏侯和这等不仁不义为虎作伥之辈，为先人蒙羞。

有了人带头，羊琇等也表示反对。面对这个意想不到的局面，钟会身上软弱的一面暴露无遗。换了司马昭，肯定是将夏侯和等人当场斩首，然后再逼迫众将签字。当年司马昭面对弑君场面，局势可是比你现在危急数倍！看来是钟会在司马昭卵翼之下太久，已经失去了独立处理危机局面的能力。钟会眼见众人不肯在诏书上签名，一时间慌了手脚。姜维倒是冷静，到底做过老大的人，建议钟会将这些魏军将领关押，危机才告一段落。

郭太后追悼会上一系列的风波暴露出钟会志大才疏、不善于处理突发事件、预案准备不足等一系列重大缺陷。与司马懿相比，钟会长时期担任的是参谋机密工作，伐蜀是第一次承担方面之任。即使是司马懿，第一次单独领军也难以成功地策划谋反，何况精细和谨慎程度远不如司马懿的钟会！

钟会同时又有过于骄横跋扈、做事不考虑后果的缺点，在钟会率军进攻汉中的时候，钟会命曹魏开国功臣许褚之子许仪为先锋筑路，某次钟会策马过一座临时搭筑的桥梁，桥身发生塌陷，钟会的马蹄陷于断桥，险些丧命。钟会大怒，不顾众人的劝诫和许褚的大功，悍然将许仪斩首，以儆三军。

三军倒是肃然了，但敬畏的不是你钟会，而是认识到司马家的虎须不可轻拽，曹魏功臣这张旧船票已登不上司马家这艘新船了。钟会如此妄为，只是在军中彻底树立了司马氏而非本人的威信。相反，通过诸葛绪和邓艾被构陷事件，三军将士对于钟会那是更加反感，再加上钟会造假大王的名声，钟会拿出假诏书这么一个劳什子，大家凭什么和他走？如果是邓艾拿出这么一个东西，相信的人就多啦。

事已经走到这一步，要想回头那是不可能了，只能硬着头皮干到底。钟会命令自己的亲信到城外代替那些被扣押的军官统领各军，又紧闭成都城门，派出重兵把守宫门，防止不测事态的发生。

众军士也不是傻子，看到主官进了成都就没了音讯，前来的接替是钟会手下的将官，就知道成都出了大事。此时人心惶惶，最容易为一些流言所煽动，一些忠于司马氏的将官在被扣押前已开始利用这一点。中领军司马贾辅在被扣押前已让部下到城外军中散布谣言，声称钟会欲尽杀北方将士，准备称王蜀中，还说司马昭已准备大军三十万讨伐钟会，一时间人心惶惶。这时候钟会又犯了一个低级错误，直接为自己挖好了坟墓。

钟会帐下亲信丘建本是胡烈老部下，看到老上司胡烈被关押在蜀宫官舍，又冷又饿，不由得顿生怜悯之心，于是向钟会请求派一名亲兵给胡烈送去酒食。钟会竟然答应，也许是出于软化魏军将领的考虑，钟会竟然同意每位被囚将领都可找一名亲兵给他们送饭。

这一下捅了马蜂窝，诸将一看钟会的水平不过如此，知道跟随钟会造反必无好下场，干脆横下一条心和钟会干到底。胡烈等欺骗送饭亲兵，扬言钟会已挖好大坑，准备了数千根白色木棒，准备尽数击杀被囚魏军将领。胡烈并作手书，命送饭亲兵送到城外军营，不由得众人不信。于是群情更加汹汹，恨不能立即杀进城中，救出主将。局势千钧一发。

到了这步田地，已经不是造反能否成功的问题，而是如何善后保命的问题。但钟会这厮还执迷不悟，居然和卫瓘商量起是否该尽杀被囚将士的问题来了。钟会的目的很明确，那就是要把卫瓘拉下水。可怜钟会身陷死地，还在玩弄着官场的小花样。卫瓘可不傻，一边对钟会虚与委蛇，另一边借口如厕，乘机把消息传递给城外魏军。

卫瓘回到席位，不识趣的钟会居然还和卫瓘扯皮，要求卫瓘同意杀死魏将，卫瓘坚辞，与钟会耗了一夜。当夜二人都置刀于膝上，通宵不眠。

凌晨已是正月十七，钟会的生命开始进入倒计时，但钟会并没有意识到这一点。城外魏军群情汹汹，钟会的亲信当然将这些消息急报给钟会。面对如此危情，钟会慌了手脚，居然想出派卫瓘出城慰劳魏军，安定人心的馊主意，好像唯恐自己死得不快。卫瓘大喜，一番假意推脱后连忙走出蜀宫。

望着卫瓘远去的背影，钟会终于悟出了点儿什么，连忙派人追赶卫瓘。卫瓘假意跌倒，装作病重的样子，又偷偷喝下一杯浓盐水，呕吐不止。钟会部下追上卫瓘，将其劫夺回蜀宫，钟会派蜀国御医给卫瓘看病，都说卫瓘病重。钟会大喜，放松了对卫瓘的警惕。趁着这个当口，卫瓘写好了讨伐钟会的檄文，派人送出城外，卫瓘也乘钟会不备，偷偷躲藏了起来。

众将士接到檄文，不由得大喜：之前虽有人想杀进成都，救出被囚诸将，但如果消息有假，这可是杀头灭族的哗变大罪，不由得众人不掂量再三。现在接到卫瓘亲笔檄文，又得知卫瓘业已躲藏起来，众军士就没有什么顾忌了。大家操起刀来，杀了钟会派到军中的亲信，约定清晨攻打钟会。

到了清晨，诸军士集合起来，才发现主将尽在钟会之手，缺乏指挥，而且哗变的大帽子一直在众人头上飞舞，众军士也开始学习钟会，犹犹豫豫起来，一耗就耗到了中午。胡烈的儿子胡渊也随着父亲征蜀，眼见得众人大眼瞪小眼，不由心急，于是一声大吼，带着父亲麾下亲兵，杀出军营，直奔成都而去。

有了出头椽子，众人也不再犹豫，十几万大军浩浩荡荡地杀向成都。此时的钟会也已经回过味来，开始给姜维属下蜀军发放兵器甲仗，准备横下一条心大干一场了。但一切已晚，所有的黄金时机已都在钟会的犹豫中失去。

钟会听到魏军军士作乱，不由大惊，连忙派人去杀被囚的魏军军将。但军将们齐心合力地用桌椅顶住大门，钟会部下一时不得进入。说时迟那时快，外面的魏军士兵早已杀进宫来，纷纷砍倒钟会属下，救出了本营主将。兵将汇合，气势更不可当。

这时钟会早就没了主见，只得率几百名亲信落荒而逃，可四面都是魏军，能逃到哪儿呢？魏军追上钟会一伙，一阵箭射砍杀之下，钟会等数百人都倒在血泊之中。倒是姜维的蜀军个个悍不畏死，与魏军拼死厮杀，也一个个喋血蜀宫，用生命祭奠了这片土地。

姜维圆瞪豹眼，手刃六七个魏军，结果还是被魏军乱刀砍死。魏军士兵恨姜维挑动钟会造反，居然将姜维的肚子剖开，结果发现姜维胆大如斗，不由得啧啧称奇。

此时的蜀宫和成都早已陷入一片恐怖之中。魏军军士攻入成都，望着繁华的成都城和遍地财宝的蜀宫，各个都起了搂草打兔子顺便捞一把的心思。成都官民数十年积累的财富，尽数落入魏军之手。成都城一片火海，哭声震天，远远望之犹如鬼城。

卫瓘也及时出现和众将会合了，此时的他已成为蜀地的最高主宰。望着一片火光血海的成都城，卫瓘发出了如猫头鹰一般的笑声：钟会已死，灭蜀功劳尽归已有，钟会的头颅将是自己向司马昭特别是他身边以贾充为首的小集团投效的投名状，一切尽在掌握啊！不对，这里面还有些什么不完美的地方。啊，邓艾，是邓艾！

喋血三造亭

卫瓘知道，钟会已死，现在能收拾成都混乱局面的唯有自己和邓艾了。邓艾英勇善战，勇冠三军，如果他活着回到成都，或者安全回到关中，那么自己就会有大麻烦了。听说邓艾手下将士已飞马去救邓艾，老虎一旦出笼，回到成都，就是一刀刹了自己，相信司马昭看在邓艾灭蜀大功的份上，也不会多做计较。卫瓘越想越怕，想出了一条毒计。

卫瓘叫来邓艾的护军田续，阴险地对他说："现在可以报江油受辱之仇了！"

田续在江油对阵诸葛瞻，首战失利，险些被邓艾斩首，一直耿耿于怀。听到此言，自然心领神会，于是率领本部人马，直奔官道而去。

邓艾部下见成都已乱成一锅粥，钟会也已被杀死，就认为邓艾已经洗脱罪名，连忙赶上囚车，将邓艾放了出来。这个紧急关头，邓艾脑子里缺乏政治神经的老毛病又发作了，居然糊里糊涂地走出了囚车。邓艾啊邓艾，你枉为一代名将，怎么在这些大是大非问题上，你老犯这样的低级错误？你也不想想，将你拘捕是司马昭的命令而非钟会的指令，司马昭不点头，你还是戴罪之身啊！为今之计，只能催促着囚车速速向汉中和长安进发，并令那些忠心的部下保护自己，亲自向司马昭请罪，才可保全自身和全家。而且前几日你磨磨蹭蹭，上了囚车还三心二意，不肯快快离开成都，你怎么不想想，钟会最想在路上要了你的命，省得你到了关中，被司马昭重新任用讨伐自家，这一路上是杀机四伏啊！

邓艾走出囚车，还真以为全身的冤屈全都被洗清了。不知道那一刹那，这位名将的脑子里想的是什么？是重获自由的喜悦，还是又兴起了灭吴的豪情？或者是看到钟会的下场，干脆起了造反的念头？不得而知。但可以确定的是，邓艾走出囚车后，又向着成都进发了。那里毕竟有自己的军队，有跟随自己征战多年的子弟兵，现在自己已成光杆司令，只有到了老部队才安全！邓艾在这样的傻念头的驱使下，大踏步地迈向死亡。

眼见天色已晚，邓艾父子遂夜宿于绵竹三造亭。此时田续已经带着追兵来到了绵竹，听闻邓艾已经睡下，不由得大喜过望。趁着夜黑，田续等人突袭邓艾父子，残忍地割下了邓艾父子的头颅。师纂也和邓艾同行，结果也被田续部下乘乱杀死。师纂为人性急少恩，将士们对师纂早已恨之入骨，师纂死时，浑身上下没有一寸完好的皮肤，其状甚惨。

杀了邓艾和师纂，卫瓘终于可以睡一个安稳觉了。但卫瓘狡诈的手段和卑鄙的人格还是引起了士人的公愤。杜预就指责卫瓘手段残忍，卑鄙下流，日后必无好报。杜预是司马昭妹夫，算是卫瓘半个主子，卫瓘不敢再耍花样，只得向杜预道歉。卫瓘这厮日后混得顺风顺水，但在七十二岁那年得罪了贾充孙女、著名的歹毒皇后贾南风，全家男丁十口被处斩，下场比邓艾还惨。

血染的皇冠

正月十一日，远在长安的司马昭命长史奉璧币祭祀华山，祈祷太平。但在司马昭的心里，蜀地的形势却一直令他挂怀。就在数日前，司马昭派遣贾充率步骑万人进入汉中，扼守钟会归道。

贾充得到任命，兴冲冲地跑过来问司马昭是否怀疑钟会造反，恨不能立即将钟会逮捕归案。司马昭很不高兴，反问贾充："我自当以信义待人，他人还没有对我生二心，我怎么能在他人之前起疑心？现在我派你去汉中，难道我也应该怀疑你造反吗？"吓得贾充立即稽首谢罪。

话虽如此，钟会是何等样人，司马昭比谁都清楚，心情也不由得十分沉重。钟会啊钟会，老夫已在军中做了周密布置，蜀人也早已丧胆，跟着姜维跑的都不会有几个，何况跟你！你和邓艾不同，老夫是看着你长大的，不管你做了什么，老夫还是愿意放你一条生路，但如果你自己轻举妄动，恐怕下场比邓艾还惨！

邓艾，邓艾该怎么办？经此一役，恐怕邓艾对我司马氏再无忠心了，即使他并无反状，此人也不能留。老夫百年之后，邓艾挟灭蜀大功，会对司马氏的权威构成极大威胁！最好除掉他。还有，钟会不也是我司马氏的极大威胁吗？没有了邓艾制约，他就是朝廷之望，中外倾心，故旧亲朋遍布朝野，老夫两个儿子和他相比，又算什么！司马昭突然感到一阵晕厥：为今之计，也只能以静制动了。

月末，成都自相残杀的惨剧终于被长安得知，司马昭长出一口气，心中的一块石头终于落了地。既高兴，又怀着一丝丝伤感，更揣着长时间的后怕。喜的是邓艾、钟会同归黄泉，所有威胁被一网打尽，寰宇之内，再无人是司马氏的敌手。即使自己有什么意外，两个儿子完全可以拿住局面；伤感的是，邓艾一代名将，为自己和司马氏立下如此大功，却不得其死，钟会更是为司马氏立下汗马功劳，可谓腹心，结果都毁于自身的野心和狂妄上。

人非草木，岂能无情，司马昭当年能为救夏侯玄一命而向司马师苦苦哀求，对自己的这两个党羽，还是有一定感情的；后怕的是原来在魏国的权力结构中，居然蕴藏着如此巨大的不稳定因素和矛盾，幸亏自己在生前及时将这些矛盾排除，否则拖到自己身后，还不知会闹出什么乱子，届时司马氏的命运如何，只有老天才知道了！侥天之幸，侥天之幸啊！这一场残杀，本来是应该发生在自己身后，发生在洛阳朝廷上的！

怀着一丝后怕，司马昭着手处理灭蜀善后问题。成都那帮军爷擅动干戈，有如哗变，论罪合死。但司马昭不能追究乱军的责任，否则这十几万人真的要造反了。经过一段时间的踌躇，司马昭在2月中旬下令，赦免成都乱军的责任。已经被卫瓘等人约束的乱军在忐忑不安近一个月后，接到了这样一道诏令，不由得个个欢欣鼓舞。

安定了这帮军爷，司马昭就该料理那些蜀国君臣了。邓艾"承制"所拜的官爵当然全部作废，蜀国中枢官员连同家属，一律迁徙北方，不得在蜀地居住，共计有三万余户北迁。此前在成都的大屠杀中，许多蜀官已被荼毒，譬如关羽孙关彝一门就被魏将庞德之子庞会杀尽，以报当年关羽水淹七军、擒杀庞德之仇。这一下旧蜀官员更被连根拔起，复国的可能几乎为零。司马昭派遣的官员，迅速地接管了蜀地州郡各级政权。

真正棘手的还是如何处理钟会和邓艾这老二位。钟会，特别是邓艾，在灭蜀之役中功勋卓著，有目共睹。结果一月之间，双双成了反贼，相继丢了性命，令人目瞪口呆。如何给天下人一个说法，还有灭蜀功劳到底算谁的，就成了摆在司马昭面前的一道难题。处理不好，非但有兔死狗烹之讥，还会影响到魏晋禅代格局。

司马昭权衡之下，钟氏一门数代公卿，门生故吏遍于天下，虽然钟毓、钟会在半年内相继 over，但钟氏家族的影响不容低估，特别是其家庭在上层有着众多的同情者。得罪了这些人，禅让大事必然横生枝节。经仔细盘算，司马昭咬着牙赦免了钟会之兄钟毓的两个儿子，仅仅处死了过继给钟会的钟毓儿子钟毅。

发生了这么大的事情，过错总得有人扛，不然司马昭也无法向天下交代。现在钟氏家族已获宽赦，那么这等好事就由邓氏家族来扛了，谁要你们没有过硬后台和人际网络？！司马昭下令，斩杀邓艾在洛阳的另外一子，与邓艾、邓忠等一起，悬首马市，妻子与孙俱流放西域。不过司马昭这一手虽然歹毒，毕竟还给邓艾留下了血脉。邓艾之冤，司马昭亦心知肚明！

处理好这些大事，司马昭的肉体和精神像被榨干了一样，身体一日不如一日。虽说司马昭已取得盖世功业，但曹髦的身影始终在他眼前挥之不去。知道自己已来日无多，司马昭于是加快了魏晋禅代的步伐。

5 月，司马昭逼迫曹奂封自己为晋王，加九锡，如曹操故事。曹操做梦也没有想到，就在他逼迫汉献帝给他加九锡的时候，有人会依样画葫芦，以其人之道还治其人之身。或许曹操本来也无意谋朝篡位，只是为了确保家族的安全才不得不然。相比之下，诸葛亮的选择就更加智慧。诸葛亮揽权程度不下曹操、司马懿，但在权力传承上，诸葛亮明智地选择了蒋琬、费祎和姜维等人继承权力。通过将权力交给这些与自己有千丝万缕关系、又对后主忠心耿耿的党羽，诸葛亮既确保了自己家族不被清算，也保证了自己政治路线得以推行，更使得国君能以一种和缓的方式取回权力，结果是皆大欢喜。孙权生前对诸葛亮大为折服，原因即在于此。诸葛亮真人杰也！

司马昭要办的最后一件大事就是确定自己的继承人。本来继承人是毫无疑问的，那就是司马昭的次子，过继给司马师的司马攸。司马师早逝，还来不及生出儿子，司马攸就成了司马师唯一的继承人，也因而幸运地避免了和诸葛乔同样的命运。

司马昭在继承权力之初，对司马师还是敬重的，愿意将司马攸作为自己的继承人，司马攸的地位也一直未受到挑战。在经历一系列风波后，司马昭的想法变了，自己犯下了弑君大罪，已注定要被钉在历史的耻辱柱上。就对司马家族的贡献而言，司马昭已远远胜过了司马师，所以司马昭不愿意将自己辛辛苦苦谋来的皇位，就这样轻松地交还给司马师一系。这顶皇冠，浸透了多少忠臣义士和黎民百姓的鲜血！司马昭通过暗示的方式，诱使贾充、裴秀等党羽奏请立长子司马炎为世子。司马昭顺水推舟，将司马炎立为晋王世子。司马昭的最后一件心愿已了！

公元265年8月，司马昭于睡梦中突发中风逝世，终年五十四岁。

公元266年2月，司马炎逼迫曹奂禅位于己，建立晋朝，曹奂被封为陈留王，位在皇帝之下，皇太子之上；司马攸封为齐王。

公元280年，司马炎派遣大军伐吴，灭之，俘其国主孙皓，分裂八十余年的中国终于宣告再次统一。

【第三章】正午的光辉——

唐太宗李世民

一朝天子一朝臣

慢慢拭去宝剑上兄弟和侄儿们的血迹后，再也没有人能够阻挡李世民通向宝座的道路，即使是作为皇帝的父亲也不例外。尽管李渊曾经也为手足相残痛心不已，甚至想到破国成家，允许让李世民到洛阳去建天子旌旗，但最后隋朝废长立幼导致二世而亡的血淋淋的教训，还是让他站在了太子建成这一边。现在轮到他付出代价了。

玄武门之变后，李世民很快就成为新的太子，并随后逼迫父亲退位，自己成为新的皇帝。或许在后人看来这么做有点猴急，但考虑到老皇帝在朝廷里还有相当的力量，事变后为了安定人心又没有严厉追治太子和齐王的党羽，如果李世民不赶紧登基，这些不安定因素结合起来，是有可能对李世民造成重大威胁的。当李世民登上皇位的那一刻起，所有人都明白，属于李渊的武德时代，终于是过去了。

俗话说，一朝天子一朝臣，刚刚登基不久的李世民就遇到了这个问题。尽管事变后不久，他就将房玄龄和杜如晦任命为宰相，掌管天下机要，但高祖李渊留下的一批老宰相，比如裴寂、宇文士及、封德彝等人的影响，却不是一时半会能够消退的。李世民要成为真正的皇帝，除了掌握军权之外，还要从这些人手中拿回行政权。李世民能够如愿吗？

李渊出身于关陇贵族阶层，在关中军事贵族上层有着千丝万缕的人脉。李唐能够在数年间迅速削平群雄，一统天下，与关中贵族的支持有很大的关系。为了酬谢这些贵族的支持，更为了抓牢权力，李渊有意识地任命了一批资历深厚的老臣为宰相。李渊在任命这批人为宰相的时候，甚至到了漠视原则的地步。比如臭名昭著的封德彝，早年曾经为隋炀帝宠臣，宇文化及发动江都政变的时候，封德彝居然跑到隋炀帝面前宣示隋炀帝的罪状，结果为隋炀帝嘲讽，不得不羞惭而退。

还有宇文士及，哥哥就是弑杀隋炀帝的凶手宇文化及，就因为与李渊有旧交，居然也被李渊任命为宰相。这样的人在社会上名声早就臭大街了，除了李渊的信任之外，根本就无所依仗，这才围绕着李渊，形成了一荣俱荣、一损俱损的利益集团，不但对秦王世民，对太子建成和齐王元吉一派也形成强大的震慑。他们政治经验深厚，行政经验丰富，对付起来绝对不是件轻松的事情。

英武果决的太宗在对付这些老臣的时候，也不得不把握节奏，区别对待。比如老奸巨猾的封德彝，在太子建成与秦王世民争储的时候，就两头下注，同时与太子和秦王联系，在玄武门之变的时候又坐观成败，因此获得了李世民有限的信任。但作为李渊头号宠臣的裴寂，李世民就不是可以这么轻松地放过的了。

裴寂和李世民是老相识了。但就像人世间普遍的规律，老相识往往不代表关系好，经常还是冤家对头。裴寂当年负责管理隋炀帝在晋阳的行宫，参与了李渊父子起兵反隋的密谋，加上与李渊性情相投，深受李渊信任。裴寂此人才具平庸，高祖有意培养他，让他带兵作战，却多次被刘武周和宋金刚击败。如果换了别人，早就被心胸狭窄的高祖惩办了，但架不住人家和高祖关系好啊。裴寂兵败之后短暂下狱，很快就被释放出来，继续担任要职，并在武德六年（623年）任命他为尚书左仆射，成为最受重视的宰相。

裴寂和秦王世民是有宿怨的。李渊父子晋阳起兵，刘文静是主要的谋主。刘文静足智多谋，文武兼资，更与秦王世民交好，是秦王难得的助手和心腹。刘文静与裴寂本来关系挺好，但刘文静的杰出才能，以及与秦王世民的深厚关系，引来了裴寂的嫉妒。裴寂因此经常在李渊面前说刘文静的坏话，而李渊也因为刘文静与秦王关系深厚，特别是文静与突厥上层关系良好，而对刘文静产生深深的猜忌。

此时的秦王世民，已经在战场上表现出杰出的军事才能。李家本是军事贵族出身，弓马骑射当然是自幼修习的功夫。令人惊奇的是，秦王对军事指挥有着异于常人的天赋。晋阳起兵之后，李渊父子将取得关中这一天下枢机之地作为最主要的目标，集中主力向关中进军。但关中毕竟是隋王朝的老巢，隋王朝在关中有着强大的军队，不是一时半会可以攻克的。李渊集团刚刚起兵，阵营内并没有多少名将，是李世民充分发挥了他的军事才能，连连打败诸多隋朝名将，迫使隋王朝留守力量打开长安城，向李渊阵营投降。在李渊集团随后削平群雄的统一战争中，被封为秦王的李世民立下了赫赫战功。

秦王世民的功勋，引起李渊的深深不安。李渊是隋朝的皇亲国戚，隋炀帝是李渊的表哥，因此李渊对隋朝的政治内情知之甚详。李渊明白，隋朝与以往朝代不同，它可以说是在国力最强的时候灭亡的。如果姑父隋文帝没有废掉仁德的太子杨勇，自己根本就没有君临天下的机会。晋阳起兵的时候，天下名将悍卒要么在隋炀帝麾下，要么已经死在征伐高丽的前线，要么还在中原菜鸡互啄，在低水平的厮杀中积累军事素养，因此李家父子实际上只是带着一个草台班子和一支杂牌军扯起了反旗。

这支杂牌军的战斗力不要说不能够与隋炀帝麾下精锐的骁果军相比，与关中隋军，甚至与菜鸡互啄的中原义军相比也不一定能占到便宜。甚至可以说，李渊的军队在所有的大势力中，是最为弱势的。沧海横流，方见英雄本色，正是李世民击败了关中多支隋军，才让李渊集团多次转危为安，顺利地占据了关中，并在战场上锻炼出一支不亚于中原群雄的军队。实际上，正当李渊进军关中的时候，刘武周勾结突厥，对晋阳虎视眈眈，李渊实际上已经没有退路了。每每想起这些，李渊对李世民能没有感激之情吗？

但李渊到底是政治家，对于西魏、北周、隋一系的政治有着极深的了解。现在我们所能看到的，需要专家解释才能理解的深奥史实，对于他来说不但是常识，而且还知道更多被湮没于历史长河的细节。姑父隋文帝废长立幼的教训，对隋朝和整个中国的命运都产生了深刻影响，也让刚刚安定下来的普通民众遭受了一场根本没有历史必然性的残酷战乱。这个惨痛教训，深深镌刻在当时每一个劫后余生的中国人的心底，包括李渊。

李世民虽然优秀，但在当时的人看来，实在是太像隋炀帝了。巧合的是，太子建成与隋朝废太子杨勇也非常相似，都是一样的仁厚，挑不出什么毛病。如果有什么不一样的话，就是李建成的军事才能更加突出，尽管不能与秦王世民相比。但一个稳定的朝廷，从来都不需要天子亲当矢石的！

在这种情况下，无论李渊在感情上多么倾向于李世民，理智都会让他在可能的储位之争中支持李建成。大唐开国于乱世，正是用人特别是急需军事人才之际，李渊不得不放手任用军事人才。但是，被李渊寄予厚望的裴寂等人在战场上纷纷铩羽而归，一些新投靠的原隋军将领和关东将领又不能充分信任，李渊不得不重用秦王世民和齐王元吉，毕竟上阵父子兵啊。但李渊忧虑的是，秦王在军中的威望日益提高，又不像齐王元吉那样和太子建成关系亲密。李渊觉得有必要找个由头对李世民进行敲打，省得以后尾大不掉。

这个时候，刘文静与裴寂的矛盾究竟是谁对谁错，已经不重要了。李渊需要借刘文静的人头，对秦王进行敲打，让他明白太子建成的储位是不可撼动的。李渊还担心，刘文静足智多谋，与突厥关系又甚好，如果一直留在秦王身边，容易引发不测之患。刘文静的命运，在李渊一念之间就注定了。

刘文静的死深深震撼了秦王世民，也让年轻的秦王对裴寂产生了怨恨。裴寂混迹官场多年，怎能不明白秦王的心思。作为李渊的心腹，裴寂也不可能违逆李渊的心意，在储位之争中站在秦王一边。在太子建成与秦王世民之间，裴寂坚定地选择了太子。

现在一切都是过眼云烟了。玄武门的鲜血淹没了太子和齐王，秦王世民终于成为胜利者。出于安定人心的考虑，秦王没有立即罢免裴寂，只是限制了他的权力。随着政局的稳定，裴寂的历史使命也基本完成，如果识趣的话，就应该早日辞去相位，或许能让昔日的秦王、今日的皇帝念在晋阳从龙的情分上网开一面。

在这个节骨眼上，裴寂性格中庸劣的一面开始显现出来，他居然天真地认为自己是老资格，新皇帝还需要依靠自己，这就给了一直为刘文静之死而意难平的李世民以报复的机会。

或许是在晋阳形成的毛病，裴寂喜欢和一些擅长看相和语言的术士交往。这种事对于老百姓或许是不疼不痒，但如果皇家子弟和高官喜欢与术士交往的话，往往会产生一些不可预料的后果。629年，也就是玄武门之变三年后，僧人法雅因妖言惑众被治罪，查办案情的时候发现牵涉到裴寂，李世民借此大做文章，罢免了裴寂的相位。裴寂请求仍在长安居住，李世民坚决不允，让他回山西老家养老。

裴寂回了家乡，没想在家乡也被妖人盯上了，看来裴寂喜欢妖人的名声早就在外。有个叫信行的妖人经常对裴寂的家童说：裴公是受上天眷顾的人。这话非同小可，等于暗示裴寂有当皇帝的命。裴寂得知此事吓得半死，赶紧着手处置。

不巧的是，这个时候妖人已经死了，裴寂情急之下犯下大错，居然让家丁杀掉知情的家童灭口，这下子就是浑身有嘴也说不清了。李世民很快就知道这件事，不由得大发雷霆，下旨将裴寂流放到静州（今四川旺苍）。由此可见，这么多年过去，李世民仍然对刘文静念念不忘，也是借此谴责裴寂对刘文静的暗害。也就在这段时间，李世民给刘文静平反，追赠鲁国公。

李世民对武德年间的重臣虽多有防范，也有信用甚至重用的例子，比如宇文士及和封德彝。宇文士及是弑杀隋炀帝的反贼宇文化及的弟弟，出身于关陇贵族集团，早就与李渊交好，甚至在隋炀帝还如日中天的时候与李渊密谋过反隋。宇文化及弑君篡位以后，封宇文士及为蜀王，但宇文士及巧妙地与他保持距离，并及时向已经占据关中的李渊献上一枚金环表明心迹。这只金环救了他的命。

宇文化及被李密和窦建德打败后，宇文士及如丧家之犬般逃到长安，提起当年的密谋和献上的金环，终于得到李渊的信任和重用。

李渊这样做也是迫不得已，隋炀帝把他的文臣武将分成了三个部分：长安部分、洛阳部分和江都部分，而且相当一批人才死于战乱。在这个时候，像宇文士及这样出身关陇，知根知底，没有直接与李唐交过手，并且有相当治国经验的人就显得弥足珍贵。李渊需要这样的人才充实自己寒酸的朝廷，撑起一统天下的中枢气象。

和宇文士及来源相似的是封德彝，只不过这位爷行为更加离谱。就像前文所说的那样，封德彝曾是隋炀帝宠臣，但宇文化及发动江都兵变的时候，封德彝投靠了宇文化及，并面见隋炀帝，数说隋炀帝的各项大罪，却为才思敏捷的炀帝反唇相讥，羞惭而退。宇文化及兵败被杀后，封德彝和宇文士及一起投奔李渊，由于富于战略眼光，渐渐被李渊所重视。

李世民攻打占据东都的王世充的时候，封德彝随军出征，为李世民出谋划策，并且中途回长安面见李渊，坚定了李渊对李世民军事部署的信心。经此一役，封德彝与李世民也结下深厚的战斗情谊。

李渊之所以重视这些江都流亡官僚，主要原因即在于这些人没有正式与他为敌，而长安和东都的文武百官都曾与唐军有长期作战的经历。同时这些人与李渊都有或深或浅的交往，重用他们有利于李渊揽权，而年轻一代人才，则多半聚集于太子和秦王的麾下。

与裴寂不同的是，宇文士及和封德彝出身于关陇集团，或者与关陇集团关系很深，地位相对于裴寂更加超脱，因此也无须在储位之争中过分倒向李渊和太子建成，从而保持了一定的独立性。

宇文士及相对来说较为谨慎，可能与乃兄曾经杀害炀帝有关，因而在储位之争中采取了中立的态度，赢得了李世民的信任。相形之下，封德彝则更为大胆。武德年间储位之争波谲云诡，封德彝采取了两头下注的策略，明面上与秦王世民交好，暗地里却向太子建成大献殷勤，而且行事极为诡秘，没有被秦王知道，很可能充当了太子内应的角色。所幸李世民对封德彝还是有防范之心，这才没有酿成大祸。玄武门之变后，老奸巨猾的封德彝并没有被发现两头下注的秘密，而是得到善终，一直到十几年后才被唐太宗发现。羞怒的李世民剥夺了他的谥号和赠官，封德彝终于得到了他应有的下场。

天策文士们的浮沉

秦王登基后，需要将政变对朝局冲击控制在最小范围，因此留用了宇文士及和封德彝等人，但李世民真正信任的，还是与自己关系密切的房玄龄、杜如晦，特别是长孙无忌这些年轻人。

房玄龄出身书香门第，自幼熟读经史，十八岁考中进士。李渊等于晋阳起兵以后，房玄龄在渭北投靠李世民，受到李世民的赏识，成为秦王麾下首席文士。

房玄龄不但性格缜密，足智多谋，而且深深明白组建人才团队的重要性。残酷的隋末群雄混战淬炼出一批杰出人才，这些人才分散在多个势力麾下，很容易在战争中离散或者湮没。房玄龄利用跟随李世民征战的机会，花大力气去发掘敌对阵营的杰出人才，并纳入秦王阵营。

此举不但消除了民间的不稳定因素，而且让这些人才不能为李渊和太子建成所用，壮大了秦王的实力根基。这些人才大多数是关东人，比如杜如晦、张亮、薛收等，也扩大了唐王朝的执政基础，不至于像隋王朝那样是纯粹关西人的政权。玄武门之变后李世民迅速平定局面，与秦王府在关东尤其是洛阳一带有着雄厚的实力关系很大。

房玄龄的杰出才能也引起了李渊和太子建成的注意。李渊就曾夸奖过房玄龄足智多谋而文采风流。不过，这种夸奖对于秦王府集团和房玄龄本人来说，并不是什么好事。秦王府人才济济，文有房玄龄、杜如晦、薛收，武有尉迟敬德、秦琼、程知节等，并且这些人大多不是关西人，不由得令依靠关西将相的李渊和太子建成深感不安。为了平衡这种局面，李渊命太子建成带领唐军进攻河北刘黑闼势力，这才让河北没有成为秦王的势力范围。

与房玄龄齐名的是杜如晦，在历史上留下了房谋杜断的佳话。杜如晦出生在京兆杜陵（今陕西西安），是如假包换的关西望族出身，这个对李渊和李世民有着很大的吸引力。杜如晦学问根基不如房玄龄，这是因为当时的关东在学术上要远胜关西。但关西学术务实的风格深深影响了杜如晦，相比于房玄龄，杜如晦更善于应付各种繁杂事务，并有处理突发情况的才能，因此受到了时人的称赞。

房玄龄追随李世民后，发现杜如晦的杰出才华，无私地将他推荐给了秦王，丝毫不顾忌杜如晦有可能会影响到他的地位。杜如晦跟随秦王后，随着秦王转战南北，为大唐消灭王世充、窦建德、刘武周等割据势力立下了汗马功劳。杜如晦的机敏善断和房玄龄深远的战略眼光合在一起，常常让李世民取得政治和军事先机，因此也深为太子建成所忌惮。

太子建成向李渊建议，房玄龄和杜如晦是当今一流战略和行政人才，却成了秦王的私人，不能为父皇所用，隐患巨大。唯有将这二人赶出京城，斩断他们与秦王的联系，才能够从根本上解决秦王的威胁。李渊听信了太子建成的话，将房玄龄和杜如晦逐出了京城。

李世民得知这个消息，不由得大惊失色，现在他身边只剩下长孙无忌、高士廉等谋臣，势力较以往是大为削弱。高士廉是长孙无忌的亲舅舅，更是亲自抚养长孙无忌长大的亲人。不仅如此，他们各自也都有传奇的身世。高士廉出身于北齐宗室，长孙无忌更是北魏皇室出身，在关陇集团中有着崇高的地位。傲人的家世让他们早早就具备了深远的战略眼光，特别是关键时刻的决断力。

在印刷术普及以前，读书并不是一件容易的事，更何况许多政务和战略上的心得体会并不是普通书本可以承载的。高士廉是北齐宗室名将高岳之后，高岳为北齐立下赫赫战功，却为北齐皇帝高洋杀害，因此高士廉得到了北齐对手关陇集团政治上的信任。

高士廉年轻的时候发奋读书，在士林中很有影响，也得到关陇公卿的赏识和垂青。隋炀帝执政的时候，高士廉开始了自己的政治生涯，因为身份是敌国王孙，仕途并不算顺利。对他来说很有意义的一件事就是收养了外甥长孙无忌和外甥女长孙氏，这位长孙氏就是日后历史上著名的长孙皇后。

长孙无忌和长孙氏出自著名的长孙家族，长孙家族出自拓跋氏，拓跋氏建立北魏以后，长孙家族因为在宗室中辈分较高，所以被皇家赐予长孙这个姓氏。长孙家族在北魏早期就有不少成员参与国家治理，家族积累了丰富的政治经验。尽管拓跋氏在北魏末年的政治旋涡中失去了皇位，拓跋家族也遭到屠杀，但长孙家族因为是皇室支系而躲过了劫难。

长孙无忌的父亲长孙晟是隋朝名将，深受隋文帝杨坚的喜爱和赏识。长孙晟年轻的时候曾出使突厥，与突厥上层贵族结下深厚的友情，也由此探听到许多突厥的情况。一次长孙晟与突厥贵族交游的时候，突厥贵族拿出硬弓，请长孙晟射雕，暗暗有奚落的意思。没想到长孙晟张弓搭箭，一箭射下两只大雕，震惊了在场的所有人，也为汉语留下了一箭双雕这个成语。

隋朝建立以后，突厥对中原虎视眈眈，深知突厥虚实的长孙晟向隋文帝请求出使突厥，并利用突厥内部不和的弱点，大肆挑拨突厥大贵族之间的矛盾，让突厥内部的凝聚力大为下降。在长孙晟的谋划下，隋朝采取了政治和军事双管齐下的办法，极大地削弱了突厥的实力，迫使突厥臣服于新兴的隋王朝，长孙晟也由此被认为是难得的名将。

有了这样的家庭背景，长孙无忌从小所接受的教育当然迥异于房玄龄。房玄龄固然精通文史，但在关键时刻的决断力上，比长孙无忌还是略逊风骚。长孙氏长大后，高士廉利用自己的影响，为长孙氏选择了李世民为婿，长孙氏和高氏也由前朝王孙，变成新朝贵胄。也正是因为有这层亲戚关系，太子建成虽然赶走了房玄龄和杜如晦，却不能赶走高士廉和长孙无忌，从而为自身的覆灭埋下了伏笔。

将军决战岂止在战场

在这批杰出人才中，有一个让李世民又爱又恨的人物，就是民间传说的托塔李天王李靖。当然，真实的李靖手上并没有宝塔，反而是中国历史上不世出的名将。李靖是陇西李氏出身，舅舅韩擒虎是隋朝名将，在隋朝攻灭南陈的战争中立下大功，也宣告了中国在经过三百年的分裂后再度统一。李靖从小就喜欢与舅舅韩擒虎研讨兵法，其杰出的军事谋略得到韩擒虎的高度赞赏。韩擒虎的称赞，让小小年纪的李靖很快名震关西，为他今后的功业打下了坚实的基础。

如此优秀的人才，加上韩擒虎威名的加持，李靖就得到了出仕的机会。好巧不巧，李靖恰恰是在李渊麾下抵御突厥。李渊起兵之前，李靖已经敏锐地觉察到李渊的野心，但李靖并没有选择投靠李渊，而是化装成囚犯逃到关中，准备到江都向隋炀帝告发李渊。此时整个中原已经大乱，道路隔绝，不然李靖也不会想绕道关中到江都。李渊到了关中一看，连出关的道路都被阻断，只能滞留在关中等待命运的裁决。

没多久李渊就在晋阳起兵，花了大半年时间打下关中，李靖也成了李渊的阶下囚。李渊看到李靖居然花费了这么多心思来算计自己，一怒之下将李靖押赴刑场斩首。李靖不甘心就这样死去，临刑前大喊：明公兴起义兵，本是为天下除去暴乱，怎么没有完成大事，而以私人恩怨斩杀壮士呢？

李世民听到李靖的喊话，不由得心生怜悯，当即下令暂缓行刑，并为李靖向父亲苦苦求情。李渊听到这件事，心头火也消掉大半，再看到李世民为他苦苦求情，也就饶了李靖一命。从这个角度来说，李世民对李靖是有再造之恩的。

李靖投入大唐阵营后，其杰出的军事才能很快就得到了施展的机会。大唐一开始固然有对不起他的地方，但也正是大唐给了他成为主将驰骋疆场的机遇，这恰恰是隋朝没有能给他的。窦建德和王世充被击败后，平定南方诸多割据势力就成了李渊要考虑的大事。此时秦王已经功高盖世，如果再让他平定南方，整个帝国的权力天平将偏向哪一边，明眼人都会有自己的答案。

在这种状况下，李靖作为秦王的替代品，肩负起平定荆湘、江淮和岭南的重任。李靖没有让李渊失望，成功地削平南方群雄，将广大的南方纳入大唐版图，也遏制了秦王影响力的进一步提升。李靖也由此成为帝国的三大军事支柱（李世民、李靖、李世勣）之一。

令人有些意外的是，在初唐三李中，李靖在军事上反而是出道最晚的那个。在李世民和李世勣作为主将已经驰骋疆场、名满天下的时候，李靖只不过是一名普通的将领，是李渊放下了成见和仇恨，给了李靖机会，让他在短短三四年成为威震海内的名帅。

当然李靖也不是一开始就得到李渊充分信任的，李渊曾多次对李靖进行调查，差点要了李靖的命，这不能不让李靖感到如履薄冰。究其原因，显然与李靖曾告发李渊造反，并在长安城内迫害追杀李渊家属有关。正是李靖的功绩才让李渊逐步放下成见，更让李渊减轻了在军事上对秦王的依赖，李靖也由此得到了更多的机会和奖赏。

李渊态度的多次反复，在让李靖感到天威难测的同时，也滋生了对李渊的感恩心理。虽然秦王对他有救命之恩，但如果没有李渊的首肯，李靖也活不成，所以提起这个救命之恩，李渊也是要占一半的。李靖万万没有想到的是，武德后期的风光，却为他在贞观年间的备受猜忌和排挤埋下了伏笔。命运赠送的礼物，早就在暗地里标好了价格。

贞观年间受到重视并担任宰相，却又不是文官出身的还有一位，那就是鼎鼎大名的李世勣。说起李世勣一般人可能不太熟悉，但说起隋唐演义中瓦岗寨那位足智多谋的军师徐茂公，很多人就有印象了。李世勣就是徐茂公，只不过小说做了演绎，让艺术创作的人物掩盖了原型。

李世勣本姓徐，曹州（今山东菏泽）人，本是当地富豪。隋炀帝征伐辽东，搞得天下大乱，义军四起，十七岁的李世勣眼看家财难保，索性投了瓦岗寨从军。李世勣虽小小年纪，但已经有不凡的战略眼光。李世勣对瓦岗寨首领翟让说：瓦岗寨附近都是咱们的家乡，兔子不吃窝边草，不能祸害乡亲。不远的宋、郑二州地近御河，商旅众多，是非常好的打劫对象，弄钱弄人都很方便。

翟让听了大为称赞，李世勣等就带着众喽啰经常打劫过往客商，甚至连官船都不放过。虽然狠捞了几笔，但很快就引起隋朝当局的注意。隋朝当局就派了名将张须陀前来镇压瓦岗军，结果却被李世勣阵斩，天下大震。瓦岗军和李世勣的威名传遍了四方。

李世勣阵斩张须陀，是隋末农民战争具有里程碑意义的事件。在此以前，虽然农民起义此起彼伏，但义军缺乏军事经验，遇到隋朝正规军往往不堪一击，义军也被隋军残酷屠杀。尽管隋军在辽东前线焦头烂额，但在控制中原局势，弹压中原义军上，还是绰绰有余的。张须陀的战功，很多都是靠镇压义军刷来的。

如此巨魁，被毛头小子李世勣一战击毙，不仅大大挫伤了隋军的气焰，而且鼓舞了义军的信心，让义军特别是瓦岗军有更多的时间积累军事经验，从而让隋王朝在覆灭的道路上一去不返。

此战之后，隋军逐步丧失对中原的控制力，隋军也被中原义军特别是瓦岗军分割为几个集团，陷入一盘散沙的状态，直接导致了后来如隋炀帝逃窜江都、李渊起兵晋阳等一系列连锁反应。年纪轻轻就能取得如此功勋，李世勣不愧为唐太宗宰相群里笑到最后的男人。

军威大振之后，为扩大瓦岗军的影响，李世勣同翟让商议，奉迎北周旧贵族出身，曾参与杨玄感起义的李密为瓦岗军首领。李密有威望，具有较深文化修养，与李世勣的合作更加亲密。隋炀帝逃窜江都以后，仍然希望打通与东都洛阳甚至关中地区的联系，派遣王世充率领大军进攻瓦岗军。李世勣率军迎战，把王世充麾下的精锐隋军杀得大败，瓦岗军的影响进一步提高。

经过李密和李世勣的整训，瓦岗军的作战能力有极大提高，与隋炀帝麾下的隋军主力的差距越来越小。瓦岗军地处四战之地，能够在中原地区生存下来，对领导人的要求显然极高。李世勣的厉害之处，就是将手下的乌合之众，逐步锤炼成一支劲旅，并且屡屡战胜隋军。看来李世勣不但善于用兵，更会练兵。但瓦岗寨的地缘环境，特别是内部一些结构性矛盾，让这支反隋核心主力逐渐走向衰亡。但在这个过程中，瓦岗寨集团残余骨干与秦王世民结下了深厚的关系，包括李世勣本人也是如此。

瓦岗寨原先奉翟让为主，但翟让的才具气度都不足以带领瓦岗寨在乱世生存，因此李世勣等人才与翟让商量，将主帅之位让给了更能带大家成就一番事业的李密。没想到事业做大以后，翟让、李密两系人马的矛盾日益加深，李密干脆用了林冲火并王伦的办法，设下鸿门宴杀了翟让，李世勣在酒席上也挨了一刀。幸亏李密爱惜李世勣的才能，赶紧下令保护李密，并将翟让的军队分了一半给李世勣统领。

这么一来，瓦岗军内部顿时离心离德，上下猜忌之心大起。瓦岗军地处中原，缺乏战略纵深，不得不面临来自江淮、东都、河北多支隋军和其他义军的压力，发展艰难。在火并翟让以前，李密就派遣重兵进攻东都，但东都城墙非常坚固，兵力也强，李密花了很多时间和兵力都没能攻克。这样下去，瓦岗军缺乏可靠战略后方的危险就将成倍放大，李密和李世勣的前途也不会太美妙。就在这个时候，江都方面的隋军搞出了大事情。

公元618年3月，隋朝禁卫军在江都发动兵变，隋炀帝被弑，隋军推举宇文化及为帝，准备回到关中，重建关陇人的朝廷。隋炀帝逃到江都的时候，身边还有十几万军队，这是关陇一系经营几十年攒下的军事家底，精锐非常，是隋王朝称霸东亚的本钱。中原瓦岗军的地盘是这支军队回到关中的必由之路，势必会给瓦岗军甚至东都城内的隋军以强大冲击。瓦岗军能应付这种空前的威胁吗？

显然，这支精锐前隋军给中原各方的生存，如瓦岗军、东都军、河北窦建德军，都带来重大变数，迅速成为各方的公敌。就连已经占据关中的李渊集团，也感觉到了这支前隋军所带来的阵阵寒意。但是，这些拦在宇文化及叛军返乡路上的各色军队，其军事经验和能力，哪里能和前隋中央军相比。要消灭这支前隋军，必须付出重大代价。

这笔代价最后由瓦岗军支付了。尽管瓦岗军在战斗中一直都在成长，但瓦岗军的主要成分不久之前还是农夫，军事素养与江都隋军相比不可同日而语。在这种情况下，李密和李世勣等人不得不运用谋略，利用宇文化及叛军粮草欠缺的弱点，不断与其展开周旋。经过艰苦战斗，终于歼灭了这支威震东亚的军队。瓦岗军也元气大伤，退出了争雄天下的行列。

从隋末农民战争的进程来看，瓦岗军实际上是第二代反隋势力，也可以说是最后一支具有农民起义正义色彩的势力。杨玄感等人属于第一代反隋势力，但很快就遭到残酷镇压。瓦岗军在反隋事业一片低沉的情况下登上历史舞台，不但消灭了张须陀等统率的隋军内线机动主力，迫使隋朝在政治、军事和行政上处于分崩离析的状态，而且歼灭了隋军主力，彻底扑灭了隋朝最反动的政治势力卷土重来的可能。瓦岗军的伟大功绩，将永远镌刻在历史的丰碑上。

在这场激烈而血腥的战斗中，李世勣与麾下军队受到残酷的考验。宇文化及叛军兵强马壮，但缺乏粮草，因此将李世勣据守的黎阳仓作为重点进攻目标。黎阳仓是隋文帝在关东建设的大型粮仓，储备有大量粮食，据说里面的隋朝储粮一直到李世民当皇帝十年后都还有剩余。

如果宇文化及占据黎阳仓，叛军军心稳定下来，这支强大的军队将满血复活，发挥出全部潜能，天下事未可知也。李世勣率领麾下将士，顶住宇文化及一轮又一轮的猛攻，但也有逐渐支撑不住的感觉。

李世勣无奈之下向李密求救。李密也知道利害，亲率手下精锐前来救援。李世勣得知援军大至，不由得大喜过望，偷偷从城内挖好地道，带领将士突然现身城外，同李密来援的人马会合，大败叛军，迫使叛军败退。宇文化及的皇帝梦，随着这一战的失利，彻底成了泡影。

李密在击败宇文化及以后，元气大伤，很快遭到占据东都洛阳的军阀王世充的偷袭，被打得落花流水，不得不投靠李渊。至此第二代反隋势力完成了历史使命彻底退场，以李渊、窦建德、王世充等为代表的第三代反隋势力成为角逐天下的主要力量。新的王者，将在他们当中产生。

李密投靠李渊以后，据守黎阳仓的李世勣顿时成了夹在窦建德和王世充之间的孤军，好不尴尬，好不孤单。乱世如不抱个大腿，未来的日子是不会美妙的。李世勣决定降唐，但在这个时候，李世勣那种细致缜密的优点再次发挥出来。

李世勣深知，如果这个时候抛开李密，上赶着去投降唐朝，不但会给李渊留下不好的印象，而且会给不满的李密以借题发挥构陷自己的空间。所以李世勣整理了自己属地的户籍版图，派人送给李密，由李密转送给李渊。此举果然赢得了李渊的好感，让李渊对这个和自己没有一丝一毫渊源的人刮目相看。

李渊此人表面昏庸，实际上却忌刻得很，一点点小事都能放在心里半天，不报复一下绝不会罢休。瓦岗寨集团虽然在反隋上有大功，但毕竟与李渊集团是盟友关系，长时期内都有共同的敌人。更何况瓦岗军转战关东，帮李渊集团做了很多不便做的事情，消耗了许多对手的兵力，让李唐有更多的时间和空间去对付更具威胁的薛举、刘武周等割据势力。李唐顺利攻占关中，更与瓦岗军在关东的配合有很大关系。

李渊由此放下了对降将的一贯忌刻，除李密等个别例子外，大力优容和重用瓦岗寨出身的将领。瓦岗寨出身的将领也改变了李渊集团的构成，让李渊集团具有更丰富的多样性和代表性，在相当程度上摆脱了只代表关西人的色彩。

虽然李渊毛病不少，但只要人才被他接受，他也是愿意放下宿怨破格任用的。李靖于李渊有告密之仇，杀亲之恨，被李渊接受后短短数年间一飞冲天，甚至超过了比他早出道三四年，早就威震天下的李世勣。李靖用今天的话来说，属于钢铁直男一枚，做事方正而不知避讳；李世勣相比之下就乖巧得多，揣度人心的本事更是天下无双，至少在隋末唐初罕有对手。

或许有歪打正着的成分，但李世勣将版图户籍送交李密，由李密代呈李渊的做法，无疑挠到了李渊的痒处，这也为他在李渊面前赢得了足够大的宽容度。李世勣孤军悬处关东，周围窦建德、王世充等人对李世勣部都是虎视眈眈，关中的唐军策应能力有限，这支新换帜的唐军形势危如累卵，岌岌可危。窦建德很快就派遣大军进攻黎阳，黎阳兵少，力不能支，被窦建德攻陷，李世勣的父亲李盖和魏征等人被窦建德俘虏。

李世勣本已逃出生天，但听说父亲被俘，只好带着数百骑兵返回投降窦建德。窦建德一贯爱惜人才，李世勣的威名早已被他所知，于是留下李盖作为人质，仍然让李世勣驻守黎阳。

李世勣虽然颇为狡诈，但战略眼光绝对不是盖的。他也算辗转不少阵营，与很多名王都打过直接和间接的交道，一眼就看上了李唐。李世勣判断，窦建德很难成事，跟他的话肯定没啥好果子吃。放眼海内，唯一能重新统一中国的唯有大唐。

从投降窦建德的第一天起，李世勣就为重返李渊阵营做周密的准备。在与亲近的郭孝恪等人商量以后，李世勣决定先取得窦建德的信任，再伺机劫持窦建德投降唐朝。没想到天下没有不透风的墙，窦建德到底还是知道了这件事。李世勣无奈之下，只得与郭孝恪率领几十名骑兵逃到关中投奔李渊。

经过几次间接接触，李渊对李世勣已经颇具好感。李渊连宇文士及和封德彝这样的人都能收纳，更不用说一个并无太大政治劣迹的李世勣。李世勣入唐后，李渊没有追究他丧师失地的过错，反而对他多有褒奖，让他到秦王麾下效力。

李世勣在李世民麾下，学习到了北周—隋朝一系多年积累的正规战法，加上自己丰富的军事实践，军事素养又有了很大的提高。在年轻的秦王眼中，李世勣算是自己调教出来的学生，相比之下李靖则有些老师和竞争对手的味道。这种看法也微妙地决定了二人未来的命运。

追随着年轻英武的秦王，李世勣的军事生涯达到了一个新高度。在跟随秦王击败为祸山西的刘武周以后，李世勣在秦王世民的指挥下对老冤家王世充发动了进攻。李世勣曾与王世充多次交手，熟悉王世充军队的战术风格，加上关中精兵的加持，自然是将王世充打得节节败退。特别值得一提的是，李世勣先后夺占了荥阳、郑州、开封等战略要地，并利用王世充军队阵脚大乱的机会，又抢占了战略要地虎牢关，为随后李世民打败窦建德打下了扎实的基础。

王世充无奈之下，只得向窦建德求援。窦建德接到王世充的求救信后，带领十万河北精兵渡过黄河前来救援，与当年袁绍进攻官渡颇有相似之处。在李世民和李世勣的巧妙指挥下，窦建德的十万大军在虎牢关前被唐军击败，窦建德本人也被俘虏。消息传到东都，王世充在震撼之下投降。

虎牢关战役一举消灭窦建德、王世充两大巨魁，唐军以最小的代价基本统一了北方，使得饱受战乱的百姓得以休养生息，华夏文明得以延续，对国家民族贡献巨大。此战李世勣战功卓著，得到了丰厚的奖赏。最令人瞩目的，是被李渊封为天策下将，而天策上将就是李世民本人！由此可见李世勣在李渊心中的地位。

李世勣虽然功高盖世，但毕竟不是关中人，不但李渊对他有一定戒心，在李世民心里也算是一根不长不短的刺。李世民更看重的，是关中出身的侯君集。

侯君集早年的事迹留下来的不多，这与他日后谋反有关。唐代的史书经常会有意无意地遗漏一些记载，甚至会定向塑造记忆。比如李世民的儿子吴王李恪，史书上记载的都是太宗如何不喜欢他，如何处罚他，但也不得不记录李世民曾经认为他英果类己，考虑让李恪继承皇位的事情。如果李恪真有史书上记载得那么不堪，太宗会考虑传位给他吗？

侯君集的事迹也是同理。据称侯君集早年喜欢学武，但武功基础不扎实，弓马还没有娴熟就到处吹嘘自己的勇武。不过这个事情得两看。

侯君集武艺粗疏就敢到处自夸，而且似乎没有被打脸的记录。考虑到侯君集的反贼身份，如果被人打脸，史书一定会大书特书。没有被打脸只能说明一件事，就是关中军事集团年轻一代的尚武之风也在逐渐下降，侯君集已经是矮子里的将军。

李渊起兵之后，侯君集也投奔了李渊，在秦王帐下效力。由于隋炀帝带走了关中大部分成熟的军事精英，这些精英在多年的战争中灰飞烟灭，因此侯君集已经是关中人里很可宝贵的军事人才。重视关中人的李世民对侯君集青睐有加，侯君集也由此得到更多的锻炼机会。

河北有秀木

这些被太宗重用的人才中，最另类的一位就是大名鼎鼎的魏征。魏征也是一个很有故事的人，传奇色彩不亚于李世勣。魏征原来是李密的部下，李密赏识他的文笔，让他担任文学参军，掌管文书撰写和往来。李密降唐以后，魏征跟着他一起成为唐臣。

魏征自告奋勇，向李渊自荐去劝说占据黎阳等地的李世勣投降。李世勣正在彷徨之中，看到老相识魏征千里迢迢前来劝降，很高兴地就降了李唐，为一生的功业奠下根基。随后窦建德派遣重兵进攻李世勣等人，魏征被俘，不得不投降窦建德，被窦建德任命为起居舍人，属于贴身秘书性质。

窦建德被李世民生擒后，魏征再次降唐，却阴差阳错地成为太子建成的属下。太子建成虽没有李世民的军功，却是宽厚待人的长者，对魏征礼遇有加，让魏征感觉到前所未有的尊重。

魏征本是聪明人，辗转多个恩主的经历，让他对政治斗争有深切的敏感。太子建成的宽仁，也让魏征深有感触，因此在辅佐建成的时候，魏征可谓是尽心尽力。

魏征早就敏锐地意识到，秦王军功太重，对太子是极大的威胁，因此当窦建德部下刘黑闼在河北反叛的时候，魏征力劝太子建成向李渊请求亲征河北。感到秦王已经尾大不掉的李渊也痛快地批准了太子的请求。

为了保险起见，李建成专门让熟悉河北窦建德集团内情的魏征作为军师随军作战。魏征熟悉河北军情民心，建议李建成以攻心为上，宽待河北民众和愿意投降大唐的叛军将士。李建成本是宽厚之人，很痛快地听从了魏征的建议，河北军民果然纷纷归降，刘黑闼之乱被太子建成顺利平定。李建成的胜利，在一定程度上抵消了秦王世民的影响，让本来向秦王倾斜的权力天平得到了相当的矫正。

经过平定刘黑闼的战事，魏征与太子建成的关系进一步加深。此次出征也增加了魏征在河北地区的人望，魏征趁机大肆宣传太子的仁德，让建成在河北的民望也是水涨船高。相对于饱受战争和水患摧残的河南，河北地区土地肥沃，人口稠密，长期以来都是中国的粮食主产区，一直到北宋中期以后才被江南所超过。

太子建成平定刘黑闼，极大地增强了太子一系的实力。现在太子手握关中与河北两个基本盘，秦王只拥有河南，顶多还有河东（山西）部分地区，军事潜力和经济实力都不如太子，这或许就是秦王最后孤注一掷发动玄武门之变的内因。

由于唐王朝对史料的销毁，以及太宗上台后对太子建成集团的清算，现在我们已经很难知道太子集团运作的具体情况。但有一点可以肯定，魏征由于其丰富的政治经验，特别是在河北等地的根基，以及与秦王阵营瓦岗系将领的旧情，在太子集团中一定居于核心地位。正因为如此，魏征对整个夺嫡形势有着清醒的认识，多次劝太子采取非常手段除掉秦王，但太子建成在关键时刻却犹豫了，结果导致了震惊千古的玄武门之变。

决定命运的一夜

太子与秦王的争斗持续了数年，李渊的天平渐渐倒向了太子。原因很简单：首先是关陇集团的支持。李渊是关陇集团世家出身，夺取关中后能够顺利站稳脚跟，与关陇集团的支持有极大关系。太子长期在关中辅佐朝政，与关陇集团建立了密切的联系，而秦王世民则缺乏这样的资源和机会。秦王麾下有尉迟敬德、秦琼、程咬金等诸多关东出身的大将，势必会引起关中英豪的抵触和猜忌。

其次是因为李渊牢牢地记住了隋朝灭亡的教训。隋文帝杨坚是李渊的亲姨父，杨坚废长立幼，让隋朝二世而亡，教训深深地镌刻在了李渊心里。李世民看上去与隋炀帝非常相似，而太子建成也酷似隋文帝的太子杨勇，都是同样的恭谨仁德。李渊看到这一幕，怎能不想起姨父的教训，怎能不顾关陇与河北地区民众的观感，平白无故地废掉太子？李渊最后选择与太子站在同一阵营，就是可以理解的了。

对于自身不利的处境，秦王也有深刻体察。秦王府中的人才，如房玄龄、杜如晦等，已被李渊赶走，太子和齐王还要调走尉迟敬德、秦琼和程咬金等，甚至秦王府多年积攒的精兵也在太子和齐王抽调之列。显然，李渊也终于下定决心，为了不走姨父杨坚的老路，要拔掉秦王这根刺。正好在这个时候，太白金星在白天再次出现在天空正南方的午位，负责观测天象的官员向李渊汇报，认为这预示着秦王当拥有天下。李渊看到这份汇报，立即将它转送给李世民。

李世民看到这份汇报后大惊失色，这说明父皇已经和自己摊牌了。

往最坏里想，这甚至可以理解成暗示自己自裁。到了这个时候，再也不能犹豫了。好在秦王在长孙无忌等的辅佐下，已经做好了鱼死网破的准备。

到了这个时候，正好应了那句古话，打虎亲兄弟，上阵父子兵。其他人都可以开溜，只有与秦王有姻亲关系的长孙无忌和高士廉跑不掉。长孙无忌和高士廉认为，到了这个时候，必须召回房玄龄和杜如晦，一起谋划如何对付李渊和太子。李世民深以为然，立即让长孙无忌召房玄龄、杜如晦进秦王府出谋划策。

房玄龄和杜如晦已经被李渊等打击得晕头转向，一时忘掉了李世民其实是更厉害的角色，居然推辞不去。消息传到李世民那里，李世民不由大怒，怀疑这两人已经背叛自己。李世民马上找来尉迟敬德，解下自己的宝剑给敬德，让敬德再去召唤房、杜二人前来。如果不来的话，就用这把宝剑斩下二人的人头。

尉迟敬德带着宝剑去请二人，房、杜二人见状，知道这杯罚酒不好吃，只得乖乖跟着敬德到了秦王府。

长孙无忌、高士廉是心腹兼亲戚，房玄龄、杜如晦是书生，侯君集更类似于家养的奴才，都不难应付，麻烦的是李靖和李世勣。经过李渊多年有意识地培养，李靖和李世勣已经是威震天下的大将，也是唐军除了秦王之外最重要的统帅。秦王决心摊牌，这两位统帅的态度至关重要。如果他们的态度不明朗，秦王即使侥幸得手，也会面临着唐军主力的镇压，后果怎么样就不好说了。但如果贸然去找他们入伙，又有可能面临他们告发的风险。

思来想去，秦王决定还是去探探他们的口风，以免届时他们不明真相，真的把军队开到皇宫镇压自己，那可就不好玩了。既然已经想到这层，只好派人秘密联系在外带兵的两位帝国军界大佬。

李靖和李世勣都表现出了暧昧的态度。但在秦王看来，两个人虽然都暧昧，但含义是不同的。经过多年的磨砺，李靖渐渐已经适应了自己新的角色，李渊的恩威并施和倚重也让李靖既心怀畏惧，又心生感激。李靖毕竟是关陇集团重要一员，加上李渊的不计前嫌和悉心培养，内心天平自然更倾向于李渊和建成一系。但秦王毕竟于自己有救命之恩，如果告发，也会留下骂名。

经过一番挣扎和纠结，李靖只能装聋作哑，表现出暧昧的态度。但如果秦王起事失利，是不要指望得到李靖支持的，届时李靖肯定会接受李渊和太子的指令。无论秦王占据长安还是逃往洛阳，都将与李靖展开巅峰对决。

李世勣就不一样。不用说李世勣比钢铁直男李靖更加圆滑，与秦王和秦王麾下瓦岗系将领的历史联系，也让他相比李靖来说更加倾向于秦王。李世民考虑的是，如果在皇宫不能一击得手的话，就要逃亡到洛阳等自己的势力范围内继续战斗，此时李靖和李世勣的态度就极为重要。

李世勣虽然没有明确表态，但按照历史发展的前后逻辑来看，李世勣基本给出了让秦王满意的答案，就是说如果秦王没有一击得手的话，李世勣至少会在随后的内战中保持中立，甚至更倾向于秦王一方。应该说秦王对李世勣的表态是极为满意的，李世勣这个关东反贼出身的外人最终得到了和长孙无忌一样的待遇，与当日的表现有极大关系。相形之下，李靖的态度则在李世民心中扎下一根深深的刺，将无情地决定李靖在贞观朝中后期的命运。

公元 626 年 7 月 2 日，李世民与长孙无忌、高士廉、尉迟敬德、秦琼、程咬金、房玄龄、杜如晦等，合谋发动玄武门之变，杀害太子李建成与齐王李元吉，随后逼迫唐高祖李渊退位，自己登上皇位，改元贞观，历史翻开了新的一页。

贞观政治的真面目

踏着兄弟的尸体登上了皇位，李世民尴尬地发现，在天下人的眼中，自己极有可能就是一个隋炀帝第二的形象，甚至更为不堪，因为隋炀帝毕竟没有闹到喋血宫门的地步。李世民本是心高气傲之人，对隋炀帝乱政的后果也是深有体会。实际上，我们的太宗皇帝一辈子可以说只干了一件事，就是给隋炀帝擦屁股，尽管太宗皇帝自己未必有这个历史自觉。但面对着玄武门之变造成的一地鸡毛，他能够坐得稳宝座吗？

还是那句老话，打虎亲兄弟，上阵父子兵。秦王府多年来积攒了一大批年轻英才，而且地域来源比较多样化，朝气蓬勃，文武协调，比李渊所用的宰相们更加耀眼，更加年轻。李世民将依靠这批英才，创下千古伟业！

与秦末汉初很相似，中原大乱和残酷的厮杀引来了外敌的觊觎。早在北齐与北周对峙北方时期，突厥就在蒙古高原崛起。突厥拥有强大的骑兵，北齐、北周都不愿突厥帮助对方来对付自己，于是都争相讨好突厥。突厥也乐得吃了原告吃被告，两边索要好处，借北齐和北周供应的财物壮大自己的实力，成为东亚地区事实上的霸主。北周时期的突厥可汗他钵就曾得意洋洋地说：我在南两儿常孝顺，何患贫也？他钵所说的两儿就是指北齐和北周。北周统一北齐的时候，突厥还曾试图干预，只是未能得逞。

隋文帝登基以后，集中了相当精力解决突厥问题。在一代名将、长孙皇后的生父长孙晟的辅佐下，隋文帝采取了分化瓦解、各个击破的策略，成功地迫使突厥降服大隋。

隋文帝的策略固然取得很大成功，但主要还是依靠政治策略和拉一派打一派，突厥强大的军事实力还是保存了下来。隋炀帝乱政让中原大乱，突厥终于找到了翻身的机会。

突厥此时已经以阿尔泰山为界，分裂为东突厥和西突厥。西突厥距离中原地区相对较远，不容易干预中原局势，东突厥就不一样了。

东突厥不但离中原核心地区如河东（山西）、河北较近，更拥有强大的骑兵，能够快速向中原地区投射强大的军事力量。不过鉴于隋朝曾经拥有的强大军事力量和昔日声威，东突厥采取了比较和缓的手段干预中原局势，即通过扶植中原的军阀来对广大中原进行间接控制。这就可以看成效仿长孙晟的故伎，只不过这一次是用在了中原人自己的身上。

公元617年，军阀刘武周就投靠了东突厥，被东突厥封为定杨可汗，成立了中原地区第一个依附于突厥的傀儡政权。刘武周得到东突厥的帮助后，兵威大振，甚至对大唐都造成很大的威胁。有了这个榜样，军阀们纷纷投靠东突厥。比如梁师都就投靠东突厥，被始毕可汗封为大度毗伽可汗。窦建德也与东突厥多有交往，接受过东突厥的封号。就连李渊起兵的时候，为防止东突厥抄自己后路，也不得不忍气吞声地暂时向东突厥称臣。

在李唐坐大以后，东突厥迅速把李唐作为自己控制中原、称霸东亚的主要对手，试图干预李唐统一中原的战争。幸亏秦王世民雄才大略，在突厥反应过来以前，一战消灭了窦建德、王世充两大割据势力，让东突厥失去了干预中原局势的最佳时间窗口，实在是空前的伟业！

唐朝统一全国以后，东突厥并未放弃对中原局势的干预，依然经常派兵入侵，让李唐苦不堪言。为了防御东突厥的进攻，唐军不得不在漫长的战线上疲于奔命，处于被动挨打的境地。

公元624年，东突厥大举入侵关陇，突厥游骑甚至深入宝鸡，这在历史上都是很少出现的情况。面对这种严峻形势，李渊甚至与宰相们商议，要烧毁长安后迁都襄阳，让突厥人一无所获。这种荒唐的主意当然遭到秦王等人的反对。秦王世民带着疲惫的唐军抵御突厥，并利用突厥贵族内部的矛盾，成功地迫使东突厥退兵。秦王世民又一次拯救大唐子民于水火之中。

由此可见，隋炀帝的乱政，让隋朝并不稳固的东亚霸主地位彻底易手，并且给中原士民带来深重的灾难。据记载，隋朝人口高峰为890万户，大约4600万人，而到了武德年间，全国人口仅剩下200万户，具体数目没有记载，估计是人口太少，史官也不好意思记录。要不是秦王世民在东都之战一举擒下窦建德、王世充两位名王，中原的户口数会更加稀少。

人口的大量损失，让初唐失去了隋朝征战四方所获得的大量成果，整个国家在东突厥面前处于卑弱的状态，不得不通过称臣和贿赂获得一时的苟安。

相比之下，汉朝刚刚建立的时候，也遇到了强大的匈奴。那个时候中原也是经历了长期的战争，加上汉高帝刘邦年事已高，无力与匈奴进行长期的战争，因此汉朝对匈奴采取了和亲政策。刘邦去世以后，作为女性的吕后也无力主持与匈奴的长期战争，仍然延续了对匈奴的和亲政策。汉文帝、汉景帝虽然也是中国古代杰出的政治家，但面对强大的匈奴依然一筹莫展，唯有先集中精力发展经济和解决国内政治矛盾，直到雄才大略的武帝才开始解决这个问题，解决得还不彻底。李世民登基之初，遇到的也是汉初这么个情况。

比汉初更麻烦的是，初唐的问题甚至可以说更加严峻：北边有强大的东突厥，东北有武力强盛、挫败大隋的高句丽，西北的吐谷浑和吐蕃也跃跃欲试。而在汉初，刘邦及其后人长时期内只需要面对匈奴一个对手而已。面对这样的形势，李世民会作出何等抉择？

英雄天子世民，十八岁就驰骋疆场，字典里几乎就没有一个怕字。

他少年时期就生活在河东防御突厥的前线，对东突厥的内情知之甚详。同时他还是长孙晟的女婿，岳父大人当年对付突厥的计策和过程，李世民通过高士廉和长孙无忌也算是知之甚详，堪称家学渊源。这些因素加起来，让李世民能够有更多的底气对付东突厥的威胁。

更重要的是，李世民通过玄武门之变上台，自身缺乏法理基础，不得不面临天下人的质疑。在这种情况下，想坐稳宝座，要么建立不世功业，要么做到民生富裕和政治清明。初唐严峻的国防形势，让贞观君臣感觉到前所未有的压力。如果仅仅抄袭西汉初期的方案，一味埋头发展经济和民生，不但东突厥会常常袭扰，还会让根基不稳的高句丽、吐谷浑等政权稳定下来，从而对唐朝形成更大的威胁。无论是为国家安危，还是为个人功业，李世民都必须正视这种威胁，绝不能有半点退缩！

因此，李世民遇到的棘手问题是，如何在残破经济的基础上，最大限度地解决边患问题。在整个贞观朝，与民休息固然是重要课题，但贞观朝廷始终保持了一种适度的战争经济色彩。在强大的国防压力面前，李世民不得不在民生恢复上作适当让步，而将相当多的资源投入军事方面。反映到中枢构成中，就是武人为相层出不穷。李靖、李世勣、侯君集等杰出将领，都或长或短地出任宰相，这与武德时期有着显著区别。

在这种情况下，贞观朝的经济恢复，必然是比较缓慢的，突出就表现在人口数量的恢复上。正如前文所述，武德年间户口数为200多万户，经过近二十年的发展，房玄龄在贞观十六年（642年）给出的数据是全国人口1600万，大约不到隋朝人口高峰的40%。显然，频繁的战争，是唐朝经济恢复不尽如人意的重要甚至是主要原因。也正因为此，古代史家在提到贞观年间的成就时，用了贞观之治而不是贞观盛世这样堪称精准的描述。

当然，为了避免重蹈隋炀帝的覆辙，贞观君臣特别是李世民本人非常重视政治的清明。李渊对隋末旧事耿耿于怀，李世民何尝不是如此！

隋末的末世场景，特别是东突厥利用天下大乱侵凌中原的可怕情形，谁也不想再来一次。要吸取隋末教训，就不是拳头或者武力所能解决的。

李世民本是心高气傲的人，脾气并不温顺，也喜欢美女、狩猎和其他享受，当时不少人说他像隋炀帝，其实有几分道理。这种舆论肯定会对李世民造成压力，加上玄武门之变的恶劣影响，李世民不得不约束自己暴躁果断的脾气，逐渐变得从善如流。这种转变无论是对大唐，还是对太宗皇帝本身而言，都是极为重要的，为贞观朝甚至整个大唐的文治都打下坚实的基础。

纵观贞观朝政治特别是初期政治，文治或者休养生息并不是最重要的旋律，解决东突厥问题，以及在解决东突厥的基础上重新打造在东亚的地位才是最重要的任务和功绩。当然，这个过程并不是一帆风顺的，也是经过了多番反复和试错才最终成型。李世民也由此建立了千古伟业，成为中国历史上最杰出的政治家之一。

君相协力创新局

玄武门之变震动了整个东亚，也给一些人看到干涉大唐国内局势的可乘之机。玄武门之变两个月以后，李世民正式登基为帝。但让李世民始料未及的是，东突厥可汗颉利带领雄兵二十余万，大举向唐朝的核心区域关中进攻，关中一时岌岌可危。

此前因为李渊君臣决定恢复经济，将关中将士大批复员务农，造成关中兵力空虚，难以抵挡突厥大军。情急之下，李世民命尉迟敬德为泾阳道行军总管，在泾阳与突厥大战。尉迟敬德不负众望，在泾阳取得小胜，歼灭一千余突厥骑兵，但这也仅仅是遏制了突厥对关中腹地的侵扰，突厥主力还是杀到了长安附近。

此时长安城内只有三四万正规军，突厥号称有二十万人。尽管突厥人攻城技术可能不行，但悬殊的兵力对比还是让突厥在这场对峙中占尽优势。李世民明白，硬拼很难取得胜利，特别是军中派系众多，太子建成和齐王元吉的党羽很多还不死心，甚至老爹李渊也可能正在伺机反扑。硬拼，绝不是好的选择！

那边两位可汗心里也在打鼓。虽然大军占尽优势，但攻城毕竟不同野战，耗时耗力不说，还需要有稳定的后勤，这恰恰是突厥的短处。本来可以通过抢掠百姓来获得部分军需，但尉迟敬德的胜利限制了突厥军队的活动，既影响到突厥军队筹集军需，又可能在后方捅突厥攻城大军的刀子。颉利可汗与李唐也不是打了一天的交道，另一位小可汗突利更与李世民是老交情，他们对李世民纵横天下的战绩那是清楚得很。权衡之下，两位可汗决定派遣执失思力进长安探听虚实。

好一个李世民，很快就做出了决断，立即扣押了执失思力。随后，李世民命令军队严阵以待，自己则带着高士廉、房玄龄等数人纵马到渭水边，喝令两位可汗前来相见。

两位可汗与李世民本是老交情，特别是突利可汗。听到李世民只带了寥寥数骑前来相见，两位可汗自然也不能怂，否则会让突厥铁骑们看不起，于是也策马到了阵前。

随后发生的事情堪称扑朔迷离。据正史记载，李世民怒斥颉利可汗背信弃义，扬言大唐一直遵守盟约，突厥此次是兴不义之师，大唐不惹事，但也不怕事。颉利可汗看到李世民的军事布置，以为李世民身后有十几万大军，再加上勤王的唐军不断开到长安附近，军容严整，让颉利可汗也心生了几分惧意。

李世民见状，也开始软了口气，要求与两位可汗重订盟约。颉利可汗听说执失思力已被拘捕，再加上尉迟敬德等侧翼唐军的威胁，决定敲大唐一笔竹杠后，与李世民一起杀白马祭天，重订盟约后撤军。为了送走这批爷，李世民几乎搬空了国库。这就是历史上有名的渭水之盟。

对于这个盟约，李世民深以为耻，发誓要在有生之年报仇雪恨。话虽如此，做到谈何容易。当年汉朝花了六七十年时间才放弃和亲政策，又经过五六十年的战争才击败匈奴，所花时间不可谓不长，代价不可谓不惨重。李世民当时才不到三十岁，他能在短短的二三十年里做到汉朝六七代雄主用一百三四十年才做到的伟业吗？

生性强悍的太宗皇帝即刻开始了行动。面对东突厥强大的军事压力，以及太子建成和齐王元吉余党的压力，当年的秦王集团必须更加紧密地抱团，并吸收部分太子一系的人马，才能稳固住局面，并积累起讨伐东突厥的实力。所幸的是，东突厥的实力根基并不稳固，这还要归因于李世民的岳父长孙晟对突厥的分化和打击。贞观时代的大幕，就在严峻的内外形势下徐徐打开。

房玄龄和杜如晦需要适应新的角色和工作。长期以来，他们是秦王最心腹的谋士，所做的工作主要是军事和政治谋略。在理民方面。尤其是担任肩负调和鼎鼐重任的宰相之职上，他们一时间还真没有封德彝这些老人有经验。秦王府长期的军事和谋略工作，也在一定程度上限制了他们的能力和视野。

房、杜等人需要改变那种追求极致效率的思考方式，毕竟理民辅政不同于打仗和政治争斗，需要的是舒缓和同理心。如果不能意识到这一点的重要性，看看隋炀帝就可以明白。

房玄龄和杜如晦把他们的谋略、勤勉和果断都用在了民政上。作为太宗皇帝多年的心腹，他们比任何人都明白李世民的心思，明白渭水之盟对高傲的皇帝是多大的羞辱。如果说渭水之盟以前，太宗皇帝还能够做一个太平天子，还有可能采取西汉对付匈奴的策略解决东突厥问题的话，渭水之盟彻底断绝了这种可能。

玄武门的血迹未干，皇帝就被迫与东突厥重订盟约，献上大量财物，极有可能还重新向东突厥称臣，不难想象这在历史上会留下何种名声。再考虑到两个多月以前刚刚爆发的玄武门之变，如果今后皇帝在抗击东突厥问题上不能有所作为，后世的评论可想而知。

房玄龄、杜如晦更明白，抗击东突厥的侵略，在相当长的一段时间内将会是贞观政治的主旋律。他们的任务，是在确保经济恢复的同时，为对突厥的战争筹集尽可能充裕的资源。尤为重要的是，这种对民力的汲取不能伤及根本，隋炀帝的前车之鉴让每一位贞观君臣都有着切肤之痛，他们中的每一个人都在隋炀帝带来的大乱中失去了亲人。

房玄龄和杜如晦很快就成了民政和经济方面的专家。然而，房、杜二人并不是后世所想象的纯儒家式的政治家，而是儒、法兼用的诸葛亮式的人物。诸葛亮理民治国之才一流，但刘备逝世以后，蜀汉缺乏将才尤其是独当一面将才的严峻形势，迫使诸葛亮成长为三国后期一流的军事统帅。当然，由于太宗皇帝、李靖和李世勣等的存在，无须房、杜二人亲当矢石，从事军事任务，但综合处理民政和军政事务仍然是必不可少的。

贞观初年严峻的民生和国防形势，也让民政和军政问题往往交织在一起，很难截然分开。处理好这些问题，对裴寂、封德彝他们来说有点困难，对熟悉民情和军事的房玄龄、杜如晦来说却是驾轻就熟。

李渊自称帝以来，继承了隋朝的框架和旧排场，加上与李渊有旧的隋朝官吏不断前来投奔，李渊这人又有点像后来的袁世凯，非常喜欢看到前朝同僚在自己面前俯首称臣，结果导致长安朝廷冗员问题严重，大量前隋官员占据各级职位。这种情况不仅导致行政效率下降，而且将炀帝时期腐朽的作风带进了新生的大唐政权，对大唐的兴盛和社会的长治久安是不利的。李世民当了皇帝后，马上着手改变这种状况。贞观元年（627年），李世民责成房玄龄拿出方案，简化政府机构功能，裁撤各级冗员。

这样的活计在历朝历代都是得罪人的，何况房玄龄刚刚担任宰相不到一年，对下面情况并不是十分熟悉，裴寂这些老人又在一边冷眼旁观，稍不留心就会落入陷阱，造成不可预测的政治后果。如果火烧起来，还会殃及刚刚登基不久的太宗皇帝。

房玄龄充分发挥了他思虑缜密、擅长谋划的特长，经过与杜如晦等人的详细商议后，给出了行之有效的撤并冗员方案，将长安各级官员从两千多人裁减至643人。整个过程平稳有序，没有发生大的风波，更没有像一些人希望的那样产生足以动摇局势的震荡。经过此次革新，大唐才具备真正的开国气象，前隋的腐朽风气被涤荡一清，为后来太宗君臣的功业打下良好的根基。

房玄龄为政宽和，任人唯贤，早在秦王府就花了很大心思去搜罗人才。担任首辅以后，房玄龄在提拔任用人才上花了很大工夫，也经常向李世民举荐可堪大用的人才。即使是与房玄龄政见不同的人，也对房玄龄这一点称赞不已。

房玄龄的宽厚与虚怀若谷，让他完成了从谋士到宰相的转变，更让他赢得了李世民长期的信任。在他们的关系产生裂变以前，李世民对房玄龄是非常倚重的。这一点在后世看来稀松平常，但在李世民那里却是非常难得。房玄龄与杜如晦参与了李世民夺嫡的绝大多数密谋，知道了太多敏感的事情，按理说是李世民天然的猜忌对象。深度参与玄武门之变的尉迟敬德，就在贞观时期被雪藏，失去了很多建功立业的机会；长孙无忌也因为长孙皇后的忧虑，被迫在家闲居十多年。房玄龄任相时间为二十一年，不仅在唐朝，在整个中国历史上都是十分罕见的。

除了房玄龄，杜如晦也是李世民在贞观初期非常倚重的人才。与房玄龄相比，杜如晦更加果断，他的谋略更表现在善于决断上。房玄龄是谋划型人才，擅长给出多种方案，杜如晦则擅长从这些方案中，挑选出最优的予以执行，因此留下了房谋杜断的美誉。一般来说，善于决断的人都比较有魄力，也经常承担各种责任，掌控各种风险，因而其所承担的压力要比谋略型人才大很多。

长期的压力摧残了杜如晦的健康，也让他没有更多的精力去辅佐太宗，房谋杜断的产生，可能不仅仅是因为二人的风格差异，也有可能是因为杜如晦的身体不能承受太长时间的高强度思考。贞观三年（629年），杜如晦接替长孙无忌担任尚书右仆射，兼任吏部尚书，肩负的责任更重，很快就得了重病，于贞观四年（630年）去世。

李世民重用的秦王府人才还有高士廉。长孙晟去世得早，长孙皇后是由舅舅高士廉抚养长大，因此高士廉可以勉强算是李世民的岳父。渭水之盟的时候，李世民将高士廉带在身边，一点也不忌讳高士廉知道这些不太光彩的事情，可见对高士廉的信任。但高士廉在得意之下，做了一个让人大跌眼镜的举动。

黄门侍郎王珪写了一道密奏，请求高士廉转呈给太宗。但高士廉不知道出于什么心理，居然私自将这道密奏扣下。私扣密奏，在哪一朝都是大罪，更何况高士廉极有可能看过这道密奏，对朝局也可能产生了一些不良影响。王珪当然不肯善罢甘休，李世民也不便包庇，因此将高士廉贬为安州都督，不久调任益州大都督府长史。

益州虽然较早地被北周纳入版图，但由于西晋以来的离乱，益州百姓对儒家学说已经比较陌生。高士廉出身北齐皇室，故乡河北又是儒家学说比较兴盛的地方，因此高士廉注重用儒家提倡的仁政来治理益州。益州土地肥沃，四川盆地也一直有天府之国的美称。高士廉到了益州，发现战国李冰留下的水利设施日益破旧，就又组织挖掘了一条新渠，并对李冰留下的水利设施进行了一些修缮，让蜀地百姓获利颇丰。

除此之外，高士廉还非常重视在益州推广儒学教育，鼓励蜀地学子研习儒家经典，让蜀地长期颓废的儒风再度兴盛。高士廉对益州卓有成效的治理，让益州的经济开始恢复，以致成为唐代重要的经济、文化中心，也成了唐朝皇帝重要的后花园。高士廉也因为卓越的政绩，加上杜如晦去世后朝堂空缺，得以回到长安担任吏部尚书，部分替代了杜如晦的角色。

下面要说的就是武德末年和贞观末年李世民团队的核心人物——长孙无忌。长孙无忌与李世民既有君臣之谊，又有郎舅之亲，曾经在一起度过无数风风雨雨，按理说应该在贞观初年拥有显赫的政治地位。李世民也的确信任长孙无忌，在贞观元年（627年）即任命无忌为吏部尚书，随后拜无忌为尚书右仆射，成为名副其实的宰相。

但长孙一门本来就出自北魏帝室，如此宠遇自然是树大招风，引人物议，贤德的长孙皇后也为此多有不安。据说长孙皇后多次恳求李世民，请求免去无忌的尚书右仆射之职。长孙皇后的用心堪称良苦。毕竟长孙无忌参与了李世民夺嫡的整个过程，一些连房玄龄都不知道的事情，长孙无忌都知道。如果宠遇太盛，按照无忌骄横的脾气，还指不定闹出什么事来。更何况长孙皇后作为李世民的枕边人，对太宗皇帝的细微心思抓得那是相当清楚。

李世民在玄武门之变后已有鸟尽弓藏之心，尉迟敬德、秦叔宝皆被雪藏，高士廉也被借故贬黜，长孙皇后不能不为整个家族担心。尽管无忌本人在宰相任上多有建树，长孙皇后却在李世民对长孙家的眷顾之心最盛的时候，请求让无忌急流勇退，显然是十分明智的。

长孙无忌不得不在春秋最盛的时候，遗憾地暂时告别政坛，回家闲居。为了安慰自己的大舅子，李世民慷慨地任命他为司空，这是西汉末年设置的三公之一，从来只授予德高望重的人物，无忌出任司空显然是资望轻了一些，也不免招来一些物议。不过李世民可不管这些，或许也是对无忌兄妹深体圣心的一种补偿。无忌和李世民都不知道，虽然无忌暂时离开了政坛中心，但却没有卷入许多错综复杂的矛盾，为贞观末年的权倾天下做好了铺垫。

房玄龄等人虽然长期辅政,为贞观年间的善治做出杰出贡献,但房玄龄等人都不是诤臣,也不敢对李世民多有忤逆,发挥诤臣作用的是魏征。魏征长期在太子建成麾下服务,深得建成信任,魏征也忠心报答建成,多次劝说建成除掉秦王。

玄武门之变后,李世民下令拘捕魏征并亲自审问。魏征不卑不亢的态度和对太子建成的忠心得到李世民的赞赏,便将魏征收入麾下。魏征曾是窦建德属下,在河北一带素有名望,又是太子建成主要的谋臣,堪称建成阵营的代表性人物之一。这样一来,魏征就有了双重的统战价值。重用魏征,既能够安抚旧太子阵营,又能够安抚对长安朝廷有些离心的河北地区。玄武门之变后才一个多月,李世民就命令魏征巡视河北,安抚这个对建成有深厚感情的重要地区。

魏征果然不负君望。河北地区民情复杂,对大唐甚至李世民的感情更是复杂。河北是北齐故地,与关陇集团作战数十年,民间对关陇集团的隔阂很深。同时,北齐、窦建德等政治势力与突厥等有着长期的交往,彼此之间有着一定的信任基础。如果不安抚好河北,在与突厥作战的时候,就会有很大的麻烦。

魏征到了河北,对当地窦建德旧部大加安抚。河北父老眼看木已成舟,尽管对太子建成感情很深,也只能接受现实。魏征顺利地完成了他的使命,回长安向李世民转达了河北父老对于新皇的善意。

李世民大喜过望。与忌刻的李渊不同,李世民对关东人士素怀亲近之感,愿意将关东才俊之士收入麾下。毕竟李世民没有经历过父辈所经历的关东关西长期对峙、残杀的往事,能够更加超脱地看待关东才俊和民众。尽管在内心,李世民也亲近关西将相,但李世民长期在外征战,这些关西将相与李渊和建成关系更加亲密。同时在长期的征战中,李世民的宽仁,赢得了关东民众的爱戴,这也使得关东在很大意义上成了世民的基本盘，成为世民与父兄周旋的底气和支撑所在。

李世民当即决定，启用河北人中的英彦，开启他们的上升渠道。河北自古就是人文荟萃之地，当地民众熟习文武，名臣与名将辈出，堪称国家的人才宝库。李渊和建成征服河北以后，河北民众尽管被建成纳入势力范围，但建成也没有大规模启用河北人才，可能也是顾忌到皇帝老爹的颜色。

但这么一来，就给了世民见缝插针的机会。登上皇位的世民，不吝君恩，提拔大量河北俊秀进入大唐的军政系统，其中就有日后赫赫有名、威震天下的名将苏定方。经过太宗和魏征的苦心筹划与运作，河北终于稳定下来。

经过这一番折冲樽俎，魏征在大唐的地位进一步巩固。与谨小慎微的房玄龄不同，魏征性格刚正，不畏强权，因此敢于反驳太宗的一些不合理意见。魏征更深深明白，论亲近程度，自己永远别想与房玄龄、杜如晦等秦王府旧人相比。因此魏征迅速找到了自己的定位，那就是利用自己的特殊身份，对李世民进行劝谏，甚至迫使他收回一些不合理的决定。魏征相信，一向宽待关东民众和手下败将的李世民，会理解自己的一番苦心，甚至愿意成就这段千古君臣佳话的。

魏征果然没有看错年轻的皇帝。尽管对父亲和长兄有所亏欠，但李世民还是愿意善待天下臣民尤其是关东民众。这番胸怀，加上对建成的内疚，让太宗在魏征面前始终保持了一种虚怀若谷的态度，对于魏征的劝谏也大多采纳。或许魏征站在身边的时候，太宗会感到大哥并没有远去，仍在某个角落里冷冷注视着自己。太宗要向大哥与天下臣民表明，自己比任何人都适合担任帝国的皇帝！玄武门的事情，更多是出于公心！

贞观朝的政治，比武德朝，乃至此前的隋文帝、炀帝时代，都更具有军事色彩。这突出地表现在宰相的选任上。武德时期，出任宰相的人士大多是文官,并且不少具有前朝皇室血统。尽管李渊为人忌刻,但还是维持了一个文官政府的框架。相比之下,世民的班底很多都是武将,因而武将进入政坛就成了很自然的事情。

更重要的是,尽管天下初定,但东突厥对大唐的压力,始终是太宗心上的一根利刺。整个长安朝廷,也战战兢兢地活在突厥铁骑入侵的阴影之下。要在这种艰难形势下维持局面,承压能力更强的大将进入政坛担任要职,就是可以理解的了。

作为武德时代的宠儿,李靖战战兢兢地迎来了贞观时代。李靖虽然精通兵事,但在政治上实在是小白一枚。这一点被李渊看透,将其娴熟地玩弄于股掌之上。无论李靖愿不愿意,对于李渊和太子建成来说,李靖就是秦王世民的替代品,有了战神李靖,秦王的地位就没有那么重要了。何况对李渊和建成来说,本来就打算对突厥采取守势,李靖,一定程度上也包括李世勣,应付这种守势已经绰绰有余,秦王的军事作用基本上可以说是可有可无了。

太宗对这一点也心知肚明。自己曾经救过李靖的命,但李靖在武德朝的经历,很难让太宗认为李靖不是在恩将仇报。但太宗也有无可奈何的地方。突厥势力如日中天,是东亚事实上的霸主,对大唐多有逼凌。要应对东突厥的威胁,必须重用李靖这样的良将。

在天下人看来,大唐的头号名将当然是太宗自己。不过,已成为万乘之尊的太宗,不能再像以往那样轻犯锋镝。一旦出事,大唐承担不起这样的后果。李靖的作用,也因此更加重要。李靖仍然像在武德朝那样,担任了太宗军事上的替身角色。

但太宗还有一件事放心不下。李靖固然有出色的军事才能,但他多在南方作战,在一马平川的北方能否发挥出同样的才能?太宗心里没底。南方水网密集,丘陵纵横,作战方式多以水战和步战为主。北方战场适合骑兵作战,对抗强度远高于南方战场,李靖能否适应这种高强度的对抗？

其实，反而是太宗本人的骑兵作战能力和驾驭高强度对抗能力得到了充分的考验，连东突厥贵族都十分佩服。渭水之盟后东突厥痛快退兵，就有畏惧李世民军事才能的因素在。一直到贞观初年，李靖在与东突厥的对抗中，并没有占据上风。他能完成太宗交给他的历史性使命，在战场上真正替代太宗的作用吗？

李靖终将在战场上证明自己不负君命，但这并不能扭转他与太宗之间冰冻三尺的不信任感。当然，太宗也没有把宝完全压在李靖一个人身上，他手上还有两个倾力培养的将领，那就是李世勣与侯君集。

太宗旧邸天策府名将虽多，但能独当一面的，实在没有几个。尉迟敬德虽然骁勇，但长期以来只是作为斗将而不是作为主将的角色出现的。冲杀于万军之间能全身而退，百万军中取上将人头，是尉迟敬德的长处，其勇猛绝不下关、张。但在指挥、策划战役方面，尉迟敬德就没有那么擅长。同时，玄武门之变中，尉迟敬德做了太多惊世骇俗的事，大大冲击了封建道德，因此也不适合继续作为主将培养。天策府中的侯君集，不但一直鞍前马后跟随太宗，而且是关中人，与李世民的关系，要远远胜过其他人。

正因为与侯君集有如此深厚的关系，太宗自然对其青睐有加，全力培养。贞观四年（630年），太宗让已经名满天下的李靖教侯君集兵法，希望加快侯君集的成长速度。但没几天侯君集就跑过来告状，说李靖意图谋反。

大惊失色的太宗连忙追问缘由，原来是李靖在讲授兵法的时候，只愿意谈一些大致原则和体会，每到紧要关头和高妙之处，李靖总是想办法岔开话题，搞得侯君集一头雾水。侯君集虽然颇具纨绔子弟的无赖气息，但天资甚高，很快就看穿了老李头的把戏：原来他是不肯告诉我真东西！气急败坏的侯君集干脆到太宗面前告了李靖一记刁状。

平心而论，侯君集的话并不是完全没有道理。此时的李靖已经横扫六合，总齐八荒，纵使卫、霍也很难与之相比。李靖宝贵的军事经验，已经不能简单地视为个人资产，而是应该被视为国家财富。李靖有责任也有义务将这些宝贵经验整理出来，并公之于众，作为培养年轻将帅的教材。但李靖却选择了保守自己的军事经验和体会，这不能不让太宗感到疑虑，侯君集的话，太宗是结结实实地听进去了！

太宗皇帝不得不亲自出马，召李靖入宫，畅谈军事问题，并且命人详细记录，最终整理成《唐太宗李卫公问对》一书。李靖此时已不敢怠慢，在太宗这个大行家面前，不得不尽量讲述自己多年的军事经验和体会，一直到太宗满意为止。用了这种手段，太宗终于迫使李靖交出了被李靖视为珍宝的军事经验，也基本上消除了侯君集诬告给李靖带来的危机。对于功高盖世的李靖，太宗还是有基本的回护之情的！

在侯君集成长为军事栋梁之材以前，太宗还是要依靠李靖和李世勣。正如李渊利用李靖来制约太宗在军事上的影响一样，太宗也需要利用李世勣来制约李靖。久经沙场的太宗深深明白，虽说自古美人如名将，不许人间见白头，但名将比美人要难得得多。美人的分布遵循一定规律，百步之内，必有芳草，但名将可不是这样。

要成为名将，将才、将德、将运，一样都不能少。缺乏足够的军事才能，俗称将才，肯定成不了名将；不能够宽严相济，爱护将士，特别是克制住自己的贪欲，上了战场容易被自己人打黑枪，也容易遭到敌人的暗算；没有足够的运气，能够在战场上一次又一次死里逃生，不断积累军事经验，特别是还要能够找到明主，都需要运气，这就是将运。这三大过滤器筛选下来，一个时代能够成为名将的，不过寥寥十多人，甚至寥寥数人而已。太宗作为杰出的军事家，自然明白这个道理。

李世勣虽是"反贼"出身，但在关键时刻并没有出卖旧主求荣，并且对大唐的忠诚经受住了窦建德阵营的考验。虽然受李渊重用，但在关键时刻，还是感念旧情和恩义，暗中力挺太宗，将德是毋庸置疑的。李世勣在战场上一次又一次死里逃生，指挥能力也由统领数百人规模，芝麻开花节节高，一直到能够担任方面军统帅，这在瓦岗军系统绝对是个异数。不要小看这种情况，那个年代正规的军事经验只在上层流传。能够依靠自己的悟性，摸索出大兵团指挥经验，不但要有很高悟性，还要有很强运气。对于这样有着超强军事能力和运气，又靠得住的人才，太宗怎样能不大加信用，引为心腹？

加入唐军后，李世勣得到了与太宗本人、李靖、李道宗等名将充分交流和学习的机会，又随着李靖等人转战千里，积累了丰富的军事经验，在唐初一众名将中脱颖而出。与李靖相比，李世勣的优势是年轻和脑子灵活，而且曾与各种各样的敌人都交过手，擅长在不利的条件下反杀，对战场环境的适应较李靖更胜一筹。李世勣一辈子打了不少烂仗，但往往能在战场上笑到最后。这也是他最终能与打了一辈子神仙仗的李靖齐名的主要原因。

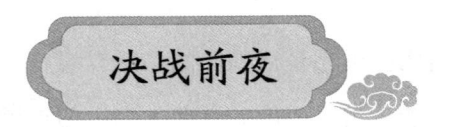

决战前夜

作为在边境成长的君主，太宗对于突厥的内部形势极为熟悉。考虑到岳父长孙晟在突厥有大量人脉，太宗在研判突厥内部情况方面更有着得天独厚的优势。在与突厥周旋的时候，太宗经常能正确判断出突厥的意图，采取正确的措施，从而在军力薄弱的情况下化险为夷。武德年间发生了几次突厥入侵的重大险情，都是在秦王世民的运筹下平息的。

对于大唐的迅速统一，东突厥贵族是很不甘心的。早在北齐与北周对峙时期，突厥人就经常利用北齐与北周的矛盾获取利益，甚至逼迫北周武帝宇文邕娶了突厥可汗的女儿。隋末天下大乱，东突厥操控华北群雄，步步向中原王座逼近，甚至窦建德都与东突厥关系匪浅。秦王世民扫平华北群雄后，东突厥失去干预中原政局的工具，不得不亲自出马进攻大唐。

此时的大唐国力空虚，军队战斗力不如东突厥，不得不在漫长的战线上疲于奔命。太宗意识到，东突厥有与中原政权打交道的丰富经验，政治成熟度远非汉高帝时代的匈奴所能相比。不彻底解决东突厥的问题，大唐的统一是不稳固的，甚至不如隋文帝时代稳固。

在这个时候，太宗对东突厥内部的了解发挥了重要作用。东突厥并不是一个成熟的中央集权政体，而是一个部落联盟。东突厥除大可汗外，内部还有许多小可汗。大可汗对众多的小可汗虽然有一定管辖权力，但做不到像中原王朝那样能够对他们随意生杀予夺。小可汗和其他贵族们对大可汗不满，也会私下串联，借助各种力量来对付大可汗。这种政治结构的稳定性，不但比不上后来的蒙古，比入主中原前的拓跋鲜卑也是大大不如。太宗在突厥内部素有威望，突利可汗就是太宗的小迷弟。

太宗岳父长孙晟，当年在突厥内部也留下大量线人。虽然时过境迁，但交情还在，信任基础还是很稳固的。可以想象，这些资源都成为太宗对突厥情报系统的重要组成部分。作为杰出的军事家和战略家，太宗对突厥内部的情况了如指掌，这是他相对于汉高帝、吕后和汉文帝等杰出君主具有很大优势的地方。

经过数年的励精图治，太宗逐渐打下了解决突厥问题的基础。统一全国的战争大约在武德中期就逐步结束，到了贞观三年（629年），和平降临大唐已经快十年时间。尽管李渊等人在对付突厥方面软弱无力，但基本还是能做到与民休息。

武德二年（619年），李渊初定租、庸、调法，规定在限额之外，不得随意加派；武德七年（624年），李渊又在北魏和隋朝均田制的基础上，进一步推行均田制和租庸调制，规定年满十八岁的男丁，每人给地100亩，其中20亩是永业田，可以传给子孙，其余的在年满六十岁以后要交还国家。六十岁以上老人、残疾人、笃疾人，给田40亩。寡妇授田30亩。通过这样系统而严密的法令，大唐的农业生产开始恢复，逐步能够支撑起大规模的对外战争。李渊的这种做法，堪称是难得的善政，为唐朝的兴盛打下了根基。

太宗登基以后，在房玄龄、杜如晦、魏征等人的辅佐之下，经济力量大为增强，为大规模对外战争做好了物质上的准备。

物质上的准备逐渐充实，军事上的准备更是充分。太宗本人成长于边境，对骑兵的作用有着非同一般的体会。唐朝骑兵继承了北朝尤其是北魏鲜卑骑兵的特点，以重装骑兵为骨干力量，轻骑兵和步兵为辅助力量。太宗本人就是运用重骑兵的高手。在决定天下机运的虎牢关之战中，太宗率领麾下三千多重骑兵，愣是顶住了窦建德十万大军的攻击，并且在野战中生擒窦建德，提前数年结束了唐朝统一北方的战争。

但是唐朝的骑兵对阵突厥骑兵的时候，却遇到一个很大的问题。突厥骑兵以轻骑兵为主，更加机动灵活，训练和使用成本也更低，数量也更庞大。在与唐军对峙的时候，突厥骑兵可以利用在数量上的优势，让唐朝重骑兵在质量上的优势难以发挥。就算突厥吃了亏，也能够利用机动性的优势快速转移，让唐军难以追击。武德年间唐军在突厥面前只剩下招架之功，与此有很大关系。

作为中国历史上数一数二的骑兵大玩家，太宗很快就看出这个问题，并苦思破解之法。得益于出色的情报系统，突厥轻骑兵的战术在太宗面前已经没有秘密，但问题在于如何克制。为了寻求破解之道，太宗专门组建小规模骑兵部队，不断进行演练，模拟各种可能出现的情形。

太宗深知，与突厥骑兵主力的作战，其对抗强度远非与窦建德、王世充等部队所能相比。唐军虽然横扫天下，但所破之敌多是境内二流部队、威震天下、制霸东亚的骁果军，主要是倒在了瓦岗军之手。因此，李世勣与骁果军等一流强军对抗所积累的军事经验，就显得难能可贵。在未来与东突厥的决战上，李世勣将与李靖一道，发挥中流砥柱的作用。

经过唐军上下的不断演练，加上不断积累的与突厥轻骑兵对抗的经验，唐军开始对自身的重骑兵进行改革，去掉了重骑兵的马甲，只保留骑士的甲胄，结果让唐军骑兵的效率大增，形成了具有唐军特色的轻骑兵。唐军轻骑兵不但保留了原来重骑兵冲击力强、装备先进的特点，而且机动性也大为增强。

唐军骑兵兵种的改革，不但带来了效率的提升，对将领也产生了筛选作用。尉迟敬德等擅长重骑兵冲击和马上格斗的将领，对于轻骑兵大范围机动战术的作战，不如像重骑兵那样得心应手。尉迟敬德、程咬金等出色将领逐步沦为纯粹的斗将，与此有相当大的关系。在这种情况下，只有三名将领适应了新的作战环境，成为唐军的军魂。这三人就是李靖、李世勣和侯君集。当然到了贞观三年（629年），只有李靖和李世勣熟练掌握了新的战术，初步具备了与强大的东突厥轻骑兵军团战略决战的能力。

在紧锣密鼓地准备与东突厥战略决战的时候，太宗丝毫都没有放松情报工作，一直密切关注东突厥内部形势的变化。精通草原形势和思维的太宗明白，东突厥虽然强大，但内部管理结构是一盘散沙，一场天灾就足以让东突厥内部矛盾爆发，导致各个部落与可汗之间权力的分化和改组。

东突厥崛起太快，内部尚未得到充分的整合就击败了草原霸主柔然，而柔然的实力又为元魏消耗甚多，因此东突厥打败柔然其实没有花太多力气，仅仅用了三四年时间就消灭了柔然。这就使得突厥内部始终不够团结，容易被强大对手所分化。命运赠送的礼物，从一开始就暗地里标明了价格。

渭水之盟以后，东突厥的日子也不好过。颉利可汗连年兴兵南下，侵扰大唐，对东突厥来说也是可怕的消耗。战争让东突厥人马羸弱，经济凋敝，对草原的控制力开始动摇。

被征服的薛延陀、回纥、拔野古等部落看准这个机会，开始反抗东突厥贵族的统治。颉利可汗派突利可汗带兵镇压这些部落，结果吃了败仗，突利可汗狼狈逃回，被颉利可汗囚禁，从此突利可汗怨恨颉利可汗，两人关系走到崩溃的边缘。

在颉利可汗与突利可汗关系恶化，甚至开始互相攻伐的时候，老天也不作美，开始下起罕见的暴雪，在东突厥本土造成可怕的雪灾。雪灾导致东突厥牛马大批死亡，东突厥的实力遭到进一步削弱。

突利可汗不断向自己的盟兄太宗求救，让太宗进一步掌握了东突厥上层的各种情报与信息。太宗得知，颉利可汗企图仿效中原王朝，加强中央集权，重用中原汉人赵德言，让赵德言在东突厥推行中原制度，引发了东突厥上层的不安和愤懑，加剧了东突厥内部的裂痕。到了贞观三年（629年），东突厥的形势已经是内外交困、风雨飘摇了。

太宗对于草原内部形势的了解，是包括汉高帝刘邦在内的前代帝王远远比不上的。这也使得太宗能够及时得到草原内部绝密信息，并迅速采取行动。在得知东突厥内部的压力已经逼近临界值的时候，太宗敏锐地意识到，解决东突厥问题的时机已经到来！

正午的光辉

经过十余年的休养生息，唐朝经济得到了一定的恢复。尽管与隋朝全盛时期相比还有一定的差距，但已经足够支撑起一场大规模的远程征伐。武德旧臣逐步退出政治舞台，也为执行相关军事行动减少了不少阻力，特别是防止了高级军事机密的泄露。

太宗身上所蕴含的杰出军事家的素质，让他敢于在关键时刻抓住战机，敢于在关键时刻亮剑。相形之下，李渊和建成身上的中原官僚气息就更浓厚，遇到机会也不一定敢出手。如果东突厥遇到的是这两位，很可能会有惊无险地渡过这个难关。

就在这个时候，首先沉不住气的反而是东突厥。629年11月（贞观三年），东突厥骑兵袭扰唐朝河西边境，被当地守军击败。天策府旧人、名将张公谨上奏太宗，详细分析了东突厥内部的困境，并请求讨伐东突厥。

张公谨是太宗非常看好的年轻将领，魏州繁水（今河南濮阳）人，曾参与过玄武门之变，深受太宗信任。太宗对张公谨大力栽培，隐隐然有将其当作李世勣接班人培养的意图。由此可见，太宗对于关东人物的信任和重用，这是坚持关陇本位的李渊和建成很难做到的。唐朝能够君临天下近三百年，与太宗对关东的包容和信任有很大关系。

接到张公谨的表章后，太宗不由得百感交集，还是天策府旧人靠得住，与自己心灵相通！值得一提的是，就在此前几个月，薛延陀起兵反抗突厥，得到了唐朝的支持，与突厥大战数月不分胜负。在唐朝的支持和册封下，薛延陀首领夷男成立了薛延陀汗国，大大压缩了东突厥汗国的战略回旋空间。进攻东突厥汗国的时机进一步成熟了。

一贯雷厉风行的太宗当即下诏，兵分六路讨伐东突厥。李靖作为大唐臣子中的头号名将，当仁不让地率领主力作为中军担任主攻任务，由张公谨担任中军副帅，既向李靖学习大兵团作战经验，又有一定的监督性质；李世勣带领东路军，进攻东突厥腹地；华州刺史、霍国公柴绍率军在西路顺黄河前进，威胁东突厥的侧翼；宗室名将、文成公主的父亲、任城王李道宗从灵州出击，牵制当地东突厥军，让他们难以回援其他方向；检校幽州都督卫孝杰为恒安道行军总管，带兵严密防守燕山一带，防止东突厥军队进攻燕云地区；薛万淑则率兵从东北方向出击，防止突利可汗临阵反水，支援颉利可汗。六路大军共计十多万人由李靖统一指挥，浩浩荡荡地向东突厥进军。

这支十多万人的唐军，是随太宗、李靖、李世勣征战多年，并在贞观初期由太宗亲自整编和教习出的百战精兵，是在前隋中央军覆灭后，中原大地经过杰出军事家塑造和长期征战锤炼而成的另一支无敌铁军。东突厥之所以能够在隋末纵横天下，正是因为前隋中央武力在残酷的战争中化为灰烬，孱弱的地方军队和临时起事的民军难以与东突厥骑兵对抗。这才让东突厥在短短一两年间又恢复神勇，无人能敌。随着唐朝军队在太宗手上整编和训练完成，一支比隋军更可怕、人才和兵员比隋军区域覆盖面更广的军队，开始出现在东亚大陆上。

东突厥虽然兵强马壮，但也有一个关键性问题。由于有刘武周、梁师都等顶在前面，也为更好干预中原形势，颉利可汗把汗庭设在了靠近大唐的定襄（今山西省定襄县）。李靖的中军，则是从马邑（今山西朔县）出发，距定襄的直线距离不过300公里！这就给了李靖以灵感。

作为将门子弟，李靖青少年时期的军事经历都是与北方边境有关。对于突厥轻骑兵的作战方式和特点，李靖早就烂熟于胸。问题在于隋朝对付突厥多采用分化瓦解的办法，硬碰硬作战的次数并不多。突厥横行草原一百余年，依仗的就是数量庞大的骑兵，以及建立在此基础上的大兵团作战和大范围机动能力。这也是草原帝国的看家本领。东突厥骑兵数量，保守估计至少有二十万，超过唐军此次北伐的人数。如果在开阔地带与突厥骑兵主力尤其是颉利可汗麾下骑兵进行正面会战，即使强如李靖，也没有必胜的把握！

作为杰出的军事家，太宗对此看得很清楚。唐军骑兵的厉害，不在于大规模正面决战，而在于高机动性基础上的精准斩首，这一点在太宗本人指挥的虎牢关战役中被发挥得淋漓尽致。要想击败东突厥，就要限制东突厥骑兵正面会战的长处，尽可能发挥唐军在训练程度、精准打击与后勤方面的长处。太宗选择冬季出兵，就是要利用寒冬造成突厥马匹疲瘦，突厥骑兵正面会战能力受限的条件，对突厥进行致命打击。在这种作战环境下，唐军的优势，将被成倍放大。

不过颉利可汗也不傻。能够在突厥坐稳可汗的宝座，至少是合格的雄主。能够想到重用赵德言建章立制，政治眼光也是十分高明。可汗牙帐设在定襄，距离大唐实在太近，以颉利可汗的谋略，早就在定襄一带严密布防，毕竟太宗在虎牢关的胜利，给突厥也留下深刻印象。在一般的情况下，唐军想要突袭定襄，简直是不可能的。

在仔细分析了战场形势后，李靖发觉，此次作战条件，比在江南要困难得多，即使与虎牢关相比也不轻松。虎牢关前，太宗率领唐军重甲骑兵大破窦建德主力，而这次为了进行大范围机动作战，李靖带领的主要是轻骑兵。在目前的形势下，使用轻骑兵最好的办法就是突袭，而不是陷入持久的恶战，最好是像虎牢关战役那样，一击就斩首。由于东突厥兵力远比窦建德强大，这种突袭一定要在对手最为松懈的时候完成。李靖在等待着战机。

贞观四年（630年）正月，天寒地冻，李靖带领三千精骑，冒着严寒，从马邑出发，强行军数百里，占据了定襄附近的险要之地恶阳岭。消息传到东突厥牙帐，突厥显贵纷纷大惊失色。恶阳岭是定襄附近险要之地，一旦被人控制，整个定襄就如待宰羔羊。

突厥贵族们犯了难：跑吧，几十年的经营，大家都家大业大，跑了可全都没了；不跑吧，李靖的军队近在咫尺，也不知道他到底有多少兵。颉利可汗的判断是，李靖既然敢到恶阳岭拔老虎胡须，唐军肯定是倾巢出动，万万不可大意。可汗的话一出，大家心都凉了。

到了这个时候，不给自己找点出路就是智商问题了。偷偷派人与李靖联系的突厥贵族如过江之鲫，李靖也由此尽知定襄虚实。颉利可汗对这一切仍被蒙在鼓里，只是抓紧防守。可能他认为定襄家大业大，贸然撤退只会给李靖可乘之机，而稳妥防守则会增加对手后勤上的压力，反而会让对手露出破绽。

颉利可汗的想法在一般情况下显然是正确的。但在这个时候，东突厥贵族由于多年来与颉利可汗的各种权力和利益摩擦开始显露出后果。特别是突厥从来都是攻击别人，很少有坐困愁城的时候，攻守易位产生的心理上的不适应也让很多人精神开始崩溃。在这种情况下采取守势，只会让各种蛰伏的势力找到表演舞台，还不如想办法撤退以保存实力。颉利可汗也缺乏处理这种情况的经验，一切都向着命运安排的轨道驶去。

摸清颉利可汗虚实的李靖点起麾下精锐骑兵，乘夜色突袭定襄。自以为一切安排妥当的颉利可汗早已酒足饭饱，进入梦乡。睡梦中被人叫醒的颉利可汗听说唐军突然前来，不由得慌了手脚，带领身边亲信连夜仓皇逃往碛口（今内蒙古自治区二连浩特境内）。东突厥军营大乱，唐军反复冲杀，取得大胜。突厥贵族们纷纷投降，剩下的突厥骑兵奔往碛口，投靠颉利可汗。

李靖明白，颉利可汗身边还有不少人马。一旦春草生长，马上又能集结起十几万铁骑。因此定襄虽然被攻破，但颉利可汗实力尚存，战斗还没有结束！

惊魂未定的颉利可汗暂时在碛口喘了口气，没想到手下的心腹将领也开始投奔李靖。颉利可汗马上警觉起来，当即拔营躲避李靖大军，没想到遇到了李世勣的部队。东突厥军不明所以，以为李靖早已在此安排大军伏击他们，不由得军心大乱。李世勣乘机率领唐军冲杀，大败东突厥军队，颉利可汗再次向北逃亡到阴山。

没想到刚刚从李世勣手上逃出生天，颉利可汗又遇上了李靖派来追击的部队。一番乱战之下，颉利可汗的部队进一步受到削弱，不得不继续向铁山（今内蒙古大青山）逃亡，终于暂时摆脱了唐军的追杀。

颉利可汗在铁山重新建立了可汗牙帐，又聚拢了数万骑兵。要说这东突厥还真是家大业大，就这样了还能收拢起几万骑兵。不过在颉利可汗看来，只要能站稳脚跟，只要唐军一走，自己还是这片土地的主人，很快又会有一支十几万人的精骑。在这个节骨眼上，还有暂时向唐朝低头比较好。主意已定的颉利可汗派出使节携带贵重财物，向太宗谢罪求和。

太宗此时也接到李靖和李世勣的奏报，不由得大喜过望。很快颉利可汗的求和国书也交到了太宗手上，让太宗犯了难。

按照太宗的本意，当然希望一鼓作气，拿下颉利可汗残军，但这又谈何容易！颉利可汗在铁山的牙帐已经严加防备，再加上铁山靠近漠北，颉利可汗随时可能带领麾下将士穿越大漠，到漠北去进攻薛延陀。东突厥军虽然打不过唐军，打打薛延陀还是绰绰有余的。更何况唐军此次主要是赢在计划周密和战术得当上，并不是在大兵团作战上压倒了对手。一旦颉利可汗吃掉薛延陀，或者是反过来，一个新的强权又会出现在漠北，对大唐的威胁可想而知。思来想去，太宗决定先稳住颉利可汗，再徐徐图之。太宗当即命唐俭为使节，到铁山与颉利可汗谈判。

唐俭带着庞大使团和贵重礼物，浩浩荡荡地进了铁山牙帐。颉利可汗看到唐俭携带国书和重礼而来，不由得大喜过望，开始放松了警惕。

那边厢李靖和李世勣也接到了太宗暂缓进军的命令，两位盖世名将也犯了难。虽然此次作战取得辉煌战果，但唐军显然是不能在此地滞留太久。一旦唐军撤退，颉利可汗缓过气来，届时还会不会遵守与唐俭谈判的结果，可就不好说了。不要以为只有中原人才会权谋，草原上的雄鹰一样谙熟于此！李靖和李世勣商量之下，认为机不可失，本着将在外，君命有所不受的原则，选取精锐骑兵，再次利用远程奔袭战术，突袭铁山牙帐！

李靖选拔精骑一万，携带二十天的粮草开始行军。一路上大雪纷飞，大军跋涉异常艰难。不过这种恶劣的天气也让突厥人放松了警惕，没有派出游骑巡查敌情。李靖等在途中遇到突厥一千余帐人口，当即消灭了这股力量，并且严令俘虏带路，进攻铁山牙帐。有了向导带路，后面的作战就顺利了许多。在距离牙帐只有数里之遥的时候，李靖命令苏定方带领二百精骑，直取可汗大帐。

苏定方是河北名将，弓马娴熟，尤其擅长骑兵短途冲击战术，这是河北武士在北齐时代就练成的独门秘技。窦建德麾下骑兵众多，窦建德本人又与东突厥有不少交往，因此苏定方对突厥骑兵的战术十分熟悉。河北在李渊那里属于二等国民，也只有太宗才愿意充分发挥苏定方杰出的军事才能。此次战役，苏定方就被重用，编入李靖麾下效力。

李靖和李世勣两位指挥官与苏定方的关系也有些微妙。李靖是关西贵族出身，对关东豪杰有着天然的防范心理。特别考虑到李靖此时已年满六十，关东关西对峙在他身上留下的痕迹，要比太宗重得多。李世勣是山东人，但长期转战河南，与窦建德麾下的河北将领结下较深的仇怨，可想而知对河北将领也会有些看法。但在这个关键时刻，李靖还是把袭击可汗牙帐的重任交给了苏定方。

苏定方感到浑身的热血都在燃烧。可汗牙帐离自己只有数里之遥，二百精骑片刻可至。眼见整个突厥军营一片寂静，这是一份天大的功劳啊！军中骑射功夫和骑兵突击能力不在己下的将领有十余人，李靖完全可以将这份功劳给自己的亲信，却将这份重任交给了自己。苏定方决定不负主帅的重托，全力向可汗牙帐冲击！

苏定方所率精骑都是唐军骑兵精锐中的精锐，是专门挑选出来担负战场斩首重任的。这种战术，被太宗在虎牢关前发挥得淋漓尽致，现在苏定方所采用的，就是太宗多次实践后又进行多次复盘和升华的战术。将这样精锐的部队和秘藏的压箱底战术都交给苏定方，可见太宗和李靖对关东尤其是河北籍将领的信任。

酒足饭饱的颉利可汗正在牙帐呼呼大睡。唐俭的到来让他大喜过望，开始放松了警惕。对于唐俭提出的要求，颉利可汗几乎不假思索地一口答应。毕竟形势比人强，先过了这一关再说，不愁没有报仇的日子。再说三年多前太宗在渭水边的表现，颉利可汗至今仍历历在目。他李世民能做到的，本汗也一样能做到！深谙大丈夫能屈能伸道理的颉利可汗热情款待唐俭，并催促唐俭及时去信向太宗汇报。但让颉利可汗始料不及的是，李靖和李世勣居然敢违背太宗的命令，再度重演定襄夜袭的一幕！

说时迟那时快，仅仅片刻工夫，苏定方的精骑已经冲到可汗大帐门口。一些卫士试图反抗，都被苏定方和唐军骑兵砍杀。虽然这些抵抗没能挡住唐军的脚步，却为颉利可汗的出逃提供了足够的逃跑时间。

颉利可汗在睡梦中听得喊杀声大起，马上一个鲤鱼打挺从床上跳下，匆匆披上一件大衣，跳上大帐旁边的一匹骏马就跑。颉利可汗也是人杰，早就做好了应对各种不测的准备。

苏定方虽没能够当场抓住颉利可汗，但却成功地完成了对突厥大军指挥中枢的斩首，整个突厥大营乱作一团。李靖率领近万精骑，此时已经杀到了突厥大帐门口。乱作一团的突厥铁骑已经很难组织起系统的抵抗，只能纷纷投降。唐军俘斩突厥军万人，另外收降民众十多万，所获牛马不计其数。所幸的是，唐俭听到喊杀声，及时地躲了起来，没有遇害，让这次大胜有了一个圆满的结尾。

颉利可汗单骑狂奔，稍事歇息后，身边又聚拢了一些人马，想去投奔自己曾经慷慨扶持的小可汗苏尼失。没想到文成公主的父亲、江夏王李道宗早就严阵以待，大张兵势，以待颉利可汗和苏尼失。苏尼失无奈，只得与颉利可汗一起归降李道宗。

消息传到长安，太宗喜不自胜，这是亘古未有的大捷啊！说实在的，太宗此次出兵征讨东突厥，已经是尽了全力，毕竟国家尚未完全从隋末唐初残酷的战争中恢复！从军事上看，唐军虽然建立了一支精锐的骑兵，但数量远少于突厥，只能够采取远途奔袭加临阵斩首的战术，才能够对突厥造成重大打击。但一旦出现主力骑兵兵团正面对决的状态，唐军的胜算是很小的。太宗对这一点，可谓是心知肚明。

因此，太宗在运筹此战的时候，充分利用了自己所掌握的突厥内部情报，采取周密的计划，利用雪灾对突厥的影响，特别是让突厥难以集结起大规模骑兵兵团的良机，对突厥进行征讨。计划最关键的一点，就是利用雪灾造成的有利态势，发挥自身骑兵质量上的优势，对颉利可汗本部骑兵进行重点打击。颉利可汗牙帐过于靠近大唐边境，也为这个计划提供了相当大的便利。

作为一名杰出的军事家，太宗明白，此次作战计划最好的结果，就是将颉利可汗逐出定襄，消除东突厥牙帐势力对大唐边境的威胁。只要能做到这一点，此次作战就大获成功。

要达成这一作战意图，就必须选好主帅。自己就是杰出统帅的太宗当然明白这一点。当年在虎牢关前，如果不是自己挂帅，唐军几乎无人能够抵挡王世充和窦建德的两面夹击。更可怕的是，此时突厥大军正在步步紧逼，意图配合窦建德大军作战。幸亏在自己和李世勣等人的指挥下，利用唐军重骑兵的优势，充分抓住时间窗口，在东突厥骑兵兵团到来之前一举击垮了窦建德主力，一战而统一北方，让东突厥经营中原的大战略彻底落空，更让中原士民少受数十年战乱之苦。每想起这段辉煌的历史，太宗就不由得豪情万丈。

现在太宗已经是万乘之尊，当然不能轻易担任主帅。御驾亲征听起来风光，却往往蕴含极大风险。太宗不得不选拔优秀统帅，出征东突厥。

唐军武将虽多，纵观全军，具有大兵团指挥经验，能够独当一面的，只有李靖和李世勣。李世勣实战经验丰富，尤其擅长打逆风仗。但李世勣的战绩大多是在自己和李靖带领之下获得的，贸然指挥全军，似乎还欠点火候。李靖虽然对突厥还没有取得辉煌的战绩，但大范围奔袭能力在南方的作战中已经得到充分证明，而对阵东突厥就需要这样的能力！

李世勣善于处理各种战场突发情况，担任副帅并统领另一路主力也很合适。如果李靖一路遇挫，凭李世勣的能力，还能保住另一路主力。尉迟敬德等威名太盛，也缺乏独当一面的能力，让他们在李靖、李世勣的指挥下作战，连太宗自己都感到不合适。启用更年轻的张公谨，甚至是有前科的苏定方，就是顺理成章的了。

得益于多年积累的军事人才厚度，特别是不拘一格使用曾经属于不同阵营的人才，太宗组建了一个超豪华的阵容，发动了这次远征。但太宗深深明白，突厥已纵横亚洲大陆100余年，不但骑兵数量庞大，巅峰时甚至号称有40万骑兵，而且大兵团野战经验和远距离机动能力更是无与伦比。唐军与东突厥军相比，无论是作战经验、机动能力甚至是数量，都不占据优势。此次远征，其实是有不低的失利概率的。

未曾想到，李靖、李世勣指挥有方，利用手上并不占据优势的兵力，竟然取得如此巨大的战果！本来按照战前的预想，能攻占定襄，迫使东突厥牙帐退到铁山，已经圆满地实现了作战目的。但李靖和李世勣当机立断，远程奔袭铁山，虽然没有事先奏报，却取得了空前辉煌的大胜，并让李道宗一路取得活捉突厥大可汗的战果，可谓是做梦也想不到的结尾！此战不仅宣告大唐已经一雪前耻，而且在东亚，已经不存在与大唐相抗衡的势力。特别重要的是，此战让李道宗、张公谨、苏定方等将领加速成长，大唐又收获了一批擅长于边疆作战的将才！还有草原上无穷无尽的骏马，大唐将能建立起一支与东突厥最盛时期规模相当的骑兵！唐军也由此脱胎换骨，成为一支具备大范围机动能力，并且数量众多的无敌铁军！

贞观四年（630年），颉利可汗被唐军遣送至长安。唐太宗赦免了颉利可汗，封颉利可汗为右卫大将军，长居长安。

大唐，就像正午的太阳一样，散发出无尽的光芒。

【第四章】手系中原王朝千年之运的男人——

唐宪宗李纯

风云变幻的中唐局势

李唐王朝是最值得中国人骄傲的王朝。早在李唐初期，太宗皇帝李世民就被各游牧民族尊为"天可汗"，享尽了作为东方世界公认之天子的荣耀。即使是不服当时东方世界秩序的高句丽，也在隋唐四代君主的打击下趋于瓦解。公元668年，唐军在新罗军的协助之下，灭亡高句丽。按照司马光的记载，高句丽民众大多被迁入内地，融入汉族之中。大唐的光辉照遍了东方世界。

在高宗后期，随着东突厥的复国，唐朝的对外战争开始走向颓势。682年，突厥汗国阿史那·骨咄禄率七百之众反唐，不久尽占突厥故地，自号可汗，唐军不能止。其后数年间，突厥军多次寇边，唐军数战多不利，只得默认突厥复国的事实。历史上称这个政权为后突厥汗国。

在西线，形势同样严峻。唐朝的最大痛苦就是在她近300年的统治时间里面，要面对太多的边疆政权，特别是西边的吐蕃，对唐朝的压力尤其沉重。吐蕃军英勇善战，特别是其名将论钦陵驻守青海吐谷浑故地，多次给唐军以重大打击，唐军与吐蕃军战，失利十有六七。不适应高原作战应该是唐军数次受制于吐蕃的主要原因。

吐蕃的崛起，使得历史上一直是隋唐王朝稳固后方的关中开始遭受重大威胁，特别是大后方蜀地更是成为与吐蕃、南诏对抗的前线。可以说大唐盛世的提早结束，与吐蕃有极大的关系。唐朝地缘战略形势之差，恐怕只有后世的北宋可比。

面对危局，唐中央政权的一系列政策失误与内部政争使得局面更加恶化。在中枢，关陇集团曾把持中央政权长达百年。关陇集团由一批占据关陇的胡汉豪强组成，主流出自北魏六镇之武川镇，其成员能文能武，出将入相，重新统一了整个中国。隋唐两个伟大帝国，都是在整个关陇集团的支持下建立的。特别是在杨广搞乱了整个帝国后，正是关陇集团在关键时刻发挥了中流砥柱的作用，迅速协助李唐统一天下，才维护了隋朝以来中国的统一格局。

关陇集团巨大的能量引发了唐朝帝王的恐惧，如果说强势的李渊和李世民还有自信和能力驾驭关陇集团的话，相对弱势的高宗李治则缺乏这个信心，更缺乏这个能力。在高后武媚娘、宰相李勣等人的协助下，高宗数兴大狱，清洗了关陇集团。

关陇将相被清洗后，在对外战争方面，高宗和武后不得不依赖于苏定方等原来出身于关东地区窦建德系统的将领。这些将领在高祖、太宗朝被压抑数十年，高宗和武后对他们是既用且防的。当这批将领老去后，唐朝就出现了将领荒，名将匮乏。在高宗去世后，武后为夺取政权，又将站在自己对立面的程务挺等名将清洗。到了武周时代，唐朝在同时面对东北、西北等方面的威胁时，已力不从心了。

唐、武周政权对外扩张势头已逐渐减弱，但战线却已极度拉长，唐、周政权不得不在各个方向面对众多边疆政权的围攻。为了摆脱这一尴尬局面，朝廷决定增强地方军力，以防御边疆政权随时可能发动的进攻。711年，唐睿宗命贺拔延嗣为河西节度使，掌握军权，兼理民政。节度使制度开始形成。到了唐玄宗开元、天宝年间，边地形成了朔方、河东、幽州、河西、陇右、剑南、碛西、岭南等节度使，拥众数十万，成为捍卫唐廷的一道坚实屏障。唐、武周朝廷在洛阳定都数十年，北方尤其是河北众节度使功不可没。

但兵力集中于边境诸节度使也带来了新的问题：唐代兵力大多集中于边境，掌握在节度使的手上，中央兵力空虚。到了开元、天宝年间，边境兵力多达四五十万，中央兵力仅有不到十万人。内外军事实力的失衡，自然给野心家以觊觎大宝的机会。755年11月，掌握十八万兵力、兼领河东、范阳、平卢三个节度使的安禄山，悍然发动叛乱。

十五万叛军势如破竹，下河北，陷河南，当年杨玄感和李密花了老牛鼻子劲儿都未打下的洛阳坚城，在叛军面前如纸糊的一般。12月12日，叛军在野战中歼灭了洛阳守军主力后，占领了洛阳。现在能遏制叛军进攻的，唯有潼关天险了。关键时刻，奸相杨国忠担心潼关守将哥舒翰立功后对自己不利，于是唆使老迈昏庸的玄宗强令哥舒翰出潼关与叛军作战，结果唐军几乎全军覆没。叛军顺利攻入关中，直逼长安。

玄宗带着杨贵妃仓皇逃跑，太子李亨与东宫太监李辅国不愿将关陇根本之地丢给叛军，遂勾结禁军首领陈玄礼在马嵬坡发动兵变。唐玄宗和杨贵妃在马嵬坡上演了一场惊天地泣鬼神的爱情离别剧。随后，唐玄宗头也不回地逃往蜀中，分出一半兵马给李亨、李辅国，在灵武建立小朝廷坚持抗战。虽然叛军势力强大，又占领了两京，但正因为李亨等人坚持不放弃关陇，安禄山叛军始终不能肃清北方。

李亨等利用兵力、财富上的优势，再加上回纥人的帮助，逐渐站稳了脚跟，叛军逐渐落入下风。安禄山不久即被其子安庆绪所杀。随后，安庆绪又被史思明所杀，叛军的头领换成了史思明。史思明在河北大败数十万唐军，乘胜向洛阳进军。

中原的大乱给唐帝国带来了全面的边疆危机。吐蕃趁安史之乱，逐步占领了西域，将唐朝势力从西域赶了出去。汉武帝以来一直为中原王朝占据的河湟之地也被吐蕃乘机夺取，在中国西陲，吐蕃已经变成了最强大的力量，严重威胁到唐帝国的生存和国运。在北方，后突厥汗国已经衰落，取后突厥而代之的回纥（788年改名为回鹘，下称回鹘）代替唐朝成为东亚世界的霸主。

幸好回鹘人只对财物感兴趣，在得到唐廷慷慨的经济补偿后，回鹘人帮助唐军屡败叛军。但回鹘人对中原事务的全面介入也在滋养着他们的眼界和野心，一旦他们对农业文明产生适应的感觉，那么回鹘人感兴趣的就不只是财宝和美女了。

在向洛阳进军的途中，史思明被其子史朝义暗杀，史朝义成为叛军首领，叛军又退回河北。此时叛军后方的奚人和契丹人已经杀了唐朝和亲的公主，起兵叛乱，严重威胁到叛军的后方。面对边疆全面危机，无论是唐廷还是叛军都感觉到莫大的威胁。

在牺牲史思明势力的基础上，唐廷与叛军余部达成妥协：叛军承认唐王朝对于河北名义上的统治，将安、史家属执送朝廷；朝廷承认叛军对河北和山东北部的占领，将这些地区划分为范阳、魏博、成德三节度使辖地，史称"河朔三镇"。

安史之乱的平叛不了了之，另一股恶势力却在唐廷内部坐大，这就是宦官势力。宦官们在中国古代有很大的影响力，唐朝的宦官更是其中的翘楚，连毒杀皇帝都不在话下。不过话说回来，唐朝公公们的影响力一开始还真是自己赚来的，特别是李辅国李公公在关键时刻策划马嵬坡之变，强行将唐王朝留在了西北，而不是跟着唐玄宗那个老糊涂逃窜蜀地，这才遏制了安禄山叛军的恶性发展。否则按照李公公的分析，只要叛军烧毁栈道，唐玄宗就是第二个刘阿斗，根本无力反攻长安，至少北方会全部落入安禄山之手。李公公在关键时刻改写了历史，挽救了李唐王朝。

正因为立下这样的大功，李辅国迅速做大做强，统领禁军，总揽内外要务。先例一开，程元振、鱼朝恩相继崛起，成为新一代权阉。唐廷居于灵武，所依仗的除了少量禁军，就是各地赶来勤王的藩镇军队，那些忠于唐廷的藩镇军队，唐廷还是既用且防的。754年，玄宗设置神策军于洮州防御吐蕃。安史乱起，神策军一千余人放弃防地救援灵武，逐渐成为唐廷最倚重的军事力量，成为事实上的禁军，仍旧袭用神策军之号。

783年，长安附近发生哗变，唐德宗仓皇出逃，朝臣四散，身边仅有数名宦官带着卫士护驾。叛乱平息后，唐德宗再也不相信朝臣，将神策军的指挥权交给了宦官。掌握了禁军的宦官迅速压倒朝臣，成为左右中枢的关键力量，甚至皇帝也经常被他们挟制。

此时的唐王朝已陷入全面危机：由于强大的河朔三镇的存在，唐王朝不但不敢推行废藩之策，反而将节度使制度引进到内地，在靠近河朔三镇的地方建立了淄青、淮西等数个藩镇，以制约河朔安史残余势力；关陇集团的覆灭使得维持唐王朝的支柱被抽空，唐王朝成了悬在半空中的政权，不得不寻找新的支持力量。

宦官、神策军和长安轻薄少年适时地填补了这一空白。宦官和神策军都与关陇基层豪强、富户和无赖有着千丝万缕的关联，这些参差不齐的势力取代了关陇集团，成为唐王朝新的支持力量。虽然唐廷在内外夹缝中尚可苟延残喘，但纲纪不振、权威坠地已成为政治现实。联想到之前的中国古代王朝，寿命最长的西汉也只维持了210多年。当时的人有理由认为唐王朝已病入膏肓，命不久矣。

在历史的危急关头，往往会有一些英雄挺身而出，力挽狂澜。唐宪宗李纯正是这样一位英雄。在他的努力之下，唐朝出现了难得的中兴局面，寿命又延长了一百余年。李纯也因振兴唐朝的伟大贡献，被认为是与唐太宗、唐玄宗齐名的大唐三位令主之一。

早慧的"第三天子"

公元778年，一代令主唐宪宗李纯出生在长安，父为唐顺宗李诵。李纯出生时，父祖俱在，甚至曾祖唐代宗还在人世。中国人一直认为四世同堂是人间盛事，帝王家更是看重这个。李纯从一出生就备受宠爱。第二年，唐代宗驾崩，德宗李适继位。德宗年轻时曾与安史叛军多次作战，因功被封为尚书令。

按照唐朝制度，尚书令一职因为太宗皇帝曾经担任过的缘故，一般不授他人，在李适担任此职之前已空缺了一百多年。李适军政历练颇丰，深知民间疾苦和朝廷弊病，因而在当上皇帝后严格禁止宦官干政，放手任用大臣，一时间国家颇有起色。

由于德宗年轻时曾参与平定安史叛乱，所以对河朔三镇的存在耿耿于怀。即位后不久，德宗就策划了对河朔三镇的战争。781年正月，成德镇节度使李宝臣病逝，其子李惟岳上表朝廷，请求继承父亲的职位。本来按照朝廷与河朔三镇的约定，上表就是走个过场，朝廷一般都是批准的。不但批准，往往还有丰厚赏赐，以安其心。但德宗决定借此机会终止河朔三镇父死子继的半独立局面，坚决拒绝批准李惟岳继任父职。

河朔三镇本是一体，德宗这么做无疑是动了大家的奶酪，真可谓"叔可忍婶不可忍"！李惟岳一气之下，干脆联络魏博节度使田悦、淄青节度使李正己、山南节度使梁崇义等一起造反。德宗早料到这一手，征调京师防秋兵万余人，以及幽州节度使朱滔等人的兵力，征讨叛军。

仗一开始打得顺风顺水，四镇大败，李惟岳被部将王武俊杀掉，淄青李正己也病死，其子李纳被打得落花流水，不敢出战。眼见征讨战争就要取得最后胜利，幽州节度使朱滔反悔了。朱滔回过味儿来，朝廷一旦打败四镇，下一个不就是自己吗？然后朱滔临阵反水，唐军大败，朱滔乘机自称冀王，王武俊自称赵王，李纳自称齐王，田悦也自称魏王，淮西节度使李希烈也加入叛乱的行列，牛气十足地自称"楚帝"，朝廷对此束手无策。

事情弄到这个田地，都是因为朝廷缺乏一支强大的中央军，因而不得不利用藩镇打藩镇造成的。除了这一点，唐德宗缺乏政治谋略和耐心，没有制定一个削弱藩镇的长远策略，既能提高中央的实力和权威，又能给藩镇一定的发展空间，也逼得各藩镇在关键时刻抱成一团，联手反对中央。

唐德宗并不肯善罢甘休，为了挽回危局，他决定调动西北泾原军队赴淮西平叛。泾原兵跋山涉水，到了长安附近，非常希望得到朝廷的赏赐，补贴家用。朝廷不但没有赏赐，招待他们的也只有糙米饭和素菜。泾原军大怒，于是发动哗变，攻克长安，拥立朱滔之兄、太尉朱泚为帝，国号"大秦"，年号"应天"。唐德宗率妃嫔、太子狼狈奔逃到奉天（陕西乾县），百官四散，仅有数名宦官率几个小队禁军保护，一直到次年7月才镇压叛乱，回到长安。

泾原军变粉碎了唐德宗解决藩镇问题的意志和勇气。784年正月，唐德宗在奉天下诏罪己，痛斥自己苛待藩镇，结果导致天下大乱。唐德宗在诏书中宣布，除朱泚外，李希烈、朱滔等的罪行一律赦免，概不追究。一接到诏书，王武俊、李纳、田悦等连忙取消王号，上表谢罪。朱滔被唐军击败，被迫回到幽州。朱泚也被唐军逐出长安，逃亡途中被部下杀死。局势暂时稳定下来。

朱泚之乱中，唐王朝宗室受到了一次大的荼毒，共有77名皇室男性成员被杀。唐德宗经此大难，再也不相信朝臣和镇将，而是全力依靠宦官，将手上数万人的神策军分为左右两军，交给了宦官指挥，从此宦官掌握神策军成为定制。

未来的英雄天子李纯也经历了这场大难，在他幼小的心灵上，从此播下了对藩镇不信任的种子。回到长安的唐德宗意志消沉，对剩下的皇室子弟也更加宠爱和优容。某日德宗无事，命人将年幼的李纯抱来。德宗将李纯抱在膝上，嘻嘻哈哈地逗这个年幼的孩子："你是谁家的小孩啊？"没想到这个孩子却郑重地回答："朕乃第三天子。"德宗大为惊讶。

按照李纯的意思，祖父是皇帝，算第一天子，父亲是太子，那是第二天子，自己是太子的长子，那么就是第三天子。这么小的孩子就有这么强的政治抱负，令德宗百感交集。德宗意识到这个孩子日后极有可能是一位英明的天子，因而对这个孙儿更加疼爱。

其实这一句话也可以说明宪宗在整个大唐的历史地位：大唐第一天子无疑是李世民。第二天子应该是唐玄宗，第三天子应该非唐宪宗莫属。如果考虑到唐宪宗力挽狂澜，将大唐的寿命又延长了近百年之久，收拾了唐玄宗留下的烂摊子，那么唐宪宗应该是大唐的第二天子。不管怎么说，唐宪宗在幼年就显露出极强的政治抱负和聪颖的天资，令德宗大为喜爱，也巩固了父亲唐顺宗的地位。788年6月，年仅十一岁的李纯被封为广陵郡王。

父亲继位的最大后盾

幼年的生活虽然快乐，但朝堂上各种政治势力的较量对李纯的生活还是有着不可低估的影响，甚至差点影响到他"第三天子"的地位。德宗因为政治上的挫折逐渐陷入昏庸，对诸王大臣常有猜忌。李纯父亲李诵身为太子，忠厚仁孝，曾在泾原军变中亲自登临奉天城头，激励士气，抵御叛军，为平叛立下汗马功劳。李诵娶肃宗外孙女萧氏为妻，萧氏之母郜国公主倚仗自己是太子丈母娘，开始肆无忌惮起来。

郜国公主老公已经去世，不甘寂寞的她于是开始发扬李唐公主的优良门风——通奸，来为自己的幸福生活做出努力。要命的是，郜国公主找的几个面首，居然都和太子扯上了关系，特别离谱的是太子詹事李昇，居然利用和公主通奸的机会，在公主的奸夫们中间组织忠于太子的政治集团，实在是不成体统。

　　事情捅到德宗那里，德宗大怒，杖杀了公主的一个奸夫李万，将其他人包括李昇都流放岭南。遭遇此事后，按理说郜国公主应该老实一点，夹起尾巴做人，等太子登了位，情夫多的是嘛！但不知死活的她居然行起厌胜之术诅咒德宗。德宗不再容忍，废掉了其公主的封号。没多久她就去世了，李诵也识趣地和萧氏离婚，可怜的萧氏随后就被德宗赐死。暴怒的德宗甚至想废掉太子李诵，改立皇侄舒王李谊，经宰相李泌苦苦劝解方才作罢。

　　这件事对李诵的健康造成了长久的影响，李诵从此活在李谊的阴影当中，凡事都小心翼翼，唯恐有什么事被人拿住把柄。德宗一时之兴也将李谊变成了潜在的皇位竞争者，李谊对李诵和李纯都造成了现实的威胁。面对李谊势力的日渐坐大，李诵也不得不组织属于自己的团队以谋平衡。王伾、王叔文都是东宫属员，在政治上颇有见解，李诵于是就依靠二王组织属于自己的政治集团，对抗李谊。

　　王伾、王叔文等慧眼独具，为李诵网罗了一大批人才，其中刘禹锡、柳宗元二位文豪尤其令人瞩目。时至今日，李诵、王伾、王叔文等人的姓名早已不为人所熟悉，但刘禹锡和柳宗元的姓名却是家喻户晓。在这个从属于李诵的小集团中，还有韦执谊、韩泰、陈谏等人。

　　公元804年，太子李诵突发中风，失去了语言能力。唐德宗心急如焚，虽然多年来德宗对太子多有猜忌，但到了这个时候，父子感情终于战胜了政治利害，人性中美好的一面开始展现出来。德宗从此对太子嘘寒问暖，关怀异常。此时的德宗也已步入耳顺之年，太子的中风更加重了他的病情。805年，德宗弥留之际十分想见太子一面，但太子此刻也躺在病榻之上。父子居所仅有数墙之遥，却好似天人之隔，不能相见。唐德宗只能在泪水和对儿子的思念中离开人世。

　　唐德宗离世后，舒王李谊一派提出，太子李诵已成废人，不能行使国君职责,应该由舒王李谊继位。太子李诵一派当然坚决反对,但拥护太子的官员主要以东宫属官为主,缺乏政治实力,这样朝臣们的态度就成了关键。危急关头,正是"第三天子"李纯的存在,给了父亲最大的帮助。

朝臣们都看到,虽然太子已成废人,但广陵王李纯年轻力壮,英姿勃发,随时可以继承帝位,社稷不可称无人。舒王李谊毕竟是皇侄,他若上台,必定会对德宗旧臣做一番清洗。在双方对峙三天后,朝臣们站在了太子李诵这边,李诵终于继承了皇位,这就是唐顺宗。

顺宗之所以能顺利地继承皇位,李纯功不可没。实际上,李纯也早已为"第三天子"之梦默默地做着准备。早在唐顺宗中风前,李纯就暗中结交朝臣,网罗党羽,组织了一支精干的力量。与父亲身边都是些文人不同,李纯所结交的,多是些重臣和军人,甚至包括一些宦官。由此可见,李纯的政治手段较顺宗更为圆滑纯熟,更能得朝臣之心。在父亲与舒王的储位之争中,李纯和他的小集团发挥了临门一脚的作用。如果没有李纯,可以说皇位百分之百落入舒王之手。既然如此,在顺宗继位后,李纯就应该在朝政中发挥中流砥柱的作用,可实际的情况又是怎样呢?

初显英主气概

朝野本来希望,既然太子李诵不能正常处理国政,那么论情论理,皇长孙李纯都应该替代父亲监国。这种希冀在人们的心中发酵、升腾,却被无情的现实迎头泼了一盆冷水。李诵登基后,下发诏书,命王伾、王叔文等辅政,掌握内外大权。王伾、王叔文等将韦执谊、柳宗元、刘禹锡等引入中枢，共同辅政，将众望所归的李纯排挤出政权核心，颇有几分后世肃顺等八大臣辅政，排挤恭王的气势。

权力是男人最好的补药，对于顺宗亦不例外。顺宗半辈子忍辱负重，为了皇位还搞坏了身体，当然不愿将以健康和生命为代价得到的皇位还没捂热就交给李纯，哪怕李纯是自己最亲近的儿子！在这种情况下，顺宗宁愿相信王伾、王叔文这些外人，只要这些外人的权力诉求是和自己是一致的，哪怕暂时是一致的，也不会选择相信自己的儿子，而且这个儿子越优秀就越不值得信任！当年德宗和顺宗父子之间不就是如此猜忌的吗，最是无情帝王家啊！王叔文等掌握了大权，演出了一场轰轰烈烈的政治话剧。

王叔文等明白，要想牢固掌握政权，必须推行善政，收拢人心。顺宗在做太子时，就对当时的一些弊政痛恨不已。这些弊政包括宫市、五坊、进奉等。所谓宫市，就是宦官奉皇帝之命在街市上为皇宫购买物品，宦官倚仗皇帝威势，公然抢夺民货，为民众所切齿痛恨；五坊是指为皇帝狩猎而设置的雕、鹘、鹞、鹰、狗坊，由宦官掌管，率领一批闲汉到处借口为皇帝搜寻打猎的鹰犬，骚扰民众，讹诈钱财，无恶不作；进奉则是指地方藩镇为了讨好皇帝，在正赋之外以私人名义向皇帝贡献财物，甚至连河朔三镇都向皇帝进奉。这些钱财都出自普通百姓，给百姓造成了沉重的负担，朝野上下对这些弊政一直深恶痛绝。现在王叔文等人废除了它们，当然是欢声雷动，王叔文等人的施政取得了开门红。

平心而论，宫市、五坊是纯粹的弊政，应该革除，但进奉则是德宗出于加强中央集权的考虑而推行的，虽有流弊，但也不全然是出于贪婪，毕竟泾原军变给德宗造成了长久的心理阴影。也正是利用进奉所得财物，德宗造就了一支庞大的神策军，令各地藩镇战战兢兢。神策军即将在宪宗朝大展身手，为宪宗镇服各地藩镇做出重要贡献。不过，这些措施都只牵涉到皇帝个人的利益，它们的废除只需要皇帝的一纸诏令，并不触动利益集团的重大利益。真正的考验，其实在后头。

对于王叔文等人来说，真正的考验主要有这么几项：第一，如何处理与广陵王李纯的关系。这一项王叔文等人做得很糟。王叔文等人从一开始就把李纯当贼来防，认为李纯是阻止他们独揽大权的最大障碍。王叔文等人认为，顺宗不能治事，李纯对皇位觊觎已久，随时可能发动政变，所以最好立一个年幼的皇子为太子，以绝李纯之望。这个想法遭到朝臣们的一致反对。805年3月，李纯被立为太子，王叔文等人偷鸡不成蚀把米。

第二，如何处理与朝臣们的关系。虽说一朝天子一朝臣，但天子继位之初，一般都还要有个过渡，不宜一下子把旧臣全踢开，尤其在当时皇帝弱势的情况下。可惜王叔文集团并没有意识到这一点。王叔文等人全然不顾自身长期担任东宫属官，政治基础薄弱，亟须老臣的支持，反而大肆将老臣都排挤出决策中心，生生地将老臣弄到对立面，实属不智。

第三，对于宦官，王叔文等人过早地与宦官集团摊牌，未能对宦官集团这一毒瘤进行分化，并在此基础上逐步在宦官所掌握的神策军中扔石头、掺沙子，而是采取了直接剥夺宦官集团兵权的愚蠢方法。王叔文派老将范希朝统领神策军，结果导致宦官首领俱文珍的警觉，命令诸将不得交出兵权，结果范希朝到军营接管部队时，竟无一名将领前来接受命令。如果王叔文事先对将领晓以利害，再逐步削夺将领们的兵权，那么结果必然大有改观。

第四，对于藩镇的态度过于强硬，不讲究策略，结果使得藩镇势力过早地与宦官合流。

犯了这几个错误，大家说王叔文的革新还能推行下去吗？

王叔文等却得意洋洋，自我感觉良好。由于顺宗病情严重，不能亲自决定事务，王叔文等就在顺宗面前设上帘幕，两侧是美人牛昭容和宦官李忠言，颇有后世慈禧垂帘听政的风范。百官呈上奏疏，顺宗在帘幕后听取奏疏内容，再对奏疏中的事宜进行裁断。由于顺宗身体衰弱，即使这样的视事也感到力不从心，于是命王叔文为翰林学士，协助理政。

唐代的翰林学士从擅长辞章的文官中选拔，在内廷当值，协助皇帝批阅奏章，起草诏书，德宗朝后权力渐重，往往能影响皇帝决策，世称"内相"。叔文自知资格浅薄，尚不能直取相位，于是向顺宗请求任命好友韦执谊为相，得到批准。

王叔文身边另一个得力助手是王伾，此人贪财好色，擅长钻营，与牛昭容、李忠言友善，因而得到顺宗的信用。王叔文为了抓紧权力，不顾原则地将王伾纳入麾下。

一时间，王伾负责往来传递顺宗旨意，至于真实性如何，概不负责；王叔文主决断；韦执谊负责将王叔文的主意变成正式诏书文告。此外，柳宗元、刘禹锡等一干缺乏实务能力的文官依附其间，与叔文相互计议。这些人头脑发胀，居然自称伊尹、周公、管仲、诸葛亮等，不知顺宗在他们眼里究竟是儿皇帝呢，还是活死人呢？实在狂悖！

到了这个地步，相信大家对王叔文的"新政"能否成功，心里已经有个底了。但王叔文本人却在权力欲的驱使下，连走几步臭棋。进入翰林院不久，叔文就兼任度支、盐铁副使，掌握了财政大权，架空了正使杜佑，结果得罪了这位富有才干的老臣。数月后，叔文又给自己加了官职，兼了尚书省户部侍郎，彻底地把财政大权抓在了自己的手中。没想到这么一来，却给了政敌一个绝佳的反击机会。

此时俱文珍为宦官领袖，掌握神策军，对王叔文的改革抱着冷眼旁观的态度。为了从俱文珍和宦官手中夺取神策军的指挥权，王叔文命令老将范希朝为左右神策军京西诸城镇行营兵马节度使，韩泰为副使，统领神策军。俱文珍眼见兵权就要被叔文夺走，当然不会坐视，于是密令神策军中的宦官及爪牙，拒绝接受这一任命。范希朝又不傻，犯不着蹚这趟浑水，干脆回到长安，向叔文撂了挑子。

经过这一事件，俱文珍认为应该限制王叔文的权力。利用王叔文给自己封官加爵的机会，俱文珍等借口叔文已成外官，应该卸任翰林学士，免掉了其翰林学士的职位。翰林学士位置十分重要，叔文失去此职，只能在外廷等着内廷的运作结果，不由十分焦虑。王伾向俱文珍等苦苦哀求，请求恢复叔文翰林学士之位。结果俱文珍等大发慈悲，准许叔文每三五日进宫一次，参议机密。叔文还是未能恢复翰林学士之位。叔文等政治操作能力如此之低，被宦官一击即溃，实在是令人惊讶。

在度支、盐铁两使任上，叔文也干得不甚顺心。一班老臣有的使绊子，有的不合作，行政能力缺乏的王叔文捉襟见肘，疲于应付。众人之前将叔文看成大内高手一般的人物，十分敬畏。眼见得叔文本领不过如此，不由得都存了轻视之心。叔文推行新政不顺，韦执谊眼看叔文缺乏人和，逐步与叔文保持距离，结果心胸狭隘的叔文又与韦执谊闹翻，进一步将自己孤立起来。

到了这个时候，政局将如何发展，即使是傻子也能看出来了。老奸巨猾的俱文珍又联络上剑南西川节度使韦皋，得到了强有力的外援。韦皋为唐中期名将，统领西川防御吐蕃，先后破吐蕃军四十八万。唐廷在西北的兵力损失，被韦皋在四川一带加倍捞回，大大损耗了吐蕃的国力，加速了吐蕃的衰落。最终唐朝灭亡的时候，吐蕃已衰落近半个世纪。韦皋见叔文遇上大麻烦，乘机向叔文提出兼领全川三节度使，想要独霸全川，结果遭到叔文痛斥，韦皋使节刘辟从长安落荒而逃。

韦皋大怒，处处与叔文作对。其实韦皋此时年事已高，野心虽有，但来日无多，只是想爽一把而已。如能与韦皋讨价还价，允许他兼领三川的时候限制其实际权力，将韦皋争取过来，其不失为对付宦官的一个重要外援，政局也可逆转。

这个机会反而被俱文珍抓住了。经过与俱文珍的一番私下交易，韦皋带头发难，上表称既然皇帝不能统摄大政，那么理应由皇太子李纯监国。这一下给了叔文等人致命一击。

805年8月,俱文珍等利用韦皋和其他藩镇的上表,迫使顺宗禅位于太子李纯,史称"永贞内禅"。李纯如愿地登上皇位,实现了儿时即有的"第三天子"的梦想。这就是历史上有名的唐宪宗,一个中兴的时代即将到来。

显然,在这一系列政治话剧的舞台上,前台表演的是俱文珍和韦皋,但幕后显然有一双无形的巨掌在操控他们的行动。这就是皇太子李纯。宦官俱文珍与藩镇韦皋上蹿下跳,公然干预朝政,操控废立,大大违反了唐王朝的政治原则,理应受到朝臣们的坚决反对。但政治现实就是朝臣们对这一切都冷眼旁观,一些正直的朝臣如武元衡者甚至公开与叔文闹翻,不得不说这都是由于皇太子李纯的缘故。

正是由于皇太子李纯的默认甚至间接参与谋划,赋予了俱文珍和韦皋等人行动的合法性。虽然仅有二十七岁,李纯在政治上的老练给人以深刻印象:这是一个才略不亚于太宗、玄宗的天子,他巧妙地利用了所有人,顺利地将父亲逼下了皇位,驱逐了政敌,做成了太宗和玄宗都曾做的事,却不露丝毫痕迹。高,实在是高啊!

新君气象与宰相风度

采取严厉手段处置了王叔文等人后,朝政终于稳定下来,宪宗强势天子的形象也得以树立。不过,宪宗并不想将这种肃杀的气氛延续很久。宪宗明白,朝廷眼下的忧患在外而不在内,和叔文一党相比,藩镇才是朝廷真正的威胁。经过深思熟虑,宪宗做出了一个令人惊讶的决定,任命韦执谊岳父杜黄裳为相。

杜黄裳进士出身，曾为朔方军首领郭子仪从事。朔方军由胡汉骁勇善战者组成，战力强大，为唐王朝对付安史叛军的主力。如果没有朔方军的存在，李辅国也不敢轻易犯险，将朝廷留在灵武。可以说朔方军是当时朝廷的顶梁一柱。但唐王朝鉴于安史之乱的教训，有意压制朔方军，扶植神策军，结果逼反了朔方军领袖仆固怀恩。

仆固怀恩在勾引回鹘和吐蕃入侵的时候病死，已入朝为官的郭子仪单身犯险，劝说回鹘军队和平撤退，吐蕃人也随之撤走。仆固怀恩后，李怀光成为朔方军统领，泾源军变的时候被奸相卢杞借机陷害，干脆扯旗造反，并伪造诏书欲杀害大将温儒雅。假诏书被杜黄裳识破，厉声质问李怀光。李怀光到底不想把事做绝，羞惭而退，后来兵败被杀。到了顺宗朝，因为女婿韦执谊出任宰相，杜黄裳被任命为太子宾客，后改任太常寺卿。

杜黄裳鉴于朝局混乱，要求韦执谊上书建议太子李纯监国。韦执谊虽未听从，但因此疏远了和王叔文的关系。宪宗即位后，为了团结大多数朝臣，同时缓解清除二王势力的肃杀局面，加封杜黄裳为门下侍郎、同中书门下平章事。按照唐代制度，同中书门下平章事或同中书门下三品即为宰相。

更让人心生希冀的是宪宗对待宦官的态度。俱文珍在顺宗朝上蹿下跳，坏事做绝，令人心生厌恶。人们不由得要质疑宪宗是不是俱文珍所拥立的傀儡，进而质疑宪宗即位的合法性，柳宗元、刘禹锡等更利用这一点大做文章。但宪宗对待俱文珍的态度击碎了所有的流言。

宪宗即位后，俱文珍大受恩宠，成为内廷的宦官首领，但宪宗坚决不允许俱文珍再干预政事，俱文珍在政治上陷于沉寂，所能发挥作用的领域仅限于军事。后因与另一位神策军中尉不和，俱文珍被迫告老还乡。这件事让人们包括宦官看清了到底谁才是主子，宦官们不由得对宪宗心生恐惧，俯首帖耳。终宪宗一朝，宦官虽然仍主掌神策军，但像李辅国、俱文珍这样能在政治上发挥绝大作用的宦官几乎没有出现。

宪宗即位之初，接手的是一个千疮百孔的烂摊子。德宗的昏庸政治与顺宗的小圈子政治，让才从安史之乱中喘口粗气的大唐又陷入了混乱的深渊。宪宗不拘一格的用人以及任命杜黄裳为相的善意，让天下人看到了重返治平的美好愿景。

不过该来的还是会来，就要看我们的英主宪宗的应对能力了。805年8月，老将韦皋暴卒。韦皋在任上，忠实地执行了唐朝中央在西川开辟对吐蕃第二战场的意图，并取得了辉煌的胜利，被蜀人视为诸葛武侯再世。特别是801年的维州之战，在长安遭到吐蕃军的威胁之下，韦皋率步骑二万，经西川杀入吐蕃的东南境，先后击破吐蕃军十六万，斩俘万余，招降3000余户。此战之后，唐朝与吐蕃这对欢喜冤家双双失去了向对方进行战略进攻的能力。终于在821年，唐蕃会盟和好，双方再无大的战事。韦皋尽管有飞扬跋扈之嫌，功绩也是不可磨灭的。

韦皋一死，西川军失去主帅，部将刘辟跃跃欲试，希望取代韦皋继任西川节度使。这给宪宗皇帝出了一个不大不小的难题。

宪宗当然不愿意在即位之初就开这个恶劣先例，特别是西川为关中的战略后方，如果在此形成割据势力，那么大唐就局促关中，气数也就差不多了。自古以来，关西地区要想虎视关东，必须占据蜀地。秦皇、汉高、隋文、唐宗都是在掌握了蜀地后才平定天下、一统江湖的。宪宗决定任命袁滋为西川节度使，刘辟则被封为给事中，不日上任。

好个刘辟，到底是跟着韦皋从战场上厮杀出来的，居然敢称兵反抗朝廷的任命，这可是连韦皋都没敢做的事。宪宗刚刚继位，尚未做好与藩镇摊牌的准备，也害怕其他藩镇响应刘辟，不得不命刘辟检校（代理）工部尚书，领剑南西川节度使。

尝到了甜头的刘辟食髓知味，于806年正月，仿效当年韦皋，也向朝廷提出了兼领三川节度使的要求，同时奏请部将卢文若领东川节度使。

消息传来，朝廷大哗。诸大臣皆以为蜀地易守难攻，建议同意刘辟的要求。宪宗十分恼火，想要出兵讨伐，一是考虑到刘辟这是在打自己的脸，二是蜀地一失，大唐朝廷只能裸奔了。但大臣们的意见也不能不考虑，宪宗陷入了当初司马昭征蜀前孤立无援的困境。

在这个关键时刻，宪宗的善意结出了硕果。宰相杜黄裳力排众议，坚决支持宪宗征讨刘辟。杜黄裳指出，德宗自从政治上受到挫折后，一直对藩镇采取姑息态度，节度使多由藩镇内部产生。皇帝和宦官接受了好处，也就睁一只眼闭一只眼，放弃了至关重要的人事任命权。国运艰难，皆出于此。如果要重振纲纪，必须以法度整肃诸侯，征讨刘辟。杜黄裳的支持对宪宗至关重要，宪宗由此下定了伐蜀的决心。鉴于满朝文武都视伐蜀为畏途，杜黄裳推荐高崇文为帅，讨伐刘辟。

高崇文是幽州人，长期与吐蕃在陇右一带作战，屡建战功，曾创造以三千兵马击破吐蕃三万大军的纪录。后隶属于神策军。高崇文得令后，率大军出斜谷，另一名将军李元奕走骆谷，征讨刘辟。经过几个月的激战，刘辟被擒，卢文若自杀，叛乱被平定。宪宗大喜，封高崇文为渤海郡王，以副使身份领剑南西川节度使。

宪宗在杜黄裳、高崇文的协助下，力排众议，取得了平定蜀地的功绩，巩固了自身的地位。宪宗当时刚刚即位，人们对于这个年轻皇帝的分量如何，对宦官、藩镇的态度怎样，几乎是全然无底。宪宗虽素有大志，但对国政毕竟生疏，加上宪宗即位多得宦官与藩镇之力，宦官与藩镇难免对这个年轻天子存了几分轻视之心，这也是刘辟敢于向宪宗提出兼领三川节度使这个非分要求的底气所在。

如果当时是其他宰相辅政，极有可能劝说宪宗让步换得一时苟安。一旦宪宗向刘辟让步，其他藩镇也会紧接着提出各种非分要求，处理不当的话，宪宗甚至有可能走上祖父德宗受挫后自暴自弃的道路，大唐也就会成为另一个东周，在藩镇割据的狭缝中苦苦支撑。

在这个时候，宰相杜黄裳以非凡的政治勇气，坚决主张不对藩镇妥协，协助宪宗把握住了这个危险局面。杜黄裳长期在朔方军服务，对藩镇跋扈深恶痛绝。宪宗即位之初，贪鄙成性的夏绥银节度使韩全义受命入朝，杜黄裳认为韩全义无独当一面之才，责令其致仕，派遣李演继任夏绥银节度使。韩全义部将杨惠琳举兵造反，抗拒李演赴任，结果夏绥银将士发动兵变，斩杀杨惠琳，迎接李演任夏绥银节度使。

打得一拳开，省得百拳来。杜黄裳以其政治勇气和宰相肚量，协助宪宗度过即位初最危险的局面，为元和削藩打下了坚实的基础。实乃一代贤相也！

随着宪宗统治地位的巩固和政治经验的丰富，杜黄裳这位老相国就显得碍手碍脚了。杜黄裳屡立大功，年齿长大，服侍五代天子（肃、代、德、顺、宪宗），又贵为百僚之首，实非宪宗所能呼来喝去、如臂使指者。时间一长，君臣猜忌暗生。

杜黄裳足智多谋，对于皇帝的心思焉能不知？幸好黄裳相国肚量极大，更不贪恋权位，于是向宪宗请求出居外藩。宪宗大喜，任命其为河中尹、河中晋绛慈隰节度使，加检校司空、同平章事，封邠国公。叔文如能有黄裳相国之器量，焉能落得被赐死的下场？

808年，一代名相杜黄裳病逝，宪宗封其为司徒，谥为"宣"，备极哀荣。数年后，有御史揭发杜黄裳接受高崇文四万五千缗钱的贿赂，经审讯属实，宪宗特加恩赦免。其实这是政治上的把戏。杜黄裳即使接受高崇文的贿赂，也是为安其心，促使高崇文听从中央命令，勠力沙场。何况高崇文攻下成都后，难免不会像当年钟会那样自立于蜀中之心，此时若拒绝高崇文的贿赂，极有可能起不测之变，黄裳相国焉能冒这个风险！宪宗赦免杜黄裳之罪，一是为了揽功于己，二是向天下人显示自己体恤老臣的宽怀罢了。

将相之星闪耀

搬开了杜黄裳这块大石头，宪宗终于找到了做天子的感觉，开始踌躇满志地为自己的"第三天子"之梦做出谋划了。宪宗通过重用杜黄裳得出结论：要想完成大业，即必须建立起一个有力的人才梯队来辅佐自己，同时还不能让他们中的任何一个人独大。宪宗实在是不愿意再出现像杜黄裳这样能威慑自己的重臣了！经过仔细考察，宪宗任用了一批年轻人才，分述如下：

武元衡。元衡是武则天曾侄孙，缑氏（今河南偃师东南）人，与李唐皇室有着天然的血缘联系。元衡进士出身，为784年的进士之首，任华原县令。后来得到德宗的赏识，元衡转任比部员外郎，一年之内连升三级，升任左司郎中。804年，元衡升迁为御史中丞，成为德宗的亲信大臣，德宗盛赞元衡有宰相之才。顺宗即位后，叔文等游说元衡加入团队，遭元衡拒绝。在安葬德宗时，元衡任山陵仪仗使，总管德宗安葬事宜。刘禹锡希望充任仪仗判官，为轻视叔文的元衡所拒绝。叔文等怀恨在心，罢去了元衡官职，改任太子右庶子，服侍宪宗左右。

叔文罢职后，宪宗封元衡为中丞、户部侍郎，后出任剑南西川节度使。元衡治蜀七年，蜀地民殷国富，人心大安。正是在蜀地任上，元衡发现了裴度这个人才。

裴度，河东闻喜（今山西闻喜东北）人，出身于累世官宦的"河东裴氏"。虽然门第高贵，但到了裴度这一代，家道业已中落，裴度唯有通过苦读方能为自己谋得出路。789年，二十五岁的裴度进士及第，三年后登博学宏词科参与殿试，成绩优异，被委任为河阴县尉，后升为监察御史。裴度生性正直，寒微时曾在东都香山寺拾到两条价值连城的宝带。裴度拾金不昧，一直苦守到失主到来，成为千古佳话。后来这段故事被元朝戏剧大师关汉卿加以演绎，写成了名剧《裴度还带》。当了官之后，裴度的性情依然不改，上书德宗切责德宗宠臣不法勾当，德宗大怒，贬裴度为河南府功曹。元衡任剑南西川节度使后，推荐裴度为节度府书记。元衡发现了裴度的才干，上表宪宗推荐裴度，宪宗召裴度回京，封其为起居舍人（记载皇帝言行，为皇帝编纂起居录的官员）。

裴垍。河东闻喜人，出自河东裴氏。裴垍出身名门，其七世祖为唐睿宗与武后共治年间宰相裴居道。武后称帝建周之前，秘密处决了一批李唐宗室和反对她的骨干大臣，裴居道即在其间。裴垍二十岁中进士，德宗时朝廷开设贤良极谏科，裴垍名列第一，被任命为美源县尉，从此踏上仕途。裴垍在任上表现出勤勉务实、清廉自守的工作作风，任期满后，多个州郡希望他前去任职，皆被裴垍一一谢绝。不久，朝廷封裴垍为监察御史，掌监督百官之职。随后不久，裴垍又出任殿中侍御史、尚书礼部考功员外郎等职。其间，裴垍曾受吏部侍郎郑珣瑜委托，主持科举考试。唐代中后期，科举请托之风盛行，裴垍坚持按才取士，谢绝了所有请托，名声大振。宪宗即位后，任命裴垍为翰林学士。

李吉甫。赵郡（今河北赞皇县）人，代宗朝御史大夫李栖筠之子，以门荫进入仕途。德宗年间，吉甫担任太常博士，又任驾部员外郎，受到当时宰相李泌等的推崇。后得罪了当时的宰相陆贽，被陆贽贬为明州（今浙江宁波一带）员外长史，很长时间后才被升迁为忠州（今重庆市）刺史。此时陆贽也因受到奸人陷害，被贬到忠州，成为吉甫的下属。时人皆以为吉甫会趁机报复，给陆贽罗织新的罪名，未想到吉甫却对陆贽以礼相待，一时传为佳话。吉甫在忠州共计六年，后因生病被免职。病好后，吉甫被任命为柳州刺史，又转任饶州（今江西鄱阳县一带）刺史。当时的饶州是一个令人谈虎色变之地。在吉甫之前，饶州一连死了四个刺史，吓得官民再不敢住在郡城。郡城荒废多年，草木丛生，官民们都相信老郡城内住着精灵神怪。吉甫到任后，打开郡城已经生锈的锁，带头住了进去，人心始安。宪宗即位后，任命吉甫为考功郎中，掌管皇帝的文书诏令。等吉甫一到长安，又立即被任命为翰林学士，转任中书舍人，赐紫袍。值得一提的是，吉甫之子李德裕是唐朝后期名相，也是唐朝后期重要政治事件"牛李党争"中的李党领袖。

李绛。赵郡人，父李元善为襄州录事参军。进士出身，登博学宏词科，被授予秘书省校书郎职位。任职期满后被封为渭南县尉。德宗统治末期，李绛被封为监察御史。807年，宪宗授李绛为翰林学士，李绛从此后成为宪宗身边重要的亲信大臣之一，811年入阁拜相。李绛熟知唐代故事，对玄宗后期骄奢淫逸，导致国家先治后乱的教训尤为痛心疾首。为了防止玄宗朝的故事在宪宗朝再度上演，李绛不计个人得失，多次上书劝诫宪宗选贤举能，勿生淫逸之心，甚至因为同乡宰相李吉甫在朝堂之上称颂宪宗恩德而与吉甫当场发生争执。虽然李绛多次让宪宗不痛快，宪宗对李绛还是采取了包容的态度，称赞李绛为骨鲠之臣，不负宰相之号。

李愬。李愬为太尉、西平郡王李晟第八子，洮州临潭（今隶属甘南藏族自治州）人。李愬因父荫入仕，先后出任协律郎、卫尉少卿等职。李愬本将门之子，骑射乃家传的童子功，多年的军旅生涯更使得李愬熟悉了基本的军事技能和用兵之道，为今后建功立业打下了坚实的基础。难得的是，李愬虽是将门之子，对儒家孝道的信奉却远胜一般人。李晟去世后，十五个儿子中仅有李愬和其兄李宪为父守孝三年。德宗不舍，派人劝回李愬。可当德宗派来的宦官一走，李愬又到了父亲墓地继续守孝。李愬的孝行感动了德宗和大众，德宗并未治李愬抗旨之罪。守孝期满后，李愬先后被授予太子右庶子、晋州刺史等职位。

李光进与李光颜。原名阿跌光进、阿跌光颜，河曲（今山西河曲）部落稽阿跌族人，因功赐姓李。光进兄弟出身于朔方军将门之家，从小依附姐夫舍利葛旃。朔方军本胡汉杂糅之武装，安史之乱后唐廷对胡人大为疑惧，仆固怀恩因而造反。舍利葛旃深明大义，袭杀怀恩子仆固场后投降河东节度使辛云京。光进弓马娴熟，追随姐夫踏上军旅之路，先后任振武节度使、灵武节度使，又兼任御史大夫、代州刺史等职。光颜随后也走上父兄的道路，在河东军中任偏将。李怀光之乱时，光颜立下战功，由此在军界崭露头角。刘辟之乱时，李光颜随高崇文等人平乱，如赵子龙一般在叛军中来去自如，令人惊叹。随后，光进弟兄又参与平定杨惠琳之乱，光颜又立战功，被封为代、洺二州刺史，加御史大夫。

通过这些人才的履历就可看出，他们大多是在德宗年间就崭露头角，为世人所熟知的。德宗于这些人才虽有拔擢之恩，但并未将他们放在太关键的岗位上。虽有人才而不能用，这也是德宗在历史上评价不高的重要原因。与德宗相比，王叔文等人则醉心于小圈子政治，无形之中也排斥了这些人才进入自己的团队。此外，这些一流人才在当时都看出了王叔文执政必不长久，因而都与叔文等人保持距离，也是叔文等迅速覆灭的原因。宪宗将这些人才团结到自己的周围，在宪宗朝，这些优秀人才都出将入相，建功立业，为大唐，也为自己，写下了浓墨重彩的一笔！这些将相不但功勋卓著，大多还能廉洁自守，不得不感叹宪宗实有知人之明！人才，哪一朝哪一代都有，就要看能不能得到领导的挖掘、培养和重视。宪宗在挖掘人才和放手任用人才上，甚至比太宗都有过之。因为太宗即位后多用自己的东宫团队，宪宗却在人事任用上真正地做到了五湖四海，甚至重用仇敌，实在有明君之量！

心急吃不得热豆腐

宪宗君臣是一个年轻有为的班子，除李吉甫等少数人外，大多三十余岁，正是奋发有为的年龄。但从另一个角度来看，也可以认为这个班子大多数成员嘴上没毛办事不牢，至少一些藩镇就是这么看的。

这些藩镇嘴上不说，心里却对这个年轻班子不以为然：之前朝廷成功削平刘辟，那是因为杜老头运筹谋划，小皇帝才坐收削藩之功，现在杜老头不在了，俺们倒是要掂掂你这个小皇帝的分量究竟如何？况且俺们这些人树大根深，哪里是刘辟这个小字辈能比的？强藩大镇们都暗暗存了要给宪宗一点颜色看看的意思，果然不久，镇海节度使李锜就带头发难了。

李锜是李唐宗室，淄川王李孝同的五世孙，唐太祖李虎（唐朝李氏家族事业开创者、北周八大柱国之一的李虎为太祖，地位高于开国皇帝、高祖李渊）八世孙，如假包换的皇室宗亲。此人原来在凤翔府任参军，靠着贿赂和裙带关系到了东南财赋之地任职，先后任润州（今江苏镇江）刺史、浙西观察和盐铁转运使。

当时天下财赋之地不过河北与江南，河北已为河朔三镇所割据，朝廷的日常用度，只能仰仗于江南了。其中江南的盐铁两项出产，更是维系朝廷正常运作的命脉所在。李锜担任了盐铁转运使之后，犹如老鼠掉进了米缸，足吃足喝，利用职权将大唐的钱袋子变成了自家的库房。李锜如此胡作非为，当然会引起朝臣的不满，但此人自有高招摆平。原来李锜吃准了德宗贪财好色的特点，源源不断地以各种名义向德宗进奉，将本该送往国库的钱粮都送到了德宗的内库，德宗自是一一笑纳。

有了德宗的庇护，李锜更是有恃无恐，更加疯狂聚敛民财。德宗也有意借助李锜搜刮东南财富，于是李锜的权力越来越大，甚至漕运等事关国家命脉的经济活动都被其控制。为了巩固自己的地位，李锜还大力招募精于骑射的勇士和胡、蕃健儿，这些人都被他收为养子。在中国古代，权贵收养子往往被认为是图谋不轨，唐太宗的功臣张亮就是因为收了500个养子被处死，罪名直接就是养子太多。由此可见李锜早已暗蓄不臣之心。

　　面对这么一个大佬倌，宪宗早已不爽于心。805年宪宗刚上台，就升李锜为镇海节度使，削掉了他的盐铁转运使之职，将这个关键位置抓在了朝廷的手中。李锜也不是傻子，知道宪宗对自己不满，不得不筹划应对之策。为了试探宪宗对他的态度，李锜假惺惺地申请入朝觐见，宪宗顺水推舟，派遣使节接老贼回京。使节到了镇海，却听到了老贼生病不能进京的消息。宪宗一连派了三批使节，都是如此。显然李锜老贼将球踢给了宪宗。

　　宪宗大怒，在李吉甫、武元衡等的劝说之下，准备用武力解决镇海。此时高文谦平定蜀地的消息已遍传天下，大大地震慑了李锜。李锜恐惧之下，又向宪宗申请入觐。宪宗也不愿把事做绝，决定再给老贼一个机会。806年10月，宪宗遣中使赴京口，召李锜入朝。

　　朝廷已经出牌，明显是给老贼出难题：识相点，交出军权乖乖走人，还可以保全身家性命和多年搜刮来的财富；如果不识相，嘿嘿……老贼当然也不傻，急得像热锅上的蚂蚁一般团团转。这时李锜身上首鼠两端、见利忘义的一面开始充分暴露。迫于朝廷使节的压力，李锜不得不任命判官王澹为留后，暂领镇海节度使，心中却好大不愿意，行动上也是磨磨蹭蹭不愿出发到长安。中使频频催促，王澹也开始处置日常军务事宜。嗜权如命的老贼大怒，唆使亲兵发动兵变，杀了王澹等人，只是放过了中使。但老贼已经是骑虎难下了！

宪宗早已胸有成竹。李锜的一举一动早已在宪宗君臣的算计之中：镇海不比河朔三镇，地处下游，军事上难守易攻，而且李锜任镇海节度使仅一年多，对军队的掌控远不如其他强藩。即使是河朔三镇中的幽州镇，对朝廷也是恭顺有加，何况缺乏割据条件和思想的镇海军民！宪宗一面调兵遣将，一面下令召李锜为尚书左仆射，即日返京就任。

老贼头接到诏书，知道再无躲闪的余地，索性公开扯旗造反。李锜之前已派镇将驻扎苏、杭、常、湖、睦五州，监视各州刺史，此时即命这些镇将刺杀刺史，夺取五州。苏州刺史李素不幸遇难，其他各州刺史却击退了老贼头的镇将，与老贼头陷入僵持状态。

说时迟那时快，早有准备的宪宗派遣淮南节度使王锷担任招讨处置使，征集宣武、武宁、武昌、淮南、宣歙、江西、浙东等地军队征讨李锜。李锜兵力处于绝对劣势，又不能平定处于己方内部的杭、常、湖诸州，形势比当初刘辟还大大不如。这不，面对朝廷的凌厉攻势，老贼头的部下开始出现异心。

李锜的外甥裴行立虽然参与老贼密谋，但谋深虑远、最终成为宪宗朝能臣的裴行立岂看不出老贼外强中干、不堪朝廷一击的本质！裴行立于是和老贼麾下的张子良等人谋划，伺机向朝廷反正。

恰好李锜垂涎于宣州（今安徽省宣城市一带）的富饶，派张子良、李奉仙、田少卿等率兵攻打宣州。张子良等抓住这个机会，以形势和君臣大义说动麾下将士发动兵变，直捣老贼牙帐。在裴行立的配合下，变军活捉了李锜。李锜豢养的蕃、汉勇士，争相自杀。裴行立等一边收拾乱局，一边将老贼送往长安，听候朝廷处置。

李锜就擒的消息传到长安，宪宗大喜：东南乃国家财富所出之地，河北独立，蜀中残破，国用皆仰仗东南。如果李锜仿效河朔三镇独立，那么宪宗所有的规划都将化为泡影。现在老贼被如此之快地平定，魏博、成德、淄青、淮西诸镇皆不敢干预，岂非天大喜事！宪宗由此滋生了对以上诸强镇的轻视之心，产生了毕其功于一役的急躁思想，结果很快就吃到了苦头。

809年3月，成德节度使王士真病逝，其子王承宗自称留后，上书唐廷请求承认，并奉上德州与棣州献于朝廷。王士真是契丹人，协助父亲王武俊从旧成德节度使李宝臣家族手中夺得成德节度使之位。王武俊对唐廷多有不服，但王士真对朝廷的态度却一直比较恭顺。德宗在位年间，王士真进奉的钱财多达数十万缗，从而得到了德宗的欢心。

现在王承宗继承了王士真的位置，投宪宗所好献上二州，明显是想延续其父与朝廷的良好关系，并取得朝廷的承认。这并不是说王承宗是什么省油灯，他也有自己的苦衷：虽然河朔三镇独立性很强，但三镇兵士对朝廷大体上还是忠心的，只要朝廷不对三镇下手，要他们主动反朝廷那是难上加难。在这种情况下，每当老节度使有个三长两短，子侄要想接住节度使的位置，必须获得朝廷承认。否则的话，三镇内部的野心家就可以借口继承人没有朝廷的授权，发动兵变铲除老节度使的继承人取而代之。当然啦，这些野心家最终会用大量财帛向朝廷换来一纸正式册封诏书，巩固自己的地位。

对于朝廷来讲，也乐得利用手上的诏书来牵制三镇，以防三镇坐大再度发动内战。正因为河朔三镇节度在权力继承上对朝廷的依赖性，三镇势力才未进一步恶性发展，进而威胁朝廷。现在王承宗献出了土地，朝廷也对他予以了嘉奖，但这引起了魏博节度使田季安的紧张与不满。

田季安有理由紧张和不满：河朔三镇中魏博镇位于最南部，拥有今河北省南部与河南北部部分地区，直接与朝廷属地接壤。可以说魏博镇是河朔三镇对抗朝廷的桥头堡，朝廷一旦对河朔三镇有所动作，所有压力首先会转移到魏博镇。

出于这个原因，魏博历届首领非常不愿其他两镇与朝廷搞好关系。在魏博节度使们看来，只有自己才能与朝廷搞好关系，其他两镇，特别是位于河北中部、直接与自己接壤的成德镇，是没有权力和朝廷搞好关系的。如果成德与朝廷关系良好，那么自己一镇岂不成了夹在朝廷和成德之间的肉馅了？田季安连忙派出使节到成德，挑拨王承宗和朝廷之间的关系。而在此时，心态趋于膨胀的宪宗开始准备对成德有所行动了，形势一下子趋于紧张。

宪宗鉴于刘辟、李锜等都在朝廷的攻击下轻易崩溃，不由得志得意满，大大高估了自身的力量，开始轻狂起来。王士真的去世被宪宗认为是一个机会，宪宗想趁此任命朝廷属意的官员就任成德节度使，一举改变安史之乱以来河朔三镇事实上的割据局面。宪宗的想法遭到朝臣们的反对。

宰相裴垍和李绛正确地指出，河朔三镇不比其他藩镇，其他藩镇根基不稳，朝廷可以从容应对，而自安史之乱以来，河朔三镇已在河北大地扎下了根。三镇兵士在河北组成了家庭，形成了各种错综复杂的社会网络。这些社会网络依附于三镇节度使，牵一发而动全身，根本不是数年可以平定的。裴垍与李绛认为，王承宗已经掌管成德，一时半会儿也难以撼动契丹王氏在成德的根基。当今之计，莫过于先承认王承宗对成德的统治，再寻机会徐而图之。面对着朝臣们的反对意见，宪宗不由得拉下了脸。

每当这个时候，总有逢迎君主的角色出现。左神策军中尉吐突承璀公公跳将出来，极力支持宪宗对成德的撤藩意图。吐突承璀公公家住福建，名字却像塞北人，但这并不妨碍公公受到宪宗的宠爱，并掌管左神策军。由于手上有兵，吐突公公的意见很是有分量。宪宗看到吐突公公及时救驾，不由得龙颜大悦。不过宰相们的意见还是让宪宗的头脑清醒了些，再加上王承宗愿意献出二州之地，宪宗拍板，先看看王承宗的表现，再做决定。

王承宗听了田季安的谣言，本来就满腹狐疑，宪宗迟迟不发布任命，更让王承宗摸不着底。此时王承宗接到消息，朝廷已重新启用居父丧闲置的昭义节度使卢从史为金吾大将军，准备对成德实施军事打击。王承宗不由得像热锅上的蚂蚁团团转。为试探宪宗的心意，王承宗上书朝廷，再次表示愿意献上二州，归顺朝廷。

宪宗接到王承宗的上书，认为这是分割成德镇的大好时机，于是在8月命京兆少尹裴武赴成德镇宣慰，王承宗再三叩首，表示愿意献出二州。9月，裴武回到京师，向宪宗转达了王承宗愿意献出二州的意愿。宪宗大喜，下诏封王承宗为成德节度使，并将王承宗所献德、棣二州合为保信军，命德州刺史薛昌朝为保信军节度使，以削弱成德镇的势力。未料，王承宗接诏后，认为薛昌朝既然受到朝廷重用，必然已经背叛成德镇，决心撕毁对宪宗的承诺。乘薛昌朝不备，王承宗派兵将其一举抓捕，德、棣二州又回到了王承宗的手中。

宪宗冷笑：小样，早防着你来这么一手！陪你玩儿了这么些日子，就是等着你王承宗自己跳出来呢！宪宗立即下诏，削去王承宗的一切职务，命吐突承璀为招讨处置使，率左右神策军，会合昭义、幽州（卢龙）、淄青、魏博诸镇兵力，攻打成德。未想到这一任命却遭到翰林学士白居易的反对。

白居易是河南新郑人，与明代名相高拱同乡。白居易幼年寄养在宿州符离（今在安徽省宿州市一带），在那里度过了自己的青少年时光。806年，白居易于识兼茂明于体用科及第，第二年授翰林学士。白居易感于宪宗恩遇，故不避嫌猜屡屡劝诫宪宗。在任命吐突公公为帅的问题上，白居易与宪宗产生了明显的分歧。

白居易认为，自古以来，几乎就没有宦官为帅的先例。众藩镇看到朝廷以宦官为帅，必定在暗地里嘲笑朝廷无人，对朝廷生出觊觎之心。大军将士在宦官的带领之下，也必然军心不服，对作战也多有不利。白居易恳请宪宗以大局为重，不要以吐突承璀为帅。众官员也纷纷赞同白居易的观点，人多势众，宪宗不由得感到十分为难。

宪宗无奈，只得改封吐突承璀为招讨宣慰使，以监军的名义率各路人马攻打成德。结局果然如白居易所料：吐突承璀于军事本是外行，与成德军交战数次皆败北，还损失了大将郦定进；魏博和淄青两镇假意与成德打了几仗就徘徊观望，暗通成德；卢从史干脆和王承宗打得火热，拒不发兵进攻成德，还抬高前线地区军粮收购价格，消耗朝廷军费。这还不算，卢从史又上书朝廷，要挟朝廷封他为丞相；只有卢龙（幽州镇）节度使刘济率兵7万与王承宗真刀实枪地干了几仗，大败成德军，却突然因身体不适，不得不放弃进攻。一时间，宪宗的军事行动陷入骑虎难下之势。

显然，宪宗在处理成德镇的问题上不仅犯了"左倾"幼稚病，而且又重蹈了德宗依靠藩镇打藩镇的覆辙。幸亏有一支强大的神策军，征讨王承宗才未能引起当年德宗征讨李惟岳那样的连锁反应。钱财已空耗无数，再打下去已经没有意义。不过宪宗还是想挣扎一番，于是密令吐突承璀以阴谋手段拿下卢从史，押往长安。

卢从史不难打发，直接用囚车关上就是了，但这个过程还是有点惊险。卢从史手下的骄兵悍将不肯低头，愣是要去救卢从史。关键时刻，忠于朝廷的卢从史麾下大将乌重胤于军营前横刀立马，昭义军将士才罢休。宪宗闻言，没敢立即处死卢从史，仅仅是将其贬斥到地方任司马，第二年风头过了才赐死。

宪宗鉴于讨伐王承宗已近一年，已有收兵之意，恰逢此时王承宗为义武节度使张茂昭和河东节度使李光颜等所败，王承宗狼狈逃回成德，上疏宪宗请罪。宪宗借坡下驴，加上淄青节度使李师道等为王承宗说情，宪宗赦免了王承宗的罪过，仍旧任命他为成德节度使。王承宗则同意成德镇的属官由朝廷任命，并放薛昌朝回长安，历时一年的征讨王承宗之战不了了之。

征讨成德镇之战给宪宗的声望造成重大打击，幸亏张茂昭、李光颜等拼死作战，力挫王承宗的气焰，才稍稍挽回宪宗的声望，没有让事态朝着更坏的方向发展。如果没有这场及时的胜利，宪宗之前的削藩成果将毁于一旦，宪宗的削藩事业是否会步德宗后尘，实在难以断言。

究其根本，是宪宗未能深入了解北方藩镇复杂的共生生态，只看到河朔三镇不服王化，却未能看到淮西、淄青等藩镇与河朔三镇沆瀣一气，互为犄角，河朔三镇只是充当了藩镇们的出头椽子而已，最不服朝廷的乃是居于河朔三镇背后操控的淄青镇和向来敌视朝廷的淮西镇。而且朝廷所掌控的军镇在一定条件下也会不服朝廷调度，比如卢从史的昭义镇。要想顺利削藩，必须先易后难，利用各个藩镇的特点，军事政治手段双管齐下，各个击破，方可奏效。就在王承宗之乱暂时平息后不久，魏博镇发生的一件大事给宪宗的削藩事业注入了新的生机。

魏博归正

公元812年，魏博节度使田季安暴毙。田季安生性残忍狡猾，性喜活埋不听话的手下。宪宗进攻成德时，田季安大耍两面派手段，一边厚厚犒劳王师，一边向王承宗通风报信。结果既削弱了成德，又从朝廷讨得了封赏，坐收渔翁之利。不仅如此，田季安还勾结淄青节度使李师道等，连成一气抗拒朝廷，朝廷无可奈何。现在田季安这个贼种被老天收去，魏博无主，老天似乎又给了宪宗一个收服河朔三镇的良机，宪宗能把握好吗？

宪宗见魏博无主，一时间又来了精神，打算用武力收复魏博。但李绛、裴度等人提出了不同意见。李绛等以为，河朔三镇互为犄角，相互出头，如果朝廷出兵攻打魏博，成德和卢龙（幽州）定然不会坐视，再考虑到强大的淄青镇，稍有不慎就会出现前年攻打王承宗的后果。为今之计，莫若静观魏博之变，利用魏博内部矛盾徐而图之。宪宗经过王承宗之役的挫折，头脑比以往清醒了不少，当即批准了李绛等人的建议。令人惊叹的是，李绛等的建议最终起到了出人意料的良好效果。

原来魏博镇田氏家族出了一个善于骑射、忠孝双全的奇男子田兴。魏博田氏镇帅兴于田承嗣，田承嗣原为安禄山部将，曾参与安史叛军，随安禄山、史思明两次攻陷洛阳。后在唐军和回纥军的通力打击下，田承嗣将史朝义（之前史思明已被儿子史朝义暗杀，史朝义成为叛军头目）家眷一百余人执送唐军，得封为魏博节度使。田承嗣向为贼中干将，降唐乃是权宜之举，并非真心归顺。代宗为安其心，将永乐公主嫁给田承嗣老贼之子田华，并封其为宰相（同平章事），号称"使相"。

775年，田承嗣派兵攻陷相州（今安阳），遭到唐廷反击，淄青、成德等镇在朝廷的命令下向魏博展开攻击，魏博兵大败。兵败之际，田承嗣献版图玉帛于淄青节度使李正己，向其称臣，李正己遂按兵不动，田承嗣得以集中兵力对付成德的李宝臣和幽州的朱滔。在田承嗣的挑拨下，李宝臣与朱滔翻脸互攻，征讨不了了之。朝廷无奈，只得赦免田承嗣。田承嗣割据魏博，作威作福，横行无忌，临终前将魏博镇帅之职私相授受给侄子田悦，开了镇帅世袭的恶例。

八年后（即783年），田承嗣子田绪杀田悦，被朝廷封为魏博节度使。田绪于十多年后暴毙，田季安继任魏博节度使。田兴是田承嗣侄子，自幼饱读兵书，善于骑射，更难得的是，田兴拜服儒家忠孝节义的文化，宽容忍让，深受田承嗣喜爱。田季安对下属一贯残忍，田兴多有规劝，田季安反起疑心，欲杀田兴。田兴只能诈称得了风湿病，用艾草遍灸全身，方得幸免。

田季安去世后，其子田怀谏自称留后，军政大事都由家奴蒋士则决定。蒋士则处事不公，引发兵士愤怒。兵士们发动了兵变，推田兴为魏博军主帅。田兴对朝廷颇有忠心，上书朝廷表示举魏博六州归顺，并送田怀谏入朝。

宪宗接到田兴的上表，不由得大喜。魏博天下强镇，数十年来一直桀骜不驯，让朝廷吃尽苦头。现在魏博愿意归顺，当然令宪宗心潮澎湃，夜不能寐。不过宪宗从上次王承宗事件中吸取了足够的教训：宪宗看到，河朔三镇的割据基础在于其军队已与地方势力结成稳固的整体，三镇军兵与他镇不同，都是地方势力在政治上的代表。这一点甚至胜过淄青、淮西等镇，淄青和淮西镇的酋帅在地方上完全推行征服体制，民众受镇将和军队奴役，甚至不能在一起饮酒作乐。宪宗敏锐地意识到，要想稳住魏博镇，就要稳住田兴的地位，让田兴成为魏博的真正主人。

宪宗下诏，赐田兴名"弘正"，封为检校工部尚书、魏州大都督府长史、御史大夫、魏博节度观察使、上柱国、沂国公。深受宪宗宠信的中书舍人裴度携诏书与赏赐给魏博将士的一百五十万缗钱踏上了去魏博的征程。在得到了天使即将到达的消息后，田兴，现在已经叫田弘正了，早已率魏博文武官员远远赴郊外迎接。

裴度下得马来，发现田弘正果然是刚毅正直之人，远不似田承嗣那般阴险狡诈。经过一番礼节，裴度向魏博军民宣告了朝廷的美意，并将一百五十万缗钱赐予魏博军众。军士得赐，欢声如雷。田弘正的威望也在这欢声中被真正地树立起来。

在与田弘正相处的十余日中，裴度循循善诱，向田弘正晓以大义，劝弘正安心归顺朝廷。弘正本是率直汉子，又对儒家学说颇为仰慕，故而与裴度一拍即合。弘正一直对自身名望不高和在朝廷中缺乏深厚根基而耿耿于怀，因此对裴度异常殷勤，差不多是用对待老师的礼节来对待裴度。裴度何等聪明，早看出了弘正的用心，故而对弘正也是倾心接纳。

有了裴度这样一位强有力的靠山，弘正毅然抛弃了以往魏博对于朝廷叛服不常的态度，全力支持朝廷的内外政策。魏博镇的转向，为宪宗和朝廷推行削藩政策提供了强有力的支持。有了忠贞的田弘正，朝廷在解决淮西、淄青这两颗毒瘤的时候再也不用担心河朔三镇在背后捅刀子了。

消息传到成德、卢龙（幽州）、淄青等镇，镇帅们立即一起慌了神。河北、山东诸镇五十余年来一直能与朝廷周旋，靠的就是各镇同气连枝，相互包庇，一起糊弄、戏耍朝廷。现在出了个要对朝廷忠心耿耿的田弘正，那么各镇之间的默契和平衡都要被一起打破。魏博兵强马壮，加上朝廷的兵力和财力，镇帅们就算是傻子也会明白下一步究竟会发生什么事情。王承宗等立即使出十八般武艺，金钱拳头美女财宝等齐上，试图令田弘正回头。

但田弘正明白，魏博是外有恶虎觊觎本镇地盘，内有豺狼窥伺节度使之位，田氏的地位随时有可能不保，只有攀上朝廷才是维持自身和家族地位不衰的根本保证。田弘正毅然拒绝了王承宗等人的威逼利诱，王承宗等人碰了一鼻子灰。今后田弘正和魏博镇将追随宪宗，为大唐的再度统一做出极大贡献。

桀骜不驯的北方诸镇很快就尝到魏博转向的苦果，特别是成德镇的王承宗更是首当其冲。815年12月，王承宗起兵攻掠卢龙（幽州）等镇，宪宗发六道兵约十万进攻王承宗。此时朝廷已征伐淮西叛镇吴元济，本来不适宜开辟第二战场。但宪宗固执己见，结果六路兵相互观望，七个月未能有大的战果。王承宗气焰极为嚣张，但由于魏博镇也参加了对王承宗的攻击，淄青李师道未敢响应成德叛军，王承宗始终未能掀起太大风浪去支援吴元济。关键时刻，昭义节度使郗士美率兵大败王承宗，扭转了不利的战局。随后田弘正于南宫之役再次大败王承宗，王承宗坐困愁城，只得上表向宪宗请降谢罪。

宪宗开辟第二战场的目的已经达到。宰相韦贯之和李逢吉等也纷纷劝说宪宗集中兵力对付吴元济，宪宗顺势下诏，赦免了王承宗的罪行，令其闭门思过。虽然表面上看宪宗犯了分散兵力的兵家大忌，但朝廷征讨淮西，北方叛镇肯定是要兴风作浪，响应淮西的，此战必不可免。正因为魏博已经效忠朝廷，在淮西之战正在激烈进行的时候，北方才未闹出什么大乱子，有力地保障了淮西之战，甚至宪宗整个削藩方略的顺利进行。

818年，淮西镇在裴度、李愬等人的指挥下被平定，这颗危害不亚于河朔三镇、骄横甚至更有过之的毒瘤被摘除。消息传来，惊得王承宗面如土色，连忙上表朝廷，表示愿意献出长时间有争议的德、棣二州给朝廷，并派二子赴长安为人质，朝廷一一笑纳。820年冬，王承宗去世，其弟王承元将军队的指挥权交出，只身前往长安做官，后为大唐抗击吐蕃入侵立下了汗马功劳。骄横一时的成德镇契丹王氏终于拜服在了朝廷脚下。

现在河朔三镇只剩下卢龙（幽州）镇了。在河朔三镇中，卢龙镇与回鹘、契丹、奚等少数民族政权接壤，实际上担负了防御这些少数民族南下的国防重任，无力也无心对朝廷主动挑衅，往往是跟随在其余两镇之后占朝廷些许便宜。也正鉴于卢龙镇在国防上的重要地位，朝廷对卢龙一向较为宽容，只需卢龙堵住边疆政权南下的要道即可，极少主动对卢龙发动军事打击。卢龙历代节度使对这一点也明了于心，因而大多对朝廷比较恭顺。

早在王承宗为继承节度使之位初次与朝廷作战时，卢龙节度使刘济就率大军七万南下，屡败王承宗，这才没让王承宗闹出太大动静，从而保全了宪宗的体面。刘济在征讨王承宗时突染重病，其次子刘总狡诈残暴，乘老父生病之机毒杀老父，并假宣父命杀死刘济长子刘绲。宪宗得知刘济死讯，不由大为悲痛，赠刘济太师之高位，并命刘总代领其军。但纸包不住火，刘总的恶行还是渐渐传到了朝廷公卿耳朵里。宪宗鉴于正对淮西用兵，暂且隐忍。

宪宗发六道兵攻打王承宗时，刘总假装攻打成德，暗地里却和老王勾结，并向朝廷索取大量钱粮自肥。刘总这贼子虽说丧尽天良，但杀害父兄一事到底还是令他深深愧疚和恐惧。多少个日日夜夜，刘总总是梦见父兄向其索命，这已经成了刘总永远挥之不去的阴影。

王承宗献地送质后，刘总也坐不住了，于是向朝廷上书，请求剃发为僧。此时正值宪宗驾崩不久，穆宗即位，特批准刘总出家，号称"大觉师"。刘总将节度使之位交给朝廷派来的张弘靖，只身到山东就任朝廷授予他的天平军节度使一职。老天有眼，此贼刚出卢龙地界就暴病身亡。卢龙也回到了大唐的怀抱！

真正的考验

814年，淮西节度使吴少阳去世，其子吴元济秘不发丧，伪造其父笔迹上书朝廷，诈称病重，请朝廷以其子吴元济为留后。宪宗接到吴元济的上书，心情不由得十分沉重。淮西节度使本是吴少诚，此人出身于魏博镇，割据淮西20余年。吴少诚治军严谨，公正无私，但却颇怀割据之念，对朝廷多有不服，居然敢于取境内为大运河供水的司、洧等河水灌溉农田，结果大运河水流不足，漕运不得不停止，经朝廷多方劝诫才罢手。

宪宗即位之初，慑于吴少诚对于漕运的潜在威胁，不得不对其多加抚慰，授予其检校司空一职。809年，吴少诚死，其部将吴少阳杀吴少诚诸子，自立为节度使。朝廷当时正忙于对付王承宗，难以两面兼顾，只得承认吴少阳为淮西节度使。

在宪宗的心中，一直怀着深深的遗憾：如果当时将打击目标对准吴少阳，淮西军兵力远少于成德，又远离其他藩镇，是比成德镇更好的打击目标。一步错，步步错啊！如果当时打击吴少阳，事情就好办多了！现在吴少阳想将其位传给儿子，想得美！当初之所以承认你吴少阳的地位，就是因为朝廷与朕不想让淮西镇父子相传！因此，宪宗迟迟不对批准吴少阳的上表进行批复。

那边厢吴元济却已经等不及了。吴元济迟迟等不到宪宗的回音，联想起前几年王承宗的遭遇，知道大事不妙。吴少阳的女婿董重质文武双全，只是心中全无朝廷，不是什么善茬儿，得知此事向吴元济献上一条毒计：以三千人马抄小道直取扬州；与李师道联合，派上水师攻取润州（今江苏镇江）；派出奇兵袭击邓州和商州，击败严绶一部，就可夺取襄阳，动摇荆襄，那么广大的楚、衡、黔、巫等地定然胆破，只需一箭之力就可迫使它们归降。董重质最后建议，如果能派500名精兵，袭取东都洛阳，那么朝廷根本就会动摇，天下必然骚动，整个关东就是藩镇们的天下了。

董重质的计策极为毒辣，如果吴元济按计行事的话，不但整个关洛震动，关中也将会因为失去江南地区的供应而陷入经济困境。经过安史之乱，关中经济凋敝，必须仰仗江南。786年，也就是宪宗八岁那年，关中粮尽，漕运的粮食又未能按时到达，禁军已有哗变迹象。面对危局，德宗心如乱麻，一筹莫展。忽然接到急报，扬州米三万石已至都下，欣喜若狂的德宗一溜小跑到东宫，抱着太子（顺宗）大喊："吾父子得活矣！"由此可见朝廷在经济上对于江南的依赖。淮西镇位于关中和江南之间，又扼守大运河要道，因而一直是朝廷的眼中钉肉中刺，非欲取之而后快不可。淮西镇与朝廷的恩怨，也正是地缘政治的缘故。

对于朝廷的想法，淮西历任镇帅自然是心中有数，因而在各藩镇中，淮西镇与朝廷的关系几乎是最为恶劣的。淮西节度使设置于安史之乱年间。当时安史叛军兵分数路，其中一路进攻关洛，一路向江淮直扑而来。

江淮和江南是当时唐廷的生命线，如果拱手让给安史叛军，那么唐廷就可以宣告"领盒饭"了。

危急时刻，唐廷不惜将节度使制度从边疆引向内地，在许、申、光、郑、蔡、陈、颍、亳、寿、安等20州设置淮西节度使，范围囊括了河南、皖北、皖中、苏北、鄂东北等具有战略意义的要地。从历史上看，只要拥有了这些地区，进可以一统天下，退可以安定北方南北割据，一千多年后清军与太平军正是在这些地区展开了决定双方命运的殊死战斗，而解放军歼灭国民党军主力也正是在这些地区。

淮西镇的设立有力地遏制了安史叛军的南下，为最终平叛做出了重要贡献。但唐廷如此作为，当然是饮鸩止渴的举动，所以平叛战争一结束，唐廷就急急忙忙地肢解淮西镇。这当然会引起淮西镇方面的强烈反应。

第一个对朝廷生出异心的淮西节度使是李忠臣。老李的生平是一部传奇，可以写成一本精彩的评书。老李本名董秦，少年时曾在安禄山帐下效力，后来转任平卢军先锋官。平卢军是朝廷在东北地区设置的军镇，治所在现今辽宁朝阳。玄宗宠信安禄山，命安禄山兼任平卢节度使。安史乱起，平卢军忠于朝廷，举兵反正，在安史叛军和奚军的攻击下，坚守平卢城达六年之久。随后，两万多名平卢军人从辽东半岛渡海至山东半岛与安史叛军作战，上演了一出英雄史诗！如果不是后来的平卢军与朝廷渐行渐远变成割据藩镇，这一出渡海平叛的大剧将会像土尔扈特部东归一样，成为华夏民族世世代代称颂的伟绩。

平卢军到山东半岛后分为两部，一部留在山东参与平叛，后来成为淄青镇，占据十二州之地，对朝廷桀骜不驯，骄横程度甚至胜过了河朔三镇；另一部在董秦的率领下在淮西立住了脚，董秦被赐名为李忠臣，成为扼守朝廷命脉的淮西节度使。

平卢军为平定安史之乱立下汗马功劳，但战争一结束，平卢军就成为朝廷尾大不掉的力量。淄青镇的事迹下节会详述,这里只谈谈淮西。平心而论,老李起初对朝廷很是忠诚,曾经被史思明俘虏,史思明视老李为左右手,但老李还是率500亲兵杀出贼营,重归朝廷。

765年,吐蕃进攻长安,代宗命各镇勤王。诸镇都磨磨蹭蹭,只有老李按期到达,代宗深受感动。但老李为人残暴,麾下军队在关外与契丹人作战,所过无不残破。进入中原后,老李也将这一套带到了中原,民众深深怨恨,也引起了麾下将士的不满。

779年,李忠臣侄子李希烈驱逐老李,老李千里走单骑到了长安,被任命为检校司空、平章政事。高职并未平息老李的不满,老李怨恨朝廷不为自己出头,就参与了朱泚的叛乱,晚节不保,被满门抄斩。李希烈割据淮西,起初还伪装效忠朝廷,曾经出兵助朝廷平定割据荆襄的山东南道节度使梁崇义之乱。获胜后,李希烈希望朝廷将梁崇义的地盘分一些给他,遭到朝廷拒绝。李希烈怀恨在心,不久即与淄青李纳、幽州朱滔一起造反。李希烈仗着地缘优势,于784年攻下了汴州(今开封),自称"楚帝"。

唐军很快发动反攻,夺回汴州,李希烈逃回蔡州,两年后被部将陈仙奇毒死。陈仙奇倒是忠于朝廷,但很快即为吴少诚所杀。经过这一番折腾,淮西镇所辖之地只剩三州。从天下大镇变成了一个小镇。但淮西兵素称精锐,所据位置极其重要,又与淄青同出一源,政治上互为犄角,因而淮西镇在全国藩镇中颇有影响力。

813年对吴元济们来说应该是个不幸之年。就在这一年,主张对藩镇采取强硬态度的武元衡从西川节度使任上回京,担任宰相。元衡治蜀七年,深得百姓爱戴。原本高崇文自信能担任西川节度,但未想到朝廷任命的是武元衡。一气之下,高崇文将成都财富洗劫一空,元衡面对的是一个残破的蜀地。为了恢复经济,元衡大力发展农业生产,恢复经济,蜀地很快恢复了以往的富庶。蜀地的战略地位异常重要,宪宗只有将它交给元衡才放心，元衡因此在蜀地一待就是七年。此时李吉甫和李绛已辅佐宪宗很长时间。李绛耿直，经常劝诫宪宗；李吉甫柔媚，常常寻找机会向宪宗献媚。两位宰相的作风那是截然相反，经常发生冲突，结果降低了中枢决策和行政的效率。

家贫思贤妻，到了这个时候，宪宗才想起具有宰相器量的元衡，将其调往京师为相。元衡担任宰相后，大力调和李绛和李吉甫的关系，并对二人不偏不倚，二人大为叹服。更难得的是，元衡在对待藩镇的问题上与宪宗高度一致。元衡认为，对于割据的藩镇要采取压制的态度，尤其应该抑制藩镇节帅父死子继之风。现在吴元济想要继承节帅之位，你说他能过得了武元衡这一关吗？

武元衡在朝中绝非孤立，次相（监修国史）李吉甫坚决支持他这位首相（太清宫使）。李吉甫认为，淮西地位重要，实力又有限，且与淄青等大镇相隔遥远，实在不适宜实行北方藩镇的父死子继制度。看到吉甫的态度，宪宗不由得对这位起了感念之情：虽说李吉甫有些谄媚君上、妒贤嫉能的嫌疑，但在关键时刻，李吉甫总是坚决站在宪宗一边对藩镇持强硬态度。有了两位宰相的支持，宪宗勇气倍增，决心拒绝任命吴元济为留后。当然，既然走了这一步，就是下定了与淮西开战的决心。宪宗决定，由熟悉淮西地理的李吉甫主持对淮西战事。

814年10月，李吉甫突然暴病身亡。宪宗不由大为悲痛，赐吉甫谥号"忠懿"，以表彰吉甫一生的贡献。吉甫为人虽有瑕疵，但在任宰相期间，协助宪宗打击藩镇，限制宦官权力，并全力加强边防，为宪宗削藩之战创造了一个良好的外部环境，实在是有功于大唐，也被时人视为名相。吉甫虽去世，但对淮西出兵的战事箭在弦上。宪宗下诏，令元衡主持对淮西战事。

还未等官军集结完毕，吴元济就狗急跳墙、孤注一掷了。吴元济明白，朝廷态度如此强硬，就是下定了开战的决心。既然如此，还不如自己先动手。吴元济虽然长得高大魁梧，处事却优柔寡断，未敢采用董重质的毒计，只是派兵四处抄略，夺取财物，祸害百姓，扰乱漕运。看来吴元济虽是贼种，器量却不过如此。

宪宗大怒，这吴元济分明是在与皇帝叫板。老话说得好，天子一怒，伏尸百万。宪宗皇帝可是个非常之主，发起怒来一般人都挡不住，比古龙小说里的男主角都猛。虽然李吉甫已经去世，武元衡、裴度尚在。在对待淮西的问题上，元衡与裴度的强硬程度甚至在吉甫之上。君臣同心，这事就好办啦。宪宗下令，韩弘、李光颜和乌重胤各率本部，从北路进攻蔡州；严绶率荆州兵从西面进攻蔡州；柳公绰率鄂军（公绰为鄂岳观察使，下辖今武昌、岳阳一带）从西南面进攻申州；令狐通从东南面进攻光州。四路大军浩浩荡荡向淮西杀来，淮西仅有三个小州，能够抵挡四路大军的攻击吗？

淮西兵果然是精锐。面对四路大军的进攻，吴元济调兵遣将，严密防御。这四路大军，主力是北路军。吴元济也因此将主要精力放在对付北路军上，但这并不意味着淮西兵就对其他几路束手无策。相反，在战争开始后不久，北路军倒是连战连捷，其他几路反而接连被淮西兵拦阻，动弹不得：西路严绶本是书生，面对淮西贼军毫无良策，只知道一味赏赐部下。部下无功受禄，谁还愿意卖命？结果很快便被淮西军击败；西南路柳公绰开始打了几个胜仗，很快就被淮西军遏制住攻势，陷入师老无功的境地；东路令狐通被淮西军杀得晕头转向，没多久就被李文通所取代。战争的关键，又回到了北路。

北路军在李光颜、乌重胤的带领下，与淮西军展开激战。激战之余，却又不得不看韩弘的脸色。韩弘是宣武节度使，下辖汴州、亳州、宋州、颍州，即现在的开封以东、安徽北部一带，战略地位重要，特别是直接控制漕运，四方商贾往来也都经过宣武军地盘，韩弘由此殷富，近20年不到长安朝觐。

不过韩弘虽然跋扈，对朝廷却还算忠心。田弘正归顺朝廷的时候。淄青李师道和王承宗相约进攻魏博，李师道请韩弘助战。韩弘却冷冷地告诉李师道，如果淄青敢动魏博一根毫毛，宣武大军必定攻击淄青。李师道这才罢手。

韩弘驻守宣武多年，坚持不与淄青、淮西和河朔三镇同流合污，否则以宣武的地理位置和经济实力，要颠覆唐廷在潼关以东的统治易如反掌。饶是如此，韩弘在内心深处还是不愿意淮西被朝廷彻底消灭，这就意味着自己土皇帝生活的结束。而且，李光颜、乌重胤两军到底是客军，在宣武的地盘上与淮西作战，更意味着朝廷已将触角伸到了宣武。如何处置与韩弘的关系，就成了摆在朝廷、李光颜等人面前的一道难题。

韩弘还算给面儿，不过不算热情，对于李光颜、乌重胤诸军也仅仅是保其供应而已。宪宗正值用人之际，特授予韩弘检校司空、同中书门下平章事，以促使韩弘尽心尽力。韩弘接诏后嫌官位太小，宪宗特加优容，改封韩弘为检校司徒。

815年正月，李光颜、乌重胤率兵进攻淮西军。李光颜带着部下渡过溵水（今河南沙河），在时曲（今河南漯河东南）列营。3月，李光颜部与淮西军先后战于临颍（今河南临颍县）和南顿（今河南项城县南顿镇），接连取胜。吴元济大惊，连忙派遣精兵迎击李光颜部。

5月，双方在时曲相遇。淮西军仗着多年来对唐军甚少败绩，异常嚣张，居然紧逼着李光颜部营垒列阵。光颜部士兵清晨起床，发现黑压压的淮西士兵早已列阵在营盘门口，只差几步就可冲进营中。显然，淮西军根本不想给李光颜部出战的机会，连列阵迎战的空间都没有留给唐军，看样子是要逼着李光颜部弃营逃跑，好趁势追杀。如果没有两把刷子的话，很少有将领敢如此布阵的，可见淮西军对自身战力极为自信。

淮西军的压迫果然引起了李光颜部的恐慌，许多人开始考虑破营而逃，军营死一般寂静。危急关头，李光颜仗剑而出，下令捣毁侧面营墙。

营墙破后,光颜翻身上马,手挥长刀,带着数十名亲信骑兵杀出了自家营寨。骄横的淮西兵未料到李光颜居然敢于自毁营墙从侧面杀出,一时间阵脚大乱。光颜在敌阵中左右突击,杀伤甚众,铁蹄过处,淮西兵纷纷不敌倒地。慌了手脚的淮西兵立即调来弓箭手,不断向光颜射出一支支利箭。

光颜挥舞长刀,将无数支利箭击落在地,但还是身中数箭,所幸未伤着要害,坐骑也在激战中受伤。光颜驱骑回营,准备换马再战。待光颜回得营中,众将士见光颜早已伤痕累累,身插数箭,披头散发,眼中冒出狠戾的杀机。光颜之子不忍,下跪请求父亲不要再战。光颜大怒,扬起马鞭,将儿子打到一旁后,翻身上马,抄起长刀,重新冲向敌阵。

众将士眼见主帅如此英勇,男子汉的气概也被唤起,纷纷抄起家伙什,毁墙的毁墙,开营门的开营门,都随着光颜杀向淮西军。淮西军原本已被光颜等数十骑杀得晕头转向,现在看斗志高昂的唐军如潮水般地杀出营垒,更是军心大乱,纷纷拔脚开溜。吴元济手刃数名军士,还是阻挡不住败兵,只得率其余部队溃逃,唐军大胜。

收到胜利的消息,宪宗君臣自然大喜,但也有人不高兴,韩弘就是其中的一个。韩弘虽然站在官军一边,但并不希望官军迅速取得胜利。每当官军获胜的消息传来,韩弘总要闷闷不乐好几天。眼见得光颜作战如此勇猛,韩弘的脑袋瓜就活动开了:这个胡人作战这么猛,如果三下五除二就打败了淮西,那爷的好日子不就到头了吗?得想个法子制约他一下,不过也不能太明显。韩弘一拍脑袋:俗话说英雄难过美人关,对待李光颜这样的人,就要用美女!

韩弘下令在汴州全城搜罗美女。一大批颇有姿色的女子被集中到韩弘面前,韩弘亲自把关,千挑万选出了一位人间绝色,略加调教,并用价值百万的金珠首饰打扮,派遣使者送到光颜军前。

那边厢光颜正欲进军,却得到韩弘要派使者来看望的消息,不由得犯了嘀咕：来者不善善者不来啊。久经宦海的光颜，当然知道韩弘心中的小九九。不过既然在人家的地盘上作战，也不能太不给面子。光颜下令，将韩公使者一行请至牙帐相见。

一袭华服的使者听到光颜的传令，不由得皱起了眉头：这个胡人太狂妄了！老子是韩公使者，居然以军礼相见！难怪主公对李光颜这么忌惮。这种不愉快迅速传递到脸上，使者的脸一下子变得通红。突然，使者想起韩弘临行前的再三叮嘱：李光颜性情刚烈，应该以卑颜骄其心，以声色夺其志。其心骄，其志夺，焉能是吴元济的对手？使者立即换上了一副谄媚的神色，一行人随着传令兵进了牙帐。

使者进得牙帐，眼见光颜昂然上座，两旁军将林立，杀气腾腾。使者上前施礼："韩公遣我来慰问将军，慰劳大军，将军辛苦。"

光颜还礼："谢韩公记挂。光颜尚好，只是兵士劳苦，望贵使向韩公禀告，大军的吃穿用度，就都仰仗韩公了。"

"哪里哪里，韩公此次送来了一批物资，足够大军支应旬月。"使者再次稽首。

光颜何等聪明，看出了使者欲言又止，似有话说："贵使有什么话就直说吧。"

"韩公深感将军为国血战，身被数疮，却无人侍奉医药，平常生活更缺人照顾。将军是国家栋梁，平定淮西都要仰仗将军。韩公特从汴州城中选出一略通医道的女子，为将军侍奉汤药，照顾起居，这也是为朝廷大业着想啊。"使者拍了拍手，"过来吧。"

一位身着名贵绸缎，珠光宝气的女子款款地下了马车，袅袅婷婷地走进牙帐。众将一见，立马便直了眼：果然是难得的美女啊！而且此女浑身上下佩戴名贵首饰，加起来怎么也该有百万钱吧！这个韩弘，搞这一手是什么意思？

光颜也是男人，初见这女子也是目眩神迷，但很快便定下了心，按剑而起："贵使替我谢韩公美意。光颜不才，蒙君父垂青，奉诏征讨叛臣，未得全功，心以为耻。将士们抛妻别子，每日在刀剑矛锋中讨生活，又有谁人来侍奉汤药，照顾起居？况且为了平定淮西贼臣，君父宵衣旰食，节省用度，百姓们典妻鬻子，号泣道路，以供大军。这些都是光颜作战不力的罪过。倘若光颜接受韩公的美意，怎对得起圣上的重托、百姓的期望，更怎么对得起这些每日为国奋战的将士们！请贵使将这位女子带回去吧。"说完，光颜早已泪流满面，泣不成声。周围将士们闻言纷纷垂泪，顿生决死之心。

使者狼狈不堪，眼见光颜神色坚决，只得再拜："将军高风亮节，在下佩服，佩服。"带着这女子讪讪地退了下去。

光颜不是二百五，无论于公于私，光颜都不想得罪韩弘。为了平息韩弘的不满，光颜尽其所能，给韩弘准备了一份厚礼，更是重重赏赐了使者。尽管如此，韩弘得知光颜拒绝自己的"好意"后，还是又羞又怒，少不了给光颜等下绊子。在打了几场胜仗后的7月，光颜和乌重胤被淮西军击败，战局陷于僵持状态。

宪宗接报，心头如明镜一般，特下旨意命韩弘淮西诸军行营都统，总管诸军。这一下李光颜和乌重胤的胜败就和韩弘直接相关，韩弘要使绊子就不能那么明目张胆了。这一头算是安定了下来，但此时的京中却发生了惊变！

宰相喋血长安

早在815年的3月，唐廷就收到淄青节度使李师道、成德节度使王承宗的奏表，请求朝廷赦免吴元济。宪宗君臣当然置之不理。4月，河阴转运院巨仓突然被焚烧，共损失钱三十余万缗，帛三十余万匹，谷类三万余斛。河阴转运院储备了唐廷从江淮搜罗来的钱粮，专供征讨淮西的大军。这么一来，唐廷的财政压力陡增，征讨淮西遇到了前所未有的困难。群臣纷纷奏请罢兵，宪宗在武元衡、裴度的支持下，坚持不允。元衡和裴度积极调度，筹备粮草，支持征淮大军。未想到的是，焚烧河阴转运院的黑手竟然伸向了这两位重臣。

815年六月初三凌晨，宰相武元衡从家中出发，到大明宫上朝。元衡带着从人刚走出靖安坊东门，横地里杀出一群黑衣人，一出手就将走在最前面为宰相开路的导骑射落在地。从人大惊，四散奔逃。元衡骑在马上，正在愕然间，一名贼人已手持大棒从树上跳下，击伤了元衡的腿骨。元衡大叫，痛楚至极。猖狂至极的歹人竟然牵着元衡的马匹走了几步，直到确认骑在马上的是元衡本人后，手起刀落，斩下了宰相的头颅。

与此同时，御史中丞裴度也走出了家门。裴度一时心血来潮，戴上了一顶当时在长安非常流行的厚毡帽，正是这顶毡帽救了他的性命。裴度也如元衡一般，骑着马走出了通化坊门。一伙贼人也挥舞着利刃，前来刺杀力主向淮西用兵的御史中丞。比起刺杀元衡的那伙贼人，这帮刺客的手法稍嫌粗糙，直接挥舞着利刃前来取裴度的头颅。

刺客来到裴度的身旁，手起刀落，正好砍到了裴度头上的毡帽。这顶厚厚的毡帽消减了刀刃的力道，锋利的白刃只是在裴度的脖子上留下了一道不算深的伤痕。裴度却被这一刀的力道震下了马，倒在了旁边的一条小沟里。刺客手一抓，满以为会抓到裴度的头颅，却只抓到一顶带血的毡帽。定睛一看，裴度突然不见，只看见一匹受惊的白马径自往前冲。刺客当然不甘心，连忙追寻裴度的踪迹。危急时刻，仆人王义紧紧地抱住了刺客。刺客大恐，挥刀斩下了王义的双臂。忠诚的王义倒地，正好压在裴度身上。巡街的士兵闻声赶到，刺客眼见不妙，只得匆匆逃离。裴度得救了，王义却付出了他的生命！

消息传到大明宫，正在等待宰相上朝的百官慌作一团。宫中的宪宗也得到了这个消息，不由得感到天旋地转，不能自已。自本朝立国以来，从未发生过宰相遇刺的事情，即使揆诸前朝，这种事情也是少之又少！考验宪宗政治意志的时刻已经到来，宪宗能撑得住吗？

与几年前初次征讨王承宗时相比，宪宗已经成熟了许多。虽然元衡已经遇刺，虽然面临的危机远甚于当年王承宗造反的时候，但此时的宪宗已经摆脱了对宰相的依赖，更不需要从心理上证明自己比宰相高明。宪宗仔细考察局势，认为此举很有可能是吴元济或王承宗所为，当务之急是立即抓到凶手，将其绳之以法，确保长安城内文武百官的安全。

还有，吴元济等人之所以使出这种下三滥的路数，说明朝廷对他们施加的压力已经到了让他们感到难以承受的程度。此时如果放弃征讨淮西，不但前功尽弃，元衡也就白白牺牲了！一定要坚持征讨淮西！不过元衡已去，韦贯之等宰相一直不支持征讨淮西，还要找到一个能继承元衡遗志、有能力镇住局面的人。谁能担此重任？裴度，是裴度，也只有裴度！

宪宗下定了重用裴度的决心，可也有另外一些人下定了要将裴度逐出朝廷的决心。宰相韦贯之带头上奏宪宗，请求将裴度贬斥，并停止对淮西用兵，以安藩镇之心。宪宗大怒，申斥了韦贯之等人，并向天下重申绝不停止用兵淮西。但韦贯之等人既然敢于上表唱反调，没有相当的支持力量那是万万不能的。很快宪宗就发现，每到上朝时间，朝臣总是百般推脱，借口元衡被杀而不来上朝。有时宪宗等到日上三竿，派遣宦官百般催促，朝臣才三三两两地来到，这是在用撂挑子的方式向宪宗示威！

元衡的鲜血让一些正直的人不顾安危，挺身而出。七十三岁的吏部侍郎许孟容毅然请求觐见宪宗，在宪宗面前，许孟容老泪纵横，泣不成声，请求宪宗尽快抓捕凶手，为元衡报仇。许孟容言于宪宗，古往今来,"岂有相国横尸路隅而不能擒贼?"宪宗闻言亦为之哽咽,下诏严拿贼人。通过与宪宗的交流,许孟容摸清了圣意,辞别宪宗后就到了宰相办公的政事堂。在政事堂内,许孟容慷慨陈词,要求韦贯之等上书宪宗,推荐裴度接替元衡为相,主持淮西战事。在许孟容的浩然正气面前,韦贯之等低下了头。

历史将裴度推上了前台,裴度从此将以中兴名相的身份名垂青史。裴度在家里养了二十余日伤,宪宗派出御医,日日为裴度诊治,嘘寒问暖,异常关心。裴度病愈后,宪宗任命裴度为同中书门下平章事,主持对淮西战事。

裴度为相后不久,即奏请宪宗,请求允许宰相在私宅会客。原来乖僻的德宗对大臣无比猜忌,甚至不允许宰相在家中会见客人,生怕宰相与他人勾结,危及皇权。宰相畏于皇帝的威势,于是闭门谢客,此事遂成为定制。这么做固然隔断了宰相与自身党羽和藩镇的联系,却也切断了宰相与外界联系的渠道,宰相只能从公堂上获得信息,日常行政和决策的有效性自然大打折扣。甚至遇到危急情况,宰相也不能及时得到消息,这就会让贼人有机可乘。元衡如果能在家中会客,不一定得不到贼人即将刺杀他的消息。经裴度说明利害关系后,宪宗从善如流,下诏允许宰相在家中会客,革除了这一看似不大、却能导致严重政治后果的弊政。

话分两头,元衡遇刺事件此时却似乎有了重大进展。王承宗在长安的两个叔父王士平、王士则联名上奏,告发王承宗收买杀手,刺杀宰相武元衡。这个告发分量很重,且不说这二位都是王承宗的血亲,更重要的是一旦被确定为诬告,按照大唐律法,那是要承担法律责任的。宪宗对他们的告发异常重视,派兵包围了成德镇在长安的办事处,逮捕了八名嫌犯。经过审讯,并没有抓到什么过硬证据。但宪宗君臣此时需要给天下人一个交代,遂将此案办成铁案。宪宗亲自签发诏书,判这八名案犯死刑。但凶手到底是谁，宪宗君臣心中一直有一个大大的问号。恰逢此时，东都却传来惊变。

在安史之乱结束后，自诩劳苦功高的淄青、淮西等镇在东都洛阳和附近地区，大肆置办产业，买房买地，号称"留后院"，作为自己到朝廷觐见时的临时居所。当然这是个幌子，淄青和淮西一向在地方称王称霸，何曾有过西向长安称臣的心思？它们对朝廷的敬畏还不如河朔三镇呢！这些留后院就成了藩镇在东都的间谍机构，淄青等镇以此为基地，刺探消息，收买朝臣，干尽了不法勾当。

地方官员慑于藩镇的威势，对这些不法勾当也是睁一只眼闭一只眼，这反而更助长了藩镇们的气焰。自从朝廷用兵淮西之后，淄青留后院突然一下子热闹起来。数百名新来的青壮男子从城外来到了留后院，一住下就不走了。这种情况当然引起了东都最高长官吕元膺的注意。

吕元膺是东平（今山东泰安东平县）人，恰好来自淄青地盘。德宗年间吕元膺即崭露头角，曾出任蕲州刺史。在任上，吕元膺颇有政绩，有一件事颇能说明吕元膺的魄力和吏才。某年除夕，一名囚犯向元膺哭诉不能回家看望父母，十分悔恨。吕元膺深表同情，命令监狱将所有犯人暂时释放，让他们回家过年，并与其约定了回来服刑的日期。吕元膺属下都认为不可，元膺力排众议，还是将这些犯人释放回家了。到了约定的日期，这些犯人果然一个不少地回来，元膺于是声名大噪。

813年，吕元膺调任给事中，受到宪宗的赏识，先后被任命为同州刺史、东都留守，肩负东都的安危。东都的安危不但关系到长安的安全，更与这次淮西用兵息息相关。倘若东都有失，淮西用兵定将难以持续。元膺自知责任重大，睡觉也睁着一只眼睛，不敢懈怠。淄青的留后院自然成为元膺的重点监视目标。数百条精壮汉子一下子就到了留后院，自然瞒不过元膺的眼睛。未过几日，元膺就接到了一个令人震惊的举报。

八月初八，一个名叫杨进的青年男子向留守官署举报，淄青留后院里已经聚集了二三百名精壮汉子，准备在初九冲出留后院，大杀大砍，在东都城内制造混乱，并举火为号，城外已聚集了数百名淄青军士和嵩山附近的猎户，这些猎户早已被淄青方面收买，由洛阳城外中觉寺主持园净率领，杀进洛阳。李师道希望用这种方式来缓解吴元济的压力，如果东都被乘乱攻占，李师道甚至不排除直接向韩弘、李光颜等发动攻击。

这个信息令吕元膺大为震惊。时间已十分紧迫，现在已经是初八，还有一天贼人就要发动攻击，留给元膺的时间已经不多了。令元膺感到极为棘手的是，现在东都城内的兵力并不充裕，东部部队的主力都已被派往畿内南部，用来防范吴元济和董重质可能发动的袭击，洛阳城内仅有数千名兵士用于维护日常治安。这数千名兵士差不多可以看成衙役，显然不是那些久经战阵、以一当十的淄青特种兵的对手，而且城外还有近千名强悍的淄青兵和猎户，内外夹击之下，东都城的失陷几成定局！

在这关键时刻，元膺的举措表明他无愧于宪宗的赏识和垂青。吕元膺当机立断，派遣使者到伊阙县征调部队回防东都。在东都城内和东都留守所属的洛阳与河南两县，青壮年男子都被集结起来，吕元膺下令向他们发放武器，预备参加进攻淄青留后院和防守东都的战斗。虽然这些百姓缺乏战斗经验，但却足以给淄青贼人以足够的震慑。慌乱之下，淄青贼军的战斗力自然就会大打折扣，这就会给伊阙方面的正规军争取时间来救援东都。元膺的命令被不折不扣地执行，百姓们都拿到了武器，一切似乎尽在掌握之中。

让元膺没有想到的是，随着武器被发放给百姓，恐慌情绪也迅速在东都城蔓延。自安史之乱后，东都城已50余年未经兵火，居民们已习惯于和平生活。突然青壮年男子被征集并发放兵器，百姓们不由得人心惶惶，安史之乱中种种可怕的记忆都在一夕间被唤起。如果这种情形蔓延下去，显然将大大有利于贼人夺取洛阳城。为挽救危局，吕元膺决定，将自己的办公场所置于大庭广众之下，以安定百姓之心。

当时的洛阳虽经安史之乱的破坏，但隋炀帝和武则天修建的皇城尚算完好，洛阳依然是帝国的第二首都，随时准备迎接皇帝的巡狩。但大唐皇帝知道，洛阳虽好，终非久居之地，长安才是帝国的根本。如果因为西部的混乱就急急忙忙跑到洛阳，那么大唐就会像当年的东周一样，局促于东部强大的诸侯中间而一点点地丧失元气。所以无论遇到再大的危险，大唐皇帝充其量只是奔逃到蜀地，洛阳在大唐皇帝们的心目中只不过是捍卫长安的桥头堡和漕运枢纽罢了。

不过面子总是要做的，洛阳的皇城依然保留着皇家派头，宦官、宫女、禁军一样不少。皇城南面有三座门：右掖门、端门和左掖门。端门专供皇帝一人使用，平常大门紧闭，不到皇帝亲临是绝不开门的。

自开元二十四年（736年）唐玄宗自洛阳回銮长安后（那会儿杨贵妃还是寿王李瑁的王妃呢，杨贵妃和寿王就是在东都相识并结为夫妻的），大唐皇帝就再也没有驾幸过洛阳。除了安史之乱那混乱的几年，到了元膺担任东都留守的时候，端门已经几十年不开了。元膺自然不敢造次在端门前办公，经过斟酌，他将办公地点放在了左掖门。

这一手果然很灵：百姓们看到留守大人居然在大庭广众之下办公，种种恐慌情绪一下子就不翼而飞，一些胆大的甚至生出了为国擒贼的雄心豪情。不过还用不着他们出手，元膺在左掖门办公的时候，大队唐军已经杀向了淄青留后院。

原来伊阙唐军首领王茂元在接到元膺的命令后，知道事情紧急，连忙带着一些精兵轻装前进，大部队随后开拔。紧赶慢赶，终于在淄青贼军起事之前到了东都城。吕元膺立即下令将东都防御兵交给王茂元指挥，王茂元带着这支临时混编起来的唐军，将淄青留后院团团包围。

淄青特种兵果然精锐，眼见得唐军已将留后院团团包围，却不慌不忙，一边销毁文书，一边将女眷接出庭院，两百余名淄青军士将她们围在中间，军士们站在外围，一面晃着明晃晃的朴刀，一面张弓搭箭，怒视唐军。唐军人数虽多，但多数是"衙役"，实战经验怎抵得上这些千挑万选的淄青精锐？看到这些杀气腾腾的淄青兵，唐军先泄了气，只敢在院外大声喊叫，却半天也无一人敢冲进院内。

王茂元见状大怒，抢过一柄朴刀，狠狠地向一名畏缩不前的军士砍去。军士应声倒地，满脸鲜血的王茂元面目狰狞，发出了进攻留后院的军令！

此时再也无人敢将王茂元的军令当作儿戏，唐军一哄而上，推倒了一段围墙，杀进院内。淄青兵不慌不忙，先是箭射，撂倒了一批唐军。待得唐军杀到跟前，淄青兵挥舞起朴刀，利用军事技能娴熟的优势，将一名名唐军砍倒在血泊之中。唐军大骇，不由得放慢了进攻的步骤。利用这个空当，淄青兵杀出留后院，全力冲向不远的长夏门。饶是如此，淄青兵依然保持着严密的队形。唐军紧紧尾随，附近的百姓早已被元膺疏散，因而未造成大的混乱。

吕元膺早已接到王茂元的报告，对现场发生的情况了如指掌。经过一番斟酌，元膺认为将这些贼军放出城外更有利于剿灭他们。元膺下令，不要关闭长夏门，放这些贼人出城。因而唐军只是跟随在贼军身后恐吓，并没有包围剿杀的意思。贼军也不傻，向着长夏门方向且战且退，终于冲出了长夏门。元膺一边派人盯着匪徒的踪迹，一边调遣军队围捕，同时定下赏格，全力追捕这帮贼人！

特种兵们冲出了长夏门后也没闲着，反正已经被发现了，不如顺手捞一把。这一来东都城外的民户可遭了殃，淄青兵们在城外大掠，抢得不少财物。淄青兵们牵着抢来的牛马，驮上抢来的米粮和财物，急急忙忙地渡过伊水，向着洛阳西南的山区进发，准备在这里打游击战。眼见得这些人就要和中觉寺主持圆净等会合，准备在东都继续兴风作浪，但一个巧合加速了这帮贼人的覆灭。

原来在洛阳山区有许多猎户，这些猎户各有地盘，凡是被射中的猎物都会放上猎手的标记，别的猎人看了就不能抢夺。淄青兵士进得山来，又累又饿，看到到处都是被射中的黄羊、野山鸡之类，立马抓到手边，生火烧烤，一时间香气扑鼻。这当然会引来猎物的主人。但寥寥几个猎户哪里是这帮军士的对手？一番争执之下，猎户们被淄青兵痛揍一顿，抢了弓箭，扒了衣服，赶走了事。俗话说强龙压不过地头蛇，这帮淄青兵算是捅了马蜂窝了！

这些猎户日日同豺狼虎豹打交道，几乎时时行走在生死边缘，因而形成了互帮互助的优良传统。如果一个猎户遇险，只要发出信号，附近的猎户就会赶来支援。被痛打的几位猎户心中当然不忿，发出了求救信号，这一下引来了一大帮猎户。但此次要面对的威胁不是豺狼虎豹，而是正规军中的精锐，猎户们也不傻，合计之下认为应该请官军帮忙。于是猎户们一边紧紧地追赶、骚扰这些贼军，一边飞快地向官军报告贼军们的行踪。

吕元膺接报后大喜，此时大队人马已陆续赶到东都，元膺令这些人马跟着前来报信的猎户，火速杀向西南山区。唐军人多胆壮，加上配合的猎户们每日与猛兽打交道，弓马娴熟，战斗力更胜普通士兵，又熟悉山区情况，未用多长时间就将这些贼军团团围困在一片山谷中。官军和猎户们发起了总攻，一番激战之下，这些贼人悉数落网。几乎与此同时，中觉寺主持圆净因为手下得罪了猎户，麾下的数百名猎户反水，结果被官军抓个正着。

圆净已经八十多岁，但筋骨强健，健步如飞。审讯之下得知，原来是安史叛将出身，对大唐充满刻骨仇恨。眼见得老贼身手依旧不凡，军将决定将老贼腿骨击碎，以防其逃窜。手执铁锤的兵士慑于老贼的威势，几下子都未能击中要害。老贼看了大骂："鼠子，连击断腿骨的本事都没有，还称什么健儿？"看来老贼当年一定杀害过不少百姓。骂毕，老贼竟然伸出腿，指点军士应该打击哪个部位，军士手起锤落，砸碎了老贼的腿骨。

老贼被送往东都，经简单审讯后，元膺下令将其斩首。临刑前园净还在不断叹息："误我大事，不能使洛阳遍流人血！"愚蠢的李师道已经彻底和朝廷翻脸了！

吕元膺又详细审讯了其他被俘军将，得到了一个令所有人震惊的消息：原来李师道才是刺杀宰相武元衡的主谋！元膺连忙将审讯记录整理出来，命凶犯画押具结，连夜将记录和犯人送往长安。

宪宗接到元膺密报，心中多时的疑团一下子得解。不过淮西征战正急，目前不宜再对淄青进行征讨。等王师平定淮西后，等待淄青的，将是彻底的清算！

一个"不靠谱"的统帅

转眼到了816年底，虽然李光颜、乌重胤等在北线与淮西军苦战数次皆取胜，但淮西贼军派出了首席骁将董重质与光颜、重胤诸军对峙。董重质虽无名将之德，却有名将之才，在北线遏制住了光颜、重胤等军的攻势，战局又重新陷入泥潭。此前吴元济鉴于四面受敌，曾有投降朝廷的想法，结果遭到董重质的坚决反对。

董重质认为，我困难，敌人更困难。朝廷兵力虽多，但大多是临时纠集的四方之军，有战斗力的只有北线的李光颜和乌重胤军；何况朝廷帅才缺乏，田弘正又要在北边看着王承宗和李师道，只要守住北边战线，其余三条战线都不足为虑。如果朝廷师老兵疲，诸镇必定蠢蠢欲动，到时说不定韩弘都会加入反对朝廷的行列！在董重质的强力反对下，吴元济终于打消了投降的念头，这不仅放弃了生还的机会，更意味着这场看不到尽头的战争还要继续。

董重质如此牛气也是有他的理由的。为了进攻淮西，唐廷已动员了近十万大军，还要在北边防止王承宗和刘总可能的蠢动，无论在人力上还是财政上都已不堪重负。就在816年6月，取代严绶的唐西路军统帅高霞寓轻敌冒进，被淮西军击败于铁城，高霞寓单骑逃脱。消息传到长安，京师大震。宪宗罢去高霞寓西路军统帅之职，命袁滋取而代之。袁滋是淮西人，工书法，不过一介文士，哪里有什么统兵之才？居帅位不过虚应故事，不思进取，白白耗费朝廷钱粮而已。在董重质遏制住李光颜和乌重胤的攻势之后，唐军更是陷入了进退不得的窘境。面对困难，唐廷内部罢兵之议再起。值此关键时刻，一名年轻将领自告奋勇，请求赴前线带兵。

这名年轻将领就是李愬，当时任太子右庶子之职。李愬擅长骑射，又曾在地方为官，颇有政绩，是对付淮西的理想人选。宰相李逢吉对李愬考察后，认为李愬是难得的将才，文武双全，定可担当征淮西线重任，于是向宪宗大力举荐。李逢吉诡诈多权谋，忌妒裴度才华横溢、肩负重任，便想方设法横加干预淮西战事，不欲使裴度建功。

宪宗是何等明察秋毫之人，时间一长对李逢吉自然生出警惕。乖巧的李逢吉看出了宪宗对自己的不满，于是大力推荐李愬任征淮西面军统帅，向宪宗表示自己忠诚为国，好继续对裴度实施自己的奸谋。宪宗召见了李愬，发现此人果然是不凡的将才，立即任命李愬为左散骑常侍、兼邓州刺史、御史大夫、随唐邓三州节度使，取代袁滋为西路军统帅，讨伐淮西。

李愬接到任命，日夜兼程，很快就到了前线，与袁滋办了交接手续。接任统帅后，李愬立即考察了前线敌我状况，发现唐军多次被淮西军击败，士气低落，将士对淮西军普遍存有畏惧之心。淮西军多次击败唐军，颇为自大，不把唐军放在眼里。但是，对于唐军临阵易帅，淮西方面却颇为关注。不但淮西方面，西线唐军都对李愬是啥样人没个底。李愬看到这等情况，心中就有了谱。

李愬在了解第一手情况后立即召开军事会议。在会上，李愬向大家转达了宪宗皇帝的关怀和深情慰问。李愬表示，宪宗知道大家辛苦，因而派遣了一位善于爱抚士卒的将领前来，他本人正是这样一位将领。李愬还表示，自己的天性宽恕仁爱，请大家放心，自己不会像前任几位统帅一样，驱使大家白白送死。将士们听了李愬的讲话，半是欣慰半是疑惧。欣慰的是，李愬如此贴近大伙儿的心；疑惧的是历史经验告诉他们，这么一位熊包的主帅多半靠不住：不用说这种人难以面对战场上各种复杂诡谲的情况，仗哪是你不想打就不打的？而且这样的主帅抗压性差，只消宪宗一道圣旨，他就能不管各种主客观条件，驱使大家白白送死。李愬啊李愬，你究竟是一个咋样的人呢？

李愬很快就用实际行动告诉了大家他是一个咋样的人。李愬就任西线主帅后不久，就解散了军中乐队。李愬对大家解释，前线乃决定国家生死和命运的重地，岂能有女乐存在？士兵们听到李愬的话语，悬到嗓子眼的心不由得放下一半：看来这个主帅还算靠点谱。

李愬在军中四处慰问士兵，探访本军和淮西军的各种情况，很快就对前线战况了如指掌。李愬发现，西线唐军经过多次打击后，战斗力和意志都陷入低沉的状态。要想击败淮西军，光靠目前的军队是不可能的，必须抽调生力军，同时改变对淮西军的作战策略。李愬于是向宪宗上书，将前线情况原原本本向宪宗汇报，并请求增加援兵。

宪宗接到李愬的奏报，不由得眼前一亮。之前西线主帅的奏报，要么是抱怨粮饷不足，要么是夸大淮西军的威力，其实在朝廷多年的封锁之下，淮西军战马极其缺乏，只得使用骡子替代，号称"骡子军"，一直是朝廷乃至各藩镇的笑柄，战斗力可想而知！李愬呈上来的，是一份关于淮西军西线兵力的详尽分析，对整个战场的敌我态势也作出了详尽的分析。

李愬指出，淮西地盘狭小，缺乏马匹，士卒之所以奋不顾身者，全凭淮西森严的军法。在淮西镇所辖的蔡、申、光三州，百姓不得聚众饮酒，就是夜间携酒菜私会，一经发现也要被判处死刑；三人以上在道路说话者，俱以军法处置极刑；百姓实行连坐制度，对周围邻居都有监视之职；淮西军将和士兵出征，家属都要留在蔡州，一旦兵士有投降的事情发生，其家属都要被尽数处死。

李愬认为，淮西百姓内心一直盼望朝廷的解救，只要朝廷坚持用兵，采取军事政治双管齐下的战略，淮西必败！李愬还向宪宗请求，由于之前西线主帅孟浪行事，多次被淮西军击败，西线唐军都有畏惧淮西军的情绪。要想在西线取得突破，必须得到生力军的援助。宪宗当即拍板，从忠于朝廷的各藩镇抽调数千步骑，增援李愬。

援军还在路上，那边厢李愬的好运已经开始了。淮西军之前已得到情报，前来接替高霞寓的是一个庸碌的"饭桶"，不由得更加骄狂，行事也少了几分顾忌。一日，淮西骁将丁士良大刺刺地只率十几名兵士外出巡逻，结果与唐军大部队撞个正着。一番鏖战之下，丁士良成了唐军的俘虏。

消息传到大营，整个营寨的唐军都沸腾了。丁士良是淮西有名的勇将，多次击败唐军，杀害了唐军无数将士，可以说手上沾满了唐军将士的鲜血。现在丁士良成了唐军的俘虏，将士们当然想为牺牲的袍泽报仇。李愬的大营前挤满了将士，大家纷纷要求将丁士良剖腹剜心，祭祀被他杀害的唐军将士们。

李愬当然不会放过这个提振士气的大好机会，慨然应允。不过当将士们押解着丁士良到了面前的时候，李愬觉得有改变这个命令的必要。丁士良身材魁梧，气宇轩昂，看上去不像是贪生怕死之辈。面对唐军将士的冲天怒火和一柄柄明晃晃的朴刀，丁士良神色不变，反而哈哈大笑，只求速死。李愬不由感叹：真好汉也！可惜是明珠暗投，佳人从贼。李愬决定，赦免丁士良的死罪，并任命丁士良为麾下捉生将。李愬走下帅座，亲为丁士良松绑。

唐军将士和丁士良都惊呆了。片刻后，丁士良立即跪地叩首，感谢李愬的不杀之恩。李愬微笑着将丁士良扶起，目光转向了那些愤愤不平的将士们。将士们见这位"柔弱"的统帅眼中正闪烁着智慧和仁慈的光芒，这种光芒背后透出的是一种坚定和自信，不由得都为李愬的目光所折服。

眼看火候已到，李愬朗声说道："天子命我征讨淮西，罪过都在贼首吴元济一人。淮西将士都是天子的属民，只不过是为吴元济所裹挟罢了。淮西将士和伪官，只要愿意痛改前非，为朝廷效力者，就应该给他们一条出路。这样不仅体现圣人①的好生之德，大家伙也可以少流很多血，是不是啊？"

李愬的一席话打动了唐军将士，丁士良也就平平安安地披上了唐军的战袍。为报答李愬和唐军将士的不杀之恩，丁士良向李愬献上一计。丁士良告诉李愬，吴秀琳是淮西军西线的重要将领，麾下有三千精兵，屡败唐军，有如吴元济一臂。吴秀琳手下的副将叫陈光洽，智勇双全，但因屡败官军的缘故，喜欢单独出战，骄狂异常。如能生擒陈光洽，吴秀琳如丧肝胆，必然投降官军。丁士良自告奋勇，愿带领唐军生擒陈光洽。李愬当场应允，命丁士良带领部分唐军偷袭陈光洽。

陈光洽果然为丁士良所俘虏。消息传到吴秀琳处，他失魂落魄，失去了继续与官军作战的勇气。在左右的劝说下，吴秀琳率麾下三千将士向唐军投降。这是几年来第一次有淮西军成建制地投降官军。消息传到宪宗处，宪宗大喜，降诏封吴秀琳为濮阳郡王，赐食邑二百户，赏钱万

---

① 唐朝人习惯将皇帝称作"圣人"。

贯，率部于军前效力。

吴秀琳也给李愬献上了一条关键的计策：西线淮西军的军魂是李祐。只要生擒李祐，西线淮西军的战斗力就基本被掏空，蔡州城就不再是那么遥不可及了。不过生性谨慎的吴秀琳表示，他个人对李佑也颇为忌惮，没有什么好办法能够生擒此贼，一切只能看天意。李佑听罢微微一笑，眼中冒过一股精光，似乎已看透吴秀琳的万般心思：当然不须你出手生擒李佑。你能献上此计，本将军已万分满意，一切就看本将军的安排吧！

李佑号称贼中骁将，西线军魂，在淮西军中的地位仅次于董重质，屡败唐军，当然不是白给。要生擒此人，自然要花费一番心思。817年5月21，李愬探知李祐率兵割麦，于是定下计策，派人假装烧毁淮西军的麦垛，诱惑轻视唐军的李祐轻装单骑追击。李祐果然上当，为了保护这批对淮西军来说相当宝贵的粮食，李祐单骑出击，驱赶唐军，未想到被李愬安排的唐军捉个正着，押解回营。

当唐军将士们看到被紧紧捆绑着的李祐时，整个军营都轰动了。西线鏖战数年，大军几次被淮西军击败，不得越雷池一步，几乎都是拜李祐所赐。唐军上下对李祐极其痛恨，恨不能食其肉寝其皮而后快。现在李祐终于被唐军所俘虏，多年来的仇恨一下子迸发出来。如果说丁士良大家还能饶恕的话，那是因为丁士良在军中的苦主还不够多！而这位李祐，李愬之前的西线唐军几乎都是他的苦主！唐军将士纷纷张弓搭箭，朝向李祐。只待主帅李愬一声令下，李祐即刻就能变成刺猬！

不过有人还不想这么便宜了李祐，纷纷上前劝说那些拿弓的将士放下弓箭：咱不能让李祐这贼子这么痛快地死！有的唐军将士已经支起大锅，烧开沸水，只等着将李祐变成"肥牛火锅"！

士兵们看到李祐被推进了军营，迟迟不出，不由得想起了丁士良的事例：难道大帅想招降李祐？一些机灵的军士已经开始向大帐门前凑，想看看帅帐里到底发生了什么。众军士伸长了脖子，只见得那李祐跪在大帅面前连连叩头，口中还在感谢大帅的不杀之恩。这一下可捅了马蜂窝。将士们本来就来自各个藩镇，挟持、逼迫主帅本是家常便饭，连朝廷都未必全然放在心上，何况你一个军前主帅李愬？一时间，李愬的帅帐被气势汹汹的将士们团团围困，大家大声吆喝，要求主帅顺从民意，将李祐交给大家处死。

李愬一看，我的天，这是哗变的前奏啊，幸亏哥早有准备。李愬一声令下，由他带到西线、未曾吃过李祐苦头的唐军立即冲出，对那些吆喝着要杀进大帐的将士们来了个反包围。大家伙一看主帅早有准备，头脑清醒了许多，不再吆喝着要杀李祐，拿着兵刃的手也开始软下来。李愬一看局面已被控制，于是走出帅帐，对军士们好言劝慰。李愬举出丁士良的例子，劝诫大家给李祐一条生路。只要李祐浪子回头，他定会带着大家杀进蔡州，活捉吴元济！

将士们愤愤不平地散去，李祐看似脱离了险境，其实不然。其后几日间，长安的朝廷收到了雪片也似的告状信件，状告李愬受贼首李祐蒙骗，将其留在军中效力，为西线军事埋下一颗不定时炸弹！不但长安，就连身为全局主帅的韩弘也收到了大量类似的信件。事件涉及西线主帅李愬，韩弘不敢擅自做主，连忙把这些信件打包呈到了宪宗面前，请宪宗定夺。

宪宗见到这么多信件，不由得也犯了难：众怒难犯啊！虽然李愬有大将之才，虽然李愬自接任西线主帅以来屡建战功，但李祐毕竟是贼中骁将，手上沾满唐军将士的鲜血，将士们要求杀掉他并不算过分。不过事情毕竟牵涉到李愬，李愬刚刚才在西线打开了局面，如果杀掉李祐，势必会打击李愬的威信和积极性，事情就不好办了。经过斟酌，宪宗采取了折中方案，下诏将李祐押往京师，由有司审讯定罪。

李愬也不是傻子，将士们的举动早已为他所侦知，不由得团团乱转。在李愬的心中，一直酝酿一个惊人的计划，而李祐就是完成这个计划的关键一环。说句实在话，李愬一开始也未必没有杀李祐之心，但通过与丁士良、吴秀琳等淮西将官的接触改变了李愬的想法。

李愬发现，淮西军人也是人，也有七情六欲，而且未必没有忠君报国之心，只是未得其门而入，误上贼船难以自拔而已。丁士良、吴秀琳之所以转变如此彻底，与其心底蕴藏的忠君报国之心有很大关系。李愬早已从丁士良和吴秀琳那里得到了李祐的大量信息，对李祐这个人做了充分的研究，这才定下计策，一举生擒李祐。

想到这里，李愬不由苦笑，将士们的嗔心太重了！李祐深知西线淮西军的布局，对蔡州更是了如指掌，如能招降此人，那么蔡州就会像李祐一样，通过突袭成为本帅的囊中之物！想到这里，李愬不由得直了直身板。那日与李祐在营中相见，果然不出所料，李祐对贼中生涯早已厌倦，顺势就投降了朝廷。一切都似乎在完美进行，只是未想到将士们如此不依不饶。李祐倒是无所谓，几次表示愿意杀身以谢朝廷，这样的人更不应该杀！李愬眼睛一转，突然有了主意。

李愬连夜写就奏折，将自己的战略盘算向宪宗和盘托出。李愬特别强调，淮西目前主力均在北部迎战李光颜、乌重胤部，西线实力正在不断削弱中，这就给唐军提供了突袭蔡州的极好时机。

李愬认为，官军已数十年不得入蔡州，对蔡州的地理形势早已陌生，因而很需要一个知晓淮西地理的人来引导。这个人最好还要熟悉西线的军事形势，这是因为多年来淮西镇在西线筑成了一系列的军寨，构成了严密的防御体系。更可怕的是，这些营寨之间有一整套换防、流动和相互支援的应急机制，构成了数道纵深防线。即使唐军突破了前一道防线，淮西军立即会依托第二道防线展开防守，而第二道防线营寨更加密集，战线也更短，更有利于淮西军防守。淮西军在防守之余，还会乘唐军师老兵疲，发动防守反击，高霞寓正是栽在这一点上。

李愬指出，随着李光颜等人攻势的加强，吴元济不断地抽调西线兵力支援北线，西线的这套防御体系已经开始松动，但这些营寨之间仍有完善的情报收集、交换和传送体系。只要有这套体系在，不但蔡州城安全无虞，整个西线防御体系仍可充分发挥作用。李愬向宪宗汇报了李祐被俘的经过，以及李祐被俘以来在唐军的表现。李愬奏称，李祐确有悔过之心，也早已厌倦贼中生涯，渴望洗心革面、重新做人。如能给他一条生路，甚至一条上升的道路，李祐定会为朝廷尽忠。李祐彻底站到朝廷一边，对于淮西将士的示范作用更甚于吴秀琳，淮西将士定会争相效忠朝廷。

李愬最后恳求宪宗，李祐熟知西线防御体系的虚实，更熟悉淮西地理。突袭蔡州、捣毁匪巢的关键，就在李祐身上！恳请皇上放李祐一条生路，李祐定然不负朝廷信任，李愬愿以性命为李祐担保！现将李祐送往长安，一切请皇上定夺。奏折写好后，李愬急报长安，同时下令将李祐送上囚车，派遣麾下的新兵将其押送长安。是啊，李祐在军营中并不安全，送上囚车反而能让他躲避仇家的算计，还可以缓一缓将士们的不满，李愬真可谓是煞费苦心。

宪宗接到李愬的奏折后，立即下诏赦免李祐，命李祐在李愬帐下效力，并收回之前抓捕李祐的诏书。诏书以加急的方式迅速交到了李愬的手上。李愬在短短数日内接到了两份内容完全相反的诏书，不由得有冰火两重天之感。皇帝的权威果然非同凡响，将士们再也无人敢在李祐的问题上多嘴多舌。

李愬连忙派人快马加鞭，追回李祐。护送李祐的士兵们按照李愬的吩咐，前几日快马加鞭，急速西行，唯恐有不服的将士在途中追杀。等过了数日，一行人前进的速度开始缓慢下来。李愬派遣的使者连换了几匹快马，终于赶上了李祐一行，向李祐宣布了宪宗的旨意。李祐终于得救了。

李祐等骑着骏马，迅速回到了李愬大营，只见李愬早已在营门口等着李祐。李祐一下马，就被李愬紧紧抱住。李愬像个孩子一般连声呼喊：

"尔之得全，社稷有灵啊！"不由得喜极而泣。李愬的表现一下子击中了李祐心中最柔软的部分。在踏上囚车的那一刻，李祐心中充满了对未来的迷茫，更充满了对唐廷的怨恨。然而李愬的激动和眼泪一下子让这些怨恨消失得无影无踪。李祐知道，为了自己的安危，李愬竭尽全力，甚至不惜政治前途来维护自己。李祐下定决心，从此无条件地跟随李愬，彻底讨平淮西！

更让李祐感动的是，李愬将自己从邓、唐、随州带来的三千精锐，都交给了李祐指挥。李祐明白，李愬如此对待自己，不仅是出于权术考虑，更重要的是，自己在唐军中依然有很多仇家，随时可能遭遇不测。这三千人马是李愬带来的亲兵，与自己没有仇怨，其实是担负保护自己的职责啊！愬公啊愬公，你的胸怀，真是光风霁月啊！

雪夜下蔡州

817年3月，光颜和重胤在北线大败淮西军，歼敌3万余人，迫降蔡州北面门户郾城。吴元济极为恐慌，幸得董重质拼死奋战，稳住阵脚，将北线唐军遏制在了郾城东南的洄曲一带。骡子军果然不同凡响，董重质也无愧名将之称！6月，吴元济迫于唐军威势，上书宪宗，愿意投降。

宪宗特免吴元济一死，命其只身来归。吴元济欲接诏，奈何董重质坚决反对。吴元济的左右也已与董重质沆瀣一气，一齐反对投降。吴元济无奈，只得将战争继续，从而放弃了最后一个生存的机会。

不过吴元济的请罪奏章却带来了一个意想不到的效果。由于多年用兵，朝廷已陷入师老兵疲、粮饷不济的窘境，许多朝臣都急切希望尽快结束这场战争，就连宪宗也产生了急躁的思想，多次严令前线进击，光颜的郾城大捷就是宪宗不断催促之下的结果。由于董重质的顽抗，光颜再无进展。

接到了吴元济的请罪奏章，李逢吉等人认为有台阶可下，于是一齐向宪宗请求赦免吴元济，结束这场看不到尽头的战争。在内外压力下，连宪宗这般意志坚强的人都产生了动摇，但裴度挺身而出，制止了这场茶壶中的风暴。

裴度在朝堂之上当着李逢吉等人之面，请求督师出征。宰相离开中枢，自请挂帅，这种事在历朝历代都不多见，由此既可见裴度的胆识，又可见当时局势的危急。宪宗眼见裴度如此深明大义，不由得为之动容，但担心裴度事后反悔，反而误事。考虑到这一点，宪宗并未当场拍板。

次日，裴度再次在朝议中向宪宗提出到前线督师，宪宗觉得有门，于是命裴度在朝议之后留身独对。待到朝臣们都已离开，宪宗便问裴度："爱卿可真的愿意替朕出巡？"裴度叩首，泪流满面："臣与淮西叛贼势不两立！"

宪宗长叹，脑海里不由得出现了武元衡那张俊美的面容。元衡号称唐朝第一美男子，却连头颅都找不到，令人伤心啊！裴度见宪宗沉吟不语，以为宪宗尚在犹豫，又叩首道："吴元济向来桀骜不驯，拒绝臣服朝廷。现在向朝廷请和，言辞又如此谦卑，可见淮西的局面不容乐观。朝廷虽然粮饷紧张，但比之淮西却是绰绰有余，击败吴元济应该不是问题。如果此时罢兵，那么陛下继位以来削藩的成果，就将尽付东流。届时河朔三镇必然生变，加上淄青和淮西，关东恐非朝廷所有。况且征讨淮西诸将互不统辖，各自为战，未能趁吴贼困窘之机趁势进逼。如果臣赴淮西督战，将帅们必然不愿微臣独占平淮西大功，自然全力作战，必可获得全功！"宪宗闻言当即下诏，任命裴度为门下侍郎、同中书门下平章事、蔡州刺史、充彰义军节度使、申光蔡观察使，充淮西宣慰招讨处置使。细心的裴度请求免去"招讨"二字，以免引起韩弘的误解。

这一下裴度就从司令变成了监军角色，司令的位置仍属韩弘。虽然韩弘有养寇自重之嫌，但若没有韩弘，淄青的十万大军就会杀向淮西，截断光颜和重胤的后路，他对于国家还是有很大功劳的，应该维护他的权威和面子。宪宗采纳了裴度的建议。

817年8月3日，宪宗亲自于长安通化门送裴度督师淮西。宪宗站在城门上，注视着城下的裴度。裴度双目含泪，向宪宗叩首："淮西不平，臣誓不回京觐见天颜！"这是一份沉甸甸的军令状，裴度已经下定了牺牲在前线的决心。宪宗闻言，当即解下身上名贵的犀带，赐予裴度。裴度受赐，向宪宗再拜后翻身上马，奔赴淮西前线。

裴度一行首先到了东都，暂时落下脚来。行军司马韩愈向裴度请求赴汴州做韩弘的思想工作。一代文宗韩愈到了汴州，以君臣之义和本家之情劝说韩弘配合裴度，向淮西发动最后的反攻。韩弘好似当年的韦皋，虽有私心，在这种大是大非的问题上还是站得住脚的，当即慨然应允。有了韩弘的配合，裴度等顺利到达北线，节制李光颜、乌重胤、韩弘诸军，攻打董重质盘踞的洄曲。

重臣挂帅，将吴元济和淮西镇的目光全部转移到了北线，西线的防御开始松弛，这就为李愬创造了难得的战机。在李愬长期的政治攻势下，西线贼军军心全面动摇。为了防御唐军的进攻，吴元济在西线安插了大量间谍，建立了一系列情报站。这些情报站被唐军破获后，往往将其中人员全部处死。这些人有很大一部分都是无辜百姓，为淮西贼军裹挟，身不由己。李愬到任后，对这些落网的百姓出身的间谍多加抚慰，而不是像前任那样一杀了事。人心都是肉长的，这些情报站的工作人员开始有意无意地消极怠工，吴元济收到的情报逐渐稀少，质量也大不如前，让吴元济以为"西线无战事"，放松了对西线的防御，将大量军队抽调到洄曲。西线淮西军的防御已出现一个可怕的空隙。

李愬每夜与李祐等降将研究蔡州地理，制定攻击方案。李祐等指出，西线官军现在的驻地离蔡州城有130余里，沿途哨卡密布，大量兵丁在蔡州城附近日夜巡逻，几乎无懈可击。虽然李祐等人对蔡州城外的防御体系了如指掌，但吴元济也相应地调整了部署，要想借助李祐等原来的经验突袭蔡州，难度是很大的。幸好李祐等人对淮西方面的防御思想和体系了如指掌，只要情报工作到位，总可以摸到个大概。李愬与李祐等经过仔细研究后认为，要想穿越130多里而不被发现，只有在夜间行军才可以做到；沿途可能会遇到一些巡逻兵，这些巡逻兵可能会用各种手段将情报传回蔡州，这是一个大麻烦。如果淮西方面的兵力下降到一定程度，这些巡逻兵就会被调去守城，威胁就会大大减少。李愬决定，在袭取蔡州之前，应尽可能地歼灭淮西军的有生力量。

正在李愬研究如何用兵蔡州的当口，裴度也离开了东都，日夜兼程，向郾城进发。消息传到郾城，李光颜和乌重胤坐不住了。光颜与重胤商议，裴相公亲自督师，意在下山摘桃子，独揽大功。如果我们等他到北线后再行动，那么任何功劳圣人都会算在姓裴的账上，俺们就白忙一场了。光颜与重胤约定，进攻洄曲北面门户贾店，争取在裴相公到来之前建功。裴度果然料事如神啊。

董重质又一次出手，挫败了官军的进攻，淮西军的气焰再度嚣张，甚至打起了"斩首行动"的主意，准备袭杀裴度。为了保证此次行动顺利进行，董重质一下子就派出七百骑兵，对于骑兵缺乏、极度依赖骡子的淮西军，真是好大手笔！不过消息在一开始就被泄露，唐军设下重兵，一举击溃了来袭的淮西精骑。董重质偷鸡不成蚀把米，不但没有伤及裴度半根毫毛，反而大大损伤了北线贼军的机动力量。在唐军的严密保护下，8月27日，裴度来到北线，接管了北线唐军的指挥权。

裴度一到前线就向宪宗上奏，请求取消监军太监对军事的干预权。太监监军在安史之乱的时候成为定制，经过安史之乱、泾源军变的唐朝皇帝，再也不相信武人，于是在军中设立监军，负责监视将领，遥控军队。这些监军往往对军事横加干涉，对将领也多有掣肘，将军们反而要低声下气，事事向公公们请示汇报，军事行动怎能顺利？但这种制度保证了皇帝对军队的绝对控制。向这种制度提出挑战，无疑是要有很大勇气的，裴度最不缺乏的就是勇气！在裴度言明利害后，宪宗同意暂时取消公公们对军事行动的干预权，这一下唐军满盘皆活。

817年9月，一直对裴度多加掣肘和倾轧的李逢吉罢相，宪宗压制了中枢不同的声音，全力支持淮西前线。消息传到郾城，裴度精神为之一振。让人想不到的是，董重质居然还在打裴度的主意，危险正悄悄地向裴度袭来。

董重质打裴度的主意也是迫不得已。淮西军北线的兵力加起来只有一万多人，而对手的兵力却有四五万，时间一长孰胜孰负可谓一目了然。淮西要想取得这场战争的胜利，只能寄希望于突发事件。如果能在战场上杀害或俘虏裴度，官军必然阵脚大乱，朝廷里那些主和大臣也会纷纷向宪宗施加压力，结束这场对淮西来说已经必败的战争。10月初，董重质接到探报，裴度率行营僚佐到沱口镇观察阵地的构筑情况，立即点起数千精兵，杀向沱口镇。

敌军来势凶猛，情况万分危急，董重质几乎已经看清了身穿紫袍的裴度面貌。唐军拼死护卫裴度一行，董重质多次发动冲锋，都被李光颜率唐军击退，裴度等安然无恙。

董重质无奈，只得退兵，未想到光颜早已在路上设下了埋伏，田弘正的儿子田布率数百魏博军结成口袋阵，封住了董重质的退路。董重质军不知就里，稀里糊涂地钻进了魏博军的口袋阵，一时阵脚大乱。此时光颜也率主力赶来，两相夹击之下，董重质部不得不放弃坐骑，翻越沟渠向洄曲逃窜。贼军在翻越沟渠时伤亡惨重，一千余贼兵掉进沟渠丧生。董重质等逃进洄曲城中，紧闭城门，从此丧失了主动出击的能力和勇气。

此刻的李愬也没有闲着。9月28日，李愬下令攻打吴房县。唐军所向披靡，攻进吴房县城外城，歼敌一千余人，敌军退守内城顽抗。李愬见内城一时难以攻陷，于是下令退兵，意在吸引守军攻击。敌军果然上当，派出500精骑追击李愬军。

李愬眼见敌人上钩，立即令大军向着500精骑发动攻击，击溃了这支敌军精锐力量，阵斩敌将孙献忠。李愬见消灭对方有生力量的目的已经达到，为了防止吴房县和邻近朗山县的敌军逃回蔡州，增强蔡州的防御力量，下令收兵回营。事实上，李愬已经逐步做好了直取蔡州的准备。

817年10月初，就在裴度遇袭后的几天，李愬派人将自己偷袭蔡州的计划密报裴度，得到了裴度的批准。虽然李愬是李逢吉所推荐，如果李愬计划成功，很有可能被李逢吉将来作为再度拜相的政治资本，磊落的裴度并没有计较这些。裴度当即批准了李愬的计划，并叮嘱使者，如有什么需要支持的地方，行营将为李愬的军事行动提供一切方便！使者回到李愬大营，将裴度的态度原原本本地汇报给李愬，李愬心中的大石头终于落了地。

经过一番紧张地准备，李愬已完全做好了偷袭蔡州的军事准备。此刻天公也开始作美，10月15日，蔡州附近气温急剧降低，乌云密布，开始下起沉沉的小雪。随着时间的流逝，小雪逐步变成大雪，给整个大地铺上了一层厚厚的棉被。俗话说"下雨天，留客天"，何况是下雪？整日担惊受怕的淮西守军看到这么大的雪，不由得长长出了一口气：这么冷的天，唐军也该猫猫冬，不会搞什么名堂了吧？出于侥幸心理，确山等地的淮西守军纷纷放松警惕，生火取暖，连巡逻兵也偷起了懒，拿着刀枪在外面走了几圈就回营休息了。

身着帅袍的李愬从一大早起就在观察着天气。利用这些天的时间，各种军事准备已经都安排就绪。早在数个月前，深知淮西情况的李祐就告诉他，蔡州到了10月底就开始下雪，如果气温足够低，甚至可能下大雪。所以从一开始，李愬就决定将偷袭蔡州的军事行动定在了10月底或

11月初。在得到了裴度的批准后，李愬就天天盼望着下雪。仅仅不到十天，随着北方冷空气的南下，蔡州一带气温急剧降低。

李祐告诉李愬，根据往年的经验，蔡州数日内必有大雪。果然在凌晨，天空就飘起了白绒绒的雪花，李愬当即命令麾下众将做好出击蔡州的准备。命令下达后，李愬不放心，一直站在帅帐门口，只见得雪越下越大，甚至令他感觉到刺骨的寒冷，不由心下大慰：吴元济啊吴元济，这一次你怕是躲不过去啦！李愬发出正式军令：李祐率3000精锐为前锋，李愬自将3000人为中军，李进诚率3000人为后军，加上辎重兵，共约一万大军，晚间出发，直取蔡州城。

天很快就黑下来了。就在淮西军都已躲进营寨取暖的当口，一万唐军分为三军从大营出发。为了确保行动的秘密性，李愬并没有告诉大军此行的目的地，只有李祐等少数将领知道这支军队究竟要去向何方。唐军营寨距离蔡州城足足有130多里，如果不强行军的话，等到天一亮，淮西军恢复了巡逻，这次行动就丧失了突然性，唐军下场恐怕不比董重质两次偷袭裴度的结果好多少。

在李愬严格的军令下，唐军急速地前进，有一些身体羸弱的唐军士兵受不了劳累倒在雪地中，没有人敢，也没有人有空去救他们。如果有人去救他们，很可能自己也受不了劳累和寒冷而一起倒下。这些士兵们静静地躺在雪地中，很快便被大雪埋没。与他们一起被埋没的，就是大军留下的一串串凌乱的脚印。

李祐率领前军急速前进，几个时辰后就到了张柴村。张柴村离唐军大营约60里，李祐原来就驻扎在张柴村，对这里的一切都很熟悉。李祐眼见守卫军士都已睡下，立即指挥手下3000精兵向张柴村发动进攻。战斗很快就告结束，此时李愬也率领中军赶到了张柴村。张柴村是蔡州城的眼睛和鼻子，这个钉子被拔掉，蔡州的耳目就完全失灵，此次行动就成功了大半。李愬命李祐率前军继续前进，并从自己的中军中拨出500

士兵守卫张柴村。如果洄曲董重质部得到消息回援，这500人利用淮西军的防御体系足可以守卫一天的时间。一天，就一天，在这一天里，蔡州城几乎是不设防的！

李愬麾下的将军们终于忍不住了，个别大胆的开始壮着胆问李愬此行的目的地，李愬此刻不再隐瞒，大声地告诉这些将士："直取蔡州，活捉吴元济！"

众人大惊失色。自从朝廷与淮西交恶以来，官军已30余年未到过蔡州城下，对蔡州城已完全陌生。认识通往蔡州道路的，只有李祐这几名降将。知人知面不知心啊，谁知道李祐是不是真心投降朝廷？哥几个的小命，就攥在李祐的手上了！将士们不由战战兢兢，汗如雨下，更为害怕的是几个监军的宦官。其中一个宦官甚至流下了眼泪，大放悲声："我们果然中了李祐的奸计了！"

李愬已经没有时间和这些人理论，只顾策马向前："军令如山，不服者斩！"将士和监军们哪怕有再多想法，也只得跟随李愬前进。通过一年多的接触，将士们发现李愬虽然善待士卒，却是个极有主见的人。只要打定了主意，绝对是力排众议，甚至有些一意孤行的味道。这样的人不翻脸则已，翻起脸来一定是山河变色草木含悲。将士们都是来自各个藩镇的老江湖，什么样的人没有见过？李愬是啥样的人到现在还不知道？没这点眼力见也活不到今天！算啦，听天由命吧。数千唐军咬紧牙关，全速前进，去迎接数个时辰后吉凶未卜的命运。

16日凌晨，唐军先锋终于到达蔡州城。李祐身先士卒，率领敢死队登上了蔡州城。守城的士兵尚在睡梦中就被唐军解决掉，李祐等立即打开城门，唐军前锋迅速杀进了蔡州。

李愬遥望着前方李祐发出的火号，知道李祐已经得手，抑制住心中的狂喜，对着大军说："将士们，我军已进入蔡州城。看到前方的火号没有？我与李祐等约定，一旦他们进入蔡州城，就点火为号。弟兄们，蔡州已在我军掌握之中,城内防守空虚,只要我们冲进蔡州,胜利就属于我们!弟兄们,跟我来!"唐军将士一听,不由得精神大振,立即加快脚步前进,不多时也进入蔡州城中。

到了天色大亮,唐军已悉数进城,控制了除吴元济的帅府和内城外的所有地方。淮西士兵看到从天而降、如天兵天将般的官军,无不吓傻,失去了抵抗的勇气。唐军几乎是兵不血刃地占领了全城,在李祐的带领下,大队唐军杀向帅府。

身躯肥壮,满脸络腮胡子的吴元济仍高卧未醒。自从与官军交战以来,吴元济就没有过过一天安生日子。吴元济气度本来有限,仅仅希望朝廷承认他的节度使地位,基本没有,也不敢有其他的野心,淮西这狭小的一亩三分地也不允许他有什么其他想法,除了割据自立外。说实在的,吴元济性格中优柔寡断的成分很重,并不适合当一个乱世中的割据者,他的女婿董重质其实更适合做淮西镇的当家人。董重质之所以三番五次阻挠吴元济投降,未尝没有继承岳父淮西帅位的野心。吴元济的左右也都与董重质沆瀣一气,无形中吴大帅成了孤家寡人。

淮西战事紧急,虽然让吴元济忧心忡忡,但董重质也因而成了救火队员,力扛李光颜、乌重胤、韩弘和田布诸军的攻击,大大减轻了其对吴元济的压力,不然的话,吴元济也没有把握这个宝贝女婿究竟会对自己干出什么,这不能不令吴元济感到庆幸。

对这场战争的前景,吴元济是悲观的,他并不认为淮西一隅可以抵挡全国的压力,也不敢对李师道和王承宗寄予太大希望。出于这种考虑,吴元济多次想投降朝廷,都被董重质和左右拦住了。几次三番、如此这般过后,吴元济算是看清了,即使董重质击败官军,淮西帅位也将易主!正因为这一点,吴元济干脆当起了甩手掌柜,把战事基本交给了董重质。而吴元济自己则沉湎于酒色中,抱着做一天和尚撞一天钟的心态,过着醉生梦死的生活。

当听到董重质被击败的消息时,吴元济甚至会产生幸灾乐祸的感觉。在这种情况下,西线淮西军军备废弛,将士各怀异心,纷纷投降李愬,也就是可以理解的了。随着战事的不利,吴元济更加颓废,这就给李愬创造了袭取蔡州的最好时机。

几名衣冠不整、浑身是伤的士兵闯进帅府大喊:"大帅,官军杀进来啦,您老快躲躲!"半梦半醒的吴元济哈哈大笑:"这一定是那些个囚犯在闹事,等天一亮我就都把他们杀掉。"过了会,又有人闯进大院:"大帅,官军真的杀进来啦,外面全是人!"吴元济这下直起了身,竖起耳朵:"下雪了,应该是洄曲的子弟兵找我讨要寒衣了吧?"语气已经失去了刚才的肯定。

此时大队唐军已经来到了帅府门口,吴元济听见门外一片关西口音,还夹杂着几句"常侍传语",不由大惊:"常侍?哪里来的常侍?到底是怎么回事?"一个鲤鱼打挺,起得床来,以最快的速度穿上铠甲,拿起兵刃。这时几个浑身是血的兵士闯进内室大喊:"大帅,快,快,官兵来了,快走!"吴元济慌了手脚,立即带上这几名亲兵,登上内城顽抗,等待洄曲董重质的救援。

吴元济走进内城,发现这里早已聚集了数百名残兵。吴元济吩咐这数百人立即各就阵位,张起弓矢,向靠近内城的唐兵射去,一时间箭如雨下,唐兵近内城不得。到了胜利唾手可得的当口,大伙都有些畏战,谁也不敢接近防范严密的内城,只是远远地吆喝,并向内城放上几箭,聊尽人事而已。

李愬走到内城,看到将士们都有些畏缩,不由得微微一笑,朗声说道:"吴元济之所以还敢继续顽抗,是因为他在洄曲还有一万多精兵,等着这些人回来救援他。如果我们招降了这一万精兵,那吴元济就只得束手就擒了。"说罢,李愬令人到董重质家中,安抚董重质的家属,厚加赏赐,并命董重质的儿子带着自己的亲笔信招降董重质。

李愬在信中许诺，只要董重质归降朝廷，李愬愿担保董重质的生命安全。将董重质的儿子送走后，李愬一面派人将攻占蔡州外城的消息向裴度、李光颜等报告，一面下令增援张柴村，做好与洄曲军作战的准备，并贴出安民告示，废除淮西镇已推行30余年的苛刻军法。

董重质收到李愬的招降信，不由得感到五雷轰顶。有心回援吧，不要说吴元济能不能挺到那会儿，就算对面的李光颜和乌重胤也不会让自己轻易溜走；硬扛到底吧，老巢已被唐军端掉，洄曲孤军还能支撑多久？况且将士们得知李愬已攻下蔡州，纷纷要求董重质投降，这样一支军队还能有什么战斗力？！无奈之下，董重质决定把军队留在洄曲，单骑回蔡州向李愬投降。董重质明白，如果向对面的李光颜、乌重胤投降，这两位爷可不会像李愬对待李祐那样对待自己，说不定当场就把自己给一刀结果了。这董重质还是挺有心计的。

李愬见到董重质，自是大喜过望，好言劝慰。董重质也终于低下了他骄横的头颅，向李愬叩首悔罪。李愬答应董重质，一定会向宪宗全力请求赦免董重质的死罪，董重质连连道谢。随后，李愬拉着董重质的手来到内城城下向吴元济喊话，吴元济眼见董重质业已投降，知道一切都已尘埃落定，缺乏勇气的他没有自裁，而是选择了投降。讨伐淮西之役终于胜利结束！

孤皇无运可回天，伤心千古英雄泪

11月初，吴元济被送往京师，随同而去的还有董重质等一干罪官，听候宪宗处置。在接到裴度和李愬的捷报后，宪宗大为欣喜。国家为讨平淮西，不惜多次增加赋税，以供军用，又要拿出大笔钱财送给魏博田弘正，以安魏博人心。否则的话，田弘正不一定能弹压住镇内那帮骄横的军士，更何况田弘正对朝廷的归顺也一直有半心半意之嫌！又考虑到首鼠两端的韩弘的态度，宪宗明白，如果淮西征讨一旦失利，连田弘正和韩弘都有可能转向，朝廷能否保住洛阳以西的北方地盘，只有天知道了。现在李愬一战而擒吴元济，实在是天佑大唐，天佑大唐啊！宪宗立即下诏，封李愬为凉国公，以酬赏李愬的战功。不久，宪宗又封裴度为晋国公，令其速速回朝，重新担任宰相。

宪宗下旨，在大明宫兴安门举行盛大的献俘仪式，告慰列祖列宗，并向天下人宣告淮西讨伐战的胜利。自从安史之乱以来，大唐已经很久没有这么风光过了。半个多世纪以来，朝廷纲纪坠地，号令不行，不但平定安史之乱是倚仗外力，而且未能全歼丑类，任凭安史余孽在河北横行。回鹘、吐蕃、南诏交相侵凌，唐廷反击无力，再加上宦官用事，手握重权，甚至挟持天子，天下百姓不齿唐廷，已非一日！当年太宗治下的天朝大国，居然混到了这个地步！幸亏出了个唐宪宗，能够力挽狂澜，生擒叛乱的镇将，铲除割据数代的藩镇势力，大唐中兴有望啊！京城百姓们奔走相告，日夜盼望着献俘大典赶快到来。

经过半个多月的跋涉，吴元济终于被押到了京师。迎接他的是一场空前盛大的献俘大典。吴元济知道，这场盛大的仪式有两个主角，一是高高在上的宪宗皇帝；二是作为阶下囚的自己。吴元济蓬头垢面，失魂落魄地跪在兴安门下，已经无力抬头窥视皇帝的圣容。也许到了这一刻，吴元济心中会掠过一阵真正的后悔，当初为何要听从董重质的挟制，为何又听信李师道、王承宗等人的承诺。如果早日投降，说不定还会受封高官，成为京城显贵！现在说什么都晚了。吴元济浑身如筛糠般地听着宪宗对他的裁决，典礼过后即被送往京师城西斩首。听完圣旨后，吴元济面如死灰，被金甲武士们拖了下去，走向他人生的终点。

董重质倒是捞了个好下场。董重质是淮西鹰派首领，与官军作战甚力，又多次阻止吴元济归降朝廷，实属罪大恶极。如果说吴元济是头号战犯的话，董重质出任二号战犯毫无压力。宪宗鉴于董重质确凿的罪行，本欲杀之，但李愬向宪宗苦苦求情，宪宗暂且饶董重质一死，贬为春州司户参军。董重质算是把老丈人吴元济卖了个好价钱，否则如果吴元济投降的话，老吴估计还是高官厚禄，他小董就要把淮西镇多年的罪恶一肩扛起了。

董重质到了春州后，兢兢业业，恪尽职守，得到了朝廷的谅解。随后一路升迁，居然在宪宗身后做到了夏绥银节度使，成为唐廷的西北干城。董重质倒也不负朝廷重托，拿出在淮西练成的本事，积极练兵选将，抵御吐蕃和党项的进攻。吐蕃与党项畏惧董重质杰出的军事才能，在其担任夏绥银节度使时一直不敢侵犯边境。834年，董重质去世，朝廷追封其为尚书右仆射，算是修成了正果。

淮西平定，天下藩镇丧胆，韩弘、田弘正、王承宗、李师道等皆惴惴不安，度日如年。韩弘和田弘正还好，毕竟曾为朝廷立下大功，事到如今只要收敛割据一方的念头，宪宗还是会放他们一马，予以重用。王承宗和李师道就不一样了。王承宗和李师道曾多次联手戏弄、对抗朝廷，在元衡遇刺问题上，王承宗和李师道又都有很大嫌疑。尽管吕元膺在洛阳获得了大量证据，证明李师道是杀害元衡的凶手，但还有一些证据表明，王承宗在元衡遇刺案上也有洗不清的嫌疑。面对讨伐淮西得胜后兵强马壮、气势大振的朝廷，王承宗和李师道又将何以自处？

王承宗倒是聪明，知道成德一镇的实力不如淮西，军卒也不如淮西善战，更不要指望李师道帮忙。如果朝廷要攻打他王承宗的话，李师道是有可能协助朝廷将他和成德镇送上断头台的，更不用说南边还有个田弘正了。北边的刘总也靠不上。成德王氏与卢龙刘氏素来不和，刘总更犯不着在这个时候为自己出头。思来想去，王承宗决定向朝廷上书请罪，愿意将自己的两个儿子送往京师作为人质，并且献上德州和棣州，向朝廷缴纳赋税。

宪宗收到王承宗的请罪书，哪里会轻易答应？不过王承宗也有自己的办法，那就是请田弘正说情。虽然田弘正与王承宗多有不睦，但在这个节骨眼上，田弘正还是明白"唇亡齿寒"这个道理的。在王承宗的恳请下，田弘正数次为王承宗说情，宪宗一看，这个面子不得不卖，否则河朔三镇沆瀣一气，再与淄青镇联手，事情就不好办了。宪宗君臣到底远远强于当年的王允，王允在杀了董卓后没有给李傕等一条生路，结果李傕等攻入京师，王允不但前功尽弃，还搭上了自己的性命和中兴大汉的最后一丝希望。宪宗下诏，赦免王承宗，命王承宗送子为质，并向朝廷交割德、棣二州，交出地方财权。王承宗自是一一照办，侥幸地躲过了历史的清算。

王承宗低头了，剩下不服朝廷的藩镇就是淄青的李师道了。李师道所属的淄青镇也是当年安禄山麾下平卢镇出身，与淮西镇算是同气连枝。淄青镇的军人们在安史之乱过程中不愿意随安禄山作乱，于是从辽东渡海进入山东，与叛军作战，也算为唐朝社稷立下大功。只可惜善始未能善终，淄青镇在安史之乱后便与淮西、河朔三镇沆瀣一气，割据北方，成为危及唐朝统治的一颗毒瘤。淮西的覆灭，对淄青和李师道本人的打击可想而知。李师道一时萌生退意，上书唐廷，请求仿照王承宗先例，献上三州之地给朝廷，恳求朝廷赦免他的罪行。

宪宗也不是天性残忍之人，虽然有刚愎自用的一面，但在大事上绝不糊涂。宪宗深知，虽然平定淮西令天下藩镇丧胆，但这些藩镇还是有很强的实力的。如果逼得太狠，那么这些藩镇狗急跳墙，抱成一团作乱，就不好办了。有鉴于此，宪宗决定，采用和平手段解决淄青李师道的问题，即使最终军事解决，也要先礼后兵，让其他藩镇无话可说。宪宗特下诏书，赦免李师道的罪行，并派官员和军兵去接受李师道献上的三州之地。

李师道虽说是坏事做绝，但本质上与吴元济是一路货色，都是草包而已。所不同者，在于吴元济尚能倚仗董重质这般智勇双全的名将为主心骨，而李师道处理军政大事所依靠的，不过是一群奴婢。李师道从小生长于妇人之手，识见短浅，缺乏在乱世中雄霸一方的枭雄之才。其兄李师古生前就很为弟弟的这个毛病担心，但苦于找不到合适的接班人，这才硬着头皮将这份基业交给了李师道。

李师道成为淄青镇帅后，整日里与一群婢女厮混，大事小情都与她们商议。为首的是两位，一位叫蒲大姐，另一位叫袁七娘。从这二位的芳名大家就应该知道她们的水平如何了。李师道向朝廷请罪后，心绪不宁，于是唤来了这两位"高参"商议。这两位叽叽喳喳，都认为先人创业不易，哪有平白无故奉送于人的道理。不如先行反悔，如果朝廷大兵压境，到时再议割地不迟。这些话说到了李师道的心坎里，李师道当即决定，不向朝廷献地求和，同时积极备战，幻想打败朝廷，继续苟安。

宪宗早已料到李师道会来这一手。之所以先与李师道虚与委蛇，不过是因为淮西之战刚刚平息，军民都需要一段时间的休整，不宜立即出兵。此外，要有效打击李师道，还要取得河朔三镇尤其是魏博和成德的配合。淄青镇兵力虽不如河朔三镇精锐，综合实力却是各镇中最强的。没有足够的把握，宪宗绝不会出手。在日夜忧心朝廷出兵征讨的王承宗臣服后，河朔三镇表示愿意协助朝廷讨伐淄青，田弘正更是全力支持朝廷讨伐李师道，军事解决淄青镇的条件已经成熟。818年7月，宪宗调宣武、魏博、义成、横海等镇军马，讨伐李师道。

讨伐李师道的各路人马中，田弘正的魏博军扮演了主力军的角色。田弘正在淮西覆灭、成德臣服朝廷之后，对朝廷愈发恭顺。田弘正虽然忠于朝廷，但他毕竟是在河朔三镇割据已久的环境下成长起来的，要说一点没有割据自立之心，也是不现实的，所以在攻打吴元济和王承宗的过程中，魏博军并没有尽到全力。到了这个时候，田弘正对宪宗和朝廷，可谓是心服口服，因而田弘正带着魏博军主力，连破李师道军，击垮了李师道军主力。李光颜、李愬和韩弘诸军，也各有斩获。

在朝廷强大的武力震慑下，819年2月，淄青军内部发生兵变。变军擒杀了李师道，斩其首级，献于田弘正帐下。田弘正连忙将李师道首级献给朝廷，宪宗又一次在大明宫举行了盛大的典礼。

平定淄青后，宪宗下诏将淄青节度使下辖的十二州之地分割为天平、淄青和泰宁三节度使，以分其力。之所以不敢将这十二州之地改为朝廷直辖，是因为河朔三镇尚强，宪宗不得不利用这新设三节度使来对河朔三镇予以牵制。如果设为朝廷直辖的州郡，缺乏自卫武力，那么无疑给河朔三镇实力的进一步扩张制造了机会。事实也的确如此，宪宗过世后，河朔三镇复叛，正因为淄青三节度使的牵制，河朔三镇才没有趁机将势力触角深入山东淄青故地，唐廷才维持了与河朔三镇的危险平衡关系。对于淮西，宪宗就没这么客气了。818年年底，宪宗下诏废除淮西节度使，改为州郡，永不得设立淮西镇。

819年7月，宣武节度使韩弘请求入京朝觐，将宣武镇移交给朝廷。宣武镇是唐廷为阻挡安史叛军南下所设立的藩镇，控遏汴州（开封）这个大运河枢纽，战略位置异常重要。安史之乱后，大量原属安史叛军的军人投降了宣武镇，被编入宣武军中，因此宣武镇军人成分复杂，既有安史叛军余部，又有唐廷在中原招募的出身农家的军人，还有出身淮西镇和淄青镇的平卢系军人。要想在这一亩三分地上坐稳镇帅的位置，没几把刷子是不行的。也正因为此，宣武镇成为唐廷和河朔三镇、淄青、淮西等争夺的焦点。

韩弘在宣武镇残酷的内争中脱颖而出，安定了宣武镇内部，让上述五镇不能在地域上连接，控制了这五个藩镇的发展势头，对国家实在是有很大功劳。虽然韩弘在征伐淮西问题上首鼠两端，意欲养寇自重，但考虑到韩弘在政治上一直坚定地站在朝廷一边，宪宗对韩弘始终优礼有加,韩弘心中也深有感念。现在强藩大镇俱已平定,韩弘明白,该是向宪宗输诚的时候了。韩弘表文辞情恳切,请求宪宗准许自己入京朝觐,并授予京官,宪宗批准了他的请求。

韩弘为人精明,善于发展经济。8月入朝时,向宪宗献上马三千匹、绢五十万匹、锦彩三万。此时宣武镇的库房还有钱百万余缗,绢百万匹,马七千匹,粮食三百万斛,兵甲械杖不计其数。这些资财献给朝廷后,极大增强了朝廷的实力,为朝廷下一步行动奠定了坚实基础。

韩弘坐拥如此实力,在朝廷也缺乏深厚人事渊源,却不思与王承宗等为伍,而是周旋于虎狼之间,真心充当朝廷遏制诸藩的东方桥头堡,实在是值得称道。因此韩弘在归顺朝廷后,深受朝廷礼遇,被授予司空、中书令的高位,最终终老长安。

819年年底,宪宗的个人事业达到了最高峰,就连强大的幽州镇也对朝廷俯首帖耳。自从安史之乱爆发以来,从来没有哪个唐朝皇帝能够做到这些。虽然河朔三镇尚未完全屈服,但宪宗有足够的把握消化河朔三镇,将它们变为大唐的忠顺臣民。

宪宗的事业甚至威慑到了吐蕃。吐蕃就一直流传着宪宗在平定淮西和淄青后就要向吐蕃手中收复河湟故地(河西走廊一带,安史之乱中被吐蕃占领)的传言,令吐蕃贵族大为恐惧。宪宗踌躇满志,准备用数年时间休养生息,再收复河湟故地,最终天下共享太平。大唐的天空,好像又要迎来一个辉煌灿烂的时代。

820年正月二十七日,宪宗突然在大明宫寝宫驾崩,享年四十三岁。消息传来,天下百姓大惊,惯于作乱的地方藩镇士兵却喜出望外。次日,太子李恒继位,是为唐穆宗。穆宗继位时年仅二十岁,缺乏政治才能,所选用的宰相在藩镇问题上又处置不当,结果短短数年间,河朔三镇复叛,宪宗的努力付诸东流。

幸亏宪宗已经铲除了淮西和淄青,收服了宣武,环绕着河朔三镇建立了一个新的防御体系，这才使河朔三镇不至于像安史之乱那样重新危害中原。河朔三镇此次独立于中央，一直到唐朝灭亡都未能回归。唐廷失去了解决河朔三镇问题的最佳时机，不得不采取姑息的办法，只要三镇能够抵挡契丹、奚的进犯即可。

得知宪宗驾崩的消息，吐蕃感到如释重负，急忙派人向唐廷请和。821年，就在宪宗去世一年后，吐蕃赞普赤祖德赞遣使到长安，请求与唐廷会盟，确定双方的分界线，永为和好，目的就是将占领的唐朝河湟故地合法化。穆宗君臣同意了吐蕃的请求，于当年在长安郊区与吐蕃会盟。次年，唐廷派使节到吐蕃，与吐蕃大臣在逻些（拉萨古名）东郊会盟。双方约为兄弟之好，终唐之世，唐蕃之间再无大的战事。

短短三四年，穆宗就几乎败光了宪宗奋战十余年所获的成果，藩镇重新横行，大唐又陷入了一片混乱之中。那么，正值壮年的宪宗为何在人生的最高峰突然驾崩，背后可有隐情？正史对宪宗的死因，始终是吞吞吐吐，讳莫如深。但根据明清之际大儒王夫之的考证，宪宗皇后郭氏就是谋害宪宗的元凶！这一点已经得到了越来越多专家学者的认可，几乎可以称为一种定说。

宪宗妃郭氏，是名将郭子仪的孙女。郭子仪在平定安史之乱中立下汗马功劳，被封为汾阳郡王。儿子郭暧娶了升平公主为妻，仕途上倒也颇为顺利。据民间传说，升平公主成为郭家儿媳妇之后，开始颇为骄纵，在郭家颐指气使，甚至要郭子仪老夫妻向自己跪拜行礼，那郭暧自然心中不忿。平时不敢发作，某日郭暧灌了几杯黄汤，酒壮怂人胆，当即闯进内房，呵斥公主从此要对老郭夫妻行家人之礼。公主当然不从，郭暧大怒，对公主饱以老拳，这一下闯了大祸。

大惊失色的郭子仪连忙将郭暧捆绑，送到唐代宗处请求处分。幸亏唐代宗深明大义，不但不偏袒公主，反而要求公主从此对郭子仪夫妻行家人之礼。公主经此一闹，也变得贤淑温良，成为千古佳话。这个故事后来被改编成京剧，名曰《醉打金枝》，先后数次被改编为电视剧。这郭妃就是郭暧和升平公主之女。

有了这么一位将门虎女做老婆，而且其父母又有这么一段故事，宪宗心中对郭妃自然有所提防。郭氏系出名门，血统高贵，自是皇后的不二人选。但宪宗顾忌郭氏的门第和家族实力，迟迟不愿立郭氏为皇后。史书认为，宪宗是担心郭氏成为皇后之后，会干预自己宠幸其他妃嫔。这固然是宪宗不愿立郭氏为后的重要原因，但唐代皇后权力甚大，在高宗时，武后甚至与高宗并称"二圣"，可见其影响。正因为这一点，唐玄宗晚年已不愿再立皇后，省得束缚手脚。宪宗不愿立郭氏为后，显然也是担心郭氏利用强大的母家势力，对朝政施加影响。尽管宪宗步步谨慎，还是没有逃得过郭氏的算计。

郭氏嫁给宪宗后不久，就生了儿子李恒。宪宗即位后封为遂王。809年，宪宗册封长子李宁为太子。不料李宁于812年去世，重新册立太子的难题就摆在了宪宗君臣面前。宪宗近侍吐突承璀联合部分大臣主张立次子李恽为太子，但李恽生母地位卑微，三子李恒就顺理成章地被立为太子。但吐突承璀等人并未因此受到宪宗的贬斥，而是继续受到重用，甚至更上一层楼。这其实并不奇怪，因为母家实力如此雄厚的太子，对任何皇帝来说都是很大的威胁。宪宗要想坐稳宝座，必须争取李恽一派大臣和宦官的支持，否则早就被郭氏和李恒架空了。吐突承璀也明白，自己算是彻底得罪了太子和郭氏。吐突承璀将自己的余生都献给了重新拥立李恽为太子的伟大事业上，与郭氏和李恒势同水火，而李恒的不争气又给了吐突承璀活动的口实。

李恒生性放荡，不喜政务，缺乏政治才能，从他当上皇帝后将国家治理得一团糟就可以看出来。这些毛病不是他当了皇帝才有的，在他做太子的时候就小荷已露尖尖角了。宪宗看在眼里，急在心头，无形中对李恽更为倚重。宪宗心态的微妙变化很快就被郭氏和李恒察觉，开启了一场惊天阴谋。

宪宗晚年与太宗一样，开始迷信方术，服食丹药。丹药本是重金属在丹炉中大火烧灼炼成，本身含大量毒素不说，性质还十分燥热。服食之后，不但会破坏人的神经中枢，对身体造成很大损伤。宪宗在服食丹药之后，喜怒无常，动辄杖杀身边的宦官，宦官们人人自危，宪宗的身体也一天天坏下去。820年正月，宪宗因身体不适，居然取消了新年的朝会，长安城谣言四起，人心惶惶。经过半个多月的调养，宪宗的身体已有起色，却在这个节骨眼上，宫中发生了惊变！

在那个寒冷而漆黑的冬夜，一代令主、唐宪宗李纯死于宦官陈弘志的刀下，终年四十三岁。四十三岁，是一个男人黄金般的年龄，精力、体力和经验值，在这个年龄呈现出一种最佳的组合。宪宗的偶像太宗，正是在这个年龄段迈上人生的高峰的。随同宪宗一起被害的，还有宪宗次子李恽、左神策军中尉吐突承璀，以及一些吐突承璀的党羽。可以说，宪宗在大明宫内的势力，几乎遭到了全歼。

自从玄武门之变以来，还没有哪次政变能做得如此漂亮而干净的，甚至玄武门之变也不能和此次宫变相比。次日，太子李恒踏着父兄的遗体登上了皇位。到底是什么人，有如此的实力和智谋，能将当朝皇帝的势力在一夜之间剪除殆尽？是她！只能是她！

郭妃显然是这次行动的主谋。太子年龄尚幼，资质又不聪敏，荒唐而懦弱，实在不是搞政变的料。陈弘志这些太监搞搞小动作可以，却没有能量摆平朝臣，更没有能量在各种势力之间穿针引线，并能牢牢把握住弑君后的大局。只有这个女人，既有从小在大家族中耳濡目染练成的智谋，又有足够的胆略来策划和完成这个阴谋，更有强大的母家势力来压制和收买朝臣。这可以从多年后的一桩事得到佐证。三十多年后，宪宗幼子李忱成为大唐皇帝，历史上称为唐宣宗。宪宗遇刺的时候，李忱才十岁，但牢牢地记住了谁才是杀父仇人。当上皇帝后，李忱以迅雷不及掩耳之势捕杀了大量当年参与政变的宦官，并从这些人的口中得知了整个阴谋的详情。

当时郭氏还在世，已被尊为皇太后多年，倍享尊荣。李忱对这位杀父仇人当年没有什么好脸色，供奉甚薄。这个郭老太为了掩盖自己的罪行，并给李忱安上一个"不孝"的历史骂名，居然在登上兴庆宫勤政楼的时候跳楼自杀，幸亏被左右拉住才未得逞。李忱大怒，当晚即用隐秘的手段处置了郭氏。这个女子如此有决断，心计如此深沉，能在那个寒夜指挥若定，取皇帝首级如探囊取物的人，非她莫属。

公元 820 年正月二十七日，唐宪宗李纯驾崩，大唐中兴的最后一丝希望被彻底断送。倘若宪宗能再多活十年，唐朝复兴的势头得到巩固，极有可能让大唐的寿命超过三百年，藩镇问题也将逐步得到解决。中原可能出现持续时间长达四五百年的大型王朝，从而彻底改变华夏文明的发展轨迹，让华夏文明在世界上占据更高的位置。宪宗堪称掌握中原王朝千年发展机运的君主！

数年之内，河朔三镇复叛，历史几乎又回到了宪宗继位时的原点。从此之后，唐廷再也无法取缔藩镇制度，只能允许地方军政合一，这就给野心家的崛起提供了机会。河朔三镇长期不能纳入中央管辖之下，中央政府也难以统一组织北方防务，仅靠一个幽州镇，是很难长期抵御住塞外游牧政权攻击的。到了五代，中原秩序崩溃，军阀混战，幽州镇的主要地盘终于被契丹夺走，中原门户大开，再也无力在河北平地上战胜数十万塞北骑士，宋王朝再也不能像隋唐那样号令周边，甚至连自身的安全也得不到保证，从而深刻改变了中国的历史和命运。宪宗身后的中国，即将进入一个血与火、冰与剑相交织的悲情年代！

【第五章】兄基弟业定乾坤——

宋太宗赵光义

唐宪宗之后的晚唐和东亚世界

元和之后的唐朝历史又走向了一团混乱。虽然其他藩镇皆已被收服，但河朔三镇迅速重新脱离了中央的控制，又恢复了半独立的状态。当然对唐朝中央，三镇还是摆出一副臣服的姿态，但河北民政和税赋，唐廷是不得染指的。这对唐王朝也未必全然是坏事。唐王朝再也不需要应付河北一带回鹘、契丹的骚扰，而专心于内部事务，防御塞外游牧骑兵的任务被打包给了三镇。

不管怎样，河朔三镇对唐廷的依附性还是要远远强于那些叛服无常、即使是和好的时候也会抄掠边境的塞外政权。对唐王朝来说更利好的是，老对头吐蕃正在加速衰落，已没有力量再来骚扰帝国的西陲。南诏对大唐的向心力也在逐步加强，吐蕃对南诏的控制力急剧减弱。如果唐王朝的统治者能继承宪宗的遗志和事业，是可以再开创一番新局面的。大唐的统治者有这个能力和意志吗？

看似迎来中兴的大唐却没能抓住这个历史的机遇来振兴内部，恢复帝国昔日的光荣，反而陷入无尽的内部争斗之中。此时肃宗以来唐朝历代皇帝宠信宦官的恶果开始充分展现出来，掌握神策军、羽翼已丰的公公们开始真正成为盘旋在长安城上空的战斗机，不仅在多次的政治争斗中挫败了文官集团，而且数次胁迫、弑杀皇帝，成为朝政的真正把持者。最有名的事例，当属835年的"甘露之变"。当时的皇帝唐文宗愤恨于宦官的挟制，于是和近臣李训、郑注密谋诛杀宦官，想重演当年袁绍袁术兄弟血洗宫廷的一幕。

11月21日，文宗诓骗手握重兵的宦官首领仇士良率诸大宦官到左金悟衙门后院查看祥瑞"甘露"，乘机埋伏下重兵，欲将这些权阉一举格杀。未想到仇士良等人却发现了其中猫腻，立即回宫，指挥神策军将这些从民间招募的私兵尽数格杀。

仇士良等气势汹汹地闯入大明宫含元殿，拘禁了文宗，并对没有参与策划此事的文官们大开杀戒。仇士良下令关闭大明宫门，将中书、门下两省官员和金吾卫士卒六百余人尽数关在大明宫内，神策军士兵就在大明宫内对这些手无寸铁的官员和士卒展开了大屠杀，这些人尽数被杀，几无幸存。

兽性发作的仇士良又命令关闭所有宫门，将南衙各司衙门正在办公的属官和负责安全的警卫一千余人尽数杀害，大明宫浸泡在一片血海之中。各司的印信、文书、档案和办公用品，都被神策军士兵捣毁一空，狼藉遍地。

仇士良还不罢休，命左神策军、右神策军各出动一千余骑兵，出城剿杀逃亡的文官，同时在长安城内展开大搜捕，依附于宦官的长安恶少也趁机公报私仇，相互攻杀，长安城好像又回到了被安禄山占据的年代。

大屠杀一直持续到23日才逐渐有了减弱的势头，到了26日，李训、郑注等相继被杀，屠杀方告一段落，遇害者加起来至少超过三千。仇士良又胁迫文宗下诏，宣告李训、郑注叛乱，已被神策军讨平，大唐的军政大权完全落入仇士良等权阉之手。

丧心病狂的仇士良还想尽杀京师文官，却遭到昭义镇的有力干涉。昭义镇帅刘从谏上表朝廷，要求停止对文官的大屠杀，否则昭义镇将传檄天下藩镇，讨伐宦官。仇士良等见表文方有所收敛，但宦官把持朝政的局面，终唐一世已再难改变，只是宦官权力随着政局的变化有所损益而已。

国家到了这个地步，不发生大规模的流血冲突已属万幸，至于重振朝纲、恢复东亚朝贡秩序，那是老猫闻咸鱼——休想啊休想（嗅想）。幸亏周围的老冤家们也在一同衰落，没有让大唐落了单。如果再能有一个如宪宗那样的君主，能够抓住这一千载难逢的机会，收复河湟，讨平河朔三镇，大唐未必不可以再度中兴。但专政的公公们哪里会容忍这样的君主出现？即使后来的武宗、宣宗颇有作为，但皇帝、宦官和文官三者不断的争斗，使得朝廷很难运用其兵力和物力优势，对河朔三镇展开成功的征讨，最后河朔三镇居然苟延残喘到了大唐灭亡之后，一直到五代才被消灭，这无疑是创造了中国史上难得一见的奇观。

靠着宪宗事业的荫蔽，大唐朝廷还是尽可能地维持了一个虚架子，一时间也没有什么政治势力能够且敢于窥伺大唐神器。当时的整个东亚世界都处于整体的政治衰落的进程中，一如后世成吉思汗崛起之前处于整体衰落中的金、南宋、西夏、吐蕃、大理政治体系。但平衡总要被打破，一旦这个平衡被打破，整个东亚世界就会像建立在沙滩上的高楼大厦一样轰然而塌，只留下一地鸡毛。这一次打破平衡的力量究竟来自哪里？

打破这一平衡的力量恰恰来自唐朝内部。874 年，王仙芝等于河南起义，唐末农民战争爆发。王仙芝虽然打响了反抗唐王朝统治的第一枪，但起义军真正的领袖是后起之秀黄巢。黄巢是山东菏泽人，屡试不第后返归乡里，从事祖传的贩盐营生。王仙芝起兵后，早已对社会不满的黄巢立即破家从军，投靠王仙芝，因作战勇敢而成为义军中仅次于王仙芝的领袖。

义军在王仙芝、黄巢的带领下，转战山东与河南，接连给唐军沉重打击。河南有东都、汴州等关系到唐王朝生死存亡的地区，官军力量强大，义军于是转战江淮、湖北。数年间，义军足迹遍及多个地区，甚至还从江西出发，一路开山南下，攻占福建。878 年，王仙芝战死，黄巢成为起义军的领袖。

879 年，黄巢进入广南，包围广州，并于 9 月攻占这座名城。黄巢本来想长期占据广州，与唐廷南北分治，但将士们不服南方水土。权衡之下，黄巢只得放弃广州，重新杀回中原。879年年底，黄巢军先后在江浙一带攻城略地，无人能挡，甚至杭州也被其攻破，唐廷闻讯大震。

乍看之下，似乎黄巢军所向披靡，战无不胜，但看似辉煌的战绩却掩盖着严重的危机。其一，黄巢并不敢去捋河朔三镇的虎须，导致战略机动空间大减。作为一名山东人，黄巢对于河朔三镇的战斗力不可能一无所闻，因此黄巢在转战四方的时候，对河朔三镇一向是小心翼翼，不敢轻捋其锋。这就限制了黄巢的手脚，导致其只能在河南、山东、淮北等狭小地盘活动，难以进入河北与山西，从而在北方发起全面的反唐战争。河朔三镇反而成了唐王朝的护身符，这真是历史的讽刺。其二，藩镇割裂的体制，导致地方军力充实，虽然未必能重创义军，但避其锋芒、伺机反击的实力还是有的，而且中原地区四周都是藩镇，黄巢军很难在藩镇的夹缝中生存。正因为这一点，黄巢军很难彻底攻陷某一地区，并将其变为自己的根据地。广州倒是块不错的根据地，可以摆脱藩镇的包围，但将士们水土不服，黄巢也无如之何。其三，一个稳固唐朝廷的存在，可以调度四方藩镇围剿黄巢，使其很难拥有一块稳固的根据地。黄巢军之所以未能在藩镇中间"四不管"的地段上扎下根来，除了各藩镇不愿义军坐地生根，一旦有此苗头必然全力反击外，唐王朝尚有足够威望调动各藩镇联合行动也是一大原因。

正因为如此，黄巢军除了采取流寇主义的作战方案外，别无他途。这还带来一个严重后果：黄巢军经常遭到朝廷的拦截，遭受惨重伤亡乃是家常便饭。尽管踊跃投靠的破产农民一直都能弥补黄巢军在数量上的损失，但大量老兵的损失仍然构成了义军的不可承受之轻。此外，这些破产农民的大量投靠，使得黄巢军始终缺乏有力后援，如果这些农民能于黄巢军外，自行发动起义，形成多支起义军并起的局面，唐王朝是否还能如此从容地追杀黄巢军就大为可疑了。

晚唐农民战争到了后来，只有黄巢一军到处作战，没有其他农民起义军呼应，这在中国农民战争史上都是罕见的。狡诈的唐王朝就像一只凶狠的老猫，指挥麾下的小猫（藩镇）将黄巢义军像老鼠一般到处驱赶，只等义军筋疲力尽就猛扑上去，咬断猎物的咽喉。黄巢会让唐王朝如愿吗？

黄巢决定动员全军，向关中进发。与后世通常认为的相反，黄巢的这一举动并不是什么向唐王朝中心地区的胜利大进军，而是迫不得已的无奈举动。起义以来转战数岁，南北纵横，虽说攻城略地，所向披靡，麾下也有了数十万大军，但并没有打下一块牢固的根据地。这不得不归因于唐朝在安史之乱后实行的藩镇制度，给黄巢义军的发展造成重大阻碍。黄巢义军处处碰壁，在唐廷的绞杀下迟早要陷入不利境地。为了摆脱这种处境，黄巢做出进军关中，推翻唐王朝统治中心的决策，其决策动机与当年斯巴达克义军处处受罗马大军围攻，最终决定向罗马进军有异曲同工之妙。

880年11月，黄巢率军进攻东都，唐军未经一战放弃东都坚城，退守潼关。在东都休整了几天后，黄巢率大军向长安进发。守卫长安的重任就落到了神策军的身上。此时的神策军早已失去了宪宗时代的威风，富商大户子弟和地痞流氓充斥神策军，把持人员进退之路，上下离心离德，军纪废弛，怎能与经验丰富的黄巢军作战？结果神策军裹挟着一些富商出身的军官雇来的流氓、破落户据守潼关，到了潼关，发现连饭都没得吃，士气不由得更加低落。

12月1日，黄巢率军破潼关，神策军大败，残军不但不抵挡黄巢军，反而直奔长安，大肆劫掠，唐僖宗在几个护卫的保护下，仓皇出逃成都。12月5日下午，黄巢军肃清了神策军乱兵后进入长安。12月12日，黄巢在含元殿即皇帝位，建国号"大齐"。

胜利来得太突然，黄巢显然被天上掉下来的巨型馅饼砸昏了头。黄巢忘记了，他的几十万大军到现在还没有一块像样的根据地，所据的两京又是唐廷的老巢，哪里是他短期内所能收服的？后世的洪秀全占据了南京作为根据地，南京距离清廷心脏地区甚远，尚被清廷调动各路大军剿杀，不得不为生存苦苦而战，更何况战斗在敌人心脏的黄巢？

虽然长安已被攻克，但长安周围的驻军还在，关中腹地尚在唐廷之手；唐僖宗虽已远走成都，但对全国统治的合法性远未消除；唐廷已多次经历长安被攻克的危机，对如何处理这种事态早已有了充分的预案，天下人对长安失陷也有了足够的思想准备：长安失陷绝不是大唐灭亡的开始，充其量只不过是皇帝的又一次私人旅游！

更为重要的是，西北和雁北边陲此时已为沙陀、党项等族占据，这些族群已取代神策军，成为捍卫北方边陲安全的重要力量。如何应对这种复杂的形势，处理与沙陀、党项的关系，黄巢远未做好充分的思想准备，就像后世的李自成进北京，却未做好如何应对清廷在关外的威胁一样。黄巢还不如李自成，至少李自成没有一进入北京就称帝，李自成也占据了当时的陕西、山西等地，后方巩固程度远胜于黄巢！果然不久之后，黄巢迅速走向被动。

出于泄愤，黄巢义军对留在长安的皇族和旧官僚采取了严厉的镇压政策，李唐皇族遭受了武后革命、安史之乱、泾源军变以来的第四次大荼毒，留在长安的李唐宗室几乎被杀戮殆尽。这也许就是取得皇权的代价，历史上也很少有皇族系统性地遭受这么多次灾难的。旧官僚们长期参与策划攻打黄巢军，也遭到了严厉的镇压。这些官员们在长安和全国都有许多部下和故旧，黄巢军滥施报复的后果就是将这些人都赶到了自己的对立阵营中，给本来就不稳的内部又增添了不安定因素。

政治经验丰富的唐廷迅速抓住这个机会发动反攻，881年正月，刚刚逃到成都的唐僖宗下诏，令镇东、太原、代州等镇藩帅发兵讨伐黄巢。3月，凤翔节度使郑畋被任命为同平章事，会合西北诸路军进攻长安。

郑畋集合了一支数万人的大军，坚守凤翔，等待黄巢的进攻。为了解决这支对长安形成重大威胁的军事力量，黄巢派遣大将尚让率五万人进攻郑畋。未想到郑畋虽是书生出身，却精通兵法，将黄巢的五万大军打得大败，据称杀死 20000 人。黄巢军的战绩也随之走向了下坡路。

对于黄巢来说，更严重的危机是日渐短缺的粮食供应。到了晚唐，关中朝廷的米粮多仰仗东南供应，大运河将数百万石粮食每年源源不断地运到长安，养活长安城中的百余万人口。黄巢攻占了长安，漕运自然停止，长安很快就陷入了粮荒。随着粮荒的蔓延，长安城中的军人开始与民争食，民众生活苦不堪言，甚至出现了食人现象。大量居民扶老携幼，逃出长安，黄巢军的战斗力也开始衰弱。

趁着这个机会，唐军短暂地攻取了长安，但随即被黄巢夺回。尽管如此，借助饥饿的力量，唐军还是形成了对长安的包围圈。但慑于黄巢军的战斗力和规模，唐军一时还不敢向长安发动总攻，关中形成了黄巢军和唐军对峙的局面。

这种暂时的力量平衡随着沙陀军的介入随即被打破。883 年正月，李克用率五万沙陀军从雁北南下，进攻黄巢。沙陀军精锐非常，接连击败义军。4 月，沙陀军在其他各路唐军的配合下进攻长安，于 14 日攻下长安。黄巢大军接连被击败，大将朱温又在 882 年 9 月降唐，几十万大军只剩十五万。黄巢大军连夜撤出长安，沿蓝田关进入商山遁走。

离开长安的黄巢军成为真正的流寇。整个关东已被动员起来，迎击黄巢大军，黄巢军在关东很难找到一块立足之地，不得不向着山东且战且退。李克用和朱温等军紧紧追赶，不给黄巢军喘息的机会。终于在 884 年的 6 月 15 日，睡梦中的黄巢在山东莱芜西南被叛徒杀害，时年六十三岁。

轰轰烈烈的黄巢大起义落幕了，但它的影响却远未消失。黄巢大起义进一步削弱了本就衰微的唐中央政权的影响，在战争中新崛起的一批新军阀，比如朱温和李克用，走上了历史的前台。这些军阀趁黄巢起义的空当，割据地方，截断漕运，扣留税赋，俨然成为国中之国，唐廷的收入也只能从两京地区搜刮，来自东南的金钱粮米已经都成为藩镇们的私产，大唐王朝正式进入裸奔时代，这正是当年杜黄裳所深切忧虑的。

说实在的，当年东汉政府镇压黄巾起义基本上都是以自己的直属部队为核心，各地边军包括董卓的西凉军只是扮演辅助角色，尚没有避免军阀混战和天子被挟持的结局，何况早已为藩镇割据所苦的唐廷？

面对全国藩镇的河朔化，唐廷只得徒唤奈何，甚至成为新藩镇们的猎物，因为藩镇们也想过一把挟天子以令诸侯的瘾。短短二十余年间，僖宗、昭宗等先后为李茂贞、王重荣、韩健、朱温等挟持，天子尊严丧失殆尽，连两京地区的控制权都丢掉了。历史仿佛又回到了汉末献帝时代。

随着皇权的衰弱，宦官们也开始失去以往的气焰。宪宗以来，唐代中枢长期为公公们所执掌，公公们视百官如同皂隶，呼来喝去，甚至连皇帝都不放在眼里。更过分的是，公公们为了垄断朝政，不但引诱皇帝吃喝玩乐，而且仗着掌握神策军的优势，能在很大程度上决定皇帝的人选，甚至有为求拥立之功而杀死现任皇帝以立新君的案例。

李唐王朝有个特征，那就是具有英主之资的皇子几乎代代不绝。这些能干的皇子毫无疑问地遭到公公们的打压，而那些昏庸无德的皇子们则被推上了皇位，成为公公们的傀儡。公公们权倾天下，依仗的是朝廷调度天下资源的能力和神策军，不过这两项资源在黄巢起义后都变成了一地鸡毛，公公们反而成为强藩大镇挟天子令诸侯的障碍。匹夫无罪怀璧其罪啊！

在这种情况下，长期遭受宦官们欺压的皇帝与文官也试图借助藩镇的力量复仇。903年，宰相崔胤向唐昭宗请求借助藩镇力量诛杀宦官，唐昭宗表示同意。在崔胤的争取和策动下，朱温率兵入京，将数百名宦官尽杀于内侍省，仅留下三十名年幼宦官服侍皇帝。朱温杀掉掌权的公公们以及崔胤后，顺手废掉了神策军。唐王朝已名存实亡。904年，朱温迫使昭宗迁都洛阳，将长安宫殿尽数烧毁，到洛阳后不久即杀死了昭宗。909年，朱温迫使昭宗之子哀帝禅位于己，改国号为"梁"，史称"后梁"。

五代：历史长河拐了一道弯

朱温虽说登上了大宝，但也是逆天行事强行推动，他并没有统一全国，甚至没有统一北方。经过长期的混战，北方藩镇逐渐组合成两大集团：朱温集团和李克用集团。在这两大集团的夹缝中，是逐渐被边缘化的河朔三镇。

面对着兵力强大、行事更无底线的新藩镇，卢龙、成德、魏博等老藩镇们既缺乏别人的实力，也缺乏别人的狠劲，更缺乏别人的地理优势以挟持唐廷，不得不走上一条衰亡之路。

906年，魏博节度使罗绍威患于手下牙兵作乱，借助宣武节度使朱温的力量，攻进魏州，杀掉了大部分牙军，魏博从此依附于宣武朱温，沦为小藩镇；911年，幽州节度使刘守光称帝，国号"大燕"，因统治残暴不仁，史称"桀燕"；913年，李克用子李存勖攻灭桀燕，擒刘守光，从安禄山时期起脱离中央控制170余年的卢龙镇灭亡；922年，成德节度使张处瑾为李存勖所灭。至此河朔三镇全部灭亡。

朱温与李克用和李存勖展开了争夺北方统治权的激烈战争，朱温及后梁在长期的战争中渐渐不支，923年11月，李存勖攻陷后梁都城开封，后梁灭亡，历时14年。

正当中原混战不休的时候，契丹迅速崛起。契丹在武则天时代就有了崛起的苗头，但唐代统治者通过推行节度使制度，成功地控制住了契丹的崛起进程。现在中原大乱，负有捍卫华北安全之责的河朔三镇被拖进中原战事，并遭受重创，这就给了契丹以崛起的良机。

916年3月，契丹族杰出领袖耶律阿保机称帝，918年建立都城（在内蒙古自治区巴林左旗林东镇南），称上京。耶律阿保机收容了许多躲避河北战乱的流民，在燕山北麓建立了农耕经济。也正是凭着农耕经济的力量，耶律阿保机建立了一支强大的骑兵和步兵联合军队，后勤供应充足，战斗力远非当年的匈奴所能比。也正依靠这支力量，契丹领袖开始将目光伸向了富庶的河北乃至中原，河朔三镇已经覆灭，中原群雄能阻挡契丹人前进的脚步吗？

中原群雄不但不视崛起的契丹为威胁，反而认为契丹是其对付政敌的有力砝码。早在朱温和李克用征战的年代，双方就竞相开出优厚的合作条件争取契丹，契丹从中捞了不少好处。923年，后唐定都洛阳，北方暂告统一，契丹人南下的脚步暂时被遏制。不过后唐的内乱很快被契丹人所利用。

后唐本是沙陀人所建立，李存勖在位四年，因宠信伶人（戏曲演员）、不修内政被政变赶下了台后遇害，李克用养子李嗣源登上皇位。李嗣源虽是沙陀人，却用汉法治国，一时间人心大定。可惜李克用争斗一世，却为别人做了嫁衣。

李嗣源晚年执政也开始昏庸，骄纵次子李从荣，结果搞得弥留之际李从荣发起叛乱，李嗣源含恨而死，三子李从厚继位。李从厚素来忌惮李嗣源养子李从珂，老爹是如何以养子身份获得皇位的，这哥儿俩比谁都清楚。不久这哥儿俩就开始干上了，结果李从珂技高一等，做掉李从厚登上皇位。您说这后唐皇帝世系也是够乱的，比正宗的大唐还乱。

李从珂如愿以偿了，但还有一双眼睛让他如芒在背，这双眼睛的主人就是大名鼎鼎的汉奸石敬瑭，正是在他的帮助下，十余代契丹人翻越燕山、马踏中原大地的梦想终于实现了。

石敬瑭是沙陀人，虽不是正宗汉人出身，但却恭谨谦让，礼敬文士，比一般凶蛮的汉族武夫如朱温者更像传统汉人。石敬瑭是李嗣源的女婿，论关系和血统，比李从珂与李嗣源更近，难免遭到李从珂的猜忌。说实在的，老石对李从珂不差，正是他擒获了李从厚，并交给李从珂处死的。

老石时任河东节度使，执掌军事重镇山西，自古据山西而定天下者不乏其人，如北魏拓跋氏、尔朱荣、高欢和李渊等人，李克用更是从山西发迹的。从山西可南下河南，一无所阻；也可东出娘子关，斩断冀北和冀南的联系，军事价值极大；或可模仿李渊的战略，从山西起兵直入关中，只是关中残破，这一方向已没什么油水。石敬瑭手中掌握如此重要的地区，令李从珂坐立不安。李从珂决定兵发河东，讨伐石敬瑭。

石敬瑭一下子慌了神。虽然河东兵素来精锐，虽然石敬瑭用兵有方，但怎是举全国之力的朝廷大军的对手？情急之下，石敬瑭听从谋士桑维翰的主意，向契丹求援，开出的条件是向契丹称臣，个人认辽太宗耶律德光为父，割让燕云十六州于辽国，每年进贡大量金银财宝。

这么优厚的条件果然打动了耶律德光，耶律德光率十万铁骑南下，助石敬瑭一臂之力。后唐军哪里是河东与契丹联军的对手？936年闰11月26日，李从珂兵败，于洛阳自焚。石敬瑭卑躬屈膝地为耶律德光开路，一起进了洛阳城。耶律德光得意洋洋地坐在金銮宝殿上，望着跪在地上，一口一个父皇，磕头如捣蒜的石敬瑭，不由大喜，立即册封石敬瑭为中原皇帝，并接受了石敬瑭奉上的燕云十六州版图。

石敬瑭如愿以偿地当上了皇帝，国号"大晋"，史称"后晋"。石敬瑭是嘚瑟了，但他的行径却给中原政权带来了极其严重的后果。在从嘉峪关到山海关的万里防线上，最薄弱的部分就是燕山山脉一带。相比于陕北和山西的崇山峻岭，燕山山脉虽然雄伟程度不遑多让，但缺乏纵深。

只要越过了燕山，华北平原几乎无险可守。这与山西、陕西由北向南纵深数百里的山地形成鲜明对比。历史上游牧民族只要是入主中原建立政权，几乎都是从燕山一线实现突破的。燕云十六州从地理形势上看，正是将燕山山脉整体囊括其中。燕云十六州往南就是一马平川，几乎无险可守。

石敬瑭的行径带来了一个极其深远的影响，那就是随着燕云十六州的割让，边疆政权开始深入中华文明体系的建设，"内化"为中原文明的一部分。以往的边疆政权，包括匈奴、鲜卑、突厥等，大多是与中原政权相对峙，文化上的影响和交融相对较少。也正因为这些政权的强势，中原文化的一些核心价值很难在北方边疆地区生根。

随着燕云十六州归于契丹，契丹建立了农牧结合的政权，汉文化的一些核心价值开始在边疆地区流行，并潜移默化地改变了北方民族兄弟们的思想和行为。从此中原王朝一旦陷入动荡，文化相近的中原政治集团和边疆政治集团就同场竞技，成为逐鹿天下的对手。

石敬瑭还干了一件对后世影响极其深远的事：迁都开封。开封又称汴州，经过唐朝的发展特别是韩弘的经营，已成长为连接东西、贯通南北的大商业都会，异常繁华。朱温为宣武节度使，开封是他的老巢，自然定都开封。后来李存勖做掉后梁，将首都迁到了代表汉唐正统的洛阳。石敬瑭进了洛阳，嫌弃洛阳在黄巢之乱后宫殿残破，住着掉价，不符合他这个皇帝的尊贵身份，于是将首都迁到宫殿壮伟、繁华有似锦绣的开封城。

这一举动对中国历史的影响绝不下于割让燕云十六州。开封从本质上来说，是一座依靠漕运而兴的商业城市，酷似明清的扬州。这样的城市作为商业中心和转运中心可以，但绝不适合作为都城，特别是开封周围一马平川，无险可守，一旦骑兵来袭，连逃跑的地方都没有。两条腿跑得过四条腿吗？长安和洛阳就不然。一旦有事，皇帝可以带着禁军向山区逃窜，这时四条腿就跑不过两条腿了。

1127年金兵进逼开封，徽宗、钦宗二圣俯首而降，不是没有跑的心思，实在是跑不掉。如果唐玄宗将首都定在开封，杨贵妃早就是安禄山的战利品了。唐朝遭受那么多次打击，长安被攻陷数次，都能挺过去，与长安适合撤退的地形，还有唐朝皇帝的善于审时度势，不拘泥于一时得失有很大关系。

老石这一番折腾，彻底改变了中国历史的走向。在历史上，老石和朱温一直是大家唾骂的对象，但正是这两个奇葩让中国历史的演变与前一千年完全不同。从五代起，中国最重要的地缘关系已不是东西关系，而是南北关系。大一统帝国的新千年的历史，也因而与前一千年的历史大不相同，关东和江南的商品经济也因而获得了更好的发展条件。历史长河在五代拐了一个弯，沿着与以前完全不同方向的河道，奔腾向前。

英主柴荣和点检赵匡胤

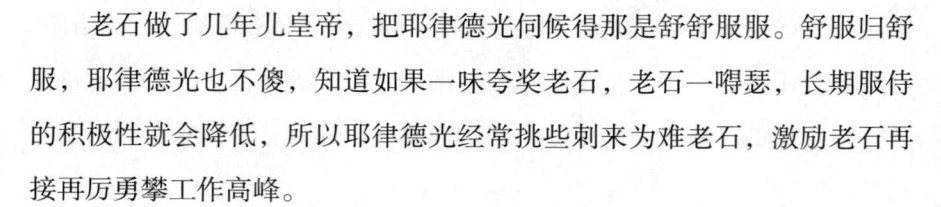

老石做了几年儿皇帝，把耶律德光伺候得那是舒舒服服。舒服归舒服，耶律德光也不傻，知道如果一味夸奖老石，老石一嘚瑟，长期服侍的积极性就会降低，所以耶律德光经常挑些刺来为难老石，激励老石再接再厉勇攀工作高峰。

老石无奈，也只得乖乖受着，谁叫自己做了儿皇帝，北部又无险可守？手下大臣也告诉老石，您出卖燕云十六州是贻害万世之举，老百姓肯定会永远唾弃您！老石听了当然不痛快。虽然老石是沙陀人，文化认同可完全是汉式的，想起"汉奸"的铁帽子已牢牢箍在头上，老石心里就堵得慌。终于在942年的一天，"父皇"又向老石大发雷霆，老石一个想不开蹬了腿。养子石重贵继位。

这石重贵倒是有些骨气，在上呈契丹的国书中自称"孙儿"，不称臣。意思很明显，认你做爷爷那是老爹做下的孽，没办法，但国格还是要的，臣是万万不能称的。石重贵真好汉也，点个赞先！

怎奈批判的武器始终抵不上武器的批判，耶律德光大怒兴师，讨伐后晋。天险尽失的后晋怎是契丹大兵的对手？契丹兵很快攻下了开封，石重贵被弄到北边吃沙子去了，两百年后徽、钦二圣重蹈了他的覆辙。耶律德光得意洋洋，在开封即帝位，宣布兼并后晋，改国号"大辽"。如果定都洛阳，契丹人就不会这么顺利了。

不过羽翼未丰的草原－农业混合文明还远未做好吞并中原，建立胡汉一统王朝的政治和文化准备，耶律德光很快发现中原难治，各地人民反抗此起彼伏，于是决定退兵，返回北地。在路上，耶律德光病逝。因天气炎热，再加上太后严令要见到耶律德光的尸体，结果遗体被掏光内脏，抹上盐巴送到上京。这对契丹后世的君主显然也是有威慑力的。契丹对中原内政的干预一时走向低潮。

帝国主义夹着尾巴逃跑了，中原群雄又重新开始上演相互逐鹿的戏码。河东节度使刘知远在这场逐鹿中占得了先机。老刘也是沙陀人，不过部下尽是汉兵汉将，和汉人也差不多了，杨老令公不就是刘家的臣子嘛？老刘不失时机地打出了"大汉"的称号，一时应者如云。

本来，刘氏建立两汉，统治天下四百年，民意根基深厚；五胡十六国时代又有大量胡族改刘姓，补充了大量英武的新鲜血液，因此在隋末，"刘氏当兴"的说法一时甚嚣尘上，刘武周、刘黑闼等利用这个给老李家添了不少堵。老刘不失时机地打出这块金字招牌，痛恨契丹入侵的老百姓纷纷把老刘看成救星，各地藩镇也纷纷归附。老刘很快进入了开封，建立自己的王朝，号称"大汉"，历史上称"后汉"。

老刘仅仅嘚瑟了一年，就去找老领导石敬瑭汇报工作了，儿子刘承佑继位。这刘承佑只是个十八岁的毛头小伙，怎能弹压得住那些手握重兵的藩镇？很快地方藩镇李守贞、赵思绾、王景崇等就发动叛乱，要做下一个刘知远。

重臣郭威率兵讨平了这些叛贼，为刘承佑立下了大功。这刘承佑偏偏不知趣，反而猜忌起郭威，杀掉了郭威在开封的全部亲属包括儿女，又派人到郭威镇守的大名去杀郭威。郭威干脆一不做二不休，起兵造反。郭威本是宿将，手上又有数万精兵，刘承佑怎是他的对手？不多久郭威就攻下了开封，刘小伙被乱军所杀，郭威很快就黄袍加身当上了皇帝，国号"大周"，史称"后周"。

不过这次郭威做得不干净，刘知远的弟弟刘崇割据山西称帝，仍然以"汉"为国号，史称"北汉"，历史又回到了后梁与后唐对峙的年代。北汉学习石敬瑭，奉契丹皇帝为叔皇帝，自称侄皇帝，倚仗契丹的势力和后周对峙。有了契丹的保护，后周一时也拿北汉奈何不得。

郭威虽说当上了皇帝，但代价就是亲生子女尽数被杀，现生时间又赶不上趟，没办法只得把皇位传给养子柴荣。好在五代皇位传给养子已是风气，时人也不以为怪。老郭做了皇上，好歹还知道些民间疾苦，革除了一些弊政，减轻了人民的负担，北方的生产开始恢复，秩序也开始井然，这就为英主柴荣的革新和中国的最终统一创造了条件。

柴荣是河北邢州（今河北省邢台市）人，出身名门，从小在姑父郭威家长大。柴荣为人忠厚，办事牢靠，深受郭威的喜爱。郭威当时尚未发迹，家中人口众多，经济颇感困难。为了让郭威的生活负担能够减轻一点，年方弱冠的柴荣跟着本地商帮做起了茶叶生意。

商旅生活无疑开拓了柴荣的眼界，不过柴荣并没有将自己定位于一个商人的角色。柴荣利用空闲，阅读了大量典籍，为今后从事军政管理打下了扎实的知识基础。另外，柴荣在军人郭威家成长，从小耳濡目染，喜爱骑射，练就了一身过硬的骑射功夫。

郭威看着文武双全、眼界宽广的柴荣，不由得越看越欢喜，于是收了柴荣做自己的养子。随着地位的提高，郭威摆脱了经济困难，遂令柴荣放弃商人生涯随侍左右，柴荣变成了一名真正的军人。在经过多年的历练后，柴荣成为郭威最得力也最信得过的助手，须臾不离郭威左右，随着郭威镇守河北，因而躲过了刘承佑的屠刀。

郭威南下讨伐刘承佑，将根本之地邺城交给了柴荣，柴荣兢兢业业，供给人马粮草，并挡住了刘崇在山西方面的进攻，为郭威立下了汗马功劳。郭威登基后，册封柴荣为晋王兼开封尹，以酬其功。954年，郭威驾崩，柴荣于灵前继位，年仅三十三岁。

柴荣登上帝位后，有心振作，一改晚唐以来中央权威扫地、号令不行的状况。多年的积弊哪是一朝可以扫清的？柴荣遇到了四个方面的阻力：其一，官僚系统的阻挠。由于数十年来有兵便是草头王，皇帝更换如同走马灯，导致皇权薄弱，皇权在很大程度上成为军权的附庸。军士们拥立和推倒皇帝很在行，治理国家却是门外汉。这就导致行政系统坐大，在国家政权中的发言权越来越大，甚至耶律德光占据中原也要取得行政系统的配合，突出表现在耶律德光对于宰相冯道的看重。冯道等行政系统的领袖也因为其稳定时局的能力和与契丹的联系而得意扬扬，压根不希望出现强势君主，就连郭威这样军人出身的皇帝也要让他们三分。柴荣要想推行革新，首先要打倒这批人。其二，地方藩镇跋扈，草头王思想严重。这个就不用多说了，从唐朝遗传下来的老毛病，让中原子民吃尽了苦头。其三，北汉的威胁。北汉与后周有灭国之仇，与后周不共戴天，但北汉地势险要，军备强悍，又有契丹为援，对于北汉，要战胜可以，想要一劳永逸地消灭却还不太容易。其四，契丹的威胁。虽然辽太宗的下场让契丹人对中原的觊觎有所收敛，但北汉的建立却使契丹人又重新找到了干预中原内政的机会，扶植北汉与后周对立，一方面可以使中原人自相残杀，另一方面又可以节约契丹国力军力，将力量用在最值得用的地方，获得最大收益，岂不妙哉？柴荣所面对的，就是这样一个困局。

令人欣慰的是，柴荣好像另一个唐宪宗，有着非凡的勇气和毅力。就像唐宪宗即位后四川军阀就开始作乱一样，945年2月，北汉刘崇得知郭威的死讯，认为机会已到，立即出兵攻打后周，并向契丹请求援助。契丹派遣武定节度使杨衮率3万余人南下，直逼潞州（今山西省长治），支援刘崇。消息传来，汴京大震。新即位的柴荣召开朝会，商讨对策。

柴荣在御前会议上向大家宣布，契丹、北汉联军来势凶猛，不可轻敌，将亲率大军，迎击敌军。柴荣本以为自己的决定会得到大臣们的一片赞叹，最起码也不会唱反调，可偏在这个节骨眼上，有人跳了出来。

跳出来的不是别人，正是历经数朝的元老冯道。冯道乱世为官，作为一介书生服侍数朝皇帝，耶律德光南下时他也曾伺候这位辽国皇帝，政治历练极其丰富。郭威篡位时，也要向这位冯道请教，以取得他即他所代表的行政系统的支持。眼看契丹、北汉联军声势浩大，冯道心里打起了鼓，反对柴荣亲征。显然，冯道认为柴荣刚刚继位，没有什么根基，改朝换代的机会又来了。冯道和手下的官僚系统是绝不会放弃这种扩张自己势力的机会的，跳出来反对也就理所当然了。

柴荣当然恼火，这是对自己权威的蔑视和挑战！深谙人情世故的柴荣知道，如果听从冯道的劝说放弃亲征，那么自己的威信不但在一夕之间扫地，而且军队极有可能发生哗变，迎接契丹与北汉联军入城。柴荣别无选择，只能与冯道针锋相对："昔日唐太宗不就曾御驾亲征吗？朕为何不能效法前贤？"

冯道听后哈哈大笑："皇上凭什么认为自己能与唐太宗这样的圣君相比？"

一句话激怒了柴荣。柴荣当时年仅三十四岁，正是血气方刚的年龄，做事自然也就没那么多顾虑。与石敬瑭、刘知远、郭威等人不同，柴荣熟读诗书，对行政事务也不陌生，在心理上就不会像前几代皇帝一样依赖冯道。柴荣毅然决定，御驾亲征，并不准冯道随行，令其负责修建郭威陵墓，将其调离京城，改派自己亲信大臣留守汴京，防止冯道为变。

冯道这才明白柴荣不是什么善茬，不好伺候，但为时已晚，只得奉旨前去，不久郁郁而终。柴荣带着大军从开封出发，在高平与契丹、北汉联军相遇。

刘崇和杨衮两军虽然联手，却有不少矛盾。刘崇不愿久居人下自不待言，杨衮部是汉军，手中的几万人马就是向契丹皇帝讨价还价的本钱，哪里愿意拿出这点本钱与周军硬拼？因此在周军与北汉军大战的当口，契丹军冷眼旁观，坐山观虎斗。虽然樊爱能等将领临阵逃脱，但后周军在柴荣和将领赵匡胤的率领下，渐渐占了上风，阵斩北汉骁将张元徽，大败后汉军。契丹军见势不妙，连忙拔腿开溜。后周军取得了辉煌的胜利。

这场战役的明星赵匡胤生于927年，正是后唐庄宗李存勖皇位被李嗣源夺取的年代。父亲赵弘殷乃是沙场宿将，在后唐、后晋、后汉、后周四代为禁军将领，军中人脉丰厚。赵匡胤身体健壮，力大如牛，从小爱好武术，颇有天赋，据说自创了一套拳法，江湖上号称"太祖长拳"。大家如果看过金庸先生所著的《天龙八部》，就可以知道大侠萧峰最擅长的就是"太祖长拳"。

赵匡胤和萧峰一样，天性爱抱打不平，是个管尽天下闲事的祖宗。后汉刘知远夺得帝位，其子刘承佑成了开封城的小霸王，欺男霸女那是无恶不作。某日刘承佑又在开封城内强抢民女，被年轻气盛的赵匡胤撞见，毅然出手解救下被抢的女孩，并将刘承佑一顿胖揍。这下捅了马蜂窝，连久在禁军的老爹都救不了赵匡胤。赵匡胤只得拎上一条哨棍，打点简单行装，踏上浪迹天涯的道路。

某日赵匡胤路过一个道观，起初并未疑心。进入道观后却听见年轻女子的哭声，循声而来，只见得一名花容月貌的女子被关在道观的侧房中，容颜憔悴，以泪洗面。赵匡胤找来道士，询问之下原来是盗匪所劫，强行在道观关押，并恐吓道士，如果敢于放人，必定血洗道观报复。赵匡胤大怒，将道观门框尽数砸毁，救出女子，告诉道人就说女子被另一股强人掳走，携女子扬长而去。

厚道的赵匡胤详细询问了女孩的情况，原来这个女孩也姓赵，名京娘，蒲州人。随父亲到阳曲县烧香还愿，路遇强人被掳。两个强盗头目眼见京娘美貌，争相求娶。相持不下之际，有人提议干脆再抢一名美貌女子，凑成一对成亲。强盗们一去便无踪迹，至今已有一月之久。眼下虽然得救，蒲州离此地却有千里之遥，教一名弱女子如何回得爹娘身边？赵匡胤听了京娘的话语，钢牙一咬，决定送赵京娘回乡。

一路上赵匡胤手提哨棍，京娘骑在青骢马上，逢山开路，遇水架桥，昼夜兼行，向千里之外的蒲州进发。京娘本来提心吊胆，生怕赵匡胤是一个道貌岸然、人面兽心的歹人。相处数日下来，却发现赵匡胤对自己那叫一个以礼相待，秋毫无犯，不由得越发感激起来。说来也巧，赵匡胤和京娘在路上居然遇到了强掳京娘的那两个强盗头目，京娘自是吓得花容失色，却不料赵匡胤大显神威，将这两个强盗头一一击杀。京娘本已对赵匡胤暗生情愫，这一下更是不可救药地爱上了赵匡胤，结果引出了一曲千古流传的爱情悲歌。

蒲州眼看是越来越近，京娘唯恐再无与赵匡胤相见的机会，终于在到达蒲州的前一个晚上鼓足勇气，向赵匡胤吐露心曲。人非草木，孰能无情，赵匡胤对这位美貌的少女也是有一点点动心，但身为钦犯，如果接受京娘的感情，无异于将京娘家族推入火坑；况且自己已有妻室，如果停妻再娶，怎么面对家中每日苦苦等待、以泪洗面的妻子？又不忍让京娘做小。赵匡胤只得咬紧牙关，拒绝了京娘的感情。

这真是"还君明珠双泪垂，恨不相逢未嫁时"啊，赵匡胤彼时一定有这样的感慨，只是性别倒了个个儿。人生啊，为什么总是在不恰当的时候，遇到恰当的人？也许唯有我们的遗憾才能成就文学和美学，这才能流传下无数的诗歌与故事，供后人传唱和吟味。当夜赵匡胤与京娘对坐在篝火旁，四目相对，一夜无话，唯有不尽的泪水在流淌。

次日赵匡胤送京娘回蒲州，爷娘兄弟看到京娘，自是喜极而泣，全家哭成一团，对赵匡胤自然是千恩万谢。晚宴上，京娘父亲提出要将京娘许配给赵匡胤，却未料赵匡胤当即变脸，摔杯上马而去。临行题诗一首："欲出未出光辣达，千山万山如火发。须臾走上天上来，赶却流星赶残月。"京娘见到此诗，不由得泪水涟涟，泣不成声。扫了面子的父兄仍不知趣，反复逼问京娘可曾与赵匡胤有苟且之事。

为证清白，更为维护赵匡胤的声誉，当夜京娘毅然自杀，以生命为代价向天下人证明了这段传奇的真实性。多年后赵匡胤已成为大宋天子，一日思念起京娘，派遣中官到蒲州查看，却发现京娘早已仙逝。中官察访得真相，一五一十汇报给赵匡胤，赵匡胤嗟叹不已，下诏封京娘为"贞义夫人"。京娘一生未嫁，被天子封为夫人，先生是谁，不言而喻。赵匡胤如果真的只将京娘看成妹妹的角色，为何不封京娘为公主？

千里送京娘的故事结束了，这段美好的传奇却有一个血色的结尾，令人黯然神伤。多年后身为天子的赵匡胤，是否曾后悔过那一夜应该接受京娘的感情，或者在京娘家中不应该那么决绝地离去？不得而知。我们只知道，大宋的太祖，是中国历史上少有的对人性充满温馨和期待的皇帝。他生于乱世，在沙陀军人中间长大，也曾杀戮，也曾背叛，但这些杀戮和背叛始终没有让他的心变得冰冷，以宽仁治天下成为他的理念，不但对百姓轻徭薄赋，终太祖一朝，没有一名功臣遭到诛杀，这与其他朝代形成鲜明对比。是不是那个名叫京娘的美貌女子，以她的真情和贞烈，感动了大宋太祖，大宋太祖的心才能一直保持火热和柔软。而太祖朝的雍容气度和对人性美好本质的信任，正是源自这位美丽、多情而又贞烈的女子？

陈桥兵变建奇功

959年正月，在经过多年的准备后，后周世宗柴荣下诏讨伐契丹。4月，诸军齐集，在柴荣的率领下到达周辽边境，益津关、瓦桥关等重镇关隘纷纷望风而降。周军兵不血刃，一口气夺取了三关、三州共十七县。此时统治契丹的皇帝是辽穆宗耶律璟，此人生性残暴，赏罚无度，随性行事，导致人人自危，上下离心。耶律璟还喜好打猎和饮酒，每每在饱餐一顿酒肉后蒙头就睡，荒废国事，人称"睡王"。

摊上这么一位爷，契丹人也毫无办法。曾有大臣向耶律璟进谏，请求抵御周军，耶律璟却认为这些地方原本就是汉人之地，柴荣大军的收复行为只不过是物归原主，没有什么可惜的。看来喜爱游猎生活的辽穆宗并不理解农业经济对于大辽的深刻意义。眼见得周军就要收复幽州，夺取当年石敬瑭割让的全部十六州，在这个节骨眼上，柴荣却忽生疾病，周军不得不退兵还朝。

柴荣此番病情极为严重。6月初，当周军回到汴京时，所有的人都已明白，皇帝的病是好不了了，对此亦心知肚明的柴荣也开始安排后事。皇长子柴宗训时年七岁，怎能肩负起治国的重任？此时却发生了一件颇为蹊跷之事，有人在汴京地下挖出一块木板，上面写着"点检做天子"这几个大字。

此事很快被报到了柴荣面前，柴荣一听，立即把怀疑的眼光转向了时任殿前都点检（禁军总司令）的张永德。张永德是柴荣姐夫，战功卓著，在军中素有威望。经过柴荣多年的改革，后周的精兵已都集中于汴京，直接归殿前都点检指挥。柴荣对张永德，那是既用且防，这番又听闻了这样的预言，干脆一不做二不休，解除了张永德的兵权，命赵匡胤代替张永德为点检。

柴荣相信，凭着赵匡胤的为人和自己与他的关系，赵匡胤绝不会夺取帝位，而是能够像诸葛亮那样一直辅佐自己的儿子。柴荣的信心很可能来自千里送京娘的传说，领导要用人，特别是要重用一个人，肯定会将他察访得很清楚。赵匡胤与京娘的故事给了柴荣很大信心：一个能千里送美女而坐怀不乱的人，肯定是一个纯粹的人，一个脱离了低级趣味的人，肯定不会对做皇帝这样低级趣味的事情感兴趣的。这样的人当辅政大臣，可靠！

可怜的柴荣哪里想到，对有些男人而言，美女的诱惑还是比不上皇位，赵匡胤就是这样的人。在安排完这一切后，6月19日，柴荣驾崩，终年三十九岁。其子柴宗训继位，赵匡胤承担起了支撑整个朝廷的重任。不过宰相范质对赵匡胤颇怀疑虑，于是上奏太后，命赵匡胤驻守归德军（今河南商丘），无事不得归朝。赵匡胤无奈，只得到归德赴任。

秋去冬来，汴京平安无事，但在风平浪静的表明，却有一股暗流在汹涌。960年正月初一，一个令人震惊的消息开始在汴京流传：契丹已联络北汉，准备乘后周主少国疑的时候大举进攻，与北汉平分后周土地。这个消息流传愈来愈广，百姓们纷纷加油添醋，恐慌情绪在汴京不断蔓延。

消息很快传到皇宫，皇帝之母符太后慌了手脚，立即召来宰相范质、王溥商量对策。范质、王溥也不是什么能安邦定策之人，一时也拿不出合适的对策。情急之下，范质、王溥等向太后建议，派遣大军到河北与契丹、北汉联军作战。至于统帅人选嘛，两位宰相建议由殿前都点检、归德节度使赵匡胤出任。这个建议对于符太后无疑是救命稻草，符太后立即同意了这一建议。

话分两头，那赵匡胤接到符太后的谕旨后，却是不慌不忙，上书推脱。赵匡胤认为，契丹、北汉兵锋正锐，仅凭自己手中的兵力难以抵挡，表示难以胜任此项任命。符太后与两位宰相无奈，只得赋予赵匡胤指挥汴京和北方军队的全权。赵匡胤眼见目的已经达到，立即抖擞精神，率领数万大军从汴京出发。汴京兵马，为之一振。这一天，是960年正月初三。

大军出了汴京，浩浩荡荡，好不威风。不过正值新春，将士们显然还没有从过年的欢乐中醒过神来，就被推上了前线，难免牢骚满腹，心中不平。在这样的情绪驱使下，大军行动缓慢，走了半日才行得40里路程，不得不在陈桥驿扎营。这时一个惊人的预言开始在军中流传：大军启程之日，即点检做天子之时！一想到能够不到前线送命，又能获得荣华富贵，军心开始动摇起来。

正当军士们正埋头扎营造饭的时候，大将楚昭辅看到军前散骑指挥苗训正在仔细地观察天象。这位苗训传说擅长观测天象，并根据天象做出各种预言，事后大多被证明是准确的，因而有"半仙"之称。楚昭辅上前问苗训在看什么，苗训告诉昭辅，天上有两个太阳。

昭辅一见，果然好像有两个太阳在天上闪耀，按照现在的说法是发生了日全食。苗训见昭辅看得入神，于是加油添醋地告诉昭辅，大太阳代表赵匡胤，小太阳代表柴宗训，大太阳吃掉小太阳意味着赵匡胤当代柴宗训为天子！昭辅一听，赶忙告别苗训，向官兵们报告喜讯去也。

经过楚昭辅一番加油添醋的渲染，军士们终于注意到了奇异的天象，更加相信赵匡胤是真命天子，情绪愈加激愤起来。赵匡胤却好似浑然不觉，下令将士们立即用餐，晚饭时还喝了几杯小酒，醉醺醺地回营歇息去了。

眼见得男主角一脸无辜，军士们心中凉了半截。不过五代军中从来不缺乏煽风点火、添油加醋之人，赵光义和赵普在这个节骨眼上闪亮登场了。赵普出面安抚将士们，表示愿意请赵匡胤起床接见将士们，倾听大家的心声，赵光义在一旁连声附和。士兵们素知赵普与赵匡胤关系密切，男主角的亲弟弟又在一边敲边鼓，更是来了精神。大家一起乱哄哄地向帅帐走去。

赵匡胤正在床上半醉半醒，忽闻外头乱纷纷，心下雪亮，却纹丝不动，等着赵光义、赵普等人出招。赵普等进得帐中，请赵匡胤接见将士，赵匡胤扭捏了半天，方在赵光义和赵普的搀扶下走出大帐。

将士们看到赵匡胤，齐齐下跪，大喊："请点检为天子！请点检为天子！"虽早有心理准备，事到临头赵匡胤还是惊得酒醒了一大半。此时有人从包裹里拿出一件早已准备好的黄袍，披在赵匡胤的身上。将士们一见赵匡胤身着黄袍，立即齐声高喊万岁，欢声如雷。只有赵匡胤脸上似喜还悲，阴晴不定。

古来枭雄都很擅长玩弄这类"黄袍加身"的把戏，不过稍微过火就会演砸，所以枭雄们都会在将士们情绪激昂的时候提出条件，树立自己的权威。当年高欢煽动手下士卒造反，也是前戏做得十足，先是伪造军情煽动起将士们的怒火，就如赵匡胤、赵光义捏造军情一般。等将士们义愤填膺、愿推高欢为主造反的时候，高欢立即拿乔，向将士们提出条件。将士们失去后路，只得乖乖听高欢摆布。

赵匡胤眼见火候已到，立即向将士们提出三个条件：一是不得伤害柴宗训母子，二是不得擅杀后周公卿，三是不得抢掠汴京街市。后路已被抽断的将士们心凉了半截，看来强抢汴京的洋财是发不成了。但想起拥立之功还在，不愁没有厚赏，将士们遂点头答应了赵匡胤的条件。赵匡胤身穿黄袍，大军浩浩荡荡向汴京杀来。

就在太阳升起后不久，大军就杀进汴京。柴宗训母子乖乖地交出了皇位，后周公卿仅有试图抵抗的韩通一家被杀。赵匡胤带着禁军上了金銮殿，此时已近午夜，百官被连夜劫持到大内。在武力的胁迫下，赵匡胤举行了禅让仪式。

不过禅让仪式也是要走程序的，最起码得有一篇禅位诏书。赵匡胤等人虽然准备好了黄袍，但百密一疏，居然把诏书给忘了。正急得满头大汗间，翰林学士陶谷突然从怀里拿出一份早已拟好的禅位诏书解了急。陶谷自以为为新朝立下大功，可谓开国功勋之臣，但这一举动却等于是宣告了陶谷事先知道赵匡胤等人的行为是有预谋的，让赵匡胤黄袍加身前的一番表演白做了。赵匡胤怀恨在心，后来对陶谷多加抑制。

960年正月初四，赵匡胤于汴京受后周恭帝禅让，登皇帝位，定国号为"宋"，结束了纷乱的五代。

陈桥兵变结束了，但千余年来，围绕着陈桥兵变，一直众说纷纭，争论不休。争论的焦点主要有两个：一是赵匡胤究竟是被迫还是主动策划了"黄袍加身"，二是赵光义在其中究竟扮演了什么角色。第一个问题通过以上的描述，相信大家心里已经有了谱，第二个问题且听小生慢慢道来。

赵光义原名匡义，字廷宜，是赵弘殷的第二个儿子。赵匡胤当了皇帝后，赵匡义改名为赵光义。据史书记载，赵光义和其兄赵匡胤一样，都是其母杜太后"梦日而生"的，看来天神对赵家那是情有独钟，杜太后产子忙活了两次给杜太后送上太阳。

赵光义小时候就有小大人的气概，属于孩子王的一类，众小孩都畏服于他，天生具有领导气质。赵光义从小嗜好读书，当时中原残破，古籍难寻，赵弘殷带兵征战淮南，搜罗了大批书籍给赵光义。可能是生了个胆大包天的大郎赵匡胤，给赵弘殷带来了无数麻烦，赵弘殷对赵光义的管束十分严厉，这就使得赵光义的气质与赵匡胤完全不同。赵匡胤火辣，赵光义阴柔；赵匡胤豪爽，赵光义忌刻；赵匡胤长于行动，赵光义善于谋划。赵家有了这两位爷，难怪能结束五代乱世。

在整个陈桥兵变中，赵光义忙前忙后，为赵匡胤成功受禅立下了汗马功劳。在那个寒冷的冬夜，正是赵光义的出现给了大家无比的勇气，军士们这才敢采用近乎哗变的方式给赵匡胤穿上黄袍。

宋太宗即位之后，对自己在陈桥兵变中的作用更是进行了浓墨重彩式的描绘，甚至把自己渲染成为头号男主角，老哥赵匡胤反而真的成了最佳男配角，这显然是不符合历史真实的。试想如果没有英明神武的赵大郎，谁买这个一脸书生气的赵二郎的账？直接让赵二郎自己受禅，他敢吗？陈桥兵变的真正主角是赵匡胤而非赵光义，这是显然的。

除了这些记载外，还有一种说法是整个陈桥兵变期间，赵光义在开封而不在陈桥，这种说法始见于王禹偁的《建隆遗事》，后来元朝的袁桷也提出了这个看法。尽管这个看法也有一些有力的旁证，但不要忘记，开封距离陈桥不过四十里，骑马一个多时辰就可到达。赵光义完全可以早上在汴京，下午或者晚上就到达军营，这样还可以打消后周朝廷的怀疑。兵变是何等大事，既然赵匡胤要做出一副正人君子的模样，如果身边没有一个信得过的人把关，这不是自己找死吗？所以赵光义当晚应当在兵变现场，而且将士们也只有见到赵光义才会放心大胆地参与兵变，这应该是肯定的。否则赵老大一翻脸，这些人就未上官场就先上法场了。赵光义为了老大的名声担了血海也似的干系，更担上了一个"谋逆"的骂名，所以从此以后，他理所当然地认为军功章里有你的一半也有我的一半。这也让赵光义与军队建立了紧密联系，当日的功劳更成为他日后向老大要价的最大砝码。

不过陈桥兵变也暴露了赵匡胤一个最大的毛病：矫揉造作，沽名钓誉。这个毛病在当年赵大郎千里送京娘的时候就很明显，等到了陈桥兵变的时候，这一点更是发挥得淋漓尽致。看来赵大郎这么些年英雄气是消退了不少，矫揉造作的毛病却更加严重。尽管赵匡胤为人仁厚，对百姓颇为关怀，但这个毛病却伴随他终身，不仅辜负了京娘，也使得赵匡胤在处理国务的时候连犯错误，当断不断，结果不但未能扭转残唐五代以来中原王朝势弱的局面，更误了卿卿性命，真是可叹可惜啊！

与赵普勾心斗角

从另一个方面来看，赵匡胤夺取帝位，也是历史的幸事。柴荣去世，七岁孩童继位，正是主少国疑的时候。如果柴宗训的帝位没有被赵匡胤篡夺，那么可以预料，后周帝国将迎来一个较长时间的战略收缩期，后周君臣绝不会将对外用兵作为主要目标，因为这样会明显增强军事强人的政治势力和威望。只有到柴宗训成人后，对外用兵才会提上议事日程，这个时间段大概有十年。

这十年中，不仅契丹会从"睡王"的胡作非为中逐渐摆脱出来（耶律璟在969年去世，正好离柴荣去世的时间十年），南方诸国也会在后周的收缩中渐渐恢复元气，考虑到柴宗训还有一个成长的过程，后周帝国能否还有统一中国的机会，实在是难以断言。赵匡胤夺得帝位后，至少统一南方的进程得以重新启动，而赵匡胤这样一个强势君主也使得辽国不敢干预大宋统一南方的进程。大宋王朝利用这个时间差，迅速统一南方，扭转了与辽国的实力对比，而实力对比不占优势正是五代政权面对契丹时倍感吃力的根本原因。

踌躇满志的赵匡胤一登基，就定下了"先南后北"的统一战略，将统一战争的目标指向南方各小国。本来按照柴荣的规划，北汉和契丹问题的解决优于南方诸国，或者说柴荣的战略比较灵活，南北两个方向并无定见，一切以实力对比和当时的战略形势来定夺。所以柴荣在夺取南唐大片土地、降服南唐后，毅然将战争的目标指向了辽国，并取得不菲的战果。如果不是柴荣突发疾病，大辽能否保住燕云十六州，还在未定之数。

赵匡胤看到，虽然自己登了基，内部不服的势力仍在，如果简单地继续柴荣的战略，胜利则已，如果有个闪失，那么内部必将生乱，届时自己和赵家能否全身而退，只有天知道了。柴荣对国家的掌控能力，赵匡胤短期之内是比不上的！出于这个考虑，赵匡胤暂时停止了与辽国和北汉的战争，选择了安定内部、讨伐南方。

果然不久，大将李筠、李重进先后起兵反宋，被赵匡胤一一平定。虽然平叛战争进行得很顺利，但叛乱本身就说明了后周王朝的根基尚很深厚，潜在的拥护力量不是一两天就能瓦解的。赵匡胤平定叛乱后，更坚定了对南方用兵的决心，希图建立不世功业，既能瓦解后周与柴荣的政治基础，又可以增强新朝政治势力，何乐而不为？

962年10月至963年3月，赵匡胤利用地处湖南的武平镇内乱的机会，借道荆南讨伐武平，采用假途灭虢之计，先后灭了荆南、武平，占据了长江中游，将后蜀、南唐、南汉等割据势力分隔。964年11月，赵匡胤派两路大军，北路从凤州（今陕西凤县东北凤州镇）沿嘉陵江南下，东路从归州（今湖北秭归）沿长江西进，进攻后蜀，两路大军直指成都。蜀军的顽抗先后被两路军粉碎，965年正月，后蜀皇帝孟昶献成都投降，宋军仅花66天时间就灭了后蜀。970年9月，赵匡胤派大将潘美讨伐占据两广的南汉。潘美大军一路势如破竹，971年2月，南汉主刘铩投降。

长江上游诸国皆已平定，南方割据政权只剩下下游的南唐和吴越，以及半独立的闽南漳泉割据势力。对于富饶的南唐，后周和宋朝早已垂涎已久，早在柴荣时期就一再将南唐列为打击的目标。柴荣即位后夺取了南唐淮南之地，淮南产盐，南唐用盐从来都仰仗淮南，这一下南唐不得不动用大量硬通货向后周、北宋购买食盐，国内物价飞涨，税负极重，据称民间鹅生双子、柳树结絮都要交税。

偏偏南唐后主李煜又是个风流才子，生活奢侈，百姓的负担无形中更加沉重。面对这种情况，赵匡胤认为攻取南唐的时机已经成熟，遂于974年9月发三路大军进攻南唐：东路以臣服的吴越军为主力，从杭州北上发动牵制性攻击；中路约十万大军由曹彬、潘美率领，由江陵（今湖北江陵市）水陆齐下，攻击金陵；西路军自湖口发动攻击，迫使南唐水军首尾不能兼顾，保障中路军的攻击。三路军攻击顺利，尤其是中路军一路势如破竹，10月底就攻占距金陵仅数百里之遥的采石矶。11月，宋军渡江。12月，宋军大破南唐军于金陵白鹭洲。975年2月，宋军进驻秦淮。3月，宋军进逼金陵城下。6月，润州（今镇江润州区）被吴越军攻破，金陵城被正式合围。这种情形不由得令人想起800多年后的天京保卫战，宋军作战路线与湘淮军惊人相似。10月，南唐最后一支援兵在湖口被宋军彻底击溃。11月，曹彬下令向金陵发动总攻，于11月27日攻占金陵，李煜奉表出降。由于李煜全力抵抗宋军的进攻，因而被赵匡胤封为"违命侯"，政治待遇远不如其他被俘获的南方君主。

在赵匡胤南征北讨的过程中，赵光义的权力也开始膨胀起来。赵光义虽然学文，但毕竟生于将门，大哥赵匡胤对这个弟弟又多加提携，所以赵光义的发展机会远远多于一般人。据赵光义晚年回忆，早在十六七岁的时候，赵光义即随父亲南征，驻扎在扬州、泰州一带。虽然赵弘殷并未刻意将赵光义当做武将来培养，但赵光义还是从父兄那里学到了很多军事知识和技能。

在扬、泰驻军时，赵光义多次上阵冲杀，毙敌多名。当时赵匡胤驻守六合（今南京市六合区），听到这个消息大为高兴，大大夸奖了三弟一番。不过一些现代专家认为，这个故事多半是赵光义在吹牛。不过下一个故事是比较确实的。

赵光义十八岁那年，正好赶上柴荣北伐，赵光义随着长兄赵匡胤出征，亲自感觉到了北方边境的险恶形势。北宋代周后，赵匡胤对赵光义更是大加提拔，赵光义被封为殿前都虞候，领睦州防御使。960年5月，李筠反。这是关系到宋朝生死存亡的一战，赵匡胤御驾亲征，赵光义又被任命为大内都点检，统御剩下的禁军，防守京师。

10月，赵匡胤征讨李重进，赵光义再一次担负起留守京师之责。在这段时间里，赵光义进一步巩固了自己和军队的关系。随后，赵光义被皇兄封为同平章事、开封府尹，不久又兼中书令。赵光义在权力场上春风得意，正当他试图进一步扩张自己权力之际，却遇上了一个硬茬：赵普。

赵普是幽州人，922年出生。十五岁那年，石敬瑭将燕云十六州割让给契丹，赵普家乡也在其内。赵普的父亲赵迥不愿受契丹的统治，于是带着全族南下，居住在赵子龙的家乡河北常山（今河北正定县）。二十一岁那年，为躲避战乱，赵普一族再次迁徙到洛阳，因此也算是赵匡胤的半个老乡。此时中原正乱，石重贵、耶律德光、刘知远等先后成为中原之主，汴京城头不断变换着大王旗帜。生性谨慎寡言的赵普知道，如果到东边寻求前途，弄不好把自己小命搭上去，赵普决定，到衰落的关西寻求发展。

几经周折，赵普在凤翔军找到了一个巡官的差事。不久，赵普又辗转来到永兴军，著名的长安古城就在永兴军的辖境。利用这个机会，赵普遍游长安，拜谒了唐帝诸陵。大唐皇帝陵寝共有十八座，除了乾陵外，其余十七座陵寝都被后梁军阀温韬所盗掘，珍宝四散，甚至唐朝各位皇帝的尸骨也被贼人盗走当作珍宝出售。

赵普见状，不由得泪流满面。据说赵普曾花高价购得唐太宗的脑骨，将其葬回太宗的昭陵。在关中闯荡多年的赵普突然意识到，关中已经衰落，再也无力担负起重建帝国的重任。自己的舞台应该在关东，自己的故乡！也是天从人愿，不久赵普就被调回关东，成为后周帝国的滁州判官。赵普在这里遇到了赵匡胤，从而掀开了生命中新的篇章。

当时的滁州的南唐属地，柴荣讨伐南唐，打下滁州的将领不是别人，正是赵匡胤。一个是前线将领，一个是地方官员，自然是有了交集。正好赵弘殷也在军中，突患急病，赵匡胤一时六神无主，无奈之下只得将赵弘殷托付给赵普照料。通过与赵匡胤的接触，赵普深信此人并非凡人，值得长线投资，于是悉心照料赵弘殷，感动得老人家那是眼泪汪汪啊。

为报答赵普，赵弘殷主动提出与赵普联宗，饱谙世故的赵普托词婉拒了，不过厚道的赵弘殷还是命赵匡胤以兄长之礼待赵普。赵匡胤见赵普悉心照料老父，而且为人精明有干才，就默认了这个干哥哥。不久南唐战事结束，赵匡胤和赵普双双被调往关西。

趁柴荣讨伐南唐的高兴劲还没有消失，赵匡胤赶快奏请柴荣，将赵普调往自己的幕府典掌机密。赵普被压抑已久的才华终于得到了用武之地，在他的策划下，赵匡胤在后周官场如鱼得水，在柴荣鼻子底下结交了一批将才，但并没有引起柴荣的疑心。赵大郎夺取天下的准备久矣，绝不是在那个寒冷的冬天才临时起意的！其中，赵普的智谋无疑起了很大作用。很有可能那个放倒张永德的那块"点检为天子"的木牌，就是赵普的手笔。

到了宋朝建立后，赵普的角色更是吃重，几年后就取代了范质为宰相。赵普为人崇尚实用价值，读书更是喜好涉猎史籍，对儒家经典和诸子学说却并不十分热衷。因而在大宋，赵普扮演了双重角色：一方面，赵普是开国贤相，一系列制度规章皆出其手，"杯酒释兵权"也是赵普与赵匡胤合作策划的杰作。对于重建文官政治，将宋朝政治从五代武夫政治的混乱中拉出来，赵普起了很大作用；另一方面，赵普长于吏才，短于理想，凡事以实用性为主。这就使得赵普在追求自身的政治目标的时候，有不择手段的嫌疑。特别是到了晚年，赵普更成为赵光义对付政敌的一柄短剑，干了不少伤天害理之事。

对于赵普的这个毛病，赵匡胤看得很清楚，多次规劝赵普读书，当然是指读儒家经典。赵普这才苦读《论语》，从而留下了半部《论语》治天下的美丽传说。为什么说是半部而不是一部？因为赵普始终没有成为真正的儒家信徒，学习《论语》也是从实用性角度出发。也许是因为《论语》起了作用，也许是因为争权夺利，赵普盯上了皇弟赵光义，成了赵光义前进道路上的重大阻碍。

说来也巧，赵普为相还得感谢赵光义。964年，范质、王溥、魏仁浦三人同日罢相，赵匡胤任命赵普为唯一宰相。独相这种事已经数百年未有，可见赵匡胤对赵普的信任程度。但这里却出现了一个致命的缺憾：按照制度，任命宰相需要现任宰相在诏书上签字。现在三位宰相都已被罢官，无人能够副署，赵官家的诏书就成了一纸空文。赵匡胤一时抓耳挠腮。这时翰林学士窦仪出了个主意，皇弟赵光义兼同平章事，虽说是挂名，按唐制就是宰相，由他签字就符合法定程序。赵匡胤大喜，连忙拉来老弟签名。在赵光义的背书下，赵普如愿地当上了宰相。

古话说"投之以桃，报之以李"，赵光义以为自己帮了赵普这么一个大忙，赵普应该对自己多多关照才是。未料想赵普不但对自己敬而远之，反而多有掣肘为难之处，一时大为光火。其实这也不能怪赵普，以赵普的聪明剔透，岂能悟不透赵官家①要自己独相，目的就是要牵制权力日益膨胀的赵光义？双方的冲突很快就表面化了。

964年，皇子赵德昭离开皇宫开府独居，赵匡胤打算同时封赵光义、赵德昭为王，遭到为相仅半年时间的赵普的坚决反对。封王诏书已经拟好，作为宰相的赵普坚决不肯副署，终于迫使赵匡胤收回成命，气得赵

---

① 两宋和金称皇帝为"官家"，取"三皇官天下，五帝家天下"之意。

光义够呛。赵光义万万没有想到，赵普居然以拒绝副署的方式羞辱了自己，半年前要不是自己副署，你赵普能坐上这个位置？据说赵普的理由是如果给皇弟封王，就应该先正名分，封德昭为皇太子。老天，德昭那傻小子能驾驭得住那些骄兵悍将？不怕做柴宗训第二？老大没有同意赵普的建议，说明老大心里还是有谱的。不过老大顺势将自己封王之议搁置，赵普在朝堂排名就在自己之前，太可恶了。叔可忍婶不可忍也！赵光义决心搜罗人才，培养自己的党羽，与赵普老贼放手一搏！

赵普更是一直盯着赵光义集团。赵普忧虑地看到，皇弟利用开封府这个平台，搜罗了一大批人才，对皇子赵德昭，甚至对赵匡胤本人都构成了相当的威胁。因此，赵普一直在寻求机会，打击赵光义集团。没想到官家赵匡胤最终提供了这个机会。赵匡胤自开国以来，一直对搜求人才颇为上心，结果看上了时任枢密直学士的冯瓒。为此，赵匡胤多次向赵普称赞冯瓒多才华，有奇节，能堪大用。赵普何等聪明，闻弦知雅意，知道官家想要重用冯瓒，于是对冯瓒进行了周密的调查。

这一调查不打紧，结果令赵普又惊又喜：原来冯瓒与赵光义幕僚刘嶅关系十分密切。这可是把赵光义绕进去的好机会啊！赵普立即上奏，推荐冯瓒为梓州的临时长官，暗中却向冯瓒的幕府中派出了卧底。

赵普的意思很明确：如果冯瓒识相，愿意借此机会投奔到自己麾下，就将他拉出赵光义集团，增加自己对付赵光义的砝码；如果冯瓒不识相，嘿嘿……果然不久，赵普派出的卧底就掌握了冯瓒与刘嶅进行串联的有力证据，立即逃亡到京师向赵普告发。

赵普拿到这些证据，立即进宫禀报赵匡胤。赵匡胤大怒：不争气，给朕抓过来！冯瓒被召回到京师，一到汴京就被逮捕。赵普派人到潼关扣押了冯瓒的行李，查获了大量珍玩，上面写着赠送刘嶅。这一下人赃俱获，冯瓒面对此"铁证"也无话可说，赵光义更是尴尬不已。幸好官家的怒火已渐渐平息，爱才之心又起，特加恩典，命冯瓒至登州沙门岛养马。赵普赢了这个回合。

966年，宋琪被任命为开封府推官。宋琪也是幽州蓟县（今北京大兴区）人，与赵普有同乡之谊。宋琪颇有才华，人生经历丰富，政治生涯从出仕契丹开始，曾担任过辽穆宗的侍读，后来南归仕于后周。赵光义对宋琪倾心接纳，希望宋琪成为自己的得力爪牙。没想到宋琪碍于同乡情面，与赵普也多有往来，这一下就犯了官场大忌。

赵普与宋琪来往，未必是想拉拢宋琪，恐怕更多的是要给赵光义上眼药，阻止赵光义重用宋琪。毕竟赵光义麾下虽然多的是落魄文人，像宋琪这样富有才华、深谙官场内幕、文武双全者那是凤毛麟角。恰逢此时冯瓒案发，宋琪与赵普等关系密切，被赵光义怀疑其向赵普传递消息。赵光义也是狠人，眼见赵普胆敢挖墙脚，干脆将宋琪贬到岭南任职，算是报了冯瓒案的一箭之仇。

赵光义、赵普你来我往几个回合，赵普都占据了明显的上风。朝臣们看在眼里，记在心上，赵普的权力无形中更显膨胀。967年春，赵匡胤加赵普右仆射兼门下侍郎，同中书门下平章事、昭文馆大学士等职，赵普成为货真价实的真宰相，行事愈加强横。

赵普本来就颇为强势，出任真宰相后对于选官一项是毫不放松，将此项大权牢牢抓在手里，他人不容置喙。赵普向赵匡胤推荐的官员，赵匡胤必须加以任用；有不从者，赵普必定二奏、三奏，直至赵匡胤允其所请。赵匡胤不由得对赵普渐生厌恶，但赵普却毫无觉察。

更令赵匡胤难以容忍的是，赵普这厮居然多次絮絮叨叨，请求立皇长子赵德昭为太子，消除皇弟赵光义的野心。赵匡胤不由得十分不快：德昭懦弱，你赵普这么急着要让德昭为太子，一是贪拥立之功，二嘛，是不是想在老子百年之后借德昭懦弱之机独掌朝政？经历过五代乱世的赵匡胤自然不能百分之百相信这个干哥哥，宁愿相信自己的老弟。赵匡胤与赵普的关系已产生了深深的间隙，只等着一个火星将这个火药桶点燃。

这个火星终于迸发了。974年，喜好微服私访的赵匡胤又一次来到了赵普家里。无巧不成书，正好吴越王钱俶派人给赵普送来十坛礼物，钱俶在给赵普的信中声称，送来海味十坛，聊表寸心。赵普收下礼物，还来不及拆封，赵官家就杀到了府上。赵普措手不及，只得更衣迎驾，一时来不及将这十坛礼物藏起来。赵匡胤进得府中，目光如炬的他一下子就注意到这十个大坛子。面对官家的质询，赵普只得以实相告。

赵匡胤大喜，一时兴起要尝尝吴越的海味，未想到打开坛子一看，居然是黄灿灿的瓜子金！赵普头上顿时沁出豆大的汗珠，连忙匍匐在地，向官家谢罪。赵匡胤哈哈大笑："这些礼物你还是收下吧。钱俶这小子真没眼力见，他还以为天下事都是你们这些书生决定的！"说完这些话，赵官家昂然离去，只留下跪在地上发愣的赵普。

赵普如果够聪明，第二天就应该上表谢罪，并将这些瓜子金上缴到国库，才是正理。但出身小吏的赵普此时却表现出了不该有的贪婪，居然真的将这些瓜子金据为己有，赵官家心中的愤怒可想而知。

得了这一笔横财，赵普一想，是应该改善改善生活了，于是利用这笔黄金大兴土木，营建私宅。盖房子就要木料，按照赵普那种搞法，小木料还不够，要的是大木料。当时中原已过度开发，要找大木料只能到甘陕一带采伐。可是赵官家早有禁令，不许私人到甘陕采购木料。也许是做贼心虚，赵普没有向赵匡胤申请采办木料，而是采取了走私的方式。谁知人算不如天算，奉赵普之命采购木料的小吏眼见甘陕木料众多，于是多采购了一些，运到汴京黑市抛售牟取暴利。

正愁抓不住赵普把柄的赵光义立即指使他人上告，赵官家大发雷霆，要将赵普驱逐出朝廷，幸得后周故相王溥苦苦哀求方才作罢。赵光义却不肯罢休，抓住赵普利用职权牟利的一系列阴私，不断向赵普发动攻击。时间一长，赵普圣眷已衰。结果赵匡胤一纸诏书，将赵普罢相，遣出京城。赵光义终于赢得了最后的胜利。

赵普被罢相了，收拾行李灰溜溜地离开了营建许久的豪宅。这是赵光义的胜利，但更是赵普本身素质缺陷所致。赵普此人，才胜于德，有相才而无相器，当年的小吏生涯在他身上镌刻下了过深的烙印，难以克服。赵普虽在协助赵匡胤结束五代乱局、收回藩镇兵权方面立下了汗马功劳，但赵普为人贪小利，遇事不顾大局的毛病也很明显，这也是赵匡胤要赵普学习儒家经典的原因。赵匡胤的目的就是要赵普拓展格局，培育相器，真可谓贤君所为！

与赵普相比，西汉的萧何也是小吏出身，但在萧何身上就看不到贪小利、好功名、擅长深文周纳陷害忠良等刀笔吏毛病。萧何此人，既有相才，更具相器，要不是在高帝和吕后的压力下骗杀韩信，真可谓是一代贤相，千古完人！赵普为人不像萧何，倒是更像后世的胡惟庸。

胡惟庸也是长于吏事，贪财好色，构陷忠良，胆大包天，最终为洪武帝所不容而被处死。当然洪武帝不顾刘伯温的劝阻，一意孤行选择胡惟庸为相，显然是不愿意任用刘伯温、李善长这样的国之栋梁，觉得他们碍手碍脚，这才有意选择胡惟庸这样的"劣马"，图的就是容易控制和便于处置。在充分利用胡惟庸打击徐达、刘伯温等重臣后，洪武十三年，胡惟庸被洪武帝加以谋反和通倭的罪名处死。

借着这个由头，洪武帝宣布废掉中书省和宰相一职，正式结束了中国奉行一千余年的丞相制度，前后真可谓用心良苦。洪武帝任命胡惟庸为相之日，即是胡惟庸死期将至之时！相比洪武帝于胡惟庸的帝王心术，赵匡胤对赵普的知遇之恩可谓大矣！怎奈我本将心向明月，明月一心照沟渠，赵普还是辜负了赵大郎的一片苦心。在赵匡胤身后，赵普又复为相，更是演绎了一出精彩的人性大戏，令人感叹。且听后面慢慢道来。

烛影斧声疑千古

就在赵普被赶出京城的后一个月,赵光义被封为晋王,位在宰相之上。这正是当年柴荣继位前所居的位置,无数钻营苟且之徒似乎都看到了千载难逢的押宝机会,晋王府一时门庭若市。赵光义不由得也有些陶陶然,除了在朝堂上大肆扩张势力外,竟然开始把手伸进了禁军。

赵光义派遣使节向诸位禁军将领馈赠牛酒与财物,诸将皆受赐,唯有侍卫步军指挥使田重进推辞不受。饶是如此,田重进也不敢公然向赵匡胤告发赵光义这位未来的皇帝。更为可怕的是,赵光义开始以财物贿赂大内的宫女和太监,这些宫女和太监们禁不住赵光义的引诱,纷纷成为赵光义的内线。一时间,赵匡胤成了光杆司令,他自己还蒙在鼓里!

967年3月,宋太祖赵匡胤西幸洛阳举行郊祀之礼,诏命晋王同行。在举行完郊祀之礼后,赵匡胤并没有急于回汴京,而是在洛阳的旧宫居住下来。赵匡胤见洛阳旧宫维护完好,宫室壮丽,不由得大喜,重重赏赐了监修洛阳宫殿的知河南府焦继勋。这一下令赵光义慌了神,莫非皇兄有意迁都洛阳?若果真如此,那么自己多年来在汴京的经营将化为泡影!赵光义急忙招来几个心腹,定下了应对的预案。

事情果然是朝着赵光义预料的方向发展。一日赵匡胤在宴席上,突然提出迁都洛阳,小伙伴们都惊呆了。虽然洛阳是古都,虽然汴京的确无险可守,但汴京街市繁华,人民殷富,运河更将江南的财货和美女源源不断地运来。江南无论有什么时鲜的好玩意,不出一月,肯定会流传到汴京,大小臣工们其乐融融,乐此不疲,好日子才刚开始啊!

幸福生活还没过几天,官家就要俺们到洛阳吃沙子,凭什么?凭什么！大臣们不需要赵光义动员，一下子都成了赵光义的同盟，极力反对迁都洛阳，理由就是漕运之利。赵匡胤大发雷霆，甚至提出直入关中，迁都长安，以此要挟群臣。群臣就是不为所动，反对不止。

时间一耗就是两个月，朝政荒废，官僚机构的运行受到严重的影响，这无疑给了契丹一个窥伺中原的良机。赵光义眼见火候已到，这才劝说皇兄，虽然汴京无险可守，但古人治国，向来都推崇在德不在险啊。这句话极其厉害，赵光义深知其兄好面子、爱声誉的个性，一出手就切中要害。眼见众臣不肯让步，国务又有荒废之虞，赵匡胤只得长叹一声："不出百年，天下民力殚矣！"遂放弃了这次迁都之议，回銮汴京。

一路上，赵匡胤忧心忡忡，夙夜难眠。当銮驾行至巩县（今河南巩义）时，赵匡胤专门祭祀了葬于此地的父母。赵弘殷与杜太后去世后，赵匡胤在巩县建永安陵，将父母葬于此处。虽然天气正值盛夏，一望而去满目青葱，但在赵匡胤的眼中却好似深秋景象，一片枯黄。大宋的国运啊，会不会重蹈五代短命的覆辙？大宋立国仅有二十年，灭国近十，天下初定，百姓乐业，如日中天，虽汉唐不过如此。作为一名出色的战略家，赵匡胤敏锐地看到，尽管中原内部已没有和大宋相抗衡的势力，但大宋还是有着可怕的命门：燕云十六州。况且北汉所据的山西北部尚未收复，北汉、燕云犹如两把尖刀，指向大宋的心脏——汴京。

汴京乃四战之地，十分不利于与契丹周旋，一旦契丹军大举南下，汴京是非常难以防御的。要解除这个威胁，一定要收复燕云！但收复燕云又是一项多么难以完成的任务啊！如果有个闪失，契丹军反守为攻，河北平原无险可守，汴京都会遭到围攻。迁都洛阳就可以避免这个窘境。洛阳依山傍河，对契丹铁骑的作战十分不利，将来平定北汉，洛阳再得山西关隘之助，安全更是无忧。契丹军如果胆敢南下，在守住洛阳坚城的时候，还可以兵出娘子关，截断契丹军的后路。只可惜臣子们贪恋富贵，竟耽误百年大计！

为今之计，只有以兵为险，大设禁军守卫汴京。后周之际禁军不过数万，现在禁军已有十九万三千人，地方还有乡兵十八万五千人，这样下去财政恐被拖垮！还有皇弟赵光义，此次迁都之议就可以看出，他的羽毛已经丰满，连自己都很难驾驭了。如果回京后即着手剪除皇弟的党羽，北伐燕云不知会延迟到何日？到那个时候，契丹还会给大宋机会吗？再说就算顺利剪除御弟党羽，谁能保证不会出现另外一个黄袍加身的将军？收复燕云，就是要靠这帮将军们！想到这里赵匡胤不由得苦笑起来：当年重用御弟，正是为了防止朝中有权臣坐大啊！现在坐大的反而是御弟，比这些将军们更危险。

满腹心思，满怀伤感的赵匡胤命宦官取来弓箭，在陵园神墙的角楼上张弓射去，弓箭远远落在四百步开外。赵匡胤长叹一声："人终有一死，自当有所预备。朕生不能都洛阳，死当还于故乡！今日箭落之处，就是我日后长眠之所。"于是下诏，在箭落之处立碑为记，营建陵寝。赵匡胤又在永安陵徘徊叹息良久，方才离去。

赵匡胤是回宫了，但赵光义的这颗心却提到了嗓子眼。自从赵普离京后，赵光义就以皇太弟自居，并大肆招募江湖术士和亡命之徒，组织自己的班底。现在看来，老哥未必想把皇位传给自己！此次迁都之议，明显是老大对自己不放心，已将自己在汴京的势力列为打击和防范的对象。虽然经过大伙反对，老大未能得逞，但老大将陵寝放在远离汴京、但靠近洛阳的巩县，明显是迁都之心不死。一有机会，老大还是会想办法迁都洛阳的。届时自己经营多年的势力定然是土崩瓦解，皇位更是不要想了。

更让赵光义不放心的是，自从回京以来，老大对自己更是亲密了许多。深知兄长为人的赵光义明白，这是皇兄在耍欲擒故纵的把戏：在收拾自己之前，先故意放手任用，等自己出了岔子再出手。这样既师出有名，又不伤害"圣德"，真是用心良苦啊！赵光义忧心忡忡，整日里与几个亲信谋划对策。这些亲信认为，与其等着皇帝来收拾，不如先收拾了皇帝。在他们的挑唆下，赵光义终于下定了与兄长摊牌的决心。

转眼夏去秋来，天气已是深秋。10月20日晚，明月高悬，晚云萦绕，繁星点点，鸿雁南飞，好一派清秋风光。赵匡胤身披锦袍，站在御花园赏月，突然来了兴致，诏命晋王赵光义速速进宫，兄弟二人要把酒言欢，痛醉一场。未想到却引发了一桩震惊千古的疑案。

晋王赵光义进得宫中，此时天气却已大变，大朵乌云挟着狂风从北方袭来，赵光义感到一阵阵凉意，不由得裹紧了身上的锦袍。虽然阵阵寒风刺骨，但赵光义的心却在颤抖。他感到自己的血脉在不断地偾张，不停地大口喘着粗气，脸色煞白，豆粒大的汗珠从额头上不断地流下来。眼见得就要到达皇兄的寝宫，赵光义停住了脚步，试图掩盖住自己的失态。

走在前面的宦官王继恩回过头来，意味深长地看着赵光义，摇了摇头。赵光义会意，解下系在颈上的锦袍带子，脱下锦袍递给王继恩，再细细地拭去头上的汗珠，正冠整衣，大踏步地随着王继恩进入了皇兄的寝宫。此时外面已经开始下起了鹅毛大雪。

端坐在寝宫里的赵匡胤见到赵光义，十分高兴，连忙让王继恩等送上酒菜，招呼赵光义坐到自己对面，兄弟二人开始小酌。王继恩等见状，都知趣地退了下去。宫人们将宫门关上，只敢远远地看着寝宫的门窗，以及烛光下兄弟二人模模糊糊的身影。

过了大半个时辰，赵匡胤似乎不胜酒力倒下了。赵光义站起身，踉踉跄跄地打开宫门，走出了皇兄的寝宫。王继恩赶忙上前为赵光义披上锦袍。赵光义抬起头，对王继恩使了个眼色，王继恩眼中顿时闪起一道寒光。赵光义走后，王继恩找来几个亲信的太监，七手八脚地将赵匡胤抬到龙床上睡下了。

到了四更天①，宋皇后（皇后姓宋）突然接到王继恩急报，皇上病危！宋皇后连忙跑到赵匡胤的寝宫，只见皇帝面色煞白，气若游丝，已处于神志不清的状态。宋皇后连忙大声呼唤赵匡胤，赵匡胤似乎听到了皇后的呼唤，微微地睁开了双眼，双唇不断地蠕动，好像有话要说，但哪里还能发出声音？！只见得赵匡胤的眼角渗出两行浊泪，突然低下了头。一代圣主就这样结束了生命。

宋皇后几乎当场就晕厥过去。在太监和宫女们的抢救下，皇后才恢复了意识，立即命令王继恩召皇子赵德芳火速进宫。王继恩出得宫门，并没有到赵德芳府第，七拐八拐却到了晋王府。还没到晋王府的大门，王继恩就远远望见一个人正等在门外，原来是晋王身边的神医程德玄。

王继恩跑到程德玄面前低声耳语了几句，程德玄脸色数变，立即领着王继恩进入内殿，敲开了赵光义的房门。赵光义披着衣服，揉着惺忪的睡眼走了出来，王继恩立即跪地，向赵光义报告了皇帝驾崩的消息，并告诉赵光义，宋皇后召秦王赵德芳进宫，明显是想立赵德芳为帝，请晋王火速进宫于灵前继位。赵光义大惊，推说要和家人商量，走进了内室。

这一走不打紧，竟过了小半个时辰还没出来。王继恩急了，他生恐宋皇后苦等德芳不至，另外再派人召唤德芳，这样他姓王的可就鸡飞蛋打，小命都保不住，急忙拉着程德玄闯进了内室。王继恩不顾失态，长跪在赵光义面前："晋王再不行动，皇位就是别人的了！"程德玄也在旁边连声帮腔。赵光义终于穿戴整齐，随着王继恩和程德玄进了皇宫。

宋皇后正坐立不安，焦急地等着德芳进宫，未料到来到面前的却是晋王。宋皇后如五雷轰顶，脸色苍白，一时说不出话来。好在宋皇后出身名门，知道该如何处置此事，连忙下跪啜泣："吾母子的性命，就全交

---

① 这是司马光在《涑水记闻》里记载的时间。

给官家了!"赵光义狞笑着说:"皇嫂勿忧,光义当与汝等共享富贵。"

在那个恐怖的夜晚,宋太祖赵匡胤神秘地死去,留下了千古谜团。第二天,赵光义就迫不及待地登上了皇位,并立即将年号改为"太平兴国",全然不顾古来国丧的第二年才改元的规矩。对于太祖的死因,正史记载都讳莫如深,能查找到的原始史料只有两段:文莹法师的《续湘山野录》和司马光的《涑水记闻》。文莹法师记载了那个晚上发生的前半段事情,赵光义被太祖召到宫中饮酒,兄弟二人屏蔽外人,独处一室。只见烛影下赵光义时时离席,做出不胜酒力之状。到了三更天,殿上积雪已数寸,太祖拿着心爱的玉斧戳着雪大笑:"好做,好做。"然后解带就寝,鼾声如雷。当夜赵光义也在宫中住宿。到了五更天,大家突然发现太祖驾崩,赵光义遂于灵前继位。

司马光在《涑水记闻》中力证当晚赵光义并不在宫中,但出于一个历史学家的良知,还是记载了当晚发生的后半段事情:宋皇后要王继恩到秦王府找赵德芳,王继恩却到了晋王府,在门口遇到程德玄。下面发生的事情就与前面的情节相同了。

文莹法师因为记载了已流传在上流社会数十年之久的"烛影斧声"传说,结果这本《续湘山野录》长期被宋朝皇帝列为禁书,其用心昭然若揭;司马光虽然处处为赵光义辩解,但到最后还是露出了马脚:宋后为什么不召年长的德昭,而是召年幼的德芳继承大统?王继恩为何敢于篡改宋后懿旨?为什么程德玄恰恰就在晋王府门口等着王继恩?晋王到了宋后面前,难道不是一场不流血的政变吗?整个过程都好像在赵光义的掌握当中,他是如何知道当晚宫中必定出事,并安排程德玄而不是其他人等在门口的?大宋的史书不敢说,辽人可没有这个顾忌。《辽史·景宗本纪》说得明白:"宋主匡胤殂,其弟炅(太宗)自立,遣使来告。"看来太祖的确是非正常死亡,赵光义继位属于夺立,这些应该是铁板钉钉的。

赵光义虽然得到了皇位，但难堵天下悠悠之口。从他继位的那天起，有关太祖的死因，以及赵光义继位合法性的议论就从未停止过。赵光义和他的子孙们对此心知肚明，却无能为力。恼羞成怒之下，赵光义及其后人只得封杀所有那个晚上的记录，试图将这一天从历史上永远地抹去。幸亏文莹法师不顾危险，为后人留下了关于那个晚上的弥足珍贵的记录，否则我们将永远无法知晓这些情况。

群情如此汹汹，以至于过了一百多年后，人们对赵光义的行径仍耿耿于怀。1127年，金兵攻占开封，俘获徽、钦二圣和皇族、妃嫔、宫女三千多人到北方。据野史记载，时人发现攻占开封的金军主帅粘罕长相竟酷似太祖。一时间太祖投胎向赵光义子孙报仇的说法甚嚣尘上。金兵攻占开封，赵光义子孙尽数被俘，唯有高宗赵构脱逃。赵构颠沛流离之下，失去了生育能力，皇嗣成了大问题。臣子们纷纷要求从民间寻找太祖后裔继位，赵构大为光火，一概斥之为虚妄。赵构心中还是想将皇位传于赵光义子孙。但在做了一个梦后，赵构改变了主意，决心将皇位还给太祖后人，也就是太祖后裔宋孝宗。据说，赵构在梦中遇见了太祖，太祖带着赵构见到了当日"烛影斧声"的全部场景。太祖并告诉赵构，如果你不将皇位还给我的子孙，大宋连半壁江山都保不住！在种种压力之下，赵构终于将皇位交还给太祖后人。也许从那一刻起，压在赵光义家族心上一百余年之久的大石头才终于落了地。

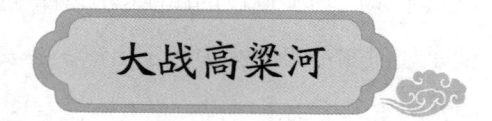

大战高粱河

赵光义踏着皇兄的尸身登上了皇位，却难以平息天下人的质疑，朝堂上文臣武将们的目光更是让他如芒在背。赵光义明白，无论是武功还是文治，自己与皇兄的差距都不是一星半点，人格魅力更是一个天上一个地下，叫赵光义这个羡慕嫉妒恨啊！老大啊老大，你已经进棺材了，咋还让文臣武将、天下百姓这么怀念呢？你给他们施了什么迷魂药，让他们对你念念不忘？咬牙切齿的赵光义多次在内心痛骂皇兄，决心要把皇兄从臣民们的心目中彻底抹去。

只可惜梦虽好，路难行，要做到这一点，必须建立起让皇兄都自愧不如的大功业才行。赵光义一拍脑袋：如果能恢复汉唐旧疆，天下人不就信服自己，忘掉老大了吗？好，就这么干！赵光义脑袋一拍，准备对外发动战争，建立不世功业。真是无知者无畏啊。

不过仗着老大的余荫，赵光义一开始还是连连得手。赵光义首先把目光转向了南方。南方诸国在太祖的不断打击下，只剩下一个半政权：割据浙江的吴越和占据福建漳泉二州的陈洪进。978年1月，吴越王钱俶在宋军的压力下，离开杭州到汴京朝觐；5月，钱俶向朝廷奉上版图、户籍，历时80余年的吴越国灭亡；闽南的陈洪进十分乖觉，知道赵光义不可能放过自己，遂于978年4月入觐朝廷，奉上版图和户籍，正式归顺大宋。不战而屈人之兵，赵光义十分兴奋，封陈洪进为武宁军节度使、同平章事，陈洪进成为大宋的荣誉宰相。首战告捷的赵光义信心爆棚，准备去捋一捋契丹的虎须，讨伐北汉。

北汉自从951年建国以来，一直都是后周与大宋的劲敌。说句实在话，北汉仅有十余州之地，土地并不肥沃，即使与只占据华北的后周为敌也不是对手，何况统一了大半个中国的大宋！但事情并没有这样简单，北汉有两记撒手锏让后周、北宋不寒而栗。

一是山西的地缘优势，二是契丹的强援。从历史上来看，自从南北朝起，山西就是出天子的地方，北魏正是据山西之地才君临天下，一统北方的；到了北魏末年，军阀尔朱荣占据山西这块要地，南下占有了洛阳，并向东镇压了河北的百万叛军，成为一代霸主；继尔朱荣后起的高欢也是长期以山西为根据地，并以此为基础建立了北齐，晋阳从此长期成为北齐事实上的首都，北齐的灭亡也是以晋阳而不是首都邺城的陷落为标志；李渊和李克用依托山西而成帝业的故事，本书在前面已做了充分的阐述。

北汉占据晋阳和山西之后，坐拥山河之险，居高临下，对汴京形成强大的冲击之势。再加上北汉的君主们学习石敬瑭的好榜样，认契丹皇帝为叔叔，每年大肆进贡，以求契丹的庇护。契丹也乐得利用北汉来消耗中原政权。正因为如此，柴荣、赵匡胤两代英主都将北汉视为大敌，多次讨伐北汉，因为契丹的支援，都未捞到太多便宜。

宋太祖有鉴于此，暂时放过北汉，而将战争的矛头对准了南方诸国，并取得辉煌胜利。在国力和资源上，大宋开始形成对北汉，甚至对契丹的压倒性优势。随着吴越国的归附，大宋对北汉战略决战的态势已经形成，即使契丹出手也很难再阻止大宋了。

979年正月，在做了周密准备的基础上，赵光义下令讨伐北汉。由于是初次对外发动战争，赵光义还是十分谨慎的。战前，赵光义与群臣做了周密的研究，认为以往讨伐北汉难以奏效的原因是辽军的驰援，如若要一举成功，必须做出围城打援的姿态，将重点放在防范辽军上。

赵光义命潘美为北路都招讨制置使，率诸路军进攻太原；云州观察使郭进为太原以北石岭关都部署，负责阻击辽军向太原的增援；孟玄莆为兵马都提辖，驻军镇州（今河北正定），防止辽军从东面援助北汉；赵光义亲率大军出镇州，做出战略进攻的姿态，防范辽军使出围魏救赵的计策，十年前辽军正是祭出这一狠招才让太祖被迫放弃唾手可得的太原城。诸路军准备停当，十几万大军浩浩荡荡地向北汉和契丹杀来。

2月15日，赵光义率宋军主力从汴京出发，直扑幽州方向。此时其他各路军俱已出发，尤其是郭进军已占据石岭关，严阵以待，准备迎击前来支援北汉的辽军。北汉国主刘继元眼见北宋大军压境，不由得慌了手脚，赶快向契丹求援。契丹慑于赵光义大军的压力，不敢派兵南下，于是把注意力放在了郭进一军身上，希望击破郭进部，打通和北汉的联系，迫使赵光义退兵。辽军在南院宰相耶律沙、冀王耶律敌烈的率领下，向着石岭关一路杀来。

辽军要进攻石岭关，白马岭是必经之路。郭进是沙场宿将，曾在964年击败六万辽军，威震北地。他率兵进驻石岭关天险后，并未据关一味死守，而是急行军占据了白马岭，在岭前的大河列下阵势，占据有利地形以待辽军。

3月16日，耶律沙率辽军先锋到了白马岭的河旁，眼见宋军正严阵以待，不由得满腹狐疑，希望得到辽军后队增援后再与宋军一决雌雄。没想到耶律敌烈自恃武勇，再加上轻视宋军，不顾耶律沙的一再阻止，率本部人马渡过大河，进攻宋军。耶律沙无奈，只得跟着渡河。郭进按兵不动，等着辽军渡过一半，突然向辽军发动进攻。辽军大败，耶律敌烈、耶律蛙哥、耶律德里等五员大将战死，宋军趁势发动反攻，一时间辽军有全军覆没的危机。恰好此时北院大王耶律斜轸率军赶到，万箭齐发击退宋军，这才将耶律沙的残部救出，退回幽州去了。郭进的大胜，为太原方向的胜利奠定了基础。

得知白马岭大捷的消息，宋军军心大振。南线宋军一路攻城拔寨，到了4月中旬，宋军已扫清太原外围，兵临太原城下。赵光义眼见辽军慑于白马岭之败，一时不敢南下，于是带着宋军主力到了太原，参加战斗。太原城下聚集了十几万宋军，兵力是北汉全部军队的几倍，对北汉军民构成强大压力。

经过二十余日的围攻，赵光义又下令掘开汾水河道，采用水攻的方法攻城。这一手果然厉害，太原城变成一片汪洋，实在无法支撑下去，北汉国主刘继元只得于五月初六开城投降。建国28年的北汉正式灭亡。

攻灭北汉的意义极其重大。它不仅意味着除了燕云地区外，中国传统疆域已实现统一，结束了安史之乱以来军阀割据、中央权威坠地的乱局，更结束了五代以来契丹对中原政局的不断干涉，为中原和江南地区的经济文化发展打下了基础。但这并不意味着攻取北汉在战略上特别是时间的选择上就无可非议。自耶律德光南侵病死以后，契丹对中原政局倾向于采取间接干预的方式，北汉成为契丹干预中原政局、消耗中原政权的天然工具。

北汉也明白，没有契丹"叔叔"罩着，自己随时会被北宋干掉，因而竭尽全国财力，孝敬契丹。只可惜北汉地小民贫，对契丹的供奉与契丹每次出兵救援北汉的消耗相比，那实在是不值一提。只不过宋朝在太祖的经营下，国势蒸蒸日上，契丹为了遏制宋朝的上升势头，只得硬着头皮地将这笔赔本买卖做下去。

在此情况下，如果能暂时保留北汉，不断地借进攻北汉来消耗契丹的实力，迫使契丹不断外线作战，宋军坐收本土作战之利，也许是更为可取的做法。只可惜赵光义急于建功，想要抵消军民中太祖的影响，结果未能远谋，过早失去了消耗契丹的抓手，为契丹消除了一个大包袱。更糟糕的是，轻松取胜的赵光义开始得意忘形，结果犯下了难以挽回的错误，彻底葬送了柴荣和赵匡胤两代英主辛辛苦苦奠定的战略优势。

攻下太原城后，赵光义开始认真地打量这座历史名城，不由得越看越惊：真是虎踞龙盘地，千古帝王州啊！它西依悬瓮山，东临汾河，地势异常险要，素有"龙城"之称。加上数十代人的经营，城墙又高又厚，难怪这里抵御了皇兄的三次进攻，成了皇兄的伤心地。

饱读诗书的赵光义分明记得，春秋末年晋国四家卿大夫瓜分了土地人口，实力最强的智伯瑶领着韩、魏两家攻打赵氏。赵氏放弃别的地盘，苦苦据守晋阳（太原古称）。晋阳城高墙厚，三家联军数年未下，最后赵氏策反韩、魏两家成功，反攻倒算杀了智伯瑶。三家瓜分了智氏的土地人口，最终演化成韩、赵、魏三国。往事历历在目，可堪为鉴！

赵光义当即下令，平毁太原城，将居民尽数迁到汾水以东的新城。在放火烧掉太原城后，赵光义又令宋军用汾水和晋祠水灌入旧太原城，千年古都晋阳变成了真正的废墟。饶是如此，山西重要的军事价值绝不是赵光义一纸诏书就可以抹杀的，赵光义还是不得不在唐明镇重建太原城，以作军事防御之用，这就是今天的太原市。为了防止太原再出现新的军事强人，赵光义煞费苦心地下令，将新太原城的街道都建成"丁"字形，"钉"住龙脉，使其难以危及赵家天下。这件事办得真龌龊，赵光义的心胸可见一斑。

这种缺德事也不只有赵光义一个人干过。580年，隋文帝在击败尉迟迥的反叛后，鉴于邺城是曹魏以来多个王朝的都城，名高位重，为防有人占据邺城起事，下令将邺城焚毁。这座曾为袁绍、曹操先后占据的都城，上演过曹丕、曹植争储大戏的都城，见证过曹丕、甄宓、曹植惊世三角恋的都城，目睹一代枭雄司马懿开始他政治生涯的都城，就这样被毁于一旦，从此再没有复兴。

虽然隋文帝干了这么一件缺德事，但并未受到过多谴责，因为文帝懂得见好就收，采取稳妥的策略，一步步解决南陈、突厥和高句丽的威胁，为百姓带来了和平。尽管他在攻取建康后，又如法炮制，毁掉了这座六朝古都，今天的南京是后来在建康遗址上重建的。志大才疏的赵光义就不同，他没有文帝的精明，更没有文帝的耐心，只知道孤注一掷侥幸取胜，给人民和后世带来深重灾难。都是帝王，差距怎么就这么大呢？

太原被攻占后，宋军将士已经疲惫，迫切希望获得赏赐，并得到休整以恢复战斗力。然而，赵光义却被太原和石岭关的胜利冲昏了头脑。在他看来，自己的功业已经直追皇兄，如果再加一把劲，夺取幽州，收复燕云，那么自己不就远远胜过老大了吗？

赵光义不傻，臣民对自己继位合法性的议论，特别是对太祖死因的推测，早已传到了他的耳朵里，在他的心中搅起了滔天的风浪。说实在的，连赵光义自己也不愿意再回忆那个恐怖的晚上，他希望将这一切永远地埋葬在黑暗中！但臣民们不愿意忘记仁厚的太祖，对太祖的深情回忆最后总归结到那个黑暗之夜。赵光义感觉有必要将自己的老哥从臣民们的心中格式化，灭北汉的胜利让他看到了这种可能。赵光义决定，兵不卸甲马不停蹄，趁着灭北汉的东风，讨伐契丹，收复燕云！

当赵光义向将士们宣布他的决定时，满以为会受到将士们的欢呼，没想到迎接他的却是死一般的寂静，曹彬、潘美等宿将也都缄口不言。赵光义异常恼火，不顾众人的无声反对，坚持伐辽。疲惫的大军被迫重整精神，踏上了一段必败的征途。

6月13日，十几万宋军从镇州向北推进。心怀不满的宋军行动缓慢，一开始就误了战机。20日，宋军攻占岐沟关，在涿州胡翼河一带与辽军展开遭遇战，取得小胜后于次日占领涿州，兵锋直指幽州。耶律沙等带着白马岭败军一直监视着宋军的行动，在与增援幽州的耶律奚底一军会合后，更是增大了对宋军的压力。在宋军攻占岐沟关的当天，耶律沙和耶律奚底部在沙河被宋军击败，不得不退守清河以北。宋军不肯罢休，又向耶律沙等发动攻击，希望肃清幽州周围辽军，为攻占幽州创造条件。这时出来救场的又是耶律斜轸。耶律斜轸采取诱敌深入的战术，击败了宋军，稳住了辽军阵脚，为辽军的反攻创造了条件。

虽然宋军败于耶律斜轸，但宋军包围幽州的态势却是辽军短时期内无法改变的。数日内，十几万宋军将幽州城包围得水泄不通。25日，宋太宗下令攻城，幽州辽军在韩德让、耶律学古等的带领下，拼死抵抗宋军的进攻。宋军运用了各种攻城器械，日夜不停地发动进攻，并对城内汉族军民展开攻心战。此时辽国统治燕云已四十余年，汉人民族意识虽大不如前，但毕竟还未彻底磨灭，宋军的攻心战起到了不可忽视的效果。幽州城内外交困，万分危急，指日可下。赵光义建立千古帝业的梦想眼看就要实现了。

可惜的是，赵光义遇到的不是"睡王"耶律璟，而是大辽的出色君主辽景宗耶律贤。面对宋军咄咄逼人的进攻，耶律贤并未惊慌失措，而是冷静地寻找宋军的弱点，伺机反击。耶律贤通过缜密分析认为，宋军远来疲惫，利在速战。如果盲目派出军队与宋军决战，正中赵光义下怀。最佳方案莫过于坚守幽州的同时，利用骑兵优势，命耶律沙等不断骚扰宋军，使其不能全力攻城。等到宋军疲惫时，再派遣主力一举击溃宋军。为执行此作战方案，耶律贤派出了最精锐的五院军，由耶律休哥率领，会合耶律沙诸军进攻宋军。耶律贤人如其名，事情果然按照他预测的方向发展。

七月初六，耶律沙部辽军已距离幽州城西北十余里，对进攻幽州的宋军造成严重威胁。赵光义无奈，只得亲率宋军主力迎战辽军。双方在高粱河附近相遇，耶律沙部故意退却，引诱宋军进攻。不习兵事的赵光义果然中计，驱使宋军向辽军发起进攻，未想到耶律休哥、耶律斜轸两部却从两侧杀将出来，向着宋军薄弱的两翼发起猛烈的冲击。

宋军大败，被斩首万余级。赵光义屁股上被射中两箭，失去了骑马的能力，不得不坐上一辆驴车狼狈奔逃。耶律休哥得势不饶人，紧紧追杀宋军，宋军大溃，几乎没有一支完整建制的部队。更要命的是，赵光义逃窜后数日没有消息，众将以为皇帝已经罹难，禁军将领石守信等人甚至准备立太祖长子赵德昭为帝，后来知道赵光义已经逃到宋辽边境方才作罢。7月28日，赵光义回到了离别数个月之久的汴京。

高粱河之战留给人们无尽的思考。尽管传统观点都认为，高粱河之战是宋军的一场惨败，但从这场惨败之中可以看到，尽管宋军遭受重大损失，但死者不过万人，大部分宋军还是逃脱了辽军的围捕，顺利地回到了宋境。这至少可以说明两个问题：其一，辽军战斗力与辽太祖、太宗时代相比，已经有所下降。其二，宋军战斗力没有人们包括宋军自己想象得那么差。一般说来，北方游牧民族建立政权后，由于部落军队已转化为王朝军队，就很少再相互攻杀，从而失去了宝贵的练兵机会，战斗力自然有所下降，特别是王朝建立后50年更是如此。辽国到高梁河之战已经建国60余年，除了耶律德光入侵中原之外，再也未经大战，战斗力下降也是很自然的，只是中原人仍生活在耶律德光入侵中原所造成的恐惧之中，错误地将高梁河之战的辽军仍看成当年的那支辽太宗麾下的无敌铁军。

五代以来，中原在不断地混战，军队和军人的素质在不断提高。特别是柴荣和赵匡胤建立了一支精锐禁军，更是将军人的素质提高到空前的地步。据江少虞的《事实类苑》记载，赵光义身边的卫兵能拉开一石六斗的大弓，令党项君臣大惊。正是有这样一支精锐的部队，宋朝才多次击败辽军，并在高梁河之战且战且退，基本是保全了主力而还。

高梁河之战充其量只是一场击溃战而远非歼灭战，考虑到宋军远离本土，连续作战，对手拥有骑兵优势，又因为在灭北汉之战中有功未赏而心怀怨气这些不利因素，只让对手歼灭万余人已经很不简单了。通过史料的分析可以看到，辽军的兵力调配和战略战术已经接近最优化，而宋军能改进的地方那是太多了，如果由宋太祖来指挥这场战役，绝对不会这么浪费宋军的优势，取得胜利也是很有可能的。

从经济的原因来说，当时天下刚刚平定，战乱的创伤尚未恢复，亟须休养生息。为了消灭北汉，从2月到5月，几路大军已消耗粮食20余万石；赵光义临时起意攻打辽国，军粮需求量一下子猛增，到7月底累计消耗粮食近60万石！这对国家经济的压力可想而知。如果赵光义在灭掉北汉后肯耐住性子，见好就收，休养生息几年后再进攻辽国，胜算肯定大增。当然，这还要建立在他老人家不要御驾亲征的基础上，他的临阵指挥能力与太祖相比，那是一个天上一个地下。

从强宋到弱宋

982年，一代英主辽景宗耶律贤驾崩，太子耶律隆绪继位，这就是辽圣宗。隆绪年幼，母后萧燕燕临朝称制，大臣韩德让和耶律斜轸辅佐，颇有些晚清"恭亲王议政，母后垂帘"的味道。据说韩德让与萧燕燕关系非同一般，两人在早年就是情人关系，后来萧燕燕被辽景宗选为贵妃，两人虽怀衷情，却犹如牛郎织女，难于相见。

萧燕燕三十岁就当上太后，自然需人辅佐，韩德让这位老情人当然是义不容辞，不但白天帮着处理军国大事，晚上还给太后暖炕。太后为了方便往来，竟派人毒死了韩德让的妻子。两人出则同车，坐则同席，寝则同榻，关系亲密异常。

好在大辽主要疆土都在塞外，大伙见怪不怪，倒是前来出使的宋朝使臣感到大开眼界。甚至有传言说萧太后与韩德让已秘密结为夫妻，皇帝耶律隆绪也将韩德让看成父亲，"以父事之"。这些桃色新闻传到大宋，立马变成家喻户晓的谈资。

大家对异国皇宫的桃色新闻津津乐道，还纷纷加油添醋，编造出许多无中生有的细节，比如辽国贵族如何痛恨韩德让啦，小皇帝又是如何仇视干爹啦，萧燕燕又是如何秽乱深宫，导致上下离心啦，就差没编排出小皇帝派人到大宋借兵准备灭干爹一道了。这些市井流言传得沸沸扬扬，很快便传到了对舆情高度敏感的赵光义耳朵里。

离高梁河大战已经好几年了，但在赵光义心中，这场大战无时无刻不在进行。多少次在睡梦中，赵光义都感到自己又来到了高梁河战场，那种血腥的场面总让他在大汗淋漓中惊醒。在这场战斗中，赵光义屁股上挨了两箭,虽然经御医精心调治,但一到阴天,伤口总是隐隐作痛。每当此时,赵光义总是揉着伤口,大骂耶律贤、耶律休哥、耶律斜轸,还有石守信、曹彬这些己方将领,最后还要加上老哥赵匡胤。骂归骂,场子还是要找回,赵光义无时无刻不在等着机会,准备向辽国发动复仇战争,一举夺回燕云十六州。辽景宗的去世,萧太后的"秽乱深宫",让他认为机会正在招手。

986年1月,在未做好充分准备的情况下,宋太宗再次决定北伐。进攻时间的安排也是煞费苦心,宋军特地选择冬天进攻辽国,是想趁草枯马瘦、辽军骑兵战力不彰的时候,遏制辽军在骑兵上的优势。老将曹彬被任命为幽州道行营前军骑水陆都部署,率领宋军主力沿雄州、霸州方向进攻幽州,彰化军节度使米信等从雄州出发牵制辽军、掩护主力,这两支军队组成了东路军;田重进为定州都部署,率军从定州直扑飞狐城,此为中路军;潘美、杨业等率兵从雁门关出发,兵锋直指云州、应州、朔州,此为西路军。三路大军浩浩荡荡,向着燕云十六州方向杀来,大有不达目的誓不罢休之势。

辽国军政巨头们得知宋军大举北伐的消息,并不慌忙。萧太后在韩德让的辅佐之下,下令耶律休哥负责幽州方面的防御,征集诸部及驻扎高丽的辽军增援幽州;枢密使耶律斜轸被任命为山西兵马都统,率兵迎击潘美、杨业一路;派兵把守海岸线,防止宋军从海上发动进攻;萧太后与耶律隆绪亲自出征,驻军驼罗口(今北京南口),居中调度诸军。辽军还是使出老招数,不与宋军在山地多加纠缠,而是诱敌深入,将宋军引诱到平地,发挥骑兵的优势,击垮宋军。激烈的战斗就这样展开了。

应该说宋军此次进攻一开始还是比较顺利的。辽军没有料到宋朝居然敢在没有充分准备的情况下发动奇袭,加上萧燕燕—韩德让—耶律斜轸三角核心的权威尚未充分树立,一时间连连败北。潘美、杨业率兵从雁门关出发，一路势如破竹，先后攻陷寰州（马邑）、应州（山西应县）、云州（山西大同）、朔州（山西朔县），至此代北诸州皆被宋军攻陷；田重进的中路军在飞狐口与辽军激战，大败辽军，活捉辽将大鹏翼，追击辽军50余里，乘胜攻下蔚州。至此中、西两路宋军取得了辉煌的胜利。

消息传到大辽中枢，举国震动，萧太后忙令名将耶律斜轸都统各路兵马，萧哒揽为副都统，反攻蔚州。耶律斜轸在安定遇到了宋军贺令图部，大败宋军，斩首数万级，又设伏击败援救蔚州的宋军，攻下了蔚州，初步稳定了战局。耶律休哥也在幽州厚集兵力，准备伺机反击曹彬的东路军。

萧太后、韩德让、耶律休哥等非常清楚，击垮宋军的关键在于挫败东路宋军。只要曹彬一路被打败，另外两路宋军也会缺乏支撑，其所占领的地区就会变成与宋朝本土隔绝的"飞地"，从而难以抵挡辽军的进攻而溃退，因而辽方采取了集中兵力打击东路军的方案。正在此时，曹彬的失误却给了对手千载难逢的良机。

曹彬是宋军老将，曾多次指挥平定南方诸国的战役，功勋卓著。特别是曹彬为人廉洁，有长者之风，攻下南唐后禁止宋军屠掠，深得江南人心。有一件事情可以说明曹彬的为人：李煜投降宋朝后，曹彬当即进宫面见李煜，劝说李煜多多收拾金宝，以供日后生活之资。李煜慌乱之下没有听劝，结果到汴京后生活多有困窘之处，这才感念曹彬的宽厚。

但像曹彬这样的人，打强度不高的国内统一战争可以，但在燕云地区与强大的辽军周旋，面对辽军的骑兵优势，这就需要主帅具有高度的临阵应变能力，恰恰不是曹彬这种君子所长。古语云"慈不掌兵，义不理财""君子可以欺之以方"，说的就是这个意思。东路军听说其他两路均取得大胜，一时间人心浮动，将士们眼见中、西路袍泽立功眼红，纷纷要求曹彬向辽军发动进攻，以免让中路军和西路军抢了头功。在将士们的喧嚣下，曹彬也失去了主心骨，稀里糊涂地同意将士们的建议，这一下就把东路军推进了万丈深渊，更让雍熙北伐一败涂地。

本来曹彬部已攻下涿州，结果十几天就吃光了军粮，不得不放弃涿州，退守雄州以待军粮。消息传到赵光义那里，赵光义这时突然开了窍，急命曹彬离开雄州，率兵沿白沟河与米信部会合，举大兵以制约辽军主力，为中、西两路军的军事行动创造机会。等中、西两路军尽得幽州以北土地后，再南下与曹彬会合，与辽军主力决战。

这一战略意图如果能实施，即使不能取得全功，至少能重创辽军主力而还，从而削弱大辽的国力，为今后夺取燕云十六州创造条件。结果曹彬在将士们的鼓动下，头脑发热，带了五十日军粮，轻装前进攻打涿州。此时萧太后和小皇帝已在涿州近郊扎下大营，听说曹彬率兵来攻，正中其下怀，立即派名将耶律休哥率兵在沿途不断骚扰宋军，结果宋军花了足足二十天时间才到涿州，迎头一望，耶律休哥已率兵在涿州城南建下营寨，以待宋军；萧太后和小皇帝也率精兵从驼罗口赶来。这时曹彬部军粮已经所剩无几，盛夏酷暑难耐，只能带着涿州百姓退兵。现在该轮到辽兵出场了。

宋军一路溃退，不成队形，辽军趁机大肆追杀，宋军只剩招架之功，已无还手之力。五月初三，辽军在岐沟关追上宋军。经过数十日的折腾，宋军已精疲力竭，只得将粮车结成环阵，防御辽军的进攻。耶律休哥不愧为名将，他没有选择啃这块硬骨头，而是派兵将宋军团团围住，另派一支奇兵断了宋军的粮道。

当夜，曹彬、米信抛弃大军，带着数骑逃跑，宋军一溃千里。曹彬等搜罗残兵，连夜渡过拒马河，在易水以南扎营。正当造饭的时候，耶律休哥率辽军赶到，宋军又是一溃千里，大量士兵被淹死在拒马河中。眼看宋军就要全军覆没，幸亏宋将李继宣率军力战，这才击退辽军追兵。

宋军死者过半，据《辽史·耶律休哥传》记载，"沙河为之不流"。耶律休哥向萧太后建议，乘胜追杀到宋境，夺取黄河以北土地。萧太后明智地拒绝了这个建议。为了抚慰耶律休哥，萧太后特地加封耶律休哥为宋国王，以示对宋朝的羞辱。

辽军在解决了东路军后立即回军，将矛头对准了中路军和西路军。田重进部眼见不妙，连忙撤退，辽兵追杀不及，只得作罢。现在只剩下西路军尚未遭到致命打击。西路军虽然占据了云、应、寰、朔四州，但在辽军的步步紧逼下，赵光义不得不下令撤军。8月初，潘美、杨业奉赵光义之命，掩护四州民众内迁到宋地。此时大量辽军已都在向云、应、寰、朔四州集结，宋军能逃出生天已属不易，何况还要带上四州吏民！很快寰州就被辽军攻占，宋军一时陷入危机。

在这个危急关头，杨业提出，从大石路出兵，先派人密告云、朔守将，做好撤退准备。大军离开代州之日，云州的部队先出发，杨业部驻扎在应州，吸引辽军来攻，此时即令朔州吏民出城直入石碣谷。再在谷口部署三千弓箭手，骑兵负责在中路支援，三州民众就可以万全。

这本来是一个很具可行性的策略，但遭到了小人的反对。这个小人就是后周故相王朴的儿子，西路军监军王侁。王朴生性严谨，深具威望，当年太祖为后周臣子的时候，最忌惮的就是王朴。只可惜王朴去世较早，否则太祖未必能夺天下。有了这么一个出身，王侁本来未必能够有太大发展，但王侁鸿运高照，早早就搭上了赵光义，成为晋王府要人，自然被赵光义授以监军重任。

王侁在这个节骨眼上跳将出来，指责杨业怯战，要求直接进攻寰州，与辽军决战，获胜后再掩护百姓撤退。王侁代表的是赵光义，他的话分量很重。相比之下，杨业不过是一介降将，意见再正确，哪能和口衔天宪的王侁相比？在这个时候，主帅潘美的意见就有一锤定音的效果了。

潘美却有意地保持了沉默。作为一名久战沙场的将领，潘美不可能不知道杨业的计划是可行的，但多年的恩怨却让他不愿意附和杨业的观点。杨业原是北汉大将，骁勇善战，北汉国主特赐国姓"刘"，并加上皇帝的排行"继"字，改名刘继业，老百姓因而也称杨业为"杨继业"。赵光义早听说杨业善战，特地任命杨业为右领军卫大将军、郑州刺史，将汴京的西大门交给他，以示恩宠。

不久，杨业又被任命为代州刺史，到山西老家抗击辽军。鉴于杨业的降将身份，赵光义授予他独立兵权，又将他派回老家，的确是另眼相待。但这并不意味着其他的宋军将领都和赵光义一样想。杨业为北汉大将时，曾多次领兵与宋军作战，彼此结下很深的仇怨。后来杨业镇守边关，又屡屡击退辽军进攻，辽军畏惧杨业，称杨业为"杨无敌"，更让潘美等宋军将领不是滋味。在杨业急需潘美支持的关头，潘美一言不发。

杨业一看潘美的态度，心中透亮，不由得激愤异常："杨业本是降将，本不该苟活至今，此番正是杨业死期！"立即表示愿意接受王侁的计划，率领本部人马迎战辽军。临行前杨业与潘美、王侁等约定，杨业军与辽军且战且退，诱敌至陈家谷口，潘美、王侁等带领步兵和弓箭兵支援。只要辽军到了陈家谷，万箭齐发，辽军必然退去。潘美、王侁等允诺，杨业这才带兵离开。

潘美和王侁带着步兵和弓箭手候在陈家谷口，不停地派出斥候打探消息。探马来报，杨业军与辽军大战，辽军败退，杨业率兵追杀辽军去了。王侁一听，马上急不可耐地要带着本部人马前去争功。潘美不能阻止，只能和王侁一起离开陈家谷口。途中王侁等突闻杨业中了耶律斜轸的埋伏，陷入重围，王侁、潘美不由得慌了手脚，竟然带着宋军主力开溜，扔下杨业不管了。杨业杀出重围，且战且退，一直撤到陈家谷口，发现陈家谷口竟然空无一人，顿时产生被潘美、王侁出卖的感觉。此刻辽军已追至陈家谷口，杨业只得返身再战，在杀伤数百辽兵后，杨业中箭被俘。

杨业纵横北方三十余年，威震天下，即使是在北汉任职的时候，对契丹也从来不假以颜色，契丹人对杨业那是又怕又恨。此番陈家谷之战，萧太后和耶律斜轸特下军令，必须活捉杨业。杨业被俘后，被执送到耶律斜轸面前。

耶律斜轸一见杨业，火冒三丈："汝与我国角胜三十余年，今日何面目相见！"这话明显就是在羞辱杨业未能战死沙场，不该贪生被俘了。原来杨业在北汉时驻守雁门一带，经常与抄掠边境的零星辽兵发生冲突，从未吃亏，辽兵上下甚是愤恨。可怜杨业，以一身敌辽、宋二强国，威震天下，却得罪了两国将士，将自己逼到了绝地。虽战功赫赫，于己身又何益哉？也许正是出于这种心情，杨业噤口不言，更拒绝了辽国的招降之意。绝食三日，箭伤发作而死。

杨业的英雄行径和英勇就义，得到了辽、宋两国百姓的赞叹和怜惜。辽人特地在古北口为杨业修建庙宇，纪念这位坚贞不屈的英雄。宋人更是痛惜杨业的遭遇，赵光义为此将潘美降官三级，并将王侁发配到远恶军州。后人怀念杨业这位抗辽英雄，编撰出无数动人的故事，歌颂杨继业、佘太君、杨六郎、穆桂英等抗击外敌的杨门英雄。《杨家将》成为中国民间的口传史诗，代代流传，鼓舞了无数中华儿女为国尽忠尽节，成为中华民族永久的精神财富。杨老令公地下有知，当大感欣慰。

杨业的壮烈牺牲标志着雍熙北伐的失败。从此宋朝失去了开国之际咄咄逼人的上升势头，辽国在宋辽关系中的地位由被动转到主动，并主导宋辽关系一直到金朝兴起。在中国历史上，从未有过其他朝代像宋朝那样，这么早就结束了自己的青春期和梦想，在开国不到三十年间就由扩张转为收缩。甚至可以毫不客气地说，高梁河之战和雍熙北伐正如两把尖刀，将大宋的帝国梦想彻底阉割，自此大宋君臣不敢再言北伐，不得不默认辽朝与自己共享中华正统的地位。

两次北伐的失利，对宋朝的国运起到了不可估量的破坏性影响。本来中原混战从黄巢算起，一直到雍熙北伐已近百年。天下残破，满目疮痍，百姓流离失所，农业生产荒废，这些都不是一朝一夕就可以解决的事。要改变这种状况，当政者必须有大智大勇，先安抚内部，恢复生产，抚恤军民，然后开疆拓土，再致太平。这在中国历史上屡见不鲜。

汉初高帝定国，面对匈奴的强大压力，高帝明智地没有选择与匈奴硬拼，而是暂时忍辱负重，承认匈奴在东亚的霸主地位，换来了几十年宝贵的休养生息时间。此后高帝平定韩信、彭越、英布等可能重新挑起内战并能为匈奴利用的割据势力，又采用"白马之盟"之策为皇嗣的稳定传承做了妥善安排，这才放心地撒手归西。

吕后延续了高帝的政策，国民经济迅速恢复，国家初步恢复了实力，开始具备了与匈奴一争短长的资本。文帝、景帝解决了诸侯国尾大不掉的问题，秦末汉初强势的齐、楚、梁、赵、吴等诸侯国开始被削弱，匍匐在中央的权威之下。中央的威信彻底树立，军令、政令宣告统一，这才在汉武帝时代向匈奴发动反击，时间距高帝"白登之围"已经过去了将近70年！

汉朝诸位帝、后深谋远虑，费尽心机与匈奴周旋，忍辱负重，不逞一时之快，积极恢复生产、发展经济，积蓄了强大的国力。这才对匈奴反击成功，奠定了中原王朝近2000年的霸业！宋初的形势与西汉相比那是不可同日而语。汉初囿于国力限制，不得不与匈奴和亲！

大宋创立之初，辽朝就对大宋颇为忌惮，多次向大宋表达修好之意。甚至在太祖驾崩之际，辽朝君臣还表示哀悼，并献上宝物，葬于太祖陵寝之内。这完全是一种表示平等友好的姿态，而且大宋平定南方诸国的武功，早已令辽朝忌惮，不敢轻拽大宋虎须，底线只是要求大宋不要染指燕云而已。这种有利的战略形势，当年的高帝、吕后岂能望其项背！

要解决燕云问题，只有先稳住契丹，同时积极发展经济，增强军力，并确保西北产马之地握在手中。等数代人之后，中原军力国力远胜辽朝，自然能够以实力为后盾，通过和平赎买的手段收回燕云，至少能迫使辽国归还燕山以南土地。如此大宋不难成为继汉、唐而起的另一个强大王朝。太祖生前即有此规划。宋初，太祖将缴获各国国库资财集中储存，别设一库，称"封桩库"。太祖曾告诉近臣：

"军旅饥馑，当预为之备，不可临事厚敛于民；石晋苟利于己，割幽燕以赂契丹，使一方之人独限外境，朕甚悯之。欲使斯库所积满三五十万，即遣使与契丹约，苟能归我土地民庶，则当尽此金帛充其赎值。如曰不可，朕将散滞财、募勇士，俾图攻取。"

这项政策的意图就是不断积蓄国力财力，待时机成熟再与契丹决战。说实在的，北方游牧民族政权最害怕的正是中原王朝挟雄厚的人力物力与之决战，并对其采取分化瓦解的政策。匈奴、突厥等无一不是栽倒在中原王朝的此项政策之下。只可惜赵光义为了解决自己继位合法性的问题，不顾客观条件，早早地与辽朝硬拼，结果大宋永远地丧失了统一华夏、奄有四海的机会，辽、宋也成为中国历史上一个另类的南北朝时期，实在是令人感叹。如果太祖能多活十年，大宋的历史必将完全改写。太祖皇帝真长策，奈何苍天不假年！

不仅于此，赵光义的毛躁性格还给中原王朝带来了一个致命的后患，那就是坐视西夏的崛起。西夏是由党项人所建，在1038年元昊正式建国称帝以前，党项人就逐渐在西北站稳了脚跟。党项人早在贞观年间就依附唐廷，被唐廷安置在今宁夏、甘肃一带。唐与吐蕃为争夺陇右地区的控制权，曾经征战百年，党项人夹在中间，吃尽苦头。好在经过韦皋多次打击之后，吐蕃国势衰落，党项人才有了出头的机会，逐步控制了西北一些重要据点。

黄巢起义军攻占长安后，唐僖宗诏令党项人出兵进攻黄巢军。党项领袖李思恭认为这是一个扩张势力的好机会，于是积极率兵进攻黄巢，为剿杀农民起义军立下汗马功劳。为了嘉奖李思恭，唐廷加封李思恭为夏国公，封夏州节度使。不久，李思恭病逝，其弟李思谏被唐廷封为定难节度使，控制绥、夏、银等州，成为割据一方的势力。

朱温将唐帝和朝廷劫持到洛阳之后，关中近乎被中原朝廷废弃。党项人趁机大力扩展势力，整个西北几乎无人能制。在这个时期，中原群雄忙着相互杀伐，契丹人还隔三差五地来打打秋风，汴京朝廷对党项人在西北的坐大采取了默认的态度，甚至为了利用党项人的力量而对党项军阀大加纵容，更助长了党项军阀对汴京朝廷的蔑视。

太祖建立宋朝后，明智地对党项人采取了既承认现实，又对其势力采取限制的措施。党项人的发展受到遏制，不得不对大宋称臣。太祖作为一名伟大的战略家，早早就看到北方边境的危机，根源即在于东北、华北和西北的屏障尽失。在这种危急的情况下，大宋还能保障中原特别是汴京的安全，无疑仰仗的是强盛的国力和建国不久的朝气。但如果西北问题解决不好，大宋就有成为失去东北、西北的"维纳斯"，还被北汉"黑虎掏心"的可怕后果，如何避免这种情况的出现？

在契丹、北汉和党项这三个敌人中，最薄弱的无疑是北汉，其次是党项，最后才是契丹。解决这三个对手，也应该遵循这样的顺序。太祖有生之年对解决契丹问题的谨慎，还有策划迁都洛阳的计划，显然是包含了这层考虑在内。与大宋相比，党项局促一隅之地，物产并不丰富，解决起来花费的代价并不大。只要解决党项，就可以掌握河西产马之地，宋军与辽军角逐也就有了更多的胜算。

只可惜宋朝都城局促在开封一隅，对远在西陲的陇右根本就顾不上。也难怪，面对契丹铁骑的威胁，谁在开封建都也要把河北看成国防上的重中之重。但奇怪的是，既然明知道开封不利于防御契丹铁骑，那为什么赵光义不把都城迁到洛阳？都城一旦迁到洛阳，朝廷自然会将目光转向关陇，对党项的压制和约束肯定会加强，西北产马之地也可以留在大宋手上，宋军与辽军周旋也就有了更多的资本。

赵光义害死太祖后，硬着头皮不迁都，显然是出于不愿意承认老哥的战略眼光胜过自己，进而维护自己政治利益的需要，结果失去了制约党项的历史性机遇。尽管在他的压制下，党项首领、定难节度使李继捧被迫交还夏、绥、银等五州之地给宋朝，但党项豪强在李继捧堂弟李继迁的带领下造反，于985年斩杀宋军将领曹光实，夺取了银州，并在次年接受了辽朝的册封。党项正式取代了北汉的地位，成为辽朝削弱宋朝的工具。这样一来，在与辽朝的周旋中，宋朝的地位更显被动。

随着党项的坐大，宋朝的边疆形势更显恶化。特别是李继迁之子李德明先后击败吐蕃和回鹘，占领了整个河西走廊，对中国历史的走向产生了不可估量的深远影响。河西走廊本是汉武帝所开拓的领土，至此全部沦为异域。陕北成为新的边疆，秦穆公以来中原政权在西北的开拓成果毁于一旦。宋朝在东北、西北两线都处于极其不利的地位，更为可怕的是，这两个敌人联起手来，你来我往，轮番对宋朝发动攻击。北宋在与这两个敌人的周旋中，晕头转向，元气大伤，结果在1127年被金人所灭。赵构逃到南方建立南宋，西北边地扔给了金人。

具有讽刺意味的是，南宋因为不再与党项建立的西夏接壤，得以一心一意对付金人，战略环境反而有所改善。结合明末的情况，当时明廷要同时对付关外的清军和西北的大顺军，结果两线作战力不从心，终于覆亡。这就是说，对于中原政权而言，虽然真正能建立统一王朝的力量来自东北，但西北的对手经常能比东北的对手消耗中央政权更多的资源，从而给中原政权造成更重的内伤。这从唐朝受迫于吐蕃、宋朝受窘于西夏和明朝亡于大顺就可以看出。

赵光义的军事冒险遭到了可耻的失败。按照一般人的看法，赵光义应该有所收敛、痛改前非才是。不过赵二不能这么做，这么做就等于向天下人宣告自己能力不如老哥，进而会动摇自己皇位的合法性。怎么向天下人解释太祖去世以来赵宋在军事上所受的一连串失利？换了一般人肯定要做自我批评，但心中有愧又有鬼的赵光义敢吗？这的确是一个难题。但赵二何许人也，这点小事儿还能难住他？赵二一拍脑袋：有了！

赵光义的解决办法就是：万方有罪，不在朕躬。既然朕在战场上从契丹手上讨不了便宜，那么朕也不会容许其他将领打败契丹！这样就不是俺赵老二无能，是大宋的将领和士兵无能，还有辽国的兵马太厉害，这才让爷一再吃瘪。

赵光义开始有意无意地渲染辽国兵马的厉害，对于朝野上下的"恐辽症"，赵光义不是想办法去消除，而是暗地里煽风点火，让大家误以为辽国果真天下无敌。其实大宋只要按照太祖的策略，一方面强化国力，经略西北，另一方面再以财货迷惑、腐化契丹，不需20年，契丹国力必将大幅下降，毕竟届时契丹已立国近百年，中国历史上很少有一个王朝在立国百年后还能在军事上保持开国时强势的。

一个典型事例就是金朝立国百年后，45万金军在野狐岭之战中被成吉思汗的10万精骑击溃，损失兵力近20万。金军嫡系主力崩溃，从此不得不依靠汉族地主武装来对抗蒙军。如果赵光义不轻举妄动，北伐大有可为！可叹的是，赵光义设下的"辽兵不可战胜"的迷魂阵，至今尚在蒙蔽着许多人的心灵。

不仅如此，赵二开始启动他那天才的大脑，想出许多约束武将的天才创意：第一，将军们被剥夺了指挥的权力，只能处处听从赵二的安排。每次出征前，赵二总要画出阵图，交给将军们，将军们必须按照阵图布阵，否则就是抗旨，后果很严重。这些阵图都是出自赵二天才的创意，至于是否和当地地形契合，对不起，不在其考虑之列。第二，将军们被剥夺了对下属的统帅和处置的权力。平常将军不管军队，战时才被临时授予指挥权,当然这个指挥权已被赵二架空,将军们仅仅是代表皇帝统率军队而已。兵不识将,将不识兵,安能不败?第三,不许将帅设置亲兵。自古以来,军队将帅的亲兵甚至家丁总是作战能力最强的,将帅们只有掌握一支精兵,才能有效统御军队,否则连命都保不住,何况指挥军队?当年宋义、项羽带兵救援赵国,宋义没有亲兵,结果轻易地被项羽杀害,由此可以看出亲兵的重要作用。成吉思汗统一蒙古后,选取最精锐的一万人组成怯薛亲兵,在这支无敌精锐的监督下,蒙古大军这才铸就了一段段战场传奇。第四,设立监军监视将帅,将帅好似囚徒,一举一动都在监军眼皮底下,怎敢乱说乱动?这样的将军长期谨小慎微,临机作战和胆气必然退化,宋军面对契丹、党项军队像一群绵羊,也是可以理解的了。第五,重文臣而轻武将,武将在品级方面被置于文臣之下,并且不得出任宰相等重职。非但如此,在边境重要军州,文臣也取代武将成为方面统帅,熟悉当地的武将反而成了副职,处处受制于文臣,战时被动挨打也就可想而知了。经过赵二这么一折腾,大宋铁军生生被改造成一支豆腐军,这正中了赵二的下怀:不是老子无能,是军队太废物!结果贻害子孙,当徽宗、钦宗被金人掳走的时候,八十万禁军如纸糊的一般。

赵普焕发第二春

赵光义从登上帝位的那天就明白,在自己继位的合法性方面,需要给天下人一个交代。为了掩人耳目,赵光义假惺惺地宣布,赵德昭和赵德芳的身份依然是皇子,做出一副要将皇位再还给太祖一系的姿态。此外,皇弟赵廷美被册封为开封府尹、中书令、齐王。这无疑是要贬低两位太祖皇子的地位，不动声色地挑起皇子与皇叔之间的矛盾。这一下天下人都晕了，不知道赵光义葫芦里卖的什么药。赵光义来的这一手成功地将人们的注意力转移到皇位继承问题上，暂时减弱了人们对自己继位合法性的质疑。

赵光义也有自己的苦衷：册封廷美只是缓兵之计，目的是给世人造成赵家兄终弟及家风的假象，最终的矛头还是对准太祖的两位皇子。这就是说，赵廷美显然是皇位的第一继承人，德昭与德芳分别居于其后。这样一个怪异的接班格局不由得令人想起赵氏祖上——商朝的接班制度[①]。

商朝实行兄终弟及制度，王位在兄弟之间传承，当王位传到最小的弟弟时，下一代才会具备接班资格。当然是由大哥还是幼弟的儿子继承王位，商朝制度并没有完整的说法，一切都依实力而定。赵光义如果拿出商朝故事来为自己辩解，世人也无话可说，毕竟"宋"这个国号就有浓厚的殷商味道。在排出这么一个怪异的接班格局后，赵光义就开始不断寻找破解它的办法。皇天不负有心人，天上突然掉下一个大馅饼，重重地砸在了赵光义的头上。

原来979年高粱河之战后，石守信等将领欲乘赵光义乘驴车逃跑之际，拥立当时在军中的太祖长子赵德昭为帝，幸亏赵光义脱险的消息及时传到军中，石守信等知难而退，大宋才避免了同时出现两位君主的尴尬局面。这也许是历史之幸。如果大宋同时出现两位君主，极可能在辽军面前动起刀枪，说不定会出现双方争当石敬瑭的局面，或者双方相互厮杀，让辽军捡个大便宜，好险！

赵光义眼见禁军胆敢拥立赵德昭为帝，不由心下大怒。但皇兄余威

---

① 周武王灭商之后，封商人后裔建立宋国，延续殷商的祭祀。赵氏皇族在宋代被大臣普遍认为是殷商后裔。

尚在，自己又假惺惺地宣布了德昭的继承权，不便一下子翻脸，只得暂时隐忍。回到汴京后，赵光义压下了诸军平定北汉应得的封赏，以示对禁军拥立德昭的薄惩。三军无赏，怨气冲天。德昭眼见这种局面，深感都是受自己牵累，于是不顾忌讳，专门面见赵光义，要求赵光义履行惯例，犒赏三军。

赵光义正揉着屁股上的箭伤，闻言大怒："等你当了皇帝，再犒赏三军不迟！"德昭闻言，脸色顿时变为酱紫，狠狠地瞪了赵光义几眼，一言不发地离开了皇宫。赵光义眼都直了，不知道这傻小子葫芦里卖的什么药，赶紧派太监盯着这小子，防止出现兵变什么的。

一个多时辰后，太监回来禀报："武功郡王①受了皇上的训斥，一时想不开，回府自刎了。"

赵光义百感交集，又喜又惊，连忙起驾到德昭府邸。眼见得德昭已经冰凉的尸体，赵光义也不由得动了几分真情，抱着德昭的遗体大哭："你这个孩子，你怎么这么傻，叔叔只是随便说了几句，你怎么这样想不开啊！"下诏追封德昭为魏王，为其隆重地办了丧事。

德昭的死一下子激发了赵光义身上的邪性：既然第一滴血已经流下来，那么再流一些无辜者的鲜血也就无所谓了。981年3月，太祖次子赵德芳病逝，年仅二十三岁。赵光义亲临哭祭，加封赵德芳为中书令、岐王。民间纷纷传说赵德芳是被赵光义害死，结合赵德昭数年前被逼死的事实，赵光义怎么也洗脱不了嫌疑。

老百姓可怜德芳，在民间传说中，赵德芳成了威风凛凛、扶助忠良、上打昏君下打奸臣的"八贤王"。可怜太祖背弃柴荣，最终却为赵光义做了嫁衣。赵光义铲除了两个太祖皇子后，下一个要对付的就是皇弟赵廷美了。

---

① 赵德昭的爵位。

赵廷美贵为皇储，麾下自然有一帮自己的人马，最牛的当属宰相卢多逊。卢多逊后周进士出身，入宋后先后担任集贤殿修撰、知制诰（草拟诏令）等官职，随侍太祖左右。971年冬，卢多逊被任命为翰林学士，正式迈入大员的行列。卢多逊深通经史，博闻强记，太祖召见常常对答如流，深受太祖赏识。

973年，卢多逊奉命出使南唐，偷到南唐的国事档案献给太祖，从此大宋对南唐的地理形势、军事部署、人口和物产了如指掌，为平定南唐打下坚实基础。卢多逊也因此更受到太祖的信用。小吏出身的赵普为相，对进士卢多逊并不信任，卢多逊也怀恨在心，暗中搭上赵光义这条大船，多次借皇帝顾问的时候向太祖禀报赵普的不法事迹，着实为卢多逊的垮台出了一把力。赵光义继位后，任命卢多逊为宰相，大为宠信。

卢多逊作为皇帝的心腹，对于皇帝的心思当然揣摩很深，上任后不久就开始迫害赵普。977年3月，赵普眼见太祖已驾崩，自己的保护伞轰然倒塌，不得不谋求出路，上书赵光义请求为太祖守陵。赵光义将赵普调回京中，任命为太子少保，实际上是软禁了起来。

978年11月，赵光义祭祀天地后给百官加官晋爵，赵普被升为太子太保。979年，赵普随赵光义征太原、讨幽州。后来随征诸将大臣都有封赏，赵普却被冷落到一边。

卢多逊眼见这种情景，知道报仇的机会来了，多次找碴儿修理赵普。侯仁宝是赵普妹夫，973年4月赵普罢相，卢多逊趁机插上一刀，向太祖告了侯仁宝一记刁状，太祖于是将侯仁宝贬黜，弄到邕州（今广西南宁）担任知州。没几年太祖驾崩，卢多逊高升为宰相，趁机进一步迫害侯仁宝，给赵普上眼药，侯仁宝在邕州一待就是九年。

按照制度官员任期是三年，侯仁宝苦不堪言，上书请求讨伐交趾，想借赵光义讯问军机的机会返回京城。卢多逊却借机向赵光义推荐侯仁宝为征伐交趾的主帅，不用返回京城。自作聪明的侯仁宝不得不率兵征讨交趾，不幸阵亡。

981年9月，赵普的儿子赵承宗迎娶燕国大长公主之女为妻，这个郡主是赵光义的外甥女，赵普无疑是想借此机会向赵光义卖好乞怜，缓和君臣关系，不料赵光义却根本不吃这一套。婚后不足一月，卢多逊就向赵光义禀奏，令赵承宗回到潭州（今湖南长沙）任上，不得延迟。赵普又气又恨，老泪纵横，但若没有官家的默许，卢多逊安敢如此？赵普擦干眼泪，开始寻找对付卢多逊的办法，果然不久就找到了机会。

原来卢多逊当上宰相后自以为有拥立之功，便排除异己，大肆揽权，行事毫无忌惮，令赵光义渐生猜忌之心。更要命的是，卢多逊错误地总结了自己的成功经验，认为能有今日的风光都来自在赵光义身上押对了宝，居然把主意打到了赵廷美的身上。

卢多逊开始用各种机会向赵廷美套近乎，经常跑过去请示汇报工作，把赵廷美搞得晕晕乎乎，对卢多逊大为欣赏，皇储和宰相结成了事实上的同盟，让赵光义顿时产生被架空的感觉。

当年太祖迁都洛阳时的心绪，赵光义终于强烈地感觉到了：自己当年再厉害，也还没有和宰相建立如此紧密的联盟啊！联想到自从德昭、德芳两个皇侄去世后，廷美多次指责自己，说自己"有负兄恩"，看来更是有深意在内的。

这些风言风语早已经传到那些怀念太祖，并对德昭、德芳遇害强烈不满的军队将领们的耳朵中，在他们的心中产生了强烈的共鸣。一时间，廷美挟皇储之尊，加上卢多逊的辅佐，还有一帮太祖旧部的倾心，对赵光义的地位已暗中构成强烈的威胁。

赵光义知道，廷美处于这个位置，不愁没有一帮宵小来趋炎附势。更何况自己当年是如何运作的，卢多逊可是清楚得很！想到这里赵光义不由恨得牙痒痒：卢多逊啊卢多逊，你这个兔崽子，前段时间老子要任命晋王府旧人宋琪为相，被你多方阻拦未能成功，原来你是要独揽大权配合廷美登基，独占拥立之功啊！赵光义揉着伤口，陷入深深的苦恼中，整日茶饭不思，郁郁寡欢。

赵光义不是太祖，处理起这种事情是不会犹豫的。981年9月，晋王府旧人柴禹锡、赵镕等，突然直入内廷，向赵光义禀告廷美骄纵，多行不法，将对官家有所不利。这些晋王府旧人与赵光义朝夕相处，早已窥破官家内心的秘密，同时他们又愤恨卢多逊挡了他们的路，使得晋王府旧人的发展受到限制，意图将二人一并打倒，好在政坛上有更大的发展。赵光义对于爪牙们的"深体圣意"极为满意，重重地赏赐了这些人。当然赵光义明白，仅凭这几块料是料理不倒赵廷美和卢多逊的，为了达到这个目的，他需要一柄更为锋利的短剑。这柄短剑就是——赵普。

赵普何许人也，对于官家的处境和心意早已洞若观火。赵普明白，官家很快就要向廷美下手了。但皇帝之所以踌躇不前，关键还在于缺乏重臣的支持。这件事情关系极大，赵光义肯定不愿意借助卢多逊的力量。如果卢多逊来个临阵倒戈，他赵光义还真收不了场。

想到这里赵普不由得露出一丝奸笑：普天之下，能助官家完成如此大事的，舍我其谁？尽管如此，赵普还是明白，要想不当一次性工具，被赵光义利用完就抛弃，最好还是耐住性子，等着赵光义出牌。赵普于是耐心地等待皇帝的召见，在他的手中，还有一张足以撼动整个大宋政局的王牌！

果然不出赵普所料，赵光义在接到柴禹锡等人的告发后不久就接见了赵普。君臣二人已好长时间没有单独见面，此次见面，二人心中也一定别有一番感慨。好在这老二位都是开门见山的主，不似太祖那般矫揉造作欲擒故纵。赵光义一见赵普，也不多言，立即将柴禹锡等人的告发材料拿给赵普看，向赵普垂询解决办法。赵普二话不说，当即表态："臣愿备枢轴，以察奸变。"

好个赵普，不但当场表示愿做皇帝的爪牙收拾廷美，而且开出了价码：备枢轴，即复为宰相之意，向赵光义要官。赵光义正准备拾掇赵廷美，当然不会吝惜一顶宰相的官帽。况且自己已经戕害了德昭、德芳，再由自己亲自出手对付廷美，如何能掩天下人悠悠之口？这就需要像赵普这样和自己不对付的元老重臣出手才能让人信服，也只有赵普才能压制住卢多逊，顺利地将此案办成铁案。

赵光义大喜，立即封赵普为司徒，兼侍中。司徒是宰相名号，并无实权，侍中在宋初握宰相之权，在名位上却不如司徒。这一下赵普重出江湖，天下将为之震撼。

赵普退下后，立即写就一封奏折，递进宫中。赵光义看到这份奏折，不由得大为震惊。原来赵普在这封奏折声称，当年杜太后曾有遗命，太祖百年之后，皇位由其弟赵光义继承。赵普作为当事人，将杜太后与太祖的盟誓记录下来，藏于金匮之中，由行事谨慎细密的宫人掌管，一直封存在深宫之中。赵普请皇帝找到那几位宫人，就可以一窥真相。

赵光义得知此事，果然从那几位宫人手中得到了这个金匮。赵光义拆开太祖手书的封条，取出誓约一读，脸色顿时大变。这到底是一封什么样的誓约呢？

此事史称"金匮之盟"，是宋初著名的疑案之一。按照《太祖新录》《太宗实录》等官方史料，此盟约记载的是太祖百年之后，皇位传于赵光义；而在《建隆遗事》《涑水记闻》等私人著述中是"三传说"，即太祖将皇位传给赵光义，赵光义传赵廷美，最后皇位再由德昭或德芳继承。李焘在《续资治通鉴长编》中总结了这两种说法，令人感到扑朔迷离。这份誓约的可靠性到底如何？

按照张荫麟先生等现代专家的研究，"金匮之盟"无疑是赝品。张先生举出五大理由来证明这一点，如杜太后如何得知太祖死时德昭依然是幼童，岂不是有咒太祖早死之嫌？赵普对此一绝密文书，为何在赵光义继位之初亟须证明自身继位合法性的时候不拿出来？为何赵普在赵光义即将对廷美下手的时候才拿出这份誓约？此份誓约最早见于《太祖新录》，《太祖旧录》却不见记载，并且《太祖新录》中声称当时赵光义在场，结果被李焘所驳斥，这又增添一个造假证据；这是一份密约，杜太后和太祖早已不在人世，赵普又用秘奏的方式上书赵光义，为何秘密如此之多？很有见不得人的嫌疑。由此张先生得出结论，这是一份彻头彻尾的假货！

张先生的辩驳很有力度。作为太祖的崇拜者，笔者也希望这封密约是假货。但如果联系到当时的情形，以及赵普上秘奏时的政治情形来看，这五大疑点都可一一破解。其一，太祖当时正值三十七八岁的盛年，虽然身体强健，但别忘了柴荣的身体也不差！如果在德昭成年前太祖去世，会不会再出现一幕"黄袍加身"的事，谁都不敢保证；赵光义继位之初，政治氛围肃杀，赵普如果此时献上盟约，对赵光义实际帮助不大，而且有此地无银三百两之嫌。赵普在太祖朝对赵光义多有得罪之处，这份盟约是赵普晚年政治安全的最大屏障，赵普自然要在效用最大的情况下将其抛出；至于赵普要在廷美即将受到迫害的时候才拿出这份盟约，笔者认为，这恰恰证明了这份盟约的真实性，只不过这份盟约是"三传"而非"独传"，即太祖传于太宗，太宗传于廷美，最后皇位再回到德昭或德芳手上。如果这封盟约的内容是"单传"，太祖完全可以事后销毁，只有"三传"，才能确保太祖家族的权利，并保证这不是"乱命"。否则我们也无从解释为什么廷美在赵光义继位后拥有如此显赫的政治地位，更难以解释为何太祖生前一直将赵光义作为事实上的皇储培养。《太祖旧录》不记此事，是因为此盟约本是密约，太祖更不愿意因此事自缚手脚，《太祖新录》出笼的时候，赵光义和其子孙急需此盟约来证明自身的合法性，自然就是可以理解的了。最后也是最重要的一点，"金匮之盟"在此时出现的作用，不是要证明赵光义继位的合法性，而是要取消廷美的继承权，改"三传"为"单传"，为打倒廷美制造口实！

匹夫无罪，怀璧其罪。赵廷美之所以要受到迫害，关键原因就在于他拥有法定的皇位继承权，并且事实上成为德昭、德芳的监护人！廷美和德昭、德芳的关系相互依存：廷美的存在可以确保德昭、德芳的继承权，德昭与德芳也可以确保廷美不受赵光义迫害。现在德昭、德芳都不在了，廷美岂能独活？

赵光义读到"金匮之盟"和赵普改"三传"为"单传"的造假方案后，解除了最后一丝迫害廷美的顾忌。更让赵光义感到心悸的是，赵普的狠辣远远超出自己之前的估计。想到这里赵光义突然明白，如果当初皇兄存了对付自己的心思，以赵普的手段，恐怕自己早已死上十回！每次赵普生事陷害自己，皇兄对冯瓒等可能牵连到自己的"嫌犯"总是从宽处置，不正是对自己的回护吗？赵光义一时间五味杂陈，百感交集，久久说不出话来。

赵普果然厉害，复相后的第二天，魏王赵廷美立即上奏，请求在朝班时居于赵普之下。显然，廷美感觉到了赵光义和赵普联手的强大压力，试图用这种手段取消自己实际接班人的地位，以求得人身安全。但到了这一步，这不是幻想吗？赵光义和赵普哪里会因为这点小小的让步放过他？很快对廷美的打击就接二连三地到来了。

982年3月，金明池上建成了水心殿，赵光义准备泛舟湖上，好好畅游一番。"不料"有人却趁机告发魏王赵廷美欲借机造反，准备刺杀皇帝。赵光义假装出一副不忍的模样，夺去廷美开封府尹之职，改授西京留守，赐洛阳豪宅一座，钱千万缗，绸缎万匹，银万两，命曹彬在金明池旁为廷美饯行。与廷美交往甚密的将校们也受到牵连，流放的流放，贬官的贬官，不过赵光义尚未下定决心对廷美最终定罪。

一日赵光义和赵普谈论起此事时，赵普力陈："太祖已一误，陛下岂容再误？"一句话打动了赵光义。赵光义立即下诏，剥夺了廷美西京留守的空衔，令其闲居在家。不久赵光义又降廷美为涪陵县公，迫令廷美全家移居房州（今湖北房县）。廷美不久忧愤而死，年仅三十八岁。

赵廷美解决了，剩下的事就交给赵普了，这正是赵普的拿手好戏。赵廷美贵为皇储，要谋反的话，没几个像样的同党怎么行？卢多逊自然是义不容辞地扮演了同党角色。本来赵普知道卢多逊尚未完全失去皇帝的宠信，因而复相后多次暗示卢多逊辞职。卢多逊却贪恋权位，这就怪不得赵普了。

就在金明池事件的次月，卢多逊被告发参与魏王赵廷美奸谋，赵普立即将此事呈奏官家。赵光义大怒，夺取卢多逊宰相的职位，降为兵部尚书，第二天即将卢多逊逮捕下狱。经过赵普一番运作，卢多逊低头认罪，与其家属被贬到崖州（今海南三亚）。985年，卢多逊在崖州去世，终年五十二岁。

据称处置卢多逊时，赵普颇为踌躇：虽然卢多逊已经很难再翻身，但皇帝对卢多逊似乎并无赶尽杀绝的意思，这个刑还真的不好量。经过仔细思量，赵普决心判卢多逊流放崖州。在一旁的开封府尹李符见状，立即建议："崖州虽然偏远，但水土颇佳，卢多逊到崖州说不定能颐养天年。春州（今广东阳春）虽近，但瘴气很厉害，卢多逊如果被流放到春州，一年之内必死。"赵普一听，对歹毒的李符顿生反感。8月，赵普借口李符用刑不当，将其贬为宁国军司马。次年赵普又罗织罪名，将李符贬到春州。一年后，李符即死在了春州。赵普此举显然是要除掉朝堂之上歹毒之人，防止今后这些人被赵光义任命为宰相对付自己，让自己成为卢多逊第二。赵普真可谓用心良苦！

赵普对付廷美的魑魅行径，永远地被钉在历史的耻辱柱上，赵普也被大贤王夫之视为奸相。观其所作所为，的确担得起这个名号。人人都说和珅是奸相，其实和相爷的手段与赵普一比，真是小儿科的水平！

料理完廷美和卢多逊，赵普的利用价值也就消耗掉了。赵光义深谙"请神容易送神难"的道理。当初他任用卢多逊为相，本来也是想做一下过渡，最后还是要把大权交到晋王府旧人和自己新培养的文官手里。卢多逊可能也是觉察到了皇帝的用心,这才不顾一切地和赵廷美走到了一起。现在赵普三下五除二地拾掇了廷美和卢多逊,其能量与手腕真是不可小觑!

想到这里,赵光义决心趁热打铁,趁刚拾掇了廷美、朝廷震怒之机赶赵普下台,省得今后站稳了脚跟的赵普再给自己惹什么麻烦。赵光义于是命宋琪拜访赵普,向赵普转达了官家要他辞去宰相之位的意思。

赵普一见宋琪,心下就豁然透亮,明白了官家的意图。宋琪在太祖朝遭到赵普陷害,被赵光义发配到岭南。赵光义继位之初,将宋琪召回京城,授以闲职挂了起来。两年后,赵光义终于见了宋琪,责备宋琪当初不应该与赵普来往,脚踏两只船。宋琪痛哭流涕,连连叩头,向赵光义谢罪,终于软化了官家那一颗原本就对宋琪抱有希望的心。宋琪从此官运亨通,赵光义甚至准备任用宋琪为相,结果为卢多逊所阻。

不得已赵光义只能请赵普出山,搬掉了卢多逊这块大石头。现在宋琪前来转达官家的意思,潜台词很明白:"你本来就不是嫡系,现在该回乡养老了。如果不识相,宋琪就可以像爷让你搬掉卢多逊一样搬掉你!"赵普何等聪明之人,连忙进宫,向官家表达辞职之意。

赵光义昂然而坐,半是警惕、半是嘲弄地看着这个毛发皆已花白的老头,批准了赵普辞职的申请,任命赵普为武胜军节度使,检校太尉、侍中,当然丰厚的赏赐和宽言抚慰更是少不了的。赵普深知官家并没有真正忘记当年的过节,此番能做掉卢多逊并全身而退,已经让他极为满足了。赵普连连叩头,老泪纵横,表达对官家的谢意后,小心地离开了皇宫。望着赵普佝偻的背影和蹒跚的脚步,赵光义心中升起一股豪情:从今往后,凤阁鸾台①就将由晋王府旧人和新朝文士把持,太祖朝旧人

---

① 武则天即皇帝位后改门下省为鸾台,中书省为凤阁,二者并为宰相机关,后世以"凤阁鸾台"代指宰相办事机关。

已尽数斥退，天下真正地变成朕的天下了！

储位风云

988年正月，赵普从襄樊①赶到汴京，参加藉田之礼②，被赵光义留在了汴京。2月，赵普被重新任命为宰相。赵普已在家闲居数年，为何此时被重新任用？原来，这与赵光义安排的接班布局有关。

赵光义共有9个儿子，相比于膝下单薄的太祖，赵光义可谓是枝繁叶茂，子孙众多，苍天不公啊。不过赵光义的几个儿子却生性仁厚，酷似太祖而非太宗，也算是大宋之福。赵光义长子赵元佐生性聪明机警，深得赵光义宠爱，封楚王、检校太傅、同中书门下平章事，参与国政，朝野上下皆认为赵光义有意传位于元佐。

赵元佐虽然得宠，却有几分太祖的豪气，对赵光义为夺皇统而掀起的一轮轮骨肉相残的闹剧深恶痛绝。赵廷美被赵光义联合赵普诬陷时，元佐挺身而出，为三叔力辩清白，大大开罪了赵光义。赵廷美被发配到房州之后，元佐终于被太祖驾崩以来家族中一幕幕人伦惨剧逼疯了，居然无缘无故就拿刀捅伤了侍卫。皇储癫狂，那还了得？对儿子寄望甚深的赵光义立即延聘名医，为元佐治病，经数年精心治疗，方才有所好转。

关于元佐发病的原因，历来众说纷纭，据苏东坡之弟苏辙记载，生性豪爽的元佐是装疯，目的是想把皇位交还太祖一系。赵光义对儿子的病因心知肚明，元佐显然已经很难继承皇位。

---

① 赵普在987年改任山南东道节度使，驻节襄樊。
② 古代吉礼的一种，每年春耕之前，天子率诸侯、臣子亲自耕田的典礼。

985年，元佐因赵光义设宴未曾宴请自己而放火烧宫，结果被废为庶人，送往均州（今湖北丹江口市）安置。宰相宋琪率百官苦苦哀求，元佐才被中途召回，被软禁在南宫。这一下，次子赵元佑脱颖而出，成了众望所归的皇储人选。

赵元佑，原名赵德明。具有讽刺意味的是，西夏太宗、李继迁儿子、李元昊父亲李德明曾被赐赵姓，也叫赵德明。幸亏后来继位的是真宗，否则李德明向大宋归顺时，这名字的叫法也是一个大问题。982年，赵元佑封为广平郡王，次年晋封为陈王。

元佐疯癫之后，赵元佑被改封为许王，任开封府尹、侍中，加中书令，改名赵元僖，成为事实上的皇储。许王与赵普是忘年之交，眼见得自己已是一人之下万人之上，赵元僖乘机向赵光义推荐赵普为相，以增强自己在朝中的势力，为接老爹班做准备。

赵光义也是有苦难言。按理说，他好不容易才将赵普弄出朝廷，现在再将这尊神请回来，这不是和自己过不去吗？但赵光义不得不这样做，根子还是在雍熙北伐。

北伐之前，忠谨憨厚的宋琪因为对北伐态度谨慎，不合官家北伐建功的胃口被罢相，李昉继任宰相。李昉任相后，居然没有配备其他同僚，一人独任宰相两年多，对多疑的赵光义来说也殊为不易。

李昉在北伐的问题上比宋琪走得更远。宋琪在辽国上层多年，深知宋辽两国实力对比还没有发生根本性的变化，对北伐前景存有很大疑虑。饶是如此，宋琪还是向赵光义提出分兵进击的方案，并强调了潘美、杨业西路的重要，最终为赵光义所采纳。李昉则不然，此公压根就反对北伐，态度之坚决令赵光义头疼不已。赵光义干脆绕过李昉，直接下诏给主掌军事的枢密院，架空了中书省。结果北伐大败而回，辽军趁机在河北大肆攻伐，宋军数战皆不利，不得不看着契丹铁骑在河北驰骋抢掠，毫无办法。

为了推卸责任，赵光义不顾李昉反对北伐、中书省被排除出军事决策之外的事实，将李昉罢相，算是给了天下人一个交代。但就在选择继任者的时候，赵普出人意料地成为呼声最高的人选。

列位看官也许奇怪，赵普咋又能咸鱼翻身了呢？说到底还是与北伐有关。原来在986年5月，北伐战局已陷入不利，大量士卒和民夫逃亡，有的一直逃到了赵普所辖的邓州（今河南邓州），将战局不利的消息传到了赵普的耳朵里。

赵普心急如焚，但朝廷居然还被前线将领蒙在鼓里。赵普立即意识到这是回京再度拜相的一个极佳机会，于是上了一道奏疏。这道奏疏在宋史上极为有名，史称《班师疏》。在这道奏疏中，赵普批评了赵光义对辽国的战争政策，认为宋军在短期内尚难以击败辽军，建议赵光义应当尽快撤军，集中兵力在边境防范辽军的反攻。撤军后施政的重点应该是安定内部，发展生产，等待契丹内部出现裂痕时再发动反攻，如此契丹可灭！

不管赵普的为人如何，这份奏疏应该还是有见识的，事情发展的态势也验证了赵普的战略眼光。北伐失利后，李昉被当作替罪羊揪了出来，赵普由于上《班师疏》的原因，天下归心，皆认为赵普是接替李昉的最佳人选。在这种情况下，再加上开封府尹、许王赵元禧的支持，赵普再度拜相，就是顺理成章的事了。988年2月，赵普与吕蒙正同时拜相。

赵光义显然留了一手。赵普的强横与阴毒他早有领教。此人深沉狠辣，非虎狼之君不能用也，太祖最后将赵普逐出朝廷，显然是看到了这一点。赵光义倒是满足虎狼之君的条件，因而与赵普的关系也一直是处于相互利用的状态，缺乏深层次的互信。现在赵普又得到朝野的倾心和许王的支持，赵光义怎放心让赵普一人独相？掺沙子、丢石头也就成了理所当然。吕蒙正作为新朝状元、天子门生，自然是义不容辞地承担了这一重任。

赵普一上台，就让赵光义看到了他的厉害。工部侍郎、同知京朝官考课雷德骧一听到赵普重新拜相的消息后，大惊失色，手中的朝笏当即坠地。雷德骧与赵普有隙，其子在太祖年间曾上书告发赵普，直接导致赵普罢相，赵普对雷氏父子恨之入骨。雷德骧连忙上书赵光义，请求致仕，又当面哀求赵光义请求放其归田里。赵光义多番表达保全之意，但政坛自有不测风云，赵普这老江湖想要整人，找个由头和皇帝做个交易，再将自己套进去，皇帝岂能不点头？深谙此理的雷德骧再三请求辞职，赵光义只好罢去其官职，让其仍留在京中奉朝请，并特赐雷德骧白银三千两。这一出无疑增加了赵普的威权，但也使得赵光义对其更加猜忌，也许这正是雷德骧的目的。

赵普深知，官家此番让自己担任宰相的目的，不过是为将北伐失利的责任通通推卸给李昉：正因为自己上过《班师疏》，给了皇帝一个台阶，皇帝任命自己为相，就可以向天下宣告北伐是受了李昉的蒙蔽，舆论的矛头就转到李昉身上，官家依然是伟大的。赵普更是深知，等过了这一段，自己头上的乌纱随时会被赵光义摘下，官家心中真正的宰相正是身旁的天子门生吕蒙正。不过赵普早已考虑好了对付的办法：铲除奸佞，结好许王，树立威信于天下！

老而弥坚的赵普一登相位，就干了一件让天下人目瞪口呆的大事：将枢密副使赵昌言、盐铁副使陈象舆、度支副使董俨、知制诰胡旦、右正言梁灏等人赶出了朝廷。这些人都是赵光义的宠臣，平日里仗着赵光义的宠信，没少干打击异己、陷害良善之事，深令时人侧目。

这些人时常在赵昌言家聚会饮酒，商量着该如何对付政敌，一谈就到天色发白，因此汴京民众就送了陈象舆一个雅号"陈三更"，董俨被戏称为"董半夜"，从此汉语中就多了一个成语"深更半夜"。这些人视当时的宰相李昉为眼中钉，多次在赵光义面前攻击李昉，终于迫使这个老成谋国的老臣去职。

胡旦还指使一名落魄书生翟颖上书朝廷，对太祖一朝的政策多有毁谤，狂言自己可为国家大臣，同时推荐十多人，声称这些人有宰相之才。

翟颖当然不是一个人在战斗，赵昌言这几位爷在赵光义面前极力推荐翟颖，翟颖毁谤太祖的言辞又正中赵光义下怀，赵光义一时犹犹豫豫，差点就中了翟颖的道。

赵普上台后，对这几个人产生了深深的反感：如果他们毁谤太祖朝政策得逞，那么作为太祖最大的谋主，自己迟早会被当作替罪羊清算，不能让他们这么干！赵普环顾四周，敏锐地发现了窥伺大位已久的许王对这几个人也有极深的成见。经过暗地沟通，双方一拍即合。

988年3月，许王赵元僖查获翟颖的罪证，将翟颖抓获。经过一番严刑拷打，翟颖乖乖地将上书朝廷的内幕和盘托出。赵普乘机掀起大案，将赵昌言等五人罗织其中，报到赵光义处。赵光义看到这几个宠臣居然敢瞒着自己搞那么多地下活动，不由得大怒，将这五人与翟颖等流放远恶军州，了结了这桩大案。赵普一时声威大震。

许王、赵普整饬朝纲的第二刀，砍在了赵光义亲信侯莫陈利用的身上。诸位看官可能要问，这人的名字怎么这么怪？此人姓"侯莫陈"，名"利用"，是鲜卑人的后裔。侯莫陈氏在北魏和西魏、北周年间出现过不少名将，在政坛上颇有势力。侯莫陈崇是开创西魏帝国的八大柱国之一，和大唐太祖李虎①平起平坐，可谓显赫。唐玄宗和唐僖宗两次逃亡蜀地避难，带去了不少关中勋贵子弟，侯莫陈利用是成都人，想必与这两次唐朝皇帝的逃亡有关。

侯莫陈利用是一名江湖医生，兼习方术，赵光义继位初年到京城卖药。赵光义在高粱河之战中身中两箭，因为战场医疗条件差，落下了病根，病痛日甚一日。不知道通过什么途径，侯莫陈利用得到了给赵光义治疗的机会。须知一般御医用药都偏于保守，剂量和药材都走保险路线。这些御医已有一份不菲的家当，岂能在龙子龙孙身上犯险？侯莫陈利用

---

① 李虎是唐太祖，李渊是唐高祖。

可是光脚不怕穿鞋的，不但敢在剂量上下功夫，更敢于使用虎狼之药。经过侯莫陈利用一番折腾，赵光义的病情居然大有好转。

赵光义大喜，不但重重赏赐了陈利用，更是授予其美官。陈利用仗着为赵光义治病有功，不但大肆招揽亲信，树立私党，还在服饰、居所上使用皇宫的规制，影响很坏。赵光义由于要陈利用治病，也只得睁一只眼闭一只眼，陈利用的气焰更加高涨，满朝文武没有敢于同他作对的。

侯莫陈利用横行无忌，却遇上了更加强横的赵普。赵普明白，陈利用早已是过街老鼠，结怨甚多，遭到天下人的痛恨，特别是陈利用在雍熙北伐时期担任西路军监军，对杨业之死有着不可推卸的责任。赵普决心拿陈利用开刀，一是建立自己的声望，让赵光义彻底不敢对自己下手；二是迎合对皇储之位早就跃跃欲试的许王赵元僖。赵元僖对皇位的想法，怎能瞒得过老人精赵普？

988年3月，赵普在掌握了侯莫陈利用杀人和其他一些罪证后，向赵光义告发了这个江湖术士的罪行。赵光义无奈，也许是想借赵普之手敲打敲打陈利用，让他对自己更加死心塌地，就派心腹抓捕并审理了陈利用。陈利用一见主审法官都是铁哥们，而不是那个可恶的赵普，心中透亮，连忙乖巧地认罪，被赵光义罢官抄家，流放商州（今陕西商洛市商州区）。

赵光义保命要紧，不久又发还了陈利用的家产。赵普一看，这还了得？陈利用一旦回朝，肯定会发疯似的报复。赵普立即搜罗了陈利用新的罪证，特别是僭越皇帝服饰和大不敬的罪证，再向赵光义告发陈利用。赵光义明知陈利用这种人罪该万死，却仍试图庇护，向赵普求情："朕作为一朝天子，难道想赦免一个人都做不到吗？"赵普岂会干这种放虎归山的傻事？何况还有许王撑腰。在赵普的坚持下，赵光义只得下诏赐死陈利用。过了不久，伤口再度发作的赵光义连忙派人追回诏书，却不料赵普和许王早有准备，已将陈利用在商州斩首。天下人听到这件事，个个拍手称快。

赵光义坐不住了。赵普为相不足半年，就连干两件大事，拔去了自己相当一部分羽翼，这样下去自己不是要成光杆司令吗？7月，赵光义暗示赵普回家养病，赵普十分乖觉，连忙承旨休养去了。在赵普看来，仅仅靠金匮之盟是不足以保证晚年政治安全的，只有与许王建立事实上的政治同盟，并且有慑服朝野的威望，才能让赵光义这厮不敢下手。赵普太了解赵光义了！短短半年就打了皇帝两记耳光，既小小地报了多年的冷落之仇，又为晚年政治安全和子孙富贵做了保障。能这样赵普已心满意足，于是接受了官家的"好意"，见好就收，回家养病去也。

赵光义要赵普为相，不过是要赵普补台，借任用赵普之机向天下人说明自己是受了李昉的蒙蔽才发动雍熙北伐的，顺便以老带新，要赵普辅佐一下吕蒙正，并不是真要赵普整饬朝纲。眼见得赵普在朝堂上威风八面，赵光义心中自然产生大权旁落的危机感。在劝退赵普后，赵光义将朝政交到了吕蒙正的手里，希望这个天子门生能深体朕意，帮官家抓紧大权，没想到吕蒙正却和许王走到了一起。

吕蒙正字圣功，河南洛阳人，与太祖兄弟是老乡。蒙正幼年与母亲被生父赶出家门，饥寒交迫，据说甚至有沿街乞讨的经历，后来寄居在洛阳龙门山一个寺庙之内。方丈很是同情蒙正母子，就让人在山上凿了一座石洞让蒙正母子居住。

虽然生活十分艰苦，但蒙正十分好学，孜孜不倦，打下了雄厚的学问底子。977年，蒙正考上状元，大受赵光义喜爱。在入仕十二年后，吕蒙正就被任命为宰相，达到了人臣的最高境界"状元宰相"，由此可见赵光义对蒙正寄望之深。赵普回家养病后，病情很快恶化，吕蒙正在朝中的地位更见吃重。或许是仕途过于顺利，吕蒙正竟然也效法卢多逊、赵普，和许王关系密切起来。一时间，许王赵元僖的接班态势更加明朗。

989年7月，开封附近的天空出现彗星，有人就此撺掇赵光义，声称彗星出现意味着契丹当灭，建议赵光义再度出兵北伐。赵光义听了，对此有一点动心，朝野哗然。

8月，赵普不顾病危的身体，又上了一道著名的奏折《彗星疏》。在这道奏折中，赵普引经据典，力证"契丹合灭"说得荒谬，并请求赵光义勤修内政，发展生产，增强经济实力，在此基础上再与契丹一决雌雄，而不是再搞一次军事冒险。在奏折的最后，赵普言词恳切地提出，如果皇帝对彗星出现心有疑惧，就请罢免自己的宰相之位，以答天谴。

赵光义被这份奏折感动，终于放弃北伐之议，同时对赵普温言安慰，保留了赵普的宰相之位。990年正月，病势沉重的赵普一连上了四道表章，终于辞去了宰相职位，吕蒙正成为唯一的宰相。

赵普的致仕意味着许王少了一个有力的支持者。不过以赵普之精明，他对许王的支持也只是点到为止，彼此之间心领神会即可，策划于密室、赤膊上阵这种事，赵普是不会做，更是不屑做的。在赵普袖手旁观的情况下，政治经验不多的许王和吕蒙正下了一步臭棋，居然开始策划拥立许王为太子的大事。这一下显然触动了赵光义的权力底线，又一场权力分配的风暴在暗中酝酿。

吕蒙正独主中枢后，与许王的关系也更加密切起来。赵光义看在眼里，忧在心头，对许王和吕蒙正的关系也暗生警惕。当然赵光义对吕蒙正还是有所寄望的，就像他当年对宋琪一般。为了让吕蒙正回头，赵光义觉得有必要敲打敲打吕蒙正。991年9月，赵光义和身边近臣闲谈，说了这么一段意味深长的话：

> 屡有人言储贰事，朕颇读书，见前代治乱，岂不在心！且近世浇薄，若建立太子，则官僚皆须称臣。官僚职次与上台等，人情之常，深所不安。盖诸子冲动，未有成人之性，所命僚属，悉择良善之士，至于台隶辈，朕亦自拣选，不令奸险巧佞在其左右。读书听

书，咸有课程，待其长成，自有裁制。何言事者未谅此心耶？

赵光义显然在借此敲打吕蒙正：建储之事由官家独断，他人不得置喙。偏偏这吕蒙正是猪油蒙了心，将官家的话当成了耳边风，在建储的问题上一头扎进了许王的怀抱。

991年，吕蒙正的姻亲宋沆等人上书，请求立许王赵元僖为太子，这一下戳中了赵光义的痛处。赵光义立即翻脸，不但将宋沆等人重重惩处，顺手还将吕蒙正赶下了相位，老臣李昉重新为相。幸亏赵普没犯糊涂，没有在立太子问题上和赵光义唱反调，否则这番被撤换的肯定是赵普，以往献上"金匮之盟"的功劳也会一笔勾销。世事正如白云苍狗，变幻莫测。不过从此事也可看出赵普的权术、手段已臻化境，吕蒙正与赵普相比，真是太嫩了。

992年7月14日，赵普病逝于西京洛阳，终年七十一岁。赵普一生三度拜相，为宋朝的建立和巩固立下汗马功劳。北宋之所以能终结唐玄宗以来武人干政、藩镇割据的乱局，赵普实有策划襄赞之功。但赵普生性忌刻，为达目的不择手段，也多遭时人非议，后人对赵普不以为然的也大有人在，大儒王夫之就是其中一个。平心而论，赵普的才干在中国历史上都是罕见的，赵普所推广的各项政策，对于天下从战乱中恢复过来有着积极意义。

不过，赵普心中缺乏理想，良知对他的约束作用也不够强，所以赵普在推行各项政策的时候，往往只是注重短期效应而忽略长期影响。宋朝重文轻武的政策走向极端，对地方财权、事权收得过紧，都与赵普密切相关，而这些政策对宋朝甚至中国历史的走向都起到了不利影响。

令人侧目的是，赵普与政敌斗争时的手段有过于刻毒之嫌，特别是在斗争赵廷美方面，更是留下了难以洗刷的污点。幸亏赵普心中尚未失去平定天下的理念，晚年冒得罪赵光义的危险毅然铲除了侯莫陈利用这样的奸佞，这样他才没有最终彻底堕落成一个奸相，还是以治世能臣的面目载入历史。历史实在是复杂，也实在是令人敬畏。

吕蒙正罢相，宋沆等被惩处，许王赵元僖犹如被打了一记重重的耳光，整日里闷闷不乐。992年11月10日清晨，赵元僖像往常一样进宫，坐在殿庐（早朝休息室）等待早朝时，突然感到腹痛如绞，不得不立即还家休息。赵光义一听到这个消息，立即取消早朝，亲赴许王府探视。赵光义来到赵元僖身边时，只见赵元僖躺在床上，病势已然沉重。赵光义含着眼泪呼喊儿子的名字，赵元僖一开始还能勉强答应，片刻之后就咽了气。赵光义眼见亲生儿子死在自己面前，不由得大放悲声，废朝五日，并追赠赵元僖为太子，谥号恭孝。

赵元僖任开封府尹五年，政事未尝有过过失，深得时人称许。赵光义每想到这些，就不由得痛心异常。不久，有人告发赵元僖系其小妾张氏毒死，赵光义大惊，连忙命宦官王继恩审问。

这位王公公就是太祖驾崩当晚向赵光义通风报信的家伙，在新朝混得如鱼得水。王公公将此案细细审问，结果套出大量赵元僖谋夺太子之位的不堪细节，特别是小妾张氏为了当新朝皇后，打造一把鸳鸯壶要毒死许王正妻，却误打误撞毒死了许王。赵光义大怒，夺去赵元僖太子赠号，以一品官员礼仪下葬。张氏被绞死，开封府属官都因辅佐不善而被惩处。赵光义欲兴大狱，但经人提醒"家丑不可外扬"，方才作罢。

许王去世，吕蒙正的官运立即就有了转机。赵光义早就嫌李昉年老昏聩，不体圣意，一直有召回吕蒙正之意，但顾忌到他和许王的关系未敢轻易出手。现在许王去世，启用吕蒙正就安全了。不久，李昉和搭档张齐贤一并罢相，吕蒙正梅开二度，重主中枢。

赵光义本以为，许王逝世，吕蒙正失去了靠山，对自己会更加恭敬。未料到吕蒙正环顾朝堂，赵普、李昉、宋琪等元老重臣都已不在，现在自己是真正的一人之下万人之上了，于是吕蒙正性格里正直而强势的一面开始展现出来。

某年元宵，赵光义在宫中举办晚会，邀请大臣们参加。赵光义一时兴起，回顾了五代的乱象，以及汴京遭受郭威造反大军抢劫的惨状，自吹自擂，扬言现在的太平都是由自己善于治理天下所致。吕蒙正当即离开座位，发表了自己的看法："汴京的繁华是因为皇帝在此居住，天下富裕之民都集中在皇帝身边的原因。臣听说汴京城外数里之遥就有冻饿的民众，他们才是陛下真正需要关心的！愿陛下不要只看到汴京的繁华，还要看到城外的民众，这才是大宋之福！"一席话哽得赵光义直翻白眼。

不久，赵光义要遣使出使党项，镇抚当地的土豪和民众，赵光义要吕蒙正拟出合适的人选。退朝后，吕蒙正拟定人选，上奏皇帝。赵光义一看，此人平常就不为自己所喜，当即拒绝了这个人选。边关紧急，赵光义三次催促吕蒙正拟定新的人选，吕蒙正三次将此人的名字递了上去。赵光义脾气再好，遇到这种事也要发飙，别说他是个喜怒无常的人了。

面对震怒的官家，吕蒙正力陈此人才是最合适的人选。赵光义无奈，只得批准了吕蒙正的人选，总不能为这件事罢免吕蒙正的相位吧？但在赵光义的眼里，吕蒙正越来越像当年的赵普。此时赵光义年事已高，本想将后事托付给这位门生，但看到吕蒙正的强横，岂敢以这天大事情相托？非但如此，在赵光义的眼里，吕蒙正已成为新君即位必须搬开的石头。995 年，吕蒙正再度罢相，以右仆射的空衔领河南府通判兼西京留守。吕蒙正落了个和太祖年间的赵普一样的下场。

吕端大事不糊涂

随着时间的流逝，赵光义年龄渐长，高粱河畔的伤口一直都在折磨着这个志大才疏的皇帝。或许是侯莫陈利用在药里面添加了一些毒副作用极大的成分，虽然每日锦衣玉食，赵光义的身体素质却急剧下降。赵光义心中明白，自己已是来日无多了，立储的事已到了不能再拖的境地。如果再拖延立储，一旦出现吕蒙正所说的"天有不测风云，人有旦夕祸福"①的情况，自己突然去世，那么到底是老大的孙子继位，还是自己的儿子继位？这显然将引发严重的法统危机。就算大臣们一致拥立自己的儿子，那么剩下的七个儿子，到底该谁继承大统？一想到这个，赵光义的头就一个变两个大。必须有所行动了！赵光义决定立皇三子赵元侃为太子，但继位以来自己一直不愿立储，突然改变立场，必须要得到臣工的支持。赵光义不算糊涂，这种大事他没有与皇后、宦官谋划，而是选择了与重臣商量。这位重臣就是赫赫有名的寇准。

寇准出生于华州下邽（今陕西渭南下邽镇），号称周武王的司寇苏岔生之后。其父寇湘是后晋进士，后因屡建功勋，获封国公，追赠太师尚书令。寇准天资聪颖，十五岁就熟悉了《春秋》，又擅长写诗，实在是读书种子一枚。

980年，寇准考中进士，年仅十九岁。寇准初登仕途的第一个官职是大理评事，属于最高法院的基层法官。不久后寇准到地方出任知县，辗转多地后又回到京师，出任盐铁判官、枢密直学士等官。989年某日，寇准向赵光义进谏，不符赵光义的心意。赵光义当即翻脸，站起来要回内殿。不料寇准一把拉住皇帝，将赵光义拉回宝座，请皇帝听完自己奏报再走。这在一般人看来是石破天惊的事，寇准就是敢做！赵光义一开始也是十分生气，但冷静下来，赵光义还是大大夸奖了寇准一番，将寇准誉为唐朝的魏征。

赵光义这一手很高明，既博得了寇准的感激和忠心，又流露出从谏

---

① 此句源自吕蒙正的《破窑赋》。

如流的明君之相，实在是一举两得。实际上，赵光义内心何尝能轻易忘记这一幕？但他的处理方法却令人拍案叫绝。

991年，赵光义在充分了解寇准的才智后，将其提拔为左谏议大夫、枢密副使，不久改任同知院事，参议机密，寇准成为国家重臣。

在让寇准尝了些甜头之后，赵光义找了个由头，将其贬到青州任知府。赵光义密切关注寇准在青州的表现，发现其对君父并无怨言，并对自己的错误深刻反省之后，立即在第二年将寇准调回汴京，封为副相（参知政事），不久又加给事中之职。经过多年淬炼，赵光义驾驭臣下的手段已臻化境。寇准成为赵光义又一名心腹，与他商量储君人选，显然再合适不过。

寇准从青州刚回到汴京不久，赵光义就迫不及待地将他接到了皇宫，聪颖过人的寇准一下子就猜到了官家的用意。君臣相见，自是一番唏嘘。赵光义正患脚伤，一看到寇准，就要寇准看他的伤口，流泪不止。寇准也只得在一旁劝解，君臣之间的不快一下子就消失得无影无踪。

赵光义一看火候已到，当即以立储之事咨询寇准。寇准又喜又惊，喜的是官家将如此机密之事与自己商量，可见对自己的信任和倚重；惊的是如果应对不当，自己说出的人选不符合官家的胃口，可是连皇帝和太子一块得罪了。周围的宫人嘴巴一松，寇老西儿恐怕死无葬身之地！精明的寇准当即回答："立太子是大事，不能谋于左右，应该立众望所归者为太子。"

赵光义何等样人，一听就明白了寇准的顾虑和深意，当即屏退左右，大殿只留下皇帝和寇准两人。赵光义盯着寇准的眸子："现在只有朕与爱卿两人谋划大事，爱卿大可放心。你看襄王能否担当太子大任？"寇准心下一宽，连忙拜倒在地："皇上英明天纵，社稷有福！"赵光义这才放下心来，第二天下诏，封皇三子赵元侃为开封尹，改封寿王，改名赵恒。不久又正式册封赵恒为皇太子。

自从晚唐以来，中原王朝已经一百多年不册封皇太子了，如今盛事重现，广大百姓自然将这件事看成天下已经太平的象征。赵光义和赵恒在祖庙完成册封仪式后骑马回宫，百姓们在两旁围观皇太子，个个喜气洋洋。

看到青春年少、容光焕发的皇太子，百姓们不由得欢呼起来，有一名大胆的汉子甚至喊了一声："少年天子！"赵光义听到这句话，当场拉下了脸。回宫之后，气哼哼的赵光义将太子晾在一旁，自己回内殿去了，顺便拉上了寇准。

赵光义一坐定，当即噼里啪啦："人心归向太子，将朕置于何地？"寇准连连叩首道贺："陛下选择的皇储深孚众望，百姓们欢呼的是皇上的英明啊。"赵光义这才转怒为喜。

寇准自以为立下奇功，定能得到皇帝的托孤重任，未曾料想官家自有另一层考虑。寇准性格强悍任性好揽权，阅人多矣的赵光义焉能不知？这样的人既要重用，又要时时敲打，才能让他乖乖地按照自己的意图去办事。太子年幼懦弱，一旦自己有个三长两短，对顾命大臣肯定是极为依赖。寇准这么跋扈的人，岂能肩负顾命重任？

赵光义决心将商议立储和选择顾命的大臣人选分割开，交予不同的人执行，省得大臣们以为自己既有拥立之功，又有顾命之托，尾大不掉，威胁新君。赵光义说干就干，没多久又找了寇准一个不是，将他远远打发出京城，等着太子继位后再将他召回，以示新君恩德。顾命大臣的人选嘛，赵光义盯上了宰相吕端。

吕端，字易直，幽州人，与赵普和宋琪是同乡。河北在五代和宋初将相辈出，令人侧目。考察这一现象产生的原因，可能是出自河东的后唐、后晋、后汉不敢任用老对头河南朱温集团的人才，与沙陀河东集团积极合作的河北人士就得到当权者的信任重用，其惯性一直延续到宋初。吕端父亲吕琦官拜兵部侍郎，所以吕端从小就熟悉朝廷法令制度。吕端在北周时期就进入仕途，主要做文秘工作，太祖年间曾任知县、通判和知州等职位，在中央和地方两个层面都积累了丰富的经验。

太祖平定蜀地后，吕端出任成都知府，为政清简，时人大赞。赵光义登基后，吕端担任开封府判官，直接辅佐赵廷美。赵光义征讨北汉，诏命廷美留守京城。廷美欲奉诏，吕端以为，皇帝远征在外，最不放心的就是有人借机拥立皇储廷美为帝，必然有所防备。要想避祸，莫过于请求从龙出征。廷美依计行事，赵光义果然龙颜大悦。

廷美被赵光义和赵普陷害，作为得力助手的吕端也获罪流放商州，赵光义特地下旨，吕端须戴枷行走，不得骑马。吕端身躯肥胖，这么一来显然是要把人往死里整。此时开封府还有大量公文需要批示，赵光义一时间又没有任命接替吕端的人选，属员们不由得抓耳挠腮，急得如热锅上的蚂蚁一般。吕端见状大笑："拿笔来，戴枷判事，自古皆有！"一支生花妙笔将数十件公事判得清清楚楚。

担任宰相的好友薛居正前来送行，劝说吕端暂且认灾，步行到陕西。吕端哈哈大笑："这不是我的灾，是长耳（毛驴）的灾。"皇帝说不能骑马，没说不让骑驴啊？豁达诙谐一至于此。赵光义听闻此言，倒也消了不少怒气。不久赵光义就将吕端任命为太常卿，将吕端接回了京城。

不久，吕端接到了一项差事，代表大宋出使高丽。当时中原与高丽的陆路已被辽国占据，宋朝和高丽的往来只能通过海路。吕端一行上了海船，行至中途，突然遇上罕见的风暴。一时间风高浪急，船帆被折断，船只顿时失去了控制，眼看就有倾覆的危险。船上所有人都面如土色。战战兢兢，唯有吕端安坐不动，手捧经卷，神色如常。消息传回汴京，所有的人，包括赵光义，都对吕端临危不惧的名臣风度大为倾倒。赵光义当时正宠爱许王赵元僖，一纸诏书，将吕端任命为开封府判官，像当年辅佐廷美一样辅佐许王。由此可见赵光义对吕端寄望之深。

许王稀里糊涂地送命后，其大量勾结朝臣的阴谋活动被揭露出来。

赵光义大怒，下诏拿问开封府属官，出卖太祖一家的王继恩公公和御史武元颖前来审讯吕端。吕端正在处理公务，看到这二位，立即命人拿来官帽，下堂候罪。

深知吕端并未失宠的王继恩故作失色："吕公为何如此匆忙？"借此向吕端暗送秋波。吕端回答："天子遣使至，即是加罪下官，下官怎可在大堂上接见天子使者？"赵光义下诏，将吕端贬为卫尉少卿。恰逢官员考核，吕端见到了赵光义。其他被贬官的大臣都向赵光义哭诉家中窘状，恳请赵光义开恩，唯有吕端以未能辅佐好廷美和许王，致使许王结交奸佞为由，请求重惩。赵光义大喜，封吕端为枢密直学士，不久拜为副相（参知政事）。

995年，对吕蒙正早已厌倦的赵光义决心用吕端为相。消息传开，有人向赵光义打小报告："吕端为人糊涂，任他为相，恐他误国家事。"赵光义回答："吕端小事糊涂，大事不糊涂。"坚持将吕端拜为宰相。

吕端为相后，寇准也从青州回京，担任参知政事，与吕端同列。或许此时赵光义还没有考虑好到底托孤于谁，或者赵光义借此机会想对两位重臣再考察一番，居然没有指定到底由哪一位主持中枢日常工作。吕端见状，知道官家如虎，同僚如狼，稍有不慎就万劫不复，于是发挥主动退让的精神，提出与寇准与自己按日轮流主掌中书省印信。赵光义接到吕端的上书后，大为满意，立即下诏同意吕端的申请。倒是寇准对形势判断不清，又以为有定策立储之功，不免有些得意洋洋，开始骄纵自恃起来。赵光义一见此状，托孤吕端的决心更加坚定。寇准也被找了个岔子，打发到地方去了。吕端成为主持中枢的重臣，赵光义安排的接班布局愈发明朗。

眼见得太子接班应该三个指头拿田螺——十拿九稳，节骨眼上却出现了变数。那么，有谁这么大胆，居然敢在这个时候动歪心思？说起来大家应该比较熟悉，台面上的是当年出卖太祖一家，向赵光义通风报信的王继恩王公公。

此人食髓知味，希望在赵光义身后如法炮制一次，在仕途上更上一层楼。这一次他希望立精神上有问题的赵元佐为帝，支持他的有李昌龄和胡旦等四处投机钻营的大臣；幕后的却是赵官家本人：赵光义身体已一日不如一日，担心在生前大权就旁落到太子手上，干脆就扶植起王公公等人牵制太子。这一搞不打紧，在赵光义身后，又要进行一场龙争虎斗。

王公公敢做此等大事，除了自身经验丰富以及有一帮宵小协助外，还有个大后台：赵光义的皇后李氏。李皇后曾有一个儿子，可惜早夭。皇子中李皇后最喜爱赵元佐，后来甚至将赵元佐的儿子接到身边亲自抚养，将一腔母爱都倾注到这个孩子身上。有了这一层关系，李皇后当然希望赵元佐能继承皇位。王公公向李皇后一试探，双方立即一拍即合。

王公公等环顾朝堂，皇帝深受箭伤折磨，奄奄一息；宰相吕端等又年老昏聩，普天之下，舍我其谁？这帮奸人不由得洋洋自得，趾高气扬起来，却未料到他们的一举一动都没有瞒过吕端的眼睛。

李皇后与王阉的阴谋，早就为吕端所查知。正是顾忌这些人有赵光义做后台，而且这些人每天都在皇帝的身边，要影响病重的皇帝那是轻而易举，轻举妄动反而会受到他们的残害，饱读诗书的吕端岂能不知？此外，王阉如此猖狂，一是借平定蜀中民乱之际掌握了部分禁军；二是有李皇后的哥哥、掌握禁军的名将李继隆作为靠山。面对如此强大的对手，吕端只得暂且忍耐，等待着最后摊牌时刻的到来。

997年2月，赵光义病情恶化。文武百官为表忠心，纷纷为赵光义大做法事，一时间汴京的寺庙香火缭绕，人来人往，好不热闹。皇太子赵恒与宰相吕端每日进宫，看望病重的赵光义。一日，吕端又进宫看望皇帝，却惊异地发现太子并未在皇帝的身边。这是一个不应有的失误！吕端看看赵光义，病情好像比昨天更加严重。如果官家突然病逝，太子不在身边，那不是给奸人动手脚提供机会吗？吕端立即取出上朝惯用的玉笏，挥毫在上面写上"大渐"二字，派遣心腹去接太子。要说这吕端还真是大事不糊涂：这个节骨眼上，太子肯定会对陌生人有着极大的防范心。看到有人邀请进宫，谁知是不是王公公派来的，好在路上安排杀手袭击太子？有了玉笏和题字为信物，太子就可以放心进宫了。吕端真能耐啊！

吕端刚安排心腹离开皇宫，赵光义就咽了气。说来也巧，赵光义咽气的地方，正是当年太祖驾崩的万岁殿！看来冥冥之中自有天意啊。一直窥伺万岁殿动静的王公公来了精神，立即来找吕端。吕端见了王公公，一脸淡定。王公公也不疑有诈："太后命老奴请相公到中书省，商量由何人继承皇位之事。"

吕端微微一笑："适才官家已命吕端拟下遗诏，就按遗诏行事吧。"

王公公头上顿时沁出密密麻麻的汗珠："遗诏何在？"

吕端神情平常："就在殿内。"

王继恩大急，如果赵光义留下什么不利于他们一伙的遗言，那麻烦可就大了。幸亏只有吕端这老糊涂记录遗诏。当务之急是赶紧看到遗诏的全文，如果是要太子继位，趁百官还没有聚集，赶紧毁掉，吕端这老糊涂也不会说什么。王继恩主意已定，立即冲进了万岁殿。

眼见得王公公冲进了万岁殿，吕端连忙关上殿门，又从怀里拿出一把大锁，"咔"的一声锁上了殿门。王公公这才明白上当了，连忙扯起公鸭嗓子大声吼叫。到了这个时候，任他说破大天都没有用。吕端冷冷一笑，命可靠侍卫看守殿门，不得让闲杂人等靠近万岁殿。布置好一切后，吕端带着一帮侍卫去中书省面见太后。

太后正端坐在政事堂，等着吕端和王继恩前来。此情此景，不由得让人想起那个烛影斧声之夜。吕端带着大批侍卫威风凛凛地走进政事堂，李太后见王公公没有前来，不由大惊，心下一时没了主意。只见吕端上前一步，向太后唱了一个大诺："启禀太后，圣上业已驾崩，敬请太后节哀。老臣已派人去接太子，国不可一日无君，太子立即继位，以安天下。"

李太后还试图挣扎一下："自古立储都是立长，当由皇长子元佐继承大统。"

吕端的眸子里顿时发出两道精光："太子名分早定，吾等岂能临时更改大行皇帝的心意？这与谋反又有何区别？"

李太后望着吕端，相国眼里的光芒让她不寒而栗。今天的吕端与平常的吕端是多么不同啊！往日的吕端颟顸，处理政事都崇尚清静无为，今日的吕端却表现出了让人凛然的杀气，真是深不可测啊！也许吕端多年的蛰伏就是为了这一天，或许吕端一生的起伏都是为了这一天！在吕端的凛然正气面前，李太后终于退缩了，默认了吕端的提议。吕端向太后又行了一个礼，命令侍卫们暂且照顾太后，等太子来到皇宫，再送太后到大殿参加登基大典。

此时太子已进了宫门，早等候在那里的侍卫立即将太子带到了福宁殿。吕端已派人通知文武百官，满朝文武一时齐集在福宁殿，等着太子坐殿登基。太子一进福宁殿，当即就被宦官带到了金銮宝殿坐定，宦官和女官们放下了珠帘。此时吕端方才进殿，副相温仲舒立即捧上遗诏宣读。吕端走上宝殿，命宦官掀起珠帘，看清了殿上坐的确是太子，一颗悬着的心这才放下来。吕端恭敬地退下，率领文武百官三呼万岁，中原王朝终于在晚唐以来实现了第一次有序而稳定的权力更替。

【第六章】

清王朝的真正建立者——

清太宗皇太极

非典型封建王朝——大明

1368年，朱元璋在应天（今江苏南京市）登基，明朝正式建立。作为一个崛起于南方的正统王朝，大明处处透着不寻常的气息，实际上成了一个"非典型"的封建王朝。明朝崛起于淮西，实力坐大后渡江占据金陵，成为割据南方的几大势力之一。朱元璋是这支淮军的首领，手下有徐达、常遇春等一流将帅，素有"天下名将数徐常"之号。朱元璋进了南京城不久后就自称"吴王"，因为下游的张士诚也自称"吴王"，所以朱元璋的吴国被称为"西吴"，张士诚的吴国被称为"东吴"。

西吴的战略形势十分恶劣，上游有强大的陈友谅势力，下游有占据苏州、湖州等富庶地区的张士诚，十分容易受到两面夹击。面对如此战略形势，朱元璋充分发挥其战略与军事天才，在东吴方向采取守势，将主力投入与陈友谅的势力作战上，经过苦战消灭了这个大敌。随后，朱元璋消灭了张士诚、方国珍、陈友定等割据势力，基本统一南方。1367年，朱元璋派遣25万大军，在徐达、常遇春的率领下，誓师北伐。

在北伐路线的问题上，朱元璋再一次展现了他出色的战略才能。当时南方统一北方尚无成功的先例，这不能不让诸将心中打鼓。诸将多主张毕其功于一役，直捣大都。朱元璋制止了这种战略盲动，指出这样会导致侧翼受袭击，进而全军覆没。朱元璋正确地制定了先取山东，再取河南，去除燕京两臂后再直捣幽燕的天才方案。事态的发展果然如朱元璋所料，明军进展迅速，山东、河南先后落入明军之手。

明军乘胜直逼大都。失去了山东、河南的元顺帝带着太子、妃嫔、大臣仓皇逃出大都，大都落入明军之手。此事的意义极其重大，幽燕地区在755年安史之乱时脱离汉族中央政权控制后，终于在1368年8月重新回到汉族中央政权的怀抱，时间已经过去了600年之久！朱元璋随后攻占了山西、陕西、四川、云南、甘肃等地区，建立了大一统的封建王朝。历史上在南京成功统一中国，并长治久安的，唯有大明一朝，朱元璋的武略和雄才，实在是令人赞叹。

尽管如此，朱元璋心中对南京的地缘劣势是心中透亮：南京偏处东南，虽然从形势上来看是虎踞龙盘，但只适合做割据南方的暂居之地。要想长治久安，必须迁都北方。朱元璋一开始看上的是开封，还有家乡凤阳。但朱元璋是一个现实主义者，他很快就发现了开封地势开阔，凤阳位置不佳，都不适合做大一统王朝的首都，最后放弃了这两个地方。朱元璋选择都城能不囿于家乡情结，这是他比刘秀强的地方。

最后，朱元璋的目光转向了长安和洛阳，希望在这两个汉族王朝的荣耀之地重建汉唐的辉煌。1392年，朱元璋派遣太子朱标赴关中察看形势，考察建都事宜。朱标在回京复命的途中不幸感染时疫，一病不起，谥号"懿文"，后世称为"懿文太子"。朱元璋老年丧子，哭得死去活来。出于对长子的疼爱，更出于维护宗法制度，朱元璋立朱标次子朱允炆为皇太孙。

懿文太子的骤然去世打乱了洪武帝的接班布局。本来按照洪武帝的构想，太子朱标理政多年，根基深厚，功臣宿将无不服从，蓝玉就是太子忠实的党羽。诸王统兵在外，是太子将来登基的重要辅佐，对功臣宿将形成强大的威慑。等自己百年之后，再由太子从容化解来自藩王和功臣两方面的威胁，此时大可用"杯酒释兵权"之类的怀柔手段来对付。太子自从1371年就佐理朝政，洪武帝通过多年的观察，相信太子有这个政治智慧。但太子的突然去世使得洪武帝精心安排的权力均衡布局一下子变成内重外轻，功臣集团一时无人能制，藩王集团势力相对缩小。

太孙年幼，显然难以驾驭功臣宿将，朱元璋于是大开杀戒，蓝玉、傅友德等身经百战的功臣宿将皆遭屠戮。这些人原本是朱元璋留给朱标的班底，朱标不在，朱允炆难以驾驭住这些人，干脆将他们全部杀死，省得成为后患。由此可以看出朱元璋是一个彻底的马基雅维利主义者，结果就是内重外轻割据变成内轻外重的格局，藩王势力坐大了。

朱元璋在收回功臣兵权的同时，将诸子分封到北方边境，代替功臣守边。主要的有秦王、晋王、燕王、辽王等。这些藩王都有甲士数万，辽王甚至有八万甲士之多！这些藩王直接向朱元璋本人负责，并有兼理民政之权。从西汉以来，历代王朝很少有直接裂土分封的，大多封的王号是虚衔。西晋吸取了曹丕苛待宗室的教训，实封诸王，各有封疆，结果弄出"八王之乱"。有鉴于此，后世大多不敢实封，只敢授予虚衔，将这些王爷养在京中。

元朝封王是实封，朱元璋将诸子实封在北方边境，无疑是吸取的元朝制度。但这么一来，诸王对京中事务就有很大的干预之权，对太孙的皇位继承权更是不以为然。其中最为英武的燕王朱棣尤其如此。

燕王对皇位觊觎，洪武帝岂能不知？但洪武帝认为，即使天下相争，只要是姓朱的争夺，就无皇位落入他人之手的忧虑。洪武帝大杀功臣，怕的就是这些功臣轻松地料理了燕王等，再回京篡夺朱允炆的皇位。须知燕王打仗可是傅友德手把手地教出来的！1398年，一代雄主朱元璋驾崩，终年七十岁。

铲除功臣，无疑是为燕王扫清了最大障碍。1399年7月，燕王朱棣在北平（今北京，旧元大都）起兵，进攻南京朝廷，并于四年后成功进入南京，朱允炆下落不明。朱棣成功地登上帝位，改元"永乐"，这就是中国历史上有名的永乐皇帝。

靖难之变与安史之乱形式不同，性质几乎完全相似。这两场变乱的实质，都是中央政权必须在幽燕一带建立强大的军镇，这些军镇强大后中央又尾大不掉，难以驾驭。历史和现实都证明，占据幽燕的力量，无论是家贼还是外敌，都是中央政权的心腹之患。永乐帝清醒地看到了这一点，再加上受朱元璋托孤的南京功臣集团（洪武帝杀害功臣，很多只是杀了当家人，这些功臣的子孙都安享富贵，并能担任重任，从而成为朱允炆的依靠力量）在政治上不愿与永乐帝合作，永乐帝毅然将首都迁到自己的起家之地——燕京。

永乐皇帝是一个很有意思的皇帝。从某种程度上来说，他是汉武帝和隋炀帝的奇怪混合体。永乐帝久在幽燕，深知蒙古实力仍很强大，蒙古人退出中原绝不是因为战力退化，而是因为政治原因，以及父亲洪武帝的军政才能实在是无人可以匹敌！退出中原的蒙古尚有数十万骑兵，假以时日完成内部整合，依然有称雄天下的实力。因而永乐帝将解决蒙古问题作为施政的重中之重，先后六次派遣大军进攻漠北。除第一次失利外，其余五次都获得了大小不等的成功。斩获不见得很多，关键是打乱了蒙古势力的整合速度，让蒙古高原又回到了成吉思汗以前的状态。

随着明成祖定都北京，北京终于成为中国的首都。这个成果是中国古代人民付出无数代价，经过多次试错才换得的，对中国结束五代以来中世纪的乱世有着极大的意义。定都北京以后，大一统王朝找到了新的支点，宋金时代那种支离破碎的帝国形态彻底成为过去式。历史车轮在新的轨道上隆隆向前。

不过在农业社会历史条件下，定都北京存在着一个很大的隐患，那就是北京相对于塞外民族来说缺乏战略纵深。一旦捍卫北京的燕山防线被突破，整个华北将无险可守，从而成为游牧民族的猎物。这个风险在大明立国之初就存在，两百多年来，大明对蒙古等塞外民族执行强硬的战争政策，奥妙也出于此。不过令人意外的是，最终突破燕山防线的，不是大明君臣日夜惧怕的蒙古人，而是来自东北的女真人。

父辈的旗帜

1616年，建州女真首领努尔哈赤在赫图阿拉称汗，国号"大金"，史称"后金"，这就是清朝的前身。后金的建立，意味着东北地区在金朝建立400多年后，又诞生了一个强大的军事奴隶制政权。那么读者可能要问，女真是如何重新崛起的？为什么东北建立的军事奴隶制政权几乎是中原王朝的克星？下面就请听小生慢慢道来。

明朝建立后，留在东北的女真人逐渐分为三部：建州女真，海西女真和"野人"女真。建州女真原居于松花江和牡丹江交汇的地方，金兵进入中原后并未随行，而是留在了东北，分为胡里改、斡脱怜、托温三个万户。

金朝虽入中原，但对东北故土和家乡的女真人还是比较关注，因为这是将来中原有变撤退的后路，胡里改等乡人还是精兵的重要来源。不过金朝汉化的大风依然吹到了东北。1194年，金章宗问大臣夹谷清臣："胡里改风俗如何？"清臣对曰："视旧则稍知礼貌，而勇劲不能及矣。"由此可知胡里改部在南宋和金朝的时候就受到汉族文化影响。这些女真人挺过了蒙金战争的战火，顽强地在改朝换代的狂潮中生存下来。

元末明初，东海边的"野人"女真和北元势力不断对胡里改等故金三万户女真进行骚扰，这些女真人不得不南下寻求明朝的保护，最终在绥芬河与阿木河（今朝鲜会宁）一带定居下来。

1403年，永乐帝设置建州卫，将这批女真人变成了大明的边防军，成为大明对付北元的重要力量；明朝人把分布在库页岛两岸海边一带的女真人称为"东海女真"，又称"野人"女真，因为社会经济比较落后，主要依靠养鹿和捕鱼为生，因为不与明朝接壤，对明朝的朝贡也就是三天打鱼、两天晒网。明朝也懒得理这些淳朴的民众，所以干脆将这些人看成"野人"，不管不顾；东海女真西边的女真人，自然被明朝称为"海西女真"了。

海西女真的实力，在三部女真中是最强大的，因而成为明朝既要拉拢，又要打击、防范的对象。好在海西女真和明朝中间隔着建州三卫，这些脏活大可以交给建州女真去完成。明朝则摆出一张好人的面孔，一边限制海西女真的发展，一边利用海西女真对付蒙古人和削弱建州。这套游戏规则屡试不爽，三部女真人都在大明面前俯首帖耳。没想到出了个英雄努尔哈赤，使这一切都发生了变化。

努尔哈赤出身于建州贵族家庭，祖父名觉昌安，父亲名塔克世，系女真建州左卫首领。觉昌安与其兄弟德世库、刘阐、索长阿、包朗阿、宝实等人，各据城寨，互为犄角，号称"宁古塔六贝勒"，威震一方。觉昌安足智多谋，处事稳重，在六贝勒中占据了主导地位。觉昌安曾于嘉靖年间率部下抢掠明朝边境，后来向明朝忏悔，不许部下参与抢掠明朝边境，深得明朝的赏识，被封为都督佥事。

为了增强实力，觉昌安采取了与周围强邻结亲的政策，先为索长阿之子迎娶势力强大的哈达部酋长王台的女儿，再将自己的女儿嫁给了古勒城贝勒王杲之子阿台为妻。没想到这位王杲却是个少见的枭雄。

王杲，喜拉喇氏，建州右卫首领。王杲生性勇武狡诈，兼通蕃汉文字，更熟悉用兵之道，实乃不可多得之人才，令人想起当年的西楚霸王。这样的人到哪里都是天然的领袖，不愁没有小弟跟随。

觉昌安虽然才气纵横，但比起王杲的气吞山河来说还是逊了一等。不久王杲就将魔爪伸到了宁古塔六贝勒的鼻子底下，对六贝勒的手下大加招诱。

人往高处走水往低处流，任何时候都是真理。六贝勒的部下眼见王杲有霸主之相，哪个不愿当从龙之臣？一时间投奔王杲的六贝勒部下如过江之鲫。弄到最后，连觉昌安都没奈何，为了保住自己的地位和仅存的实力，不得不硬着头皮投靠了王杲。王杲大喜，对觉昌安等大加封赏，赐以高位，暗里却多有防范。要说这王杲手段还真是高。

王杲虽然厉害，但在政治上还是有些不成熟。眼见得自己声威震慑建州三卫，王杲不由得有些得意忘形，居然打起大明的主意，准备赶走大明，独霸女真了。说实在的，这么些年，打这个主意的女真领袖大有人在，但大家伙都知道时机不成熟，只是想想而已，但王杲可不这样。王杲眼见自己麾下人马日众，认为与大明摊牌的时机已到，结果闹出了成化之后、努尔哈赤起兵反明之前东北地区最大的动静，结果极大地改变了历史运行的轨迹。

1557年10月，王杲偷袭抚顺得手，守备彭文洙战死，抚顺城遭受了一场空前的劫难。正被东南倭患搞得焦头烂额的明王朝哪里有能力对王杲进行报复？结果王杲得胜而还。1562年，明王朝已经击破倭寇主力，开始将注意力转向东北方向，派副总兵黑春率兵进剿王杲。王杲初战不利，于是有意引诱黑春来追，却暗设伏兵，击破明军，生擒黑春。

被胜利冲昏头脑的王杲将黑春处以千刀万剐之刑，实在是不明之至。黑春本来是一张可以对明军行动有所制约的王牌，只要留着黑春，明军的军事行动就会有所顾忌。只要王杲再打几场胜仗，黑春就是与明朝讲和的王牌，释放黑春就会是一个很具说服力的礼物。现在王杲把事做绝，明朝也就铁了心要彻底剿灭王杲。

王杲手下数千人马，焉能是整个大明的对手？尽管王杲先后多次杀败明军，先后杀死明军将领多名，但还是被名将李成梁击败。王杲狼狈奔逃，结果被海西女真哈达部首领王台擒获，送交大明。1575年，王杲被明朝处以极刑，死法与黑春一模一样。王杲子阿台逃脱，继续与明军对抗。

王杲之所以一败涂地，李成梁和明军的善战固然是主要原因，觉昌安等与明军暗通款曲也加速了王杲的崩溃。王杲虽然强梁，但毕竟少了些英雄之气，与大明的关系也处理得不好。在东北这大明、蒙古、女真犬牙交错的一亩三分地，要想站稳脚跟，光凭一股蛮劲可不行，还要有着狐狸般的狡猾和高度的政治成熟度，而这恰恰是王杲的短处。深谋远虑的觉昌安看到了这一点，暗中向明军汇报军情，并领着明军扫平了王杲势力，为自己家族称霸建州去掉了一个劲敌。

未曾想螳螂捕蝉黄雀在后，另外一个建州领袖也积极地带着明军进攻王杲残余势力，打破了觉昌安的如意算盘，这就是清史上有名的尼堪外兰。

尼堪外兰是建州图伦城主，从小熟悉汉文，也读了不少经书，所以在眼光方面比王杲更加长远。尼堪外兰亦有一统建州的雄心壮志，但他深知，明朝的实力很强大，如果早早地对明朝露出不臣之心，那么不仅会招来明军的围剿，还会成为女真其他部落和城寨的猎物。因此尼堪外兰对明朝恭恭敬敬，特别是对明朝名将、辽东总兵李成梁恭敬有加，博得了李成梁的信任。1583年，王杲之子阿台带着残部重振古勒城，预谋攻掠明朝边境，引起了明军的不安。尼堪外兰自告奋勇，带着明军围攻古勒城。

李成梁带着大队明军，在尼堪外兰的带领下将古勒城团团包围。古勒城依山傍水，地势险要，明军围攻两天都未能得手，李成梁不由得大为恼火，将尼堪外兰招来一顿痛骂。尼堪外兰急中生智，连忙单人匹马来到古勒城下，大喊："太师（李成梁的荣誉职务）有令，有杀阿台来降者，封为古勒城主。"一名亲兵听了，手起刀落，将阿台当场斩杀，下令献城投降，明军蜂拥进城。李成梁不顾承诺，下令屠城，军民2200余人被杀，包括前来营救子女弟妹的觉昌安和塔克世。

王杲的时代彻底结束了，觉昌安和塔克世父子也遭了池鱼之殃，令人同情。李成梁的这种行为，在政治上无疑是极为短视的。虽然古勒城势力强大，但作乱的仅仅是王杲父子，只要首恶受惩，古勒城在建州的威望和号召力就土崩瓦解。此时就应该履行诺言，放过城中民众，立杀害阿台的兵士为城主。此人杀害阿台，必然要依靠明朝和李成梁的势力才能生存。李成梁大可化敌为友，支持古勒城作为打入建州卫的一颗钉子，就像美国打败日本后立即化敌为友安抚日本一样。结果李成梁冲昏头脑，干出屠城的恶行，大大损毁了明朝在女真人心目中的形象，从此女真人想要和明朝合作，就得好好掂量掂量了！这不，古勒城的玉石俱焚，为真正的英雄崛起扫清了障碍。

这个英雄正是努尔哈赤。努尔哈赤是塔克世长子，母亲喜拉喇氏是王杲之女，有同母弟舒尔哈齐、雅尔哈齐和一个胞妹。努尔哈赤十岁时，喜拉喇氏去世，塔克世娶了王台（就是将王杲送给大明的海西首领）之女为妻。王台之女心胸狭隘，对努尔哈赤等颇为刻薄。艰苦的生活锻炼了努尔哈赤，当他还是个十几岁的少年时，努尔哈赤就挖山参、采松子、猎貂皮，拿到抚顺集市上去和汉人、女真人贸易，换回生活必需品。

在抚顺，努尔哈赤学会了汉语和蒙古语，具备了读写汉文的能力，特别喜欢读《三国演义》。这本小说对于努尔哈赤来说，正如《黄石公兵法》对于张良。努尔哈赤从中学到大量用兵之道和御下之法，并在实践中推陈出新，用来将明朝打得落花流水。

据说努尔哈赤曾在李成梁麾下效力，深得李成梁信任，对明军的各项情况了如指掌。如果这是真的，那更不得了，既有理论学习，又有实际操作的机会，太难得了！看来老天是要努尔哈赤成大事啊。不过随着祖父和父亲的惨死，努尔哈赤的生活一下子陷入困境。他会做出怎样的选择？是为祖父、父亲报仇，还是学习尼堪外兰，利用和李成梁的老关系投靠明军？

努尔哈赤做出了另一个抉择，这个抉择将引领他建立大金国，最终在一系列机缘的帮助下，他的后代将因为这个最初的抉择而君临天下。这个抉择就是与明朝虚与委蛇的同时，发展实力，伺机统一女真。

努尔哈赤骑着骏马，找到了当年的老同事们理论。这个关键时刻，努尔哈赤的汉语和在明军中的经历帮了他大忙。他可以准确地听懂以往同事们的弦外之音，并且摸到他们的底线所在——这种宝贵的经验在日后努尔哈赤对付大明的过程中将屡试不爽，现在只是小试牛刀而已。在努尔哈赤的争辩下，明军将领自知理亏，不得不对他多加安抚。

但为了对付这个桀骜不驯的女真青年，明将们认为有必要扶植一下听话的尼堪外兰，于是扬言要立尼堪外兰为建州女真之主，压制努尔哈赤。淳朴的女真人信以为真，一时间纷纷投靠尼堪外兰，甚至包括宁古塔六贝勒的子侄。努尔哈赤陷入众叛亲离的境地。

努尔哈赤仔细地分析了力量对比：依附尼堪外兰的人众虽多，但尼堪外兰的本部人马却不是很多。尼堪外兰虽然诡计多端，但并不以武勇见长。如果起兵讨伐尼堪外兰，这老家伙还真不一定顶得住！不过人手是个问题。努尔哈赤翻遍家中每一个角落，只找出十三副盔甲。努尔哈赤用这十三副盔甲武装了族人，又向沾河寨主常书借兵一百余人，浩浩荡荡地杀向图伦城。

努尔哈赤果然预料不差，这尼堪外兰的确是个孬种。听到努尔哈赤带着数百人前来报仇的消息后，尼堪外兰居然不作抵抗，带着妻子和几个亲信逃到新建立的嘉班城去了。嘉班城靠近抚顺，有了明朝的保护，努尔哈赤一时也不敢过于逼迫尼堪外兰。努尔哈赤等进了图伦城，收取了尼堪外兰的人丁和积蓄，带着得胜之师回到了寨子。

同年（1583年）8月，努尔哈赤再度出兵进攻嘉班城。尼堪外兰事先得到消息，结果又是望风而逃，一直逃到了离抚顺更近的鹅尔浑城，部众皆为努尔哈赤所得。经过这一番折腾，建州部众看到尼堪外兰实在是烂泥扶不上墙，纷纷背弃尼堪外兰，投靠努尔哈赤。努尔哈赤的实力进一步壮大。

　　1586年，努尔哈赤再度出兵进攻尼堪外兰，尼堪外兰再次狼狈奔逃，被抚顺明军保护。努尔哈赤进了鹅尔浑城，没有找到尼堪外兰，不由大怒。此时细作来报，尼堪外兰已经进入明军军营。努尔哈赤立即下令斩杀城内十九名汉人，并将六名在战场上受箭伤的明军招来，伤口再度插上箭头，令其回抚顺报信，要求抚顺明军交出尼堪外兰。抚顺明将眼见努尔哈赤势大，犯不着为尼堪外兰这个屠头得罪努尔哈赤，就默认努尔哈赤到明军军营杀了尼堪外兰。努尔哈赤报了父祖之仇，成为建州重要首领。

　　在与尼堪外兰和外兰身后的明军的斗争中，努尔哈赤大获全胜，既鼓舞了他的信心，更为他今后的事业带来了不可估量的正面影响。以往在女真人的眼中，明朝是耸立在天空之中的朝代，威严而不可侵犯。女真人凡是反抗明朝的，几乎都没有好下场。这些血淋淋的事实像大石头一样压在女真人的心头，令人不敢对大明稍起反叛之心。现在努尔哈赤仅以数百兵士就羞辱了明朝，不由让女真人心中大惊：原来大明也不是想象的那样强大！轻蔑之心顿生。

　　这种轻蔑之心一旦产生，就会像田野里的杂草一样疯长，直至吞没整个田野。对于努尔哈赤本人，更是坚定了这种雄心。从明朝那里学到的军事、政治和文化知识，终于有了用武之地，而且自己用得不比明朝的那些家伙差！人的一生啊，往往就是这一两步，只要这一两步取得了良好效果，整个人的境界就会更上一层楼，命运就会完全不同！颟顸的明军将领没有想到，自己今天的一时软弱，将会对整个远东局势和历史发展产生何等深远的影响！

　　在击灭尼堪外兰之前，努尔哈赤就先后统一了建州的董鄂部、哲陈部和苏克素浒河部。杀了尼堪外兰后，信心倍增的努尔哈赤更是加快了统一建州女真的步伐。

1593年，努尔哈赤灭掉了建州女真的最后一个小部落，正式统一了建州。在这个过程中，还发生了一个小插曲：1592年，丰臣秀吉起兵进攻朝鲜，直逼鸭绿江。慑于日军的逼人兵势，努尔哈赤遣使面见朝鲜国王，表达了支援朝鲜、入朝作战的意愿。一直视建州女真为更大威胁的朝鲜理所当然地拒绝了这一建议。不但如此，朝鲜方面还将在战争中俘获的日本武士安置在朝鲜与建州的边界，借助这些日本老兵来对付建州。

明军以辽东军为主力，与日军展开了长达八年的大拼杀，终于将日军逐出朝鲜。明军也元气大伤，对辽东的控制无形中大大减弱，这就给了努尔哈赤统一整个女真的良机。

1593年，努尔哈赤基本统一建州，又南下吞并鸭绿江部，又将进攻的矛头指向珠舍里部和讷殷部，将势力渗透到了"野人"女真的地盘。这一下海西女真坐不住了：努尔哈赤已统一建州，又要向"野人"女真发动攻击，这是要将女真彻底统一的前奏啊！海西四部领袖们经过磋商，决定捐弃前嫌，先集中精力消灭努尔哈赤这个心腹大患再说。叶赫部首领布寨率着叶赫、乌拉、哈达、辉发、蒙古科尔沁等九部共三万联军，杀向建州首府佛阿拉。

努尔哈赤闻讯，立即着手布置防务。建州虽然已经基本统一，但与海西女真相比，实力还是有所不如，何况此次海西四部倾巢而出！努尔哈赤麾下仅有一万人马，按照常规观点，如何能与九部联军匹敌？面对强敌，努尔哈赤认为，敌兵虽众，但来源众多，号令不一，而且诸部贝勒之间各怀鬼胎，相互算计，实际上并不可怕。只要击溃其中一部，其他皆会四散。努尔哈赤在安排好一切后，坦然睡去。

次日，布寨和其弟纳林布禄带着联军，气势汹汹地杀奔而来。未想到努尔哈赤早就备下坚强的工事，预备了海量的檑木、箭矢，以待联军。联军连攻数寨，都没有得手，不得不放弃进攻这些寨子，直奔佛阿拉而来。努尔哈赤岂会在佛阿拉坐以待毙？早已率精兵列阵于古勒山前，以逸待劳，迎击联军。

联军抄山路向赫图阿拉进发，山路崎岖，联军只得列成一字长蛇阵进军，失去了人数上的优势。眼见得布寨已率大队人马出现在视野，努尔哈赤命大将额亦都前去拦截叶赫军。叶赫军远来疲惫，很快就被额亦都遏制住了攻势。

布寨见状心中愤恨，挥舞着长刀，驱骑杀向额亦都。却未想到，一根横木拦住了布寨的去路，将布寨的坐骑绊倒，布寨重重地摔下马来，眼冒金星。

趁着这个当口，建州兵士吴谈走上前去，手起刀落，砍下了布寨的首级。纳林布禄与布寨兄弟情深，一见兄长战死，当即昏死过去。叶赫军大乱，几名不要命的亲兵保护着纳林布禄，夺回了布寨的遗体，仓皇奔逃。

九部联军一看主帅阵亡，最强的叶赫军也溃逃，纷纷作鸟兽散。乌拉贝勒满泰之弟，素称"悍勇无双"的布占泰被生擒，科尔沁贝勒明安骑着一匹裸马狂逃，仅以身免。建州军追杀联军一直到百里开外，大胜而还。努尔哈赤取得了古勒山战役的胜利。从此，再也没有谁能阻挡努尔哈赤统一女真的步伐了！

古勒山大胜后，努尔哈赤开始将海西四部作为主要打击目标。在努尔哈赤的攻击下，辉发、哈达先后灭亡，能与努尔哈赤一较高下的仅有叶赫与乌拉两个大部落。1596年，乌拉贝勒满泰被暗害，努尔哈赤将布占泰送回乌拉，继其兄为乌拉贝勒。

布占泰并不甘心受努尔哈赤的挟制，而是与努尔哈赤进行了多次战斗，但都在强悍的建州军面前一败涂地。1613年，努尔哈赤亲率建州军与乌拉军决战，乌拉军大败，布占泰千里走单骑，投奔叶赫。乌拉自此为建州所并。到现在就只剩下叶赫了。

1616年，已统一女真大部的努尔哈赤在赫图阿拉称汗，国号"大金"，史称"后金"。在称汗的前一年，努尔哈赤办了一件大事，这件大事将对整个中国历史的发展和走向产生了深远的影响。那就是建立八旗制度。

1601年，努尔哈赤建立黄、白、蓝、红四旗，将各部属人打散，编入四旗，以收控制之效。在四旗制下，原有的各部贝勒、寨主的权力受到极大削弱，努尔哈赤、舒尔哈齐、褚英、代善分别为黄、蓝、白、红四旗旗主。从此，国政和兵权被爱新觉罗家族所垄断，早期前来投奔努尔哈赤的盟军们沦为臣属。但这种模式显然带来了旗主权力过大的毛病，不利于努尔哈赤的权威。

1615年，努尔哈赤将四旗分为八旗：镶黄旗、正黄旗、镶白旗、正白旗、镶蓝旗、正蓝旗、镶红旗、正红旗。其中，努尔哈赤自将两黄旗，以镶黄旗为最尊。旗下每三百人为一牛录，设牛录额真一人；五牛录为一甲喇，设甲喇额真一人；五甲喇为一固山，设固山额真一人。八旗共有满洲牛录三百零八个，蒙古牛录七十六个，汉人牛录为十六个，共计四百个。努尔哈赤不久后下令，汉人牛录视为满洲。

随父兄征战辽东

努尔哈赤之所以能打下这一片天下，完成王杲等人未能完成的伟业，与兄弟子侄中人才辈出有极大的关系。努尔哈赤起兵之初，兵不过百人，甲不过十余副，马不过数十匹，因而不得不十分依赖异姓功臣，比如额亦都、何和理、费英东、安费扬古与扈尔汉等人。这些功臣随着努尔哈赤南征北战，立下赫赫战功，威震关东，成为建州立国的柱石。

但随着建州势力的不断扩大，努尔哈赤作为建州之主，在俘获的人口、财物和土地分配上面，有着比这些功臣更多的权力，并且他们之间的关系也由同盟关系急剧地向君臣关系转化。并不是所有的功臣都能适应这种变化，在这种情况下，君臣嫌隙也在暗中滋长。

幸亏努尔哈赤的子侄都十分优秀，及时填补了军事和行政上的空白，成为建州乃至后金的主要支持力量。在这些子侄中，突出的有汗长子褚英、次子代善、五子莽古尔泰、八子皇太极，以及汗侄阿敏、代善长子岳托等人。

最早脱颖而出的是褚英。褚英出生的时候，努尔哈赤尚未起兵。四岁时，努尔哈赤为报父祖之仇，起兵进攻尼堪外兰，受到亲近尼堪外兰的族人暗算，褚英也因而生活在颠沛流离之中，多次险遭暗害。

艰苦的生活使褚英的性格勇敢刚烈，不惧危险，这本是一种美德，但在最后反而害了他。褚英长大后，英勇善战，武略过人，曾击垮乌拉贝勒布占泰的主力，成为建州第二代的军魂。

有了这么优秀的儿子，努尔哈赤当然喜不自胜，于是封褚英为"广略贝勒"，着力将他培养成自己的接班人。1613年，努尔哈赤宣布广略贝勒褚英执掌国政，命额亦都、何和理、费英东、安费扬古与扈尔汉等五大臣辅佐。

令努尔哈赤始料不及的是，自己亲手播下的龙种居然收获了跳蚤。褚英执政仅仅数月，就与兄弟和大臣们发生了激烈的冲突。据《满文老档》记载，褚英强迫代善、阿敏、莽古尔泰、皇太极等兄弟们和五位大臣宣誓臣服于己，并扬言如果不服，自己即位后就将不再恩养诸位兄弟和大臣，甚至要处死不服自己的臣子。褚英的威胁令四位贝勒和五位大臣极为不满，经过磋商，四贝勒与五大臣一起，向努尔哈赤告发了褚英的行径。

这件事如果是四贝勒单独告发，会被人看成争宠，五大臣单独告发，又容易被人看成逼宫，只有双方联手才能奏效。面对这些建州柱石们的告发，努尔哈赤不得不解除褚英的执政贝勒地位，将褚英幽禁。

按照努尔哈赤的本意，并不想置褚英于死地，而是希望褚英能认个错，磨磨性子，伺机再起。但到了这个关键时刻，褚英性格里偏激的一面开始展现。褚英不但拒绝认错，而且诅咒努尔哈赤及诸位兄弟、大臣，甚至暗中希望努尔哈赤远征乌拉失败，自己就可以带着党羽不让父亲和兄弟们入城。这些行径当然被一一揭发，努尔哈赤就是想庇护也没有办法了。经过两年多的徘徊，1615年，努尔哈赤终于痛下决心，处死了广略贝勒褚英。

广略贝勒的死令人痛惜，尽管这与他的个性有很大关系，但这其实也是一种必然，历史上也能找到相近的案例。西晋年间，鲜卑拓跋氏联盟大汗将长子沙漠汗送到洛阳为人质。沙漠汗仪表堂堂，文武双全，深得晋朝上下倾心敬重。晋朝重臣卫瓘，对，就是那位谋害了邓艾、算死钟会的家伙，认为沙漠汗是晋朝的大威胁，于是就派人到拓跋部，收买拓跋部的诸位大臣，挑拨他们与沙漠汗的关系。沙漠汗回国后，父汗为其设宴接风。酒过三巡，沙漠汗掏出怀中的弹弓，声称要射落一只飞鸟为大家伙助兴。沙漠汗手起弹出，一只大鸟应声落地。淳朴的鲜卑人没有见过汉地的弹弓，以为沙漠汗学到了汉人的妖术，不由得人人惊骇，更加相信卫瓘所言不虚。宴会后，诸位小部落的首领都向大汗施加压力，要求处死沙漠汗，以绝后患。面对诸位首领的逼宫，大汗自是万分不忍取爱子的性命，但大汗明白，如果不答应诸位首领的条件，那么大家一散伙，部落联盟就土崩瓦解，一生的心血就付诸东流了。权衡之下，大汗咬着牙答应了首领们的要求。话音刚落，大家伙就带着绳子将沙漠汗勒死了。广略贝勒不就是穿越了一千多年时空的沙漠汗吗？

褚英的死也给其他有志于汗位的阿哥们敲响了一记警钟：大位宜以智取，不宜豪夺。当然，父汗的意愿仍然是第一位的，众位阿哥，还有大臣和国人们，在储位问题上都要唯努尔哈赤的马首是瞻，而失去爱子的努尔哈赤更不会容许诸位大臣在立储问题上有过多的发言权。这个时候，努尔哈赤的心仪对象是次子代善。

代善是褚英的同胞弟弟，在努尔哈赤的诸子中排行第二。代善骁勇善战，为人宽厚，深得众心。在与乌拉的争战中，代善脱颖而出，与兄长褚英一起率三千兵马大败乌拉一万大军，奠定了建州对乌拉的心理优势，努尔哈赤也因此封代善为"古英巴图鲁"，赞誉其像钢铁一样坚硬。

1613年，努尔哈赤率军进攻乌拉，因为担忧乌拉的实力，努尔哈赤决定残破乌拉附属的城寨而还，伺机再进攻乌拉。代善认为乌拉的实力已经到了衰亡的临界点，此时不取，更待何时？力劝努尔哈赤放弃成命，进攻乌拉城。努尔哈赤很不高兴，但还是听取了代善的建议，果然一举攻破乌拉，布占泰仓皇逃往叶赫。

1618年，经过多年的准备，努尔哈赤决心向大明报父祖被杀之仇，誓师伐明。未料出师的第二天就下起暴雨，道路泥泞难行，努尔哈赤决定回师。代善在这个重要关头坚决主张继续前进。努尔哈赤被代善的言语打动，破例接纳代善的劝诫，继续伐明，结果第二天就攻占了抚顺城，获得人畜30万，取得对明战争的第一个大胜仗。

在多年的征战中，代善屡立战功，威名赫赫，为建州的霸业做出了重要贡献。努尔哈赤很早就将八旗中的两红旗交给代善统领，可以说在建州国中，代善的实力仅次于父汗，位居第二。努尔哈赤在建国称汗的时候，封代善为大贝勒，阿敏为二贝勒，莽古尔泰为三贝勒，皇太极为四贝勒，代善的地位可谓一人之下万人之上。努尔哈赤明确地表示，百年之后，大福晋和众位子弟由大贝勒抚养。明确地承认了代善的"太子"地位。代善的地位和风头一时无两。

话说凡事总有万一，宽厚的代善遇到了一个强硬的竞争对手，四贝勒皇太极。皇太极母叶赫那拉氏，本是叶赫贝勒扬佳努之女。扬佳努在努尔哈赤遭遇父祖之丧后，看中努尔哈赤一表人才，文武兼资，主动提出将才貌出众的幼女嫁给努尔哈赤。努尔哈赤下过聘礼后，只等叶赫氏长大完婚。

却不料扬佳努因开罪了大明朝廷，被李成梁设计杀害，遭受重创的叶赫部亟须加强与建州的关系，以便在各方势力犬牙交错的辽东生存。1588年9月，叶赫贝勒纳林布禄（就是上文古勒山之战中被吓晕的那位）亲送胞妹到建州，与努尔哈赤完婚。1592年，叶赫氏为努尔哈赤生了一个麟儿，努尔哈赤为这个孩子起名为"皇太极"。

谁也没有预料到，这个孩子将成为大清帝国真正的命世之主。不过，再伟大的人也有童年，也有成长的烦恼，幼小的皇太极同样经历了这一人人都须经历的生命历程。1603年，叶赫氏突生重病，不久后亡故，年仅十二岁的皇太极早早地就失去了母亲。尽管婚后不久，叶赫部就和建州翻脸，叶赫氏兄长布寨也死于建州军的刀下，但叶赫氏依然全身心地侍奉努尔哈赤，赢得了努尔哈赤的真心敬重和爱慕。

叶赫氏的早逝令努尔哈赤极为悲伤，对皇太极也更加疼爱。此时的褚英和代善已都成长为英姿勃发的青年，成为父亲征战四方的重要倚仗。与兄长们相比，皇太极的身子骨还稍显弱小，不能上阵领兵作战，但努尔哈赤并未因此忽视对皇太极的培养，而是命他与大福晋富察氏等一起监管家政。

此时的建州尚未正式立国，家事包括了财务、会计、稽核、筹集粮草、安排生产等许多带有政府管理色彩的事宜，对年方弱冠的皇太极锻炼极大。此后的皇太极表现出了无与伦比的政治才能，与这段经历应该说是大有关系。

光阴荏苒，皇太极很快也成长为英姿勃发的青年，练就了一身过硬的骑射本领。从现今遗存的画像中可以看出，努尔哈赤身材颀长，灵活强健，而皇太极的身材稍矮，魁梧健壮却有过之而无不及，是一块领兵打仗的好材料。1612年，皇太极初上战场，随父汗攻打背信弃义的乌拉贝勒布占泰。此战努尔哈赤并未进攻乌拉主城，而是攻占了主城旁边的六个村寨，焚毁房屋，掠夺人口后而还。

初试啼声的皇太极当然希望打一场大仗恶仗，却未料父汗对乌拉采取了这样一种不疼不痒的打击方式，不由得有些想不通。努尔哈赤耐心地开导皇太极：要灭掉乌拉这样的大国，就像砍伐大树一样，先要拔除枝杈，才能砍伐主干，所以应该先将乌拉主城附属的村寨一一攻灭。

努尔哈赤感叹：没有民众，贝勒怎么能够生存？如果乌拉的人口渐渐减少，肯定不是人丁众多的建州的对手。努尔哈赤在这里给皇太极上了一堂生动的军事课和政治课，皇太极从中获益甚多，并从中悟出了对付政敌和大明的利器，无往而不胜，结果受益终生。

1618年，皇太极随着父亲进攻明朝，献上计策帮助后金军攻占抚顺，初露风华。1619年，明朝兴大同、宣府等重镇兵约十万，进攻后金。不但参加进攻的军队都是明军精锐，而且指挥的将领杨镐、杜松、李如柏、马林、刘綎等，几乎都是参加过抗日援朝战争的宿将。

不过可惜的是，杨镐好大言而寡谋，而且刚愎自用，早在蔚山之战就在日军手上吃过败仗，并非合适的主将人选；杜松有勇无谋，轻敌冒进；李如柏生性怯弱，都存在种种易于让对手钻空子的弱点。

杨镐的具体部署是，杜松率三万大军为主力，从西路进攻赫图阿拉；马林率一万五千人从北路进攻赫图阿拉；李如柏率两万五千人从南路进攻后金；刘綎则率本部兵马一万，会合一万朝鲜援军，从东路进攻赫图阿拉。四路明军相互策应，互为犄角，牵制后金军的行动，步步为营。杨镐坐镇辽阳，掌握一支约两万人的机动部队，居中策应。

一切看似完美无缺，但执行起来就麻烦重重。四路大军相距数十里，有的甚至上百里，在现代的技术条件下要想按计划实现协调作战尚不容易，何况是在技术落后的明朝晚期？努尔哈赤敏锐地抓住了这个缺陷，决心利用后金重骑兵快速机动的优势，集中兵力先歼灭一路，各个击破的战略，先集中兵力打击杜松部，再将打击目标对准北路马林一军，最后集中兵力进攻刘綎。谋划已定，努尔哈赤率着代善、皇太极等诸贝勒领兵而出。

果然不出努尔哈赤所料，杜松部贪功冒进，进军速度远远超过其他三路，结果钻进了努尔哈赤为他专门设置的口袋。经过激烈的战斗，杜松部基本被歼灭，杜松本人战死，努尔哈赤随即将矛头对准了北路的马林。马林部兵力和素质本来就不如杜松部，经过一番战斗，也基本被后金兵解决。

刘綎一军素来号称明军精锐，刘綎本人亦是名将，使一把120斤重的大刀，在马上旋转如飞。面对这样一名勇将，努尔哈赤自然不敢掉以轻心，特别派遣杜松部降卒带着缴获的杜松令箭前去诱惑刘綎孤军深入。刘綎果然上当，生怕杜松独占头功的他急忙驱使部队深入，结果被努尔哈赤、代善和皇太极所包围。刘綎率部死战，终因寡不敌众而被杀害。努尔哈赤礼葬了刘綎，宣告了萨尔浒之战后金方面取得了大胜，歼灭明军共计五万余人。

后人多把萨尔浒之战看成明朝走向衰亡的起点，其实不然。虽然明军精锐主力遭受重创，但这并不意味着明朝在后金面前已失去招架之功。与后金相比，明朝毕竟是大国，人口、经济和资源方面，都有着后金所不能比拟的力量。后金在萨尔浒之战中击败明军，充其量只是打赢了生存之战，离灭掉明朝还有很大的距离。

即使明朝溃不成军，努尔哈赤能够挥军进入山海关，军力、国力均十分有限，更遑论未做好政治准备的后金，能否在关内站稳脚跟都还是问题。最好的结果就是像耶律德光一样，看到在中原站不住脚，拍拍屁股又重回故土了。萨尔浒之战后的明朝依然有着可怕的实力，后金只是摆脱了明朝泰山压顶的态势而已。对于后金来说，萨尔浒之战最大的收获有两项：一是对明军建立了心理优势，二是皇太极等年轻将帅开始在军事上和政治上崛起。

萨尔浒之战后，后金军势如破竹，先后攻占开原和日后成为大城市的铁岭。因明朝启用名将熊廷弼任辽东经略，此人有远谋，能力亦强，努尔哈赤决定暂先观望，伺机而动。熊廷弼任职辽东以来，采用雷霆手段进行整顿，却得罪了当朝的权贵和言官们。在这些人的攻击下，熊廷弼动辄得咎，处境艰难。努尔哈赤瞅准了机会，于1620年大举进攻辽东。

此时真正在辽东有军政决策实权的是辽东巡抚王在晋，此人志大才疏，不顾明军野战能力与后金军的差距，竟然要集中辽东明军与后金军决战，一举荡平后金政权。此举正中努尔哈赤的下怀。经过一番鏖战，明军再次遭到惨败，关外几乎全部失守。熊廷弼只好带着辽东军民，几乎全部撤回山海关内，关外已成为八旗大军的天下。

如果趁这个空当，努尔哈赤是有可能对山海关发动进攻的。但努尔哈赤深知后金政权尚未做好君临天下的准备，贸然进攻可能会导致后金元气大伤，反而失去对辽东的控制，因此明智地中止了进军。

明廷得到了宝贵的喘息机会，派遣名将孙承宗重回关外，逐渐恢复了对辽西地区的控制。熊廷弼则被明廷当作替罪羊而处斩，真正的罪魁王在晋反而在崇祯上台后才被处斩，实在是不公之至！

对明战争的胜利，将皇太极、岳托、德格类等年轻将帅推上了历史的前台。褚英被杀后，努尔哈赤对功臣渐起猜忌之心。他一如当年的明太祖，策划用自己的子侄取代功臣，代善、阿敏、阿巴泰等爱新觉罗家族较为年长的子弟受到重用。此外，以褚英之死为契机，努尔哈赤正式划定八旗，任命自己的子侄为旗主：努尔哈赤亲自统领两黄旗，代善掌握两红旗，皇太极为正白旗主，褚英子杜度为镶白旗主，莽古尔泰为正蓝旗主，舒尔哈齐子阿敏为镶蓝旗主。功臣们鉴于褚英之死，也不好公开对这一安排作出反对。以褚英的生命为代价，努尔哈赤成功地实现了子弟分治八旗，将功臣们的原始股压到了最低状态。

波谲云诡的储位之争

努尔哈赤年事已高，很多事情已力不从心，因而选择接班人已成为迫在眉睫的事情。在努尔哈赤和一般八旗子弟看来，最合适的人选无疑是代善。为此努尔哈赤公开宣布，自己百年之后，大福晋及未成年的子弟归代善抚养。代善的地位一下子水涨船高，未免有些忘乎所以起来。他没有想到，一个强有力的对手正在一旁虎视眈眈，这就是四贝勒皇太极。

经过多年战火的淬炼，皇太极已经迅速成长起来，并成为年轻一代贵族的领头羊。皇太极精明强干，善于处理各方关系，年轻一代的子弟们对皇太极颇为倾心。岳托、萨哈廉、德格类、济尔哈朗等年龄与其相仿的八旗亲贵们，纷纷聚集在皇太极的周围，成为皇太极与代善争宠的有力助手。令人哭笑不得的是，岳托和萨哈廉正是代善的长子和三子，由此可见皇太极手段之高。

更重要的是，努尔哈赤对皇太极也颇为看重，多次对皇太极进行褒奖，无形中抬高了皇太极的身价。相比之下，代善在精明强干上，远远不如皇太极，处理各种复杂政治关系又比较颟顸，结果在臣子们面前大大丢分。据朝鲜人郑忠信向朝鲜朝廷密报：代善只不过是一个寻常庸夫，皇太极则得到父亲的宠爱，将发生弑兄夺储的唐太宗故事。事情闹到了这个份上，看来不出点啥是不可能的了。果然不久，就发生了代善与大福晋关系不正常的晴天霹雳。

1620年3月，努尔哈赤的小妃代音察向努尔哈赤告发，大福晋富察氏与代善关系暧昧。代音察向努尔哈赤提出如下证据：大福晋曾两次备办美食，送到代善家，代善接受并食用了；大福晋也曾备下美食送到皇太极那里，皇太极接受了馈赠但并没有食用。大福晋每天派人两到三次到代善家中，鬼鬼祟祟，不知道在嘀咕个啥。大福晋曾多次深夜出门，也有二三次了，多半是到代善家中与其见面。努尔哈赤听到代音察的告发，只觉得天旋地转，五内俱焚，连忙命令达尔汉虾、额尔德尼、雅训、蒙哈图等四位大臣审理此案。

四位大臣很快就审出了"真相"，代音察的告发属实。四位大臣还审出了如下"实情"：努尔哈赤召开会议或举行宴会的时候，大福晋总是浓妆艳抹，又佩戴上金银首饰，频频向代善抛媚眼。大家伙都觉得不像话，但因为畏惧代善和大福晋，都不敢向努尔哈赤禀告。这些证据摆在努尔哈赤面前，不由得努尔哈赤不信。努尔哈赤决心废掉大福晋，不过却放代善一马。富察氏被扣上"私藏金帛"的罪名，废去大福晋的名号，被努尔哈赤休弃，不久为其子莽古尔泰手刃身亡。

明眼人都能看出，这个告发的最主要目标是代善，大福晋只是陪绑而已。努尔哈赤不想将事情闹大，主要是代善是褚英同胞弟弟，努尔哈赤不能忘却处死长子的伤痛，因此代善的地位一时还未出现明显松动。令人感到意味深长的是，审讯这个案子的几位大臣，达尔汉虾、额尔德尼、雅训、蒙哈图等几位，都与四贝勒皇太极关系密切。联系到代音察告发中所说"四贝勒受馈赠未食用"的言辞，很多人一致认为皇太极是这件事情的幕后策划人。但随后发生的几件事情，令笔者认为事情的真相并不简单。

代善经过这件事的折腾，威望大为下降。虽然几位审案大臣都与皇太极关系密切，按照一些历史学家的看法，其言辞不足为信。但当年的实情就是代善积威已久，一般大臣都对代善十分恐惧，不弄几个代善的对头来，谁敢在代善的头上动土？果然，在《满文老档》中，阿敦阿哥很快就粉墨登场了，他的下场证明了代善何等厉害，皇太极要争宠争储又是何等不易。

代善和皇太极为争储那是闹得沸沸扬扬，努尔哈赤也着实是迟疑不决，于是向自己的堂弟阿敦阿哥问计。阿敦智计超群，被努尔哈赤看成女真人中的诸葛亮，大事小情无不咨询，早已是努尔哈赤智囊团中的核心成员。某日，努尔哈赤将阿敦召来，就立储之事问计于阿敦。

阿敦那是又惊又喜。惊的是兹事体大，哪一方都不能随便得罪；喜的是一桩拥立之功找上门来，干得好的话，那可是代代公侯啊！阿敦早已心有所属，那就是四贝勒皇太极，不过大贝勒代善实力强悍，又甚得众心，弄死阿敦虽不能说是像弄死一只蚂蚁，但也差不了太多，阿敦又怎敢在努尔哈赤面前公开表示支持皇太极？阿敦望着努尔哈赤，只得含含糊糊地说："当然是那个谋略出众，又深得众心的人啦。"

努尔哈赤何等聪明，一听就明白阿敦是在推荐皇太极，于是也表示赞同。谁料世上没有不透风的墙，这件事还是被代善知道了。代善气急败坏，扬言要砍下阿敦老匹夫的狗头。阿敦吓得屁滚尿流，为了挽回和代善的关系，居然使出了下策，向代善密报，声称皇太极正联络子弟，准备不利于代善。

阿敦本来希望用这一手两头讨好，却不料代善直接将此事捅到了努尔哈赤面前。努尔哈赤大怒，立即召来皇太极、济尔哈朗、德格类和阿敦，与代善对质。阿敦狼狈不堪，只得低头认罪，努尔哈赤下令将阿敦监禁，不久找了个由头，将阿敦处死。储位之争又多了个牺牲品。

阿敦阿哥并不是一个人在战斗，另一位大员几乎和他同时被努尔哈赤严惩，这就是位居"五大臣"行列、被努尔哈赤收为义子的扈尔汉。扈尔汉勇武过人，深受努尔哈赤赏识，赐名号为"虾"，满语"侍卫"之意，所以扈尔汉被称为"虾阿哥"，又被称为达尔汉虾。这位"虾"与皇太极素来交好，因而被努尔哈赤选中，审理大福晋和大贝勒"通奸"一案，立下奇功。

正当扈尔汉自鸣得意，以为既讨好了努尔哈赤，又为皇太极立下大功的时候，却遭受了和阿敦一样的命运，而且还比阿敦早几个月。1621年闰二月初五，扈尔汉因小事被努尔哈赤训斥；半月后又因没有保护好管辖的老弱病残，使之遭受明军的屠杀又受处分。当年九月初一，扈尔汉为亡妻扫墓，特将三弟章嘉从驻地召回一道前去。结果努尔哈赤认为扈尔汉和章嘉兄弟无视军法，擅自离开军队，于是大发雷霆，将章嘉的财产悉数没收，扈尔汉罚银百两，批准假期的三贝勒莽古尔泰罚壮丁五十，知晓此事未加劝阻的何和理、阿敦罚银二十两。

这还没完，11月，扈尔汉之弟达尔泰告发岳托、斋桑古、济尔哈朗、硕托等四位贝勒向扈尔汉行贿，扈尔汉并有盗取国库资财的恶行。努尔哈赤闻报大怒，不经查实，立即将扈尔汉的罪名定死，革去扈尔汉的辅政地位，降为三等总兵官；四位小贝勒被罚穿女人衣服，囚禁三天才放回家。扈尔汉从此被排斥出政界，含恨而死。

令人震惊的是，创制老满文的"智者"额尔德尼不久也步了阿敦和扈尔汉后尘。女真人在金代曾创制了女真大字和女真小字，颁行全国。经过金末元初的战乱，认识女真字的人已经很少，到了明初，留在东北的女真人已经彻底遗忘了女真字，而改用蒙古文来记事。

尽管蒙古文是一种拼音文字，用来拼写女真语（满语）也是绰绰有余，但蒙文发音毕竟与满文有区别，元辅音也有差异，学习和运用均有不便，精通汉文和蒙古文的努尔哈赤于是决定在蒙古文的基础上创建满文。

1599年，努尔哈赤命额尔德尼与噶盖共同创制满文。噶盖不久被诛杀，只剩下额尔德尼独自完成这桩伟业。不久额尔德尼借鉴蒙文创制满文成功，因为额尔德尼的满文尚无标点，因此被称为无标点满文，又称老满文。老满文创制后不久，即被用于撰写《满文老档》，为后人研究这段历史留下了几乎是唯一的珍贵记载。

额尔德尼立下如此大功,自然是得意洋洋,自我感觉良好,却未料到与阿敦和扈尔汉相同的命运正悄悄向他袭来。1622年正月,额尔德尼被雅训告发私受汉官贿赂,努尔哈赤命人搜查额尔德尼住宅,结果搜出褪毛整猪八只,以及鸡、稻米和白面若干。这点微末财物本不足以定罪,努尔哈赤却借此大做文章,将额尔德尼大部分财产没收,赏赐给七阿哥阿巴泰。

不久,额尔德尼又被家中侍女告发私藏东珠和黄金。努尔哈赤亲自命额尔德尼交出这些财物,结果额尔德尼交出了20余颗东珠,并供称是雅训之妻所送。又是雅训!负责审讯额尔德尼的大臣们认为,雅训之前已经获罪,家产被抄,何来东珠馈赠额尔德尼?定是额尔德尼有意隐瞒东珠的真正来源。大臣们将这些"证据"和供词上呈努尔哈赤,努尔哈赤大怒,下令处死额尔德尼。

可怜的额尔德尼至死不悟,有人心中愤恨的,正是他与四贝勒皇太极的亲密关系!在额尔德尼获罪期间,皇太极、岳托、德格类、济尔哈朗等人,多次向努尔哈赤申诉,辨明额尔德尼的清白,结果不但没有奏效,反而将额尔德尼送上了死路。事情发展到这一步,努尔哈赤的矛头对准的到底是谁,相信大家都有个数了。

三四年间,奉命审讯大福晋与大贝勒关系暧昧一案的几位大臣,几乎都遭到迫害。或许是努尔哈赤心头还残留着对大福晋的眷念,气头一过又恢复了神智,体察了大福晋的冤情。但如果从另外一个角度去考虑,当年的皇太极羽翼未丰,怎敢与大福晋和大贝勒同时作对?1620年9月,努尔哈赤与诸贝勒大臣商议如何惩罚与大福晋关系暧昧的代善,素来畏惧代善的皇太极坐在代善身边,不敢附和怒气冲天的汗父,引得汗父更加愤怒。皇太极这才与阿敏和"虾阿哥"移到努尔哈赤一边就座,表示对汗父的支持。

皇太极对大贝勒都畏惧如此，更何况还要加上一个大福晋？恐怕这两位中的任何一个都能让皇太极吃不了兜着走。从来权臣与后宫的斗争，都是后宫获胜，皇太极不会不明白这个道理。那么，皇太极为什么还敢于向大贝勒发难，参与到对大贝勒和大福晋的围攻之中？更重要的是，为什么在做了这件大事后，皇太极本人立即又成为被算计的对象？

综合各方面资料，笔者基本可以断定，大福晋被休弃一事，有着极为深厚的后宫背景，主使者极有可能是多尔衮的生母阿巴亥。阿巴亥貌美如花，又一下子为努尔哈赤连生三个儿子：阿济格、多尔衮和多铎，后来都成了大清朝的干臣。多尔衮和多铎聪明伶俐，素为努尔哈赤所喜，阿巴亥除了恃宠而骄，计划撂倒大福晋富察氏外，还多了一个取而代之的心思。当然，光靠阿巴亥一个人的力量是做不到这一点的，如果和皇太极联手，那就不一样了。

事情进行得很顺利，在富察氏遭休弃后，阿巴亥成为下一任大福晋，代音察也得到了与努尔哈赤同桌吃饭的待遇。阿巴亥春风得意，下一个绊脚石显然就是挡了多尔衮、多铎前进道路的皇太极。努尔哈赤宠爱美貌少妻，哪里经得住阿巴亥的枕头风？皇太极在富察氏被休弃后，连连遭受政治上的挫折，就不是不可以理解的了。

果然，到最后受到申斥的是皇太极自己。1623年，与皇太极关系良好的额驸乌尔古岱被人告发收受汉民贿赂，努尔哈赤震怒，下令彻查。审理此案的王公大臣秉承努尔哈赤和阿巴亥的意图，将此案尽量地往皇太极身上攀扯，宣称额尔德尼和乌尔古岱受贿的事情，皇太极与德格类、济尔哈朗和岳托都知情，有结党营私之嫌，建议英明汗[①]严查。

努尔哈赤大怒，特地将皇太极召到身边，严厉申斥。《满文老档》记载了皇太极被申斥的全文，因为文辞比较古奥，就不转载了。在这篇

---

① 英明汗是努尔哈赤的尊号。

谈话中，努尔哈赤指责皇太极飞扬跋扈，目中无人，在衙门处理完公事后不送兄长，反而接受众弟、侄的恭送。努尔哈赤口气严厉，甚至说出"尔欲为汗乎"这样的重话，警告皇太极不得对汗位有非分之想。

随后，努尔哈赤指责皇太极与德格类、济尔哈朗和岳托等贝勒结党，以上众人自有旗主，与皇太极交往乃是越制，在一起结成小圈子，能有什么好事？最后努尔哈赤表示悲不自胜，扬言对皇太极大为失望，判决由皇太极负责偿还乌尔古岱所接受的汉民财物。一场风波这才落幕。

努尔哈赤话的中心思想是指责皇太极"不贤"，狂妄傲慢，交结匪人（额驸乌尔古岱）。不过好在努尔哈赤没有按照审案大臣们的意见，将皇太极定罪，仅仅判处皇太极代乌尔古岱归还赃银罢了，实际上还是认可了审案大臣们对皇太极的质问和追责。皇太极在这时所受的遭遇，与数年前代善和富察氏的遭遇何其一致！看来有一只无形的黑手在操弄着最优秀的贝勒们的命运，唯恐他们出头，成为汗位有力的挑战者。这只黑手，无疑就是大福晋乌拉那拉·阿巴亥。

事情还没完，令皇太极和代善等人沮丧的是，他们谁也没有成为汗位之争的胜利者。1622年三月初三，努尔哈赤明确地表示，身后当实行八和硕贝勒共治国政，公推新汗的政治制度。这就是说，无论是代善，还是皇太极，都不是这场斗争的胜利者。他们要登上汗位，必须在众和硕贝勒之间进行"拉票"，同时还要得到父汗的首肯。

看这个样子，父汗的心意，已经不属于"四大贝勒"这几个年长贝勒了。四大贝勒心头雪亮，俺们这是被父汗和阿巴亥给涮了。特别是努尔哈赤开始扶植七阿哥阿巴泰，将阿巴泰送入镶白旗，代替褚英之子杜度，成为事实上的旗主，给予阿巴泰和四大贝勒同等的权力；并将自己亲将的两黄旗分给阿济格、多铎和多尔衮，这显然是在往四大贝勒的地盘掺沙子，令四大贝勒的影响力大大减弱。

努尔哈赤此番布置，明显是为了将汗位传给多铎等幼子。多尔衮和多铎聪明伶俐，深得汗心，阿巴亥又正值鲜花怒放的盛年，努尔哈赤心向娇妻幼子，也是可以理解的。但这番布置，显然令四大贝勒异常愤怒，共同的遭遇使他们捐弃前嫌，联合起来对付阿巴亥。

由于代善、皇太极各拥重兵和民众，羽翼早丰，他们之间彼此争斗，如果没有得到努尔哈赤的帮助，是很难将对方置于死地的。努尔哈赤因为杀死褚英，心中内疚，再也不愿意帮助任何一方除掉另一方，这也是努尔哈赤希望多铎或多尔衮继位的原因。在努尔哈赤看来，代善和皇太极已成死敌，无论谁继位，对方都没有生路，不如由年幼的多铎或者多尔衮继位，宽厚的代善领衔八和硕贝勒辅政，方为上策。

努尔哈赤忘记了，在权力博弈面前，任何超越实力对比的安排都是要破产的。面对共同的敌人，四大贝勒迅速联手，成为横亘在多尔衮面前的巨山。努尔哈赤要为多尔衮扫清障碍，必须对代善、皇太极下手，这又超出了后金国家所能承受的限度：这些个大贝勒手中掌握的实力，足足占了八旗满洲的一半还多！看来八旗制度反而成了贝勒和阿哥们的保护伞，即使是创制者努尔哈赤也徒唤奈何，不能拿抱起团不听话的子侄们怎么样了。这正是历史的吊诡之处！

正当后金上层正在为储位争斗不已的时候，明朝的辽东战线迅速稳定下来，开始在辽西站稳了脚跟，伺机与后金周旋。明朝毕竟实力雄厚，一旦战线稳定，对后金的威胁是巨大的。在明朝的历史上，曾多次遇到像后金一样迅猛如暴风雨一般的进攻，最后都挺了过来。相比之下，后金实力弱小，国内矛盾重重，与大明比，除了军队的野战能力外，哪一方面都不占优势。大明对付游牧民族的经验可谓丰富，各项资源也正被调动起来，全力对付后金。后金正面临着"生存还是毁灭"的危机！

四大贝勒共治下的天聪汗

1626年正月，努尔哈赤探知明廷内部决心退守山海关，加上后金国内经济困难，决定率兵攻打明朝，打算既将明朝势力赶出关外，又获取经济上的好处渡过难关。努尔哈赤点起八旗大军六万多人，号称十三万，大举进攻明朝。

努尔哈赤本以为，明朝已决定退守关内，千里辽西，再无可以阻挡八旗大军前进的力量。却不料驻守宁远城的袁崇焕和满桂拒绝接受撤退的命令，率领不到两万的守军，坚守宁远，等待后金大军的到来。

后金大军14日出沈阳，23日便到达宁远城下。努尔哈赤命八旗大军截断宁远城和山海关的联系，数万八旗将士，密密麻麻地向宁远城进攻。宁远城池坚固，而且城中有十一门从西洋购置的巨炮，这是袁崇焕面对八旗大军信心十足的底气所在。

果不其然，在西洋大炮的轰击下，八旗兵伤亡惨重，不得不稍稍放缓攻击。努尔哈赤见状，立即命调来攻城器械，在城墙的薄弱处凿开两个大洞。千钧一发之际，袁崇焕亲自带兵堵住缺口。八旗兵慑于西洋大炮的威力，很难形成连续的力量对缺口形成攻击，不得不眼睁睁地看着明军将缺口重新堵上。守军又派出勇士，将攻城器械一并焚毁。鏖战到正月二十六，努尔哈赤眼见不能攻占宁远，将士又伤亡惨重，不得不下令撤军，据说努尔哈赤本人也在战役中负伤。

努尔哈赤自起兵以来，44年间几乎是百战百胜，从无败绩。此次被击败于宁远坚城之下，身被炮伤，对于这位六十八岁老翁的身心创伤可想而知。虽然在从宁远撤军后，努尔哈赤派军队攻陷了明军在关外的后勤基地觉华岛，尽杀守军和民众一万多人，焚毁粮草8万余石，但这并不能掩盖宁远城下的失利。

此时，战斗在后金后方的毛文龙又派兵进攻后金的腹心地区，直接威胁到后金根本之地的安全，努尔哈赤无奈，只得接受宁远战败的结局，率军撤回沈阳。

后金此役的战败，与努尔哈赤晚年在储位人选上的迟疑不决，放任后宫与大小贝勒为争宠和夺储相互争斗，导致内部离心离德有很大关系。在这场争斗中，四大贝勒逐渐联手，成为汗父要将汗位传给多铎等幼子的阻力。后金的政治结构中，存在着极为深重的危机。

在这种情况下，四大贝勒当然不愿意出力攻打宁远和明朝，从而增加努尔哈赤的政治实力，为多铎和多尔衮做嫁衣，因此四大贝勒的部下在此战中，有出工不出力之嫌。此外，努尔哈赤在此战中的意外负伤，也令这种不明朗的、随时可以爆发更大规模冲突的政局急剧地向简化的方向发展，最终对后金和明朝的命运产生了深远的影响。

努尔哈赤进入晚年以来，身体本来就不如以往，只不过仗着年轻时候的底子，还算是健壮罢了。宁远一战让努尔哈赤铩羽而归，据说还受了重伤，身心两个方面的创伤对努尔哈赤的身体损伤很大。当然，说努尔哈赤身受重伤，肯定是明朝方面的宣传，因为努尔哈赤直到8月份病情才恶化，在这半年时间里，努尔哈赤一直在有条不紊地处理着政务，手中仍然掌握军政大权。

宁远之战对努尔哈赤真正的伤害，在于诱发了努尔哈赤年轻时的旧伤，令努尔哈赤的身体状况急剧变差，本来还有五到十年寿命的天命汗提前走到了生命的尽头。7月23日，努尔哈赤赴温泉休养，途中病情急剧恶化，遂命人急召大福晋阿巴亥传递遗命。阿巴亥接到汗命，不敢怠慢，急急忙忙赶赴温泉，见了努尔哈赤最后一面。8月11日，一代名汗努尔哈赤归天。

努尔哈赤二十五岁起兵，身经百战，终于统一了女真诸部，建立后金，成为中国历史上少见的建立了边疆政权的英豪。努尔哈赤在数十年的征战中，巧妙地将军事打击和政治斗争手段相结合，顺利地排除了来自明朝方面的阻碍，以及女真其他各部之间的合纵连横，手段可谓高明，更为后来皇太极和其他八旗宗王对明战争积累了丰富经验。

但毋庸讳言的是，努尔哈赤在对待辽东汉民问题上出现了严重的政策偏差。哪里有压迫，哪里就有反抗，努尔哈赤的民族歧视和压迫政策遭到了广大辽东汉民的反抗，各种形式的斗争此起彼伏，大大地撼动了后金国家的统治基础。

努尔哈赤晚年放缓了对明战争，除了因储位斗争激烈外，汉民和蒙古人的反抗也是重要原因。在这种形势下，后金军事实力的效用大打折扣，国势也丧失了初期那种剧烈崛起的势头。如果努尔哈赤再多活五到十年，内外矛盾交织，后金将向哪个方向发展，那就不好说了。努尔哈赤的遽然逝世，为后金调整内外政策，提供了一个难得的契机。

消息传到沈阳，整个沈阳都沉浸在悲痛之中。主政的四大贝勒连忙派人奉迎努尔哈赤的灵柩回汗宫，顺便切断悲痛欲绝的阿巴亥与外界的联系。说实在的，努尔哈赤临终时不召见四大贝勒，而是召见大福晋阿巴亥，已经令四大贝勒心中燃起了冲天怒火。古往今来，帝王临终前必然要召见信任的大臣和继承皇位的皇子，托付后事，谁被皇帝召见，谁就有了政治上的主导权。特别是像阿巴亥这样，临终前仅有她一个在场，哪怕努尔哈赤什么遗言都没有留给她，也会带给阿巴亥一种政治上的优越地位。

再考虑到阿巴亥的三个儿子阿济格、多尔衮和多铎，一直深受努尔哈赤喜爱，努尔哈赤甚至将亲领的两黄旗都分给了这三个儿子。其中特别受宠的是多尔衮和多铎，努尔哈赤甚至考虑要把汗位传给二人中的一个。在皇太极逝世后，多铎劝多尔衮即位，多尔衮颇为踌躇，结果多铎口不择言，扬言自己也有机会即位，因为太祖把他的名字也写进了继位人选，一语道破天机。面对这位具有极大政治能量的遗孀，再加上数年间积累的新仇旧恨，怎能不让矛盾重重的四大贝勒联合起来，推翻父汗的遗命，一齐向阿巴亥发难？

努尔哈赤当然也会考虑到这一点。据朝鲜史料，努尔哈赤命多尔衮即位，代善作为多尔衮的监护人辅政。这本来是一个完美的安排，可惜努尔哈赤忽略了代善和阿巴亥之间的仇恨。汗位本来是代善的，代善的政治能力与皇太极相比也许稍逊，但与多尔衮等人相比，并没有明显的劣势，这从代善当初一举戳穿阿敦的两面派行为，以及后来多次躲过皇太极的明枪暗箭就可以看出来。要不是阿巴亥指使代音察诬告大福晋富察氏，顺便将代善编排进去，也许现在坐在大汗宝座上的就是代善。

代善在政治上的一系列挫折，都是始于阿巴亥主导的这次诬告。不过代善毕竟心地还比较善良，在接到努尔哈赤的遗命后，代善心有所动，于是将两个儿子岳托、萨哈廉叫来，询问他们的意见。

这两位大清朝未来的干将当即表示，支持八叔皇太极为汗。这两位虎子的意见显然会有力地左右代善的决策，代善当即拍板，支持皇太极即位，代价就是维持四大贝勒共治国政的局面。这个口信，就由一向和皇太极关系密切的岳托去传达就可以了。

代善一表态，二贝勒阿敏、三贝勒莽古尔泰都无话可说。阿敏是舒尔哈齐之子，本来就没有资格继承汗位，所关心的只是个人权势的延续，自然会维护四大贝勒共治的局面。莽古尔泰被阿巴亥弄得失去了嫡子的地位，还因此犯下杀母大罪，怎能不对阿巴亥恨意十足？这也许就是当初努尔哈赤不敢拉拢莽古尔泰，让莽古尔泰参与辅政的原因。经过岳托、德格类、济尔哈朗等人的串联，四大贝勒随即达成共识：推举皇太极为汗，并以父汗遗命为由，逼迫大福晋阿巴亥殉葬。

阿巴亥千算万算，结果最后将矛盾重重的四大贝勒算计到了一条战壕，可谓是自作自受。不过，这个女人毕竟不寻常，有着异于常人的果断和狠辣。在经过一番政治精算后，阿巴亥咬着牙答应了四大贝勒的要求，条件就是四大贝勒要好生抚养多尔衮三兄弟，不得剥夺他们的财产和属民。四大贝勒也未料到阿巴亥答应得如此痛快，忙不迭地答应了阿巴亥的条件，为今后多尔衮和多铎的崛起埋下了伏笔。阿巴亥不久后就被弓弦勒死，与她接受了同样命运的还有小福晋代音察。由此可见代善、莽古尔泰和皇太极心中的愤懑。

皇太极如愿以偿地成了后金国的新汗。当然，这个汗位也是四大贝勒带着诸位小贝勒共同推举的，实际上是代表四大贝勒的利益，与努尔哈赤那种具有绝对权力的君主和家长有着本质的区别。作为回报，其余三大贝勒不仅能与皇太极共同理政，而且还获得了监护诸位小贝勒的权利：代善掌控了两红旗，阿敏的势力范围是镶蓝旗，莽古尔泰控制了正蓝旗，皇太极则控制了正白旗。镶黄旗、正黄旗、镶白旗等诸小贝勒，皆由四大贝勒监护。

不久，皇太极在征得三位大贝勒同意后，主导了"换旗"事件，宣布两白旗和两黄旗互换旗帜，处于皇太极影响下的两白旗变成了两黄旗，而努尔哈赤亲辖、为多尔衮三兄弟继承的两黄旗则变成了两白旗。旗帜互换后，皇太极顺手还调走了一批精兵强将，充实到新的两黄旗中，努尔哈赤留下的势力被进一步削弱。

当然，这是打破四大贝勒之间实力均衡的行为，其余三大贝勒对此容忍的关键原因就是，此时的皇太极尚不具备对镶黄旗的绝对主导权，镶黄旗内两大强宗：阿巴泰和杜度，实际控制着镶黄旗。

四大贝勒安排好自身的座次后，连作为新君的皇太极都要让三位"兄长贝勒"几分，三位"兄长贝勒"的风光一时无两，算是出了一口在汗父晚年受制于后宫的鸟气。这种政治格局对皇太极自然不利，但皇太极一时还真找不到什么方法来改变这一切。还没等皇太极想出什么好办法，就有出头椽子跳出来了。这就是实际掌控镶黄旗的贝勒阿巴泰。

原来皇太极为新汗后，原来的努尔哈赤晚年红人，如多尔衮、多铎、阿济格和阿巴泰的地位直线下降，不得不仰人鼻息过活。阿济格三兄弟知道胳膊扭不过大腿，只得含羞忍辱，以图将来。而阿巴泰仗着骁勇善战，又是汗父晚年红人，却要和四大贝勒争个座次。

努尔哈赤去世当年9月，皇太极邀请诸位贝勒赴宴，阿巴泰被排挤出执政贝勒之列，与诸位小贝勒、台吉共坐，不由大感羞耻。阿巴泰当场未敢发作，回家后则对下属大发雷霆，声称"今后我再不赴宴""战则我披甲胄而行，猎则我佩弓矢而往，赴宴而坐于子弟之列，我觉可耻"，并命人将这些话带给了皇太极。

皇太极鉴于自己刚刚继承汗位，不宜对镶白旗最大强宗阿巴泰立即下手，只得暂时将此事搁置一旁，命人对阿巴泰好言劝慰。本来以为会受到惩罚的阿巴泰眼见皇太极不敢惩处自己，气焰越发高涨，结果狠狠地摔了一跤。

次年12月，皇太极设大宴，招待察哈尔部首领昂坤杜棱，命诸位贝勒、台吉作陪。阿巴泰再次拒绝出席宴会，以发泄对自己政治地位下降的不满。此时皇太极羽翼已丰，决计不再对阿巴泰妥协。不过，阿巴泰是兄长，皇太极考虑几位"兄长贝勒"的面子，一时还不好亲自申饬阿巴泰，这等好活计，就由大贝勒代善来执行了。

代善对父汗晚年的红人阿巴泰也甚是不满，当着众位贝勒的面，将阿巴泰好一顿申饬："你当你是谁？当年父汗命五大臣议政，选择子弟参加议政会议，你有参加的资格吗？诸位子侄德格类、岳托、济尔哈朗等参与议政的时候，又没有你的份。父汗只是怜悯你，看你薄有军功，这才拨给你六个牛录的民众，让你成为贝勒。今尔欲欺谁乎？阿济格、多尔衮、多铎都是父汗分给全旗之子，诸贝勒又比你先入八分之列。你身为贝勒，居然还不满足，心想与三大贝勒平起平坐，扰乱朝纲，是想造反吗？如果你当上了大贝勒，岂不是又想要称汗吗？"众贝勒随声附和，阿巴泰狼狈不堪。

真是一篇奇文！代善的训话，虽有强词夺理，有将阿巴泰在太祖晚年受宠的情况一笔抹杀之嫌，但却透露了四大贝勒和诸位小贝勒在太祖晚年备受压抑的政治实情。一声"今尔欲欺谁乎"，道尽了四大贝勒在强势汗权父权下被压制的心声。不过，代善这一声狂吼固然清算了太祖时期的汗权余威，却迎来了一个更加集权的新时代。皇太极的权威，也在这一声狂吼中被真正树立起来。

阿巴泰本是老实人，被"兄长贝勒"们一通狂吼，终于夹紧了尾巴，老实做人，不再幻想和四大贝勒平起平坐。后来阿巴泰被排挤到正蓝旗，皇太极称帝后又被象征性地封为"饶余贝勒"，稍稍对其进行了安慰。不过阿巴泰这么一闹，都被多尔衮看在眼里。

皇太极去世后，多尔衮辅政，封阿巴泰为多罗饶余郡王，准备用阿巴泰来取代豪格的正蓝旗的旗主位置。谁知人算不如天算，李自成就在这个当口攻陷了北京，山海关总兵吴三桂急请多尔衮率清兵入关。遇到此等大事，多尔衮只得暂时放弃对豪格的清算，阿巴泰封旗主亲王的事也只能暂时搁置，豪格也借入关之际取得战功，咸鱼翻身。

1646年，阿巴泰去世，未能在数年后借豪格获罪之机获得正蓝旗主、亲王的位置。1650年，多尔衮去世，一个月后即被剥夺封爵，除出皇家玉牒，贬为庶人，党羽也多遭打击。倘若阿巴泰尚健在，肯定也逃不过这一劫。

顺治亲征之后，老一辈亲王、郡王在残酷的政治和军事斗争中已经凋零，阿巴泰之子岳乐开始走上政治舞台，发挥了极其重要的作用，与顺治帝更是相处甚欢。顺治在临终前，甚至想让安亲王岳乐辅政，结果被孝庄皇太后否定，这才出现四大臣辅政的格局。人生在很多时候，真是不可预料啊！

扭转对明劣势

宁远之战虽然并未使后金伤筋动骨，但此战却意味着明朝已经站稳了脚跟，开始有能力与后金周旋，这对后金来说显然是不祥之兆。明朝的人口和经济实力数十倍于后金，只是因为政治腐朽，这种实力不能转化为军事力量。现在明朝在东北建立了稳固的战线，后金要想在对明作战中很轻松地取胜，就不像以往那么简单了。

这种趋势如果发展下去，人口和经济力量就会成为决定战争胜负的主导因素，结果只会对后金越来越不利。此外，受制于四大贝勒共治体制的皇太极也希望能够通过一场对外战争胜利来削弱代善等人，巩固自己的地位。在这些复杂因素的作用下，1627年，后金出兵进攻明朝，宁锦之战爆发。

宁远血战后，袁崇焕因功封为辽东巡抚，主持辽东战事。袁崇焕总结了宁远之战的成功经验，认为八旗兵野战能力强悍，明军大大不如，但明军的长处却在于守城，而在坚城巨炮面前，八旗兵的野战能力却是无用的，除非内部出现奸细。在这个思路的引导下，袁崇焕一面抓紧政治思想和组织甄别工作，一面以宁远为据点，步步为营，先后筑起锦州、中左所、中前所、右屯和大凌河诸城，形成了一道坚固防线，史称"宁锦防线"，阻断了后金继续进攻明朝的道路，对后金构成了极大的威胁。

1627年五月初六，皇太极与代善等三大贝勒率兵从沈阳出发，直扑锦州。11日，在拔掉了锦州的几个外围据点后，八旗兵将锦州团团包围。守城的是明军名将赵率教。赵率教慑于八旗兵的威势，提出与后金谈判，皇太极自然希望借此机会招降明军，建议明军投降，赵率教自然不肯答应。皇太极眼看招降无效，立即下令攻城。

明军拼死抵抗，西洋大炮又发挥了重要作用，攻城的后金军伤亡惨重，不得不停止了进攻。当日晚，皇太极急忙命人到沈阳调兵增援，可见八旗兵损失不菲。第二天，后金军继续攻打锦州，还是未能得手。一连攻了十四天，锦州城仍然岿然不动。其他城池的明军也按兵不动，不来救援锦州，皇太极围城打援的企图也泡了汤，不得不转攻袁崇焕亲自防守的宁远。

袁崇焕派出祖大寿等人率精兵四千在城下列阵，与后金兵大战，城上阵阵炮火猛烈，后金兵大片大片地倒下。皇太极眼见宁远难攻，只得率兵回师锦州。六月初四，后金兵再度进攻锦州，又受重挫，皇太极只得于次日撤军。明军终于取得了胜利，史称"宁锦大捷"。

努尔哈赤建立的后金是一个比较简陋的军事性政权，经济和文化基础都比较落后。这样的政权要想长久生存，必须建立在不断的军事胜利基础之上。如果对外军事征服一旦失利，那么政权本身就会立即陷入生存危机。宁锦之战之后的后金政权就陷入了这样的危机。作为后金政权的当家人，皇太极不得不为后金的将来苦苦谋划。恰好在此时，老对手袁崇焕送给了后金一个打破战略僵局的良机。

原来在宁锦之战取胜后，袁崇焕得罪了大太监魏忠贤，被革职回乡。未料到天有不测风云，天启帝突然病故，失去了后台的魏忠贤被新皇帝崇祯革去一切职务，遣送到凤阳守陵。不久，崇祯帝又派人召魏忠贤回京，魏忠贤自知罪孽深重，在半路上自尽身亡。巨奸已除，朝野上下一时出现了难得的新气象。

十八岁的崇祯帝血气方刚，迫切希望收复辽东，重振大明，袁崇焕被立即启用，召回京城问对。1627年7月，已经被任命为兵部尚书兼右副都御史，督师蓟、辽，兼登、莱、天津军务的袁崇焕觐见崇祯帝，声称"五年之内，东患可平，全辽可复"，崇祯帝兴奋不已。

休息的时候，给事中许誉卿问袁崇焕的具体方案，袁崇焕回答："圣心焦劳，聊以是相慰尔。"许誉卿大惊，当即告诉袁崇焕，崇祯帝素来自负精明，定要如其验效。袁崇焕大惊，随后立即向崇祯请求全权处置辽事，并要求户部、工部全力配合。崇祯一一答应，赐予崇焕尚方剑，并收回之前授予王之臣和满桂的尚方剑，崇焕成为辽东最高军政长官。尽管崇焕取得了前所未有的权力，但"五年平辽"就像一个紧箍咒，牢牢地套在了崇焕的头上。其实，后金岂是五年可以打败的？袁崇焕对此心中如明镜一般，但慑于欺君之罪，袁崇焕开始下出了一步步臭棋，最终把自己送进了坟墓。

自知无望在短期内军事平辽的袁崇焕开始把宝压在了与后金和谈上，幻想通过和谈取得辽东，表现出了政治上的惊人幼稚。在接到袁崇焕的和谈请求后，皇太极却表现出了高度的政治成熟性，一下子就拿住了袁崇焕。

原来在明朝兵败如山倒、丧失辽东的当口，中级军官毛文龙搜罗残兵败将，与数万名辽东逃亡民众一起，据守皮岛和其他辽东沿海岛屿，开创了东江镇。毛文龙数次派遣军队潜入后金内地骚扰，对后金造成了重大威胁。

宁远之战，正当努尔哈赤对是否退兵举棋不定的时候，突然传来了毛文龙派兵进攻沈阳的消息，努尔哈赤不得不退兵，袁崇焕这才取得大捷。宁锦之战，毛文龙又派兵进攻后金后方，皇太极这才下令解除对锦州的包围，班师回沈。

显然，毛文龙的存在极大地制约了后金军的机动能力。在毛文龙的威胁下，后金的作战时间不超过一个月，行程不能逾越宁、锦，八旗兵被牢牢地钉在了辽东。这种情况持续下去，时间一长，后金的国势必然走下坡路。更重要的是，袁崇焕麾下的明军不敢与后金军野战，经常不互相救援，而毛文龙军却敢于深入后金境内，仅这一点就值得称道。毛文龙的存在是后金的大患，皇太极一直苦思计策，要除掉毛文龙。袁崇焕遣使讲和，皇太极立即看出了袁崇焕的色厉内荏，当场开出和谈条件：杀掉毛文龙。

皇太极的政治修养可谓老到，但手段实在不怎么样。这种先杀大将再和谈的做法，一般稍有智商的人都不会相信。不过，袁大人这时候选择也不多。"五年平辽"的紧箍咒套在头上，已经完全扭曲了袁崇焕的思维和行动，袁崇焕决计冒一把风险，况且袁崇焕对于毛文龙早已不爽。毛文龙虽有大功，但每年向朝廷索饷甚巨，财政不堪重负。毛文龙又仗着军功，骄横难制，与袁崇焕等上司关系紧张。袁崇焕要一统全辽军政大权，必须拔掉毛文龙这颗钉子。

在接到皇太极的条件后，袁崇焕当即答应。在这件事上，袁崇焕也是有自己的小九九：杀掉毛文龙，皇太极能履约归还辽东，那是最好；如果拒绝履约，那么，取得毛文龙兵力的自己，就可以统筹指挥，对后金展开决战。如意算盘打得极溜的袁崇焕不久就借口到皮岛阅兵，拿下毛文龙，用尚方剑当场处斩于皮岛，袁崇焕吞并了东江镇。

袁崇焕杀害毛文龙，可以说是铸下了千古大错。皮岛将士本不是朝廷节制之师，都是毛文龙一手带出来的，和朝廷关系不大。现在毛文龙被杀，手下将士们顿时有了不知前途何在的惶恐心理，对袁崇焕更不可能产生信任。要想重建皮岛将士们对袁崇焕，甚至对朝廷的信任，需要相当长的一段时间。

在这段时间里，皮岛不可能对后金起到任何牵制作用，这就为皇太极和后金的军事活动打开了锁链。袁崇焕只能祈祷，但愿皇太极在得知毛文龙已死后能够履约归还辽东，或者皇太极能给自己一些时间，能够让自己消化皮岛军事力量，安然度过这段危险的窗口期。袁崇焕会如愿吗？

皇太极当然不可能归还辽东，更不可能给袁崇焕时间去消化皮岛，一统辽东军政力量。在皇太极的心中，正在孕育着一个宏伟的军事计划，这个计划将彻底打乱明王朝整个北方的军事布局，进而将袁崇焕送进坟墓。原来，皇太极已决定绕开宁锦防线，取道内蒙古进入喜峰口，突袭京师。

1629年10月24日，皇太极率十万精兵从喜峰口入关，一路上势如破竹，包围了重镇遵化。山海关总兵赵率教急忙率兵回援，结果被斩于马下，遵化失陷。皇太极长驱直入，进逼京师。此时离毛文龙被杀仅三个多月。

面对皇太极的虎狼之师，京师大震，崇祯急命袁崇焕和满桂率兵救援。袁崇焕得旨后，不敢怠慢，连忙率主力入关增援，终于在11月9日进驻蓟州，比皇太极还早三天。皇太极虽然惊讶于袁军的迅猛，但老谋深算的他并不打算与袁军硬拼，京师才是他真正的目标。

趁着袁军不注意，后金军调转进军方向，向着玉田、三河、香河方向杀来，接连攻破了这几座城池。袁崇焕连忙尾追，但慑于八旗兵的野战能力，始终与后金军保持一段距离，结果后金兵在11月16日进抵京师城下，京师人心大为惶恐。所幸此时，袁军前锋也到了京师左安门外，人心才稍稍安定。

20日，宣府总兵侯世禄和大同总兵满桂率兵与后金军在德胜门外激战。战事异常激烈，后金军由皇太极亲自率领，代善、济尔哈朗、岳托、杜度、萨哈廉等各率本部兵马冲锋陷阵。宣府、大同两镇兵马加起来也比不过后金军，战斗力上也有差距，结果可想而知，侯世禄部率先败下阵来，满桂部也逐渐不支，最后仅剩下百余名士兵。

满桂带着这些残部撤退到城外关帝庙休整，崇祯破例让这些士兵通过瓮城进入京师。就在同一天，袁军在广渠门外也与后金军发生激战。莽古尔泰、阿巴泰、阿济格、多尔衮、多铎、豪格等八旗名将云集，向明军发起了暴风骤雨般的进攻。

袁崇焕仅有骑兵九千，于是采用宁锦大捷时宁远城下列兵迎敌的战术，背城列阵，与后金军展开激战。后金军奋力冲杀，但明军已无退路，又是背靠京师，不得不拼死作战，结果不支的反而是后金军。皇太极眼见袁军背靠坚城，己方难以取胜，于是在22日撤退到南苑休整。

袁崇焕率辽东兵马到京后，崇祯数次接见袁崇焕，大加赏赐，却拒绝了让袁军进城休息的要求。本来勤王军不得进京城，乃是朝廷定制，但按照满桂军入城的先例，袁军入城休息也不过分。袁崇焕的这一要求被朝廷拒绝，说明朝廷对袁崇焕已经起了疑心，但袁崇焕似乎还被蒙在鼓里，可见袁崇焕政治嗅觉和水平之差。数日后，一起诡异的"反间计"将袁崇焕推入了绝地。

现在大家知道了来龙去脉，这才把这件事称为"反间计"，但在当时，这却是不折不扣的谋逆大案。原来后金军进攻北京时，俘获了两名太监，皇太极一见这两名太监，顿时有了主意。皇太极下令，将这两名太监关押，由副将高鸿中、参将鲍承先、宁完我和达海等人看守。

高、鲍二人在皇太极的授意下，某夜在两个太监睡觉的地方窃窃私语，声称目睹皇太极与袁崇焕使者见面密谈，订立密约，此事可马上成功。两个太监在一旁将这些话都听在了耳朵里。29日，其中一位姓杨的太监逃跑，高鸿中和鲍承先等装模作样地搜索了一通后，收兵回营，任由太监逃走。

杨太监进京后，立即向崇祯禀报崇焕通敌。崇祯对袁崇焕擅杀毛文龙本有疑忌，朝野上下更是愤愤不平：倘若文龙尚在，后金安敢弃腹心地区于不顾，千里突袭京师？在这种情况下，崇祯不再犹豫，决计逮捕袁崇焕。12月1日，袁崇焕被诱捕，满桂取代崇焕，总督勤王兵马。

祖大寿等辽东军一万五千多人闻主帅被捕，惊惧异常，率兵东归山海关，京师愈加危急。12月17日，满桂率步骑五千，与后金军在永定门外大战，寡不敌众，不幸牺牲。

取胜的后金诸贝勒纷纷向皇太极请求攻城，皇太极哈哈大笑："城中痴儿，取之若反掌耳！但其疆域尚强，非旦夕可溃者，得之易，守之难，不若简兵练旅，以待天明可也！"皇太极不愧为深谋远虑的政治家，明白立即攻下京师虽然不难，但由此造成的天下大乱的形势，却是后金难以收拾的。如果地方出现一位枭雄，收拾山河，重振旗鼓，后金不一定是这个新势力的对手。最好的办法莫过于保留崇祯政权，既然这个政权如此昏聩：袁崇焕一代名将，被自己玩弄于股掌之间；崇祯以天子至尊，居然被几近儿戏的"反间计"所迷惑。保留这样的政权祸害中原，必能在十数年内，大坏中原形势，为后金夺取天下创造条件。

此外，通过这场成功的千里突袭，皇太极的威望也彻底树立起来。皇太极准备利用这个有利条件，改变四大贝勒共治的现状。不改变这个现状，后金是无力与明朝乃至新兴汉族势力争夺天下的！皇太极深谋远虑，令人感叹！12月末，在蹂躏了京郊地区后，皇太极留下一封书信，向崇祯请和，率部东归。途中连下遵化、迁安、永平、滦州四城，留兵五千驻守，其余兵马返回沈阳。

1630年8月，袁崇焕被定通敌、擅杀毛文龙两项大罪，处以凌迟之刑。家产没收入官，妻子兄弟流放三千里。《明史·袁崇焕传》中说当时的京师民众争食其肉，以泄心中之愤，演出了一场惊天动地的悲剧。三百多年来，人们对袁崇焕的死因争论不休，成了一桩众说纷纭的公案。虽然清朝在重修《清太宗实录》的时候公布了事实真相，但仍有许多人认为袁崇焕死有余辜。

袁崇焕的悲剧，最大的推手不是别人，正是他自己。与后金这样的政权打交道，一定要避开它的"三板斧"。只要熬过了创业的前三代人，像后金这样的政权衰落的速度会大为加快。明末君臣看不到这一点，袁崇焕更是狂妄地认为可以"五年平辽"，实在是不智之至。

在向崇祯做出"五年平辽"的承诺后，袁崇焕的一系列作为，特别是擅杀毛文龙，已经可以用"丧心病狂"一词来形容。事实证明，正是毛文龙的死，导致了后来一系列事变的发生，最终以袁崇焕的死为这一系列事变画上了句号。

袁崇焕之死带给我们深入的思考。像敌军兵临城下这样的事件，明朝并不是没有发生过。早在嘉靖年间，就发生过类似的事件。1550年，鞑靼部俺答汗率兵围攻北京，遣使求贡，事实上是向明朝大肆勒索，冀图重演1127年靖康往事。在危急关头，礼部尚书徐阶挺身而出，阻止了嘉靖帝求和的心态，献计与俺答周旋，取得了宝贵的时间，结果四方勤王之师大举集中到北京，俺答只得退兵。可贵的是，徐阶在俺答退兵后，仍然坚持主张简练兵马，重建宣府、大同防线，结果北京维持了数十年的平安。

在崇祯二年的这次事变中，我们没有看到中枢有像徐阶这样的干才。相反，当年徐阶的角色相当程度上是由袁崇焕扮演的，而袁崇焕的战略眼光和政治经验与徐阶相比，根本就不在一个水平线上。说到底，还是到了崇祯年间，中枢缺乏像夏言、徐阶、高拱、张居正一样的干才，能外御虎狼之寇，内解百姓之忧。这个重担，就交给了政治经验不足，且手握重兵的袁崇焕了。

袁崇焕有将才，但要应对明末辽东那种错综复杂的形势，光有将才还不行，还要有一流的战略眼光和娴熟的政治手腕，很遗憾这两样崇焕都不具备。袁崇焕在努尔哈赤死后积极与后金接触、和谈，本来是想迷惑敌人，结果却被政治手段更为老到的皇太极玩弄于股掌之间，导致了北京被包围的恶性事变。

由此可见，辽东战局的不可收拾，是从杀害毛文龙开始的。袁崇焕小马拉大车，结果将大明这辆大车拉倒了沟里，说他无罪，实在是说不过去。不过崇祯杀害袁崇焕，实在也是说不过去。明朝诸帝喜欢杀戮大臣，到了明末尤其如此。熊廷弼、袁崇焕等人相继被杀害，结果不但导致天下英才寒心，而且使得这些大臣不能全部贡献出聪明才智，将许多经验教训带到了坟墓里。如果天启和崇祯允许这些大臣戴罪立功，历史恐怕又会是另外一个走向。造化弄人啊！

袁崇焕被杀后，明朝辽东战局全面恶化，已很难招架后金的攻击。应该说这一切的肇事人就是崇祯和袁崇焕二人，他们过于急切的战略毁掉了大明的一切翻身希望。尽管如此，崇祯还是执迷不悟，坚持进攻战略。1631年，当京城的硝烟还没有散尽，崇祯决定以锦州为基地，向沈阳方向构筑大凌河城，以图达到战略进攻之效。祖大寿被任命为大凌河方向明军的最高首领，负责构筑大凌河城。

皇太极何等样人，岂会让崇祯的小小算盘得逞？在做了周密的准备后，7月27日，皇太极命贝勒杜度留守沈阳，自率八旗精兵出征大凌河城。

崇祯和辽东明军的算盘很明显，就是要在大凌河城重演宁远之战和宁锦大捷的一幕。他们天真地以为，虽然皇太极在千里突袭北京的战役中占得了先手，但这毕竟是皇太极发挥了八旗兵善于野战和突袭的长处。在明军的坚城和重炮面前，皇太极是无能为力的。但残酷的事实打碎了他们的梦想。

原来皇太极在即位后不久，就命令总兵额驸佟养性为督造，游击丁启明，备御祝世荫，带着一批俘获的汉族工匠试造大炮。经过多次试验，终于造出质量与明军相仿的大炮。更为厉害的是，明军大炮只是安放在城头之上，野战部队不便携带；而后金军的大炮则主要是由野战部队携带，暗合了现代陆军作战原理。明军的一大优势被皇太极轻松化解。

更重要的是，皇太极总结了之前被明军击败的教训，意识到对明朝的坚城不能强攻，而是应该避敌之长，击敌之短。为此，皇太极设计出"围城打援"的战术，先在大凌河城下挖下几道深深的壕沟，围而不攻，将守军牢牢困在城内；皇太极亲率数万八旗主力，专门打击明朝的援军。

这一手果然厉害，明军的坚城利炮顿失优势。大凌河城在皇太极的围攻之下，苦苦支撑；明军先后组织四次救援，都被皇太极击败。特别是最后一次，四万明军与后金军大战，被打得惨败，逃回去的所余无几。大凌河守军弹尽粮绝，10月28日，祖大寿献城投降。

皇太极对祖大寿的投降异常满意。借这个机会，祖大寿向皇太极诡称到锦州劝守军投降，皇太极同意，祖大寿带了几个从人回到锦州，却一去不返，继续与后金为敌，直至十余年后松锦决战后才归降皇太极。

11月9日，皇太极下令班师，带着一万多名投降的精锐明军返回沈阳。临行前，皇太极命摧毁大凌河城，终明之世，明朝未能再度修建此城。

大凌河之战有着深远的战略意义，它标志着袁崇焕设计的"凭坚城，用大炮"的战术已完全破产，明军再度在后金军面前陷入被动挨打的局面。即使袁崇焕再生，对皇太极的围城打援战术恐怕也是一筹莫展，更何况袁的军事能力、战略水平和政治能力与皇太极根本不在同一个档次！此外，宁远大捷和宁锦大捷之所以能成功，毛文龙的牵制作用不可忽视。现在毛文龙已被袁崇焕杀死，皇太极于是就可以放手攻打大凌河城，一连攻打三个多月！

如果毛文龙尚在，只要派一支军队袭扰沈阳，皇太极就不得不像前几次一样，打上十天半个月就退兵，明军取得胜利也是可以预期的事！经此一役，明廷所剩不多的战术筹码几乎丧失殆尽，能够有所指望的，唯有改变既有战略，进行深层次战略调整，才能有一线生机。但这种做法已经超过了明朝君臣们的能力。

明朝末世与清朝末世不一样，清朝末世人才济济，经世大才代代迭出，而明朝末世却无人能够承担起从政治层面拯救国家的重任，政治人才的匮乏，是明朝覆亡的重要原因！倘若能够起徐阶、高拱、张居正于九泉，或可挽救一二。只怕即便如此，刚愎自用的崇祯帝也不会给他们机会！大明的气数，尽了。

放倒三大贝勒

皇太极在短短四五年内，成功地扭转对明作战的不利局面，声望一时高涨，其余的三位大贝勒与之相比，明显就落了下风。本来按照皇太极即位之初的约定，其余三位大贝勒也有处理政务的权力。每次朝会和庆典，皇太极与三大贝勒同时居南面并列而坐，好像有四个汗一般，共同接受群臣的叩拜。

在这种体制下，虽然皇太极在名义上据有汗位，但汗权是由四大贝勒分享的，每有大事，皇太极必须与三位"兄长贝勒"商议后才能决定，不得自专。当时就有人尖锐地指出，"贝勒不容于皇上，皇上亦不容贝勒，贝勒事事掣肘。虽有一汗之虚名，实无异整黄旗一贝勒也"[①]。皇太极当时只掌握正（整）黄旗，镶黄旗有阿巴泰、杜度两支强宗，直到后来阿巴泰和杜度分别遣往正蓝旗和正白旗安置后，皇太极才将镶黄旗控制在了自己的手里。天聪[②]初年，皇太极的地位显然是不稳固的。

作为一位杰出的君主，皇太极对于这种情况显然是不满意的，但老谋深算的他并没有着急采取行动，而是耐心地等待着机会。机会不久就来到了。1629年10月，皇太极在围攻北京后东归，夺取了永平、滦州、迁安、遵化四城。1630年2月，皇太极命阿巴泰驻守永平四城，自己率众东归。

---

① 《天聪朝臣工奏议》卷上，"胡贡明五进狂瞽奏"。
② 皇太极的第一个年号。

3月初，皇太极回到沈阳，诏命二贝勒阿敏与代善之子硕托带兵五千，替换驻守永平四城的阿巴泰。此时崇祯已任命老将孙承宗负责辽东军事，孙承宗的第一个目标就是收复永平四城。五月初九，孙承宗调动了数万明军向永平四城步步紧逼，阿敏惊慌失措，竟然将四城已投降的汉官汉民屠戮殆尽，席卷财物东归。这就给皇太极修理阿敏提供了良机。

阿敏狼狈不堪地逃回了沈阳，正中皇太极下怀。本来阿敏等鉴于军情紧急，多次请求皇太极发兵救援。但皇太极借口农事繁忙，更需修理甲杖器械，坚持不出救兵，阿敏这才狗急跳墙，做出屠戮四城军民的蠢事。

皇太极不发兵救援永平四城，在军事上显然是正确的。在如此狭小的地区与数量上占优势的明军作战，还要千里绕行喜峰口，在军事上极不明智。何况，骄横的阿敏也早已令皇太极不满，皇太极决计利用这个机会，好好修理阿敏一番。没想到阿敏这个蠢货居然犯下屠城大罪，这就怪不得"弟汗"无情了。

6月7日，皇太极召集诸贝勒大臣与会，商讨如何处置阿敏。由于阿敏平常骄横跋扈，结怨甚多，没有人愿意冒风险为他说话。诸王贝勒议下阿敏大罪有十六条，最大的就是丢弃永平，杀戮降民。诸贝勒大臣拟判阿敏死罪，皇太极以手足故，特地加恩赦免，改为终身幽禁。阿敏弟济尔哈朗取代其兄出任镶蓝旗主。

最蠢的阿敏轻松出局，下一个就是莽古尔泰了。莽古尔泰人如其名，莽得可以，当年就因其母富察氏被阿巴亥、代音察等诬告而手刃其母，犯下弑母大罪，结果失欢于努尔哈赤，自动退出汗位之争。尽管如此，莽古尔泰和其同母弟德格类却颇善经营，正蓝旗的生产搞得红红火火，富庶程度在诸旗之上，不由得引起旁人的羡慕嫉妒恨。正蓝旗的危机，在悄悄地酝酿。

眼见得阿敏狼狈下台，囚禁终身，莽古尔泰大有兔死狐悲之感，对皇太极也愈加提防。皇太极也因正蓝旗较他旗为富庶，每次差遣和征派也较其他各旗为多，更引起了莽古尔泰的不满。

这种矛盾终于在大凌河鏖战正酣时爆发了。大凌河之战，莽古尔泰负责南面，兵力较弱，未料到明朝援军恰恰就从南面发起了攻击。吴三桂老爹吴襄带着明军蜂拥而上，给莽古尔泰部以很大的杀伤。莽古尔泰见势不妙，连忙下令撤退，稍避明军锋芒。

此时佟养性率后金火炮队向明军展开攻击，明军未料到后金军居然有火炮，一时间阵脚大乱，只得退去。次日明军又来围攻，正蓝旗将士损失惨重，但还是硬着头皮顶住了明军的攻击。

莽古尔泰见状立即飞身上马，直驰汗所在的城西山岗，觐见皇太极。一见到皇太极，莽古尔泰就请求皇太极将外出放哨的正蓝旗护军归还本旗，以防御明军的下一步进攻。莽古尔泰直言，虽然明军今日进攻并未得手，但已经判断出南面是后金军的薄弱方向，明日一定还会从南面进攻，请汗立即放还护军，以增强南面防御。

不待莽古尔泰说完，皇太极就冷不丁地来了一句："朕听说正蓝旗每有差遣，往往违误。"莽古尔泰的脸一下子变得通红："正蓝旗每有差遣，总比他旗多上很多，何曾有过违误？"皇太极也来了气："果然如此，那这就是诬告，朕将把诬告的人绳之以法。但如果揭发属实，那么受差遣的人就会被法办。"皇太极说完话，转身欲上马离开山岗。

莽古尔泰看了看一旁默不作声的代善，胆气更壮："汗应该把话说明白，为什么独与我为难？因为您是汗，我向来一切承顺地服侍您，但汗却并不以此为满足，是不是想杀了我？"被愤怒冲昏头脑的莽古尔泰脸上青筋暴突，一只长满黑毛的大手一把就抓住了腰间的佩刀刀柄，紧紧握住。

在一旁的德格类眼见不妙，连忙一拳打到莽古尔泰的身上，大声斥责莽古尔泰大逆不道。莽古尔泰趁机把一腔怒火都发在德格类身上，大骂："蠢货，胆敢打我？"说罢，竟然将刀拔出鞘五寸许。德格类脸色一下子就变成惨白，连忙将莽古尔泰远远地推开。一直在旁边冷眼旁观的代善立即开口，以阻止事态的进一步恶化："如此悖逆，还不如去死！"皇太极一言不发，很快就离开山岗回到大帐。

当晚皇太极在大帐对"虾"（侍卫）们大发雷霆："莽古尔泰幼年不受父汗待见，是朕将自己的所得与他分享，他竟不知感激。为了取悦父汗，他居然杀害自己的亲母，可谓丧尽天良。这些事你们都知道。他露刀欲犯朕，你等居然等闲视之，朕恩养你们又有何用？"一阵咆哮过后，有侍卫来报，莽古尔泰在德格类的劝说下前来请罪，皇太极断然拒绝，要莽古尔泰听候议政会议处置。

大凌河之战胜利后，皇太极的威望空前高涨。借此机会，皇太极决定改变四大贝勒共治朝政的现状。1631年10月，诸位贝勒、大臣判莽古尔泰犯"御前拔刃罪"，革去"兄长贝勒"，降为一般贝勒，落了个和阿巴泰一样的下场。此外，夺三牛录人口，罚银一万两，算是缓和了一下大伙的红眼病。

年底，汉臣李伯龙提出，莽古尔泰不应该与汗并坐，皇太极要诸位贝勒、大臣讨论。代善自知如果不有所表示，下一个就轮到自己，连忙表态不再与皇太极并坐，而是大汗坐主位，自己与莽古尔泰两侧侍坐，其余贝勒大臣依次而坐。皇太极立即批准，大汗的威严终于充分树立起来。

被革去"兄长贝勒"，与诸小贝勒同列的莽古尔泰在遭处罚后一直闷闷不乐，经常一人独坐，向隅而泣。其实，大贝勒的名号和那点被罚的财物人口，莽古尔泰都不是很在乎。他在乎的是，皇太极手段如此厉害，是不是下一步还有什么动作，会不会真的对自己有什么不利，这是没有一点底的事。莽古尔泰并不是一个政治家，在这个时候，最佳的自保之计就应该是和代善联手，抵御皇太极势力的扩张。但生性鲁莽、又自作聪明的他，下出了一步臭棋，结果导致了清史上最残酷，也最神秘的奇案。

眼见莽古尔泰整日长吁短叹，泪流满面，胞姊莽古济、胞弟德格类自是大为心疼，想方设法开导莽古尔泰。某日，莽古济和丈夫琐诺木、德格类等人带着酒菜，前来看望莽古尔泰。莽古尔泰甚是高兴，露出了难得的笑容，连忙下令设宴招待。

酒过三巡，莽古尔泰对姐姐、姐夫和弟弟吐露了心中的真实想法："我对汗可是极力奉承，结果他还是视我为眼中钉肉中刺，非要除去而后快。这些天我算想明白了，与其等着他来杀我，不如我们姐弟先杀了他，夺取汗位。就算事情不成，我们还可以逃到开原。开原城又高又大，积储又多，我们可以自立为王。"莽古济、德格类等人大急，连忙劝说莽古尔泰打消这个想法。莽古尔泰却说："我意已定，不是他杀了我，就是我杀了他。你们可以去告我，看着办吧。"出于亲情，莽古济和德格类含泪答应了与莽古尔泰共谋大事。

第二天，莽古尔泰将正蓝旗大将屯布禄、爱巴礼和莽古济的亲信冷僧机叫来，试探他们的口风。三人当即表示，愿与主子同生共死，以济大事。当日，莽古尔泰、德格类、莽古济、琐诺木、屯布禄、爱巴礼和冷僧机等人歃血盟誓，写下誓书，于佛像前焚化。莽古尔泰定计，在家中设下"鸿门宴"，邀请皇太极来赴宴，乘机在酒中下毒，毒死皇太极，乘乱夺取汗位。计议已定，众人分头回去准备去也。

正当计划在紧锣密鼓地进行的时候，莽古尔泰突发急病，口不能言，水米不进，不几日就宣告不治而亡。德格类、莽古济等人大惊失色，以为皇太极自有天佑，遂不敢再谋大事，只得派人去请皇太极前来吊唁莽古尔泰。皇太极果然前来，大哭一场后，赐国帑为莽古尔泰办理后事，并任命德格类为新的正蓝旗主。

其实这倒是一个下手的机会，只是就算侥幸成功，代善、济尔哈朗、岳托、多尔衮、豪格是吃素的吗？莽古尔泰的去世，让正蓝旗避免了一场覆灭的命运，也让后金躲过了一场足以伤筋动骨的危机。只是出来混到底是要还的，几年后，正蓝旗还是没有逃过被清算和吞并的命运。

1635年10月，正蓝旗主德格类病逝，莽古济的最后一把保护伞也失去了。9月，多铎率军击败察哈尔部林丹汗，带着林丹汗一众妻妾回到了沈阳①。按照北方少数民族旧俗，林丹汗的这些妻妾们由汗、贝勒们分娶。汗长子豪格一下子就看上了美丽的林丹汗侧福晋伯奇，皇太极当即答允，将伯奇赐给了豪格。

莽古济坐不住了，豪格是她的女婿，她当然不愿意豪格再结新欢，爱女心切的莽古济立即去找皇太极，请求皇太极收回成命。一心要削弱正蓝旗羽翼的皇太极岂肯答应？双方没谈几句就顶撞起来，莽古济一看皇太极主意已定，一气之下拂袖而去，不料却迎头遇到了代善。

代善长子岳托娶了莽古济的另一个女儿为妻，代善与莽古济既是兄妹又是亲家。本来代善与莽古济之间关系并不是特别亲近，但两红旗和正蓝旗在大凌河战役后备受皇太极排挤，双方不由得添了些同病相怜的情分。代善当即将妹妹迎入自家营帐，设下丰盛筵席款待，临别时还赠给莽古济一笔不菲的财物，双方依依惜别而去。

消息传到皇太极那里，皇太极顿时怒火中烧，不可遏制。代善的这种行为，不仅是对自己权威的极大挑战，而且是公然向正蓝旗递上结盟的橄榄枝。皇太极深知，代善仍然具有强大的实力，如果不及时制止代善和正蓝旗的亲近，双方一旦正式联手，势必会对汗权形成强大的钳制，届时自己后悔也就晚了。深思熟虑之下，皇太极决计对代善发难，制服代善，最终为建立强大的汗权铺平道路。

皇太极是一个做事异常谨慎的人，不出手则已，一出手必是招招毙

---

① 下文会对皇太极讨平林丹汗的故事进行描述。

命，剑剑封喉。铲除阿敏，斗倒莽古尔泰，都是在取得辉煌的军事胜利之后，自身威望正隆之际完成的。现在对付树大根深，擅打太极功夫的代善，皇太极也是忍了很长时间，直到打败林丹汗，又一次建立辉煌军功的时刻，向代善发动迅雷不及掩耳之势的进攻。

皇太极立即派人质问代善及其子萨哈廉：八旗行止，自有法度，非约定不得擅自行猎，这是太祖以来传下的规矩。现在朕率众人迎接征战获胜的幼弟回京，代善居然不顾约定，擅自率本旗部属行猎，以致战马疲瘦。倘若明军发动攻击，又如何能应付？哈达公主莽古济乃是怨朕之人，你代善之前与莽古济的关系也并不和睦，为何一见她与朕发生冲突，就急急忙忙将她迎入账内，盛宴款待，临别还赠予财物马匹，究竟是什么用心？

来人话锋一转，又质问萨哈廉：你萨哈廉执掌礼部政务，于情于理都应该对你父亲的行为予以规劝，为何不发一言？代善和萨哈廉未料到皇太极会利用这个机会发难，一时间惊惶失措。正欲派人向皇太极解释，未料到皇太极却径自回宫，把尴尬的代善父子扔到一边发窘去了。

皇太极回到沈阳之后，召集众贝勒大臣，对代善加以更重的谴责。在列举了代善一系列"罪行"之后，皇太极宣布，如果众贝勒大臣不能议定代善罪名，加以惩办，将辞去汗位，仍由众贝勒大臣推选强梁有力之人为汗，自己将安分守己。说罢，皇太极大怒回宫，闭门不理朝政，一连八天。

众贝勒们慌了神。宁远之战以来，皇太极率领八旗精锐，屡败明军和蒙古军，为后金打开了战略局面，有目共睹。如果没有皇太极的强有力领导，后金在与明朝、蒙古和朝鲜的争斗中，绝不会占据如此有利的地位！后金离不开皇太极，八旗离不开皇太极，众贝勒更离不开皇太极！此外，多尔衮、多铎、阿济格等人，心中更窃喜于皇太极和代善翻脸，当然愿意重重惩办代善。

经众贝勒、大臣商议，列出代善四条罪状，拟革去大贝勒名号，削掉和硕贝勒之职，剥夺十牛录人口，罚雕鞍马十匹，甲胄十副，银一万两。皇太极看到众贝勒的决议，这才回朝治事，并对代善"宽大处理"，免罚人口、鞍马、甲胄和银两，保留"大贝勒"名号。但经过这次打击，代善已经从权力的巅峰上滑落下来，不得不在皇太极面前俯首称臣。

本来大家都以为这件事就这样告一段落了，但没想到不久正蓝旗属人冷僧机突然告发莽古尔泰、德格类与哈达公主莽古济谋反。接到告发的当值贝勒不敢隐瞒，连忙向皇太极做了汇报。皇太极亲自接见了冷僧机，冷僧机一五一十地向汗告发了莽古尔泰等人的谋逆后，皇太极冷冷一笑："如果你在正蓝旗贝勒在世的时候告发更好，不过现在也不晚。"听到汗的这一席话，冷僧机浑身战栗，冷汗直流，原来汗对这一切早已知悉啊！到底是怎么一回事呢？

原来在莽古尔泰等七人盟誓谋反后没几天，额驸诺琐木就向汗进行了告发。当然诺琐木没敢把话说全，只是采用了暗示的方式。皇太极何等样人？立即听明白了诺琐木的话中之意，相应地做了布置。不久莽古尔泰暴病身亡，事情也就搁置了下来。看来汗一直在等待着一个时机来引爆莽古尔泰谋反案，以获得最大的政治和经济利益。

皇太极龙颜大怒，立即下令彻查此案。莽古尔泰立即被抄家，从家中发现十二面"大金国皇帝令牌"，呈送汗与诸位贝勒，莽古济、屯布禄、爱巴礼等人也被拘捕。一番严刑拷打之下，再加上冷僧机和诺琐木的对质，众人不得不承认了反状。皇太极与诸位贝勒、大臣议定，莽古尔泰、德格类被剥夺宗籍，子孙降为庶人；莽古尔泰的三个儿子被处死；莽古济犯谋反罪，判凌迟之刑；屯布禄、爱巴礼等一千余人处死；诺琐木告发有功，加以恩养；冷僧机被提拔重用。一众人等各得其所。

在处置了莽古济等人后，皇太极宣布解散正蓝旗，将正蓝旗并入两黄旗。这一举动立即引发了其他五旗贝勒、大臣的惊恐,人人惶惶,不知道谁会是下一个牺牲品。或许是感到了自己做得有些过分,不久,皇太极重建正蓝旗,不过在人员上做了重新安置:正蓝旗相当部分人员和财产被两黄旗吸收;镶黄旗强宗阿巴泰被转入正蓝旗,皇太极顺势接管了镶黄旗;豪格被转入正蓝旗,成为正蓝旗新的旗主贝勒。一番运作之下,镶黄旗被皇太极彻底吞并,两黄旗被皇太极牢牢控制,从而摆脱了"正黄旗一贝勒"的地位。正蓝旗也成为皇太极和豪格的地盘,尽管还留了阿巴泰这个尾巴。

在这一系列的事件中,皇太极以断然手段处置了莽古尔泰一系,吞并了镶黄旗和正蓝旗,但这不可能不在八旗贝勒、大臣当中引发反弹。其中有一段意味深长的插曲:莽古济二女分别嫁给岳托和豪格为妻,莽古济被处死后,豪格手刃其妻,得到了父汗的夸赞和奖赏,被任命为正蓝旗主;岳托为人磊落,且夫妻情深,不忍杀之,于是上书汗,请求仿豪格例,手刃其妻,将了皇太极一军。

皇太极收到申请,心下恼恨,却不便发作,只得下诏赦免岳托之妻,但判处囚禁之刑,不得与岳托见面。岳托原来与德格类一样,是皇太极的重要羽翼。经过莽古尔泰谋逆事件,与皇太极渐行渐远,甚至成为政敌,结果直接影响了崇德后期八旗内部的消长,两红旗与两白旗逐渐走近,成为阻碍皇权进一步伸张的障碍。历史就是这样弄人!

完成对明战略包围

后金从建立之初,就处在险恶的国际环境之下:西南边的大明是头号劲敌暂且不提,西边的蒙古怀念成吉思汗时期的光荣,对"水滨三万人之国"①的建州颇怀轻蔑,察哈尔部的林丹汗更是与明朝建立了对付后金的同盟。东南面的朝鲜感激明朝壬辰抗倭之役的拯救,对后金也是心怀不轨。可以说后金甫一诞生,就是四面树敌。

在天命汗努尔哈赤时代,虽然后金倚仗强大的军事实力压制了周围的敌手,但这些对手的实力加起来要比后金强上许多。如果明朝能够出一位贤臣,妥善利用蒙古诸部和朝鲜与后金的矛盾,后金在发展上将遇到很大的困难。皇太极即汗位的初期,就面临着这样一个四面皆敌的困难局面。皇太极将如何应对这个地缘政治困局?

皇太极果然是天生的战略家。他敏锐地看到,要摆脱三面受敌的不利局面,唯有向最薄弱的环节下手,这个环节显然就是朝鲜。皇太极是不会容忍后金在向明朝进攻的时候,有一个对后金怀着极大敌意的朝鲜在背后威胁他的后路,况且朝鲜还容许毛文龙在国土上驻军,毛文龙部不断向后金腹地发动骚扰战争,对后金造成强大威胁!1627年正月初七,在宁锦大捷前五个月,皇太极派遣阿敏、济尔哈朗、阿济格、杜度、岳托、硕托等人率数万大军,进攻朝鲜。

朝鲜在壬辰卫国战争中遭受重创,一直没有恢复,否则的话朝鲜哪会眼睁睁地看着努尔哈赤统一女真?努尔哈赤统一女真,对明朝尚可称为疥癣之疾,只要明朝容忍一个女真政权的存在;对朝鲜可是生死攸关,朝鲜是断断然不允许女真过于强大的。之所以在努尔哈赤征战三十年内不加干预,完全是因为国力被日本人耗光。

阿敏带着八旗大军一路势如破竹,不到二十日就占领平壤。在占领平壤前,阿敏深感兵力不足,立即遣使向汗请援。皇太极闻讯大喜,立即派遣蒙古兵增援。得到增援的阿敏解除了后顾之忧,兵锋直指朝鲜王京(今首尔),逼迫朝鲜求和。

---

① 林丹汗在给努尔哈赤中的信件中对建州的蔑称。

朝鲜国王李倧听说后金军已占领王京附近的黄州和平山，立即带着妃嫔和子女逃到江华岛。江华岛，一个多么熟悉的名字。1876年，日本逼迫朝鲜在江华岛签订《日朝修好条约》，迫使朝鲜向列强打开国门。李倧逃到江华岛后，惊魂未定，连忙派出使臣向阿敏求和，但要求阿敏先退兵再议和。

此时的阿敏对平壤和王京的繁华已垂涎三尺，脑子里动了要在朝鲜另立一国称王的念头，当即拒绝了李倧的要求。在阿敏的恫吓之下，李倧只得接受阿敏的全部要求。

三月初三，阿敏使节刘兴祚、库尔缠到江华岛，与朝鲜君臣盟誓，结成"兄弟之盟"。初五，库尔缠等返回沈阳向皇太极报喜。

本来后金军就可以撤出朝鲜了，但阿敏妄图在朝鲜自立，遭到诸贝勒一致反对。恼羞成怒的他竟然下令抢掠三天，给朝鲜人民制造了沉重灾难。阿敏的独断专行也引起诸贝勒的不满，数年后屠戮永平四城东归的他被判重罪，（镶蓝）旗内旗外无人替他说情。这与莽古尔泰失欢于汗后，正蓝旗将士为莽古尔泰赴汤蹈火形成了鲜明对比。

朝鲜暂时臣服了，并受到了沉重打击，一时没有力量威胁后金后方。皇太极又使出计策，骗缺乏政治头脑的袁崇焕杀了毛文龙，得以专心伐明，取得重大战果。但是，朝鲜是一个以倔强顽强著称的民族，绝不会轻易向后金屈服。

在"兄弟之盟"缔结之后，朝鲜仍然采用各种手段，拒绝放回逃亡到朝鲜的辽东汉人和被女真俘虏为奴的朝鲜人。在向后金缴纳的物资数量上，朝鲜也以各种借口加以减少。更有甚者，朝鲜一直明里暗里帮着大明，令皇太极异常震怒。种种迹象表明，"兄弟之盟"只是一纸空文，后金需要发动一场战争，迫使朝鲜切断与明朝的君臣关系，转而臣服自己。又一场战争即将在后金和朝鲜之间爆发。

虽然朝鲜与后金订立了所谓的"兄弟之盟"，但这完全是后金强大军事压制的结果。朝鲜是绝不甘心就此在政治上屈从于后金的。在订立盟约的第二年，朝鲜方面就减少了向后金交纳的贡品，此后数年欠缴的越来越多。不仅如此，朝鲜在政治上继续从属于明朝，对明朝原毛文龙麾下的明军也多有援助。此外，每年都有朝鲜人到后金境内采参、打猎，后金多次要朝鲜制止民间这种行为，朝鲜置若罔闻。双方矛盾迅速激化，最后终于在1636年初爆发战争。

1636年2月，八旗贵胄和蒙古宗藩王公联名致信朝鲜国王李倧，要求李倧一起向皇太极劝进，请求皇太极上皇帝尊号。消息传到王京，朝鲜上下大哗。朝鲜几百年来深受儒学浸染，唯知尊奉大明皇帝，怎能尊他们眼中的"夷狄"为天子？在上上下下的压力下，李倧拒绝了后金使团呈送国书和信件，礼送使团出境，积极备战，以待后金大军。

皇太极与八旗贵胄接到李倧的答复，异常恼怒，八旗贵族们纷纷请缨攻打朝鲜。在这个紧要关头，皇太极保持了一个政治家应有的冷静，决定先行称帝，不让朝鲜的态度干扰这一重要的政治议程。在皇太极的压力下，朝鲜被迫派遣使团参加皇太极的登基大典，但在行礼的时候，唯有朝鲜使臣拒绝下拜，进一步激怒了皇太极。大清[①]与朝鲜之间的第二次战争于是乎不可避免。

1636年十二月初二，十万八旗和外藩蒙古兵从沈阳出发，直指朝鲜。皇太极亲自挂帅，代善、多尔衮、多铎、岳托、豪格、杜度等八旗名将随从出征。十二月初十，清军渡过鸭绿江，当日即攻破朝鲜重镇义州。清军一路势如破竹，14日即攻陷平壤。朝鲜几次调兵阻击清军，都被清军击败。29日，皇太极亲率大军进攻王京，第二日王京即宣告失守。李倧早在平壤陷落后不久就离开王京，逃到南汉山城。

1637年正月，皇太极向李倧施加压力，要求李倧投降。迫于压力，

---

① 此时的后金已改名为"大清"。

李倧不得不全盘接受清朝的条件，奉清朝为正朔，断绝与明朝的宗藩关系，每年纳贡，派遣王长子、另一子和诸大臣子弟为人质，并将主战大臣交于清朝处置。在订立盟约后，皇太极下令班师回朝，朝鲜君臣出王京十里相送。

对后金有重大威胁的还有蒙古。当努尔哈赤致力于统一女真的时候，蒙古也崛起了一代天骄——林丹汗。林丹汗是漠南蒙古察哈尔部首领，黄金家族后裔，身上留着纯正的成吉思汗血液。元末明初，元顺帝被徐达和常遇春逐出大都，流亡漠北，不久死去。统一的北元政权在元顺帝去世后不久就分裂为多个互不统属的部落，相互攻杀，一切又好像回到了成吉思汗统一之前的状态。

明朝中叶，察哈尔部达延汗崛起，统一了漠南蒙古，察哈尔部的声势一时无两，即使是大明也要暂避达延汗的兵锋。只是大明此时兵力尚强，达延汗也只能抄掠边境，迫使大明开关贸易而已。达延汗四十四岁即去世，诸子率部落属人进入漠南蒙古，形成九个部落。

嘉靖年间，俺答汗兴起，察哈尔诸部不得不迁徙到辽东边境，直接与女真诸部相邻。1604年，年仅十二岁的林丹汗成为蒙古的大汗，决意振兴蒙古，建立统一的蒙古政权。林丹汗的雄心壮志与努尔哈赤、皇太极的梦想迎头相撞，双方必然要发生冲突。这就给了明朝以可乘之机。

明朝看准了林丹汗在政治上与后金有着不可调和的矛盾，积极支援林丹汗发展势力，对付后金。明朝君臣意识到，相比于林丹汗，后金是更危险的敌人，于是每年给林丹汗白银八万两，唆使林丹汗与后金为敌。这在关外可是一笔巨款，很长时间内代善家里才有一万两白银。俗话说有钱能使鬼推磨，有了这笔巨款，林丹汗可以收买的人太多了。

林丹汗也是一代枭雄，虽然借机多方勒索明朝，稍不满意就抄掠明朝边境，但在政治上还是与明朝站在一起的。1619年10月，林丹汗致信努尔哈赤，威胁努尔哈赤不得进攻广宁，并赤裸裸地以军事力量相威胁。努尔哈赤大怒，扣押了林丹汗的使者。1621年正月，努尔哈赤致信林丹汗，狠狠地将他奚落了一顿。林丹汗大怒，也将努尔哈赤的使者扣押。

1623年，努尔哈赤攻陷广宁，而林丹汗慑于后金的兵锋，竟不敢发一兵一卒相救。努尔哈赤抓住这个机会，与不服林丹汗的科尔沁、扎鲁特和喀尔喀等蒙古部落结成联盟，共抗林丹汗。

1626年，林丹汗率大军进攻不服从他的科尔沁部，后金发兵来救。结果林丹汗不敢与后金军交战，连夜拔营而去。这一下林丹汗的虚弱可就被蒙古诸部看清了，也为林丹汗后来的覆灭埋下了伏笔。

在统一蒙古的进程中，林丹汗犯了一个错误。1617年，在西藏红教僧人沙尔呼图克图的劝说下，林丹汗放弃了蒙古人延续多年的黄教，改信红教。这么一来，其他信奉黄教的蒙古部落立即就对林丹汗生了二心，林丹汗人为地给自己的事业制造了障碍。

与此形成鲜明对比的是，努尔哈赤对前来投奔的黄教僧人多方优待，第一位来到后金的黄教僧人囊素法师与努尔哈赤"握手相见，并坐大宴"。囊素法师深受感动，圆寂后遗嘱葬于辽东，努尔哈赤专门为囊素法师建立寺庙安放法身。数年后皇太极又为囊素法师立碑纪念，深深地感动了广大黄教僧侣。

在努尔哈赤尊崇黄教政策的吸引下，许多黄教僧人都从蒙古诸部前来投奔后金，不但带来了大量情报，也带来了信奉黄教的蒙古部民人心。

皇太极即位后，对黄教的重视有增无减。黄教在后金领土上享受种种优待，包括豁免徭役、修建寺庙、供奉喇嘛等。但皇太极作为一名深谋远虑的政治家，很善于从历史中学习经验教训。

早在做阿哥的时候，皇太极就十分熟悉《三国演义》，从中吸取了许多智慧。登基为汗后，皇太极命令归降汉官时常为自己讲授中国传统史籍，于辽、金、元史尤为用心。

皇太极看到元朝时期的经验教训，决定将黄教作为统战工具，利用黄教来收揽蒙古人心，进而在精神上控制蒙古人。在后金内部，皇太极却极力反对满汉人民出家当喇嘛，并对黄教在满汉人民中的传播加以重重限制。皇太极的做法收到了奇效，蒙古诸部信奉黄教的贝勒、台吉对林丹汗更加离心离德，加上林丹汗对属下贝勒、台吉多有压迫，这些大小贵族早已通过各种途径与后金眉来眼去，建立了紧密的联系。在这种情况下，解决林丹汗的时机成熟了。

1627年年底，不堪林丹汗压迫的喀喇沁部联合鄂尔多斯、阿巴亥、阿苏特和喀尔喀诸部，组成一支十多万人的大军，进攻察哈尔。林丹汗的四万大军被全部歼灭，派到张家口向明廷讨赏的三千人马也被联军消灭。

联军是获得了胜利，但林丹汗的强悍和手段也让他们心有余悸。为了对付林丹汗可能的报复，喀喇沁部连忙向皇太极求援，请求皇太极出兵，与联军共击林丹汗。在接到联军的求援信后，皇太极同意出兵，但坚持要求诸部与后金会盟，承认后金在政治上的主导地位。1628年7月，喀喇沁部派遣使团到沈阳，与皇太极会盟，承认了皇太极的盟主地位。皇太极眼见时机成熟，决计亲征林丹汗。

早在1628年2月，除掉毛文龙的皇太极就率着不受毛部骚扰束缚的八旗大军，向林丹汗的附属部落发动了进攻，俘获一万余人。9月，成为喀喇沁、喀尔喀、敖汉等部盟主的皇太极，亲率八旗大军，征调了诸部人马，再加上早已臣服的科尔沁等部落的兵马，浩浩荡荡地向林丹汗杀来。20日黎明，联军与林丹汗部大战，打败了林丹汗的军队，俘获大量人畜而还。十月中旬，皇太极率八旗军回到沈阳。

1632年3月，皇太极决定再次进攻林丹汗，以清除林丹汗对归附后金的蒙古诸部的威胁。4月1日，大军从沈阳出发。渡过辽河之后，皇太极与蒙古诸部贝勒、台吉会于昭乌达（今昭乌达盟）。4月22日，十万大军越过兴安岭,来到林丹汗地盘,却发现林丹汗早已率部远遁。

第二天,一名林丹汗的部民逃到联军营帐,带来了林丹汗的下落,原来林丹汗早已率部众向着需一月路程外的库黑得勒酥奔逃。皇太极当即决定紧追林丹汗。5月23日,大军兵分三路,继续追击。27日,皇太极率兵进入归化城(今呼和浩特)。此时的林丹汗早已率部渡过黄河,向西而去。

皇太极眼见难以追上林丹汗,而且一路已俘获林丹汗部人畜数万,大大削弱了林丹汗实力,于是决定东归,经宣府、张家口返回。7月24日,皇太极返回沈阳。

在渡过黄河之前,林丹汗召集部众,在成吉思汗陵前举行了盛大的仪式。在仪式上,林丹汗宣布自己为整个蒙古的"林丹巴图鲁汗"。仪式过后,林丹汗带着察哈尔、鄂尔多斯部众,奉成陵西迁。

林丹汗不与皇太极一战便西迁也是不得已,当年口外遭受大灾荒,林丹汗数次向崇祯皇帝求援,请求崇祯平价买予口粮,都被短视的崇祯帝拒绝。不得已之下,林丹汗决定渡过黄河,向青海的大草滩进发。

尽管林丹汗看似败退,但麾下尚有数万将士,黄金家族在蒙古人中的号召力也是无与伦比。林丹汗转战青海,也可以看成一场万里转战,暂避后金锋芒。只要林丹汗一息尚存,皇太极完全控制蒙古诸部的意图就很难实现,而且还要提防林丹汗在西线可能发动的攻击。

在林丹汗的问题上,崇祯帝的短视再一次突出地表现了出来。他没有看到,正是林丹汗的存在,才使得皇太极对明作战始终心存顾虑,大凌河之战后明清双方暂时没有大的战事,原因正在于林丹汗的牵制。现在林丹汗已远走青海,一时顾不上对付后金,甚至因为缺粮而抄掠明朝边境,结果恶化了西北军政形势,为明朝的内外交困又添了一把火。

1634年,信奉红教的喀尔喀部朝克图台吉带着麾下四万多人向着青海进发,试图与林丹汗会合,在青藏地区打出一片新天地。谁知人算不如天算，林丹汗在光明乍现的时候突然得了天花，卫生条件又不好，不久身亡。在那个年代，天花是蒙古和女真人的大敌，据说后来的顺治帝就是出天花驾崩的。林丹汗这一死，手下将士作鸟兽散，纷纷东归投降后金和依附后金的蒙古诸部。

皇太极得知林丹汗去世的消息，大为振奋。虽然林丹汗因为改宗红教得罪了大多数蒙古贝勒、台吉，但林丹汗黄金家族后裔的身份在蒙古民众当中却有着很大的号召力。1632年后金征讨林丹汗，镶黄旗的两名蒙古属人偷了两匹马，连夜狂奔，将皇太极大军将至的消息报告给了林丹汗，林丹汗这才有机会逃出生天，战略转移到青海。

林丹汗在蒙古民众当中的号召力让皇太极忧心忡忡，现在林丹汗去世，正是一个解决林丹汗残部的大好机会。否则这些"天之骄子"一旦缓过劲来，必然是后金的大患。皇太极当机立断，命多尔衮、岳托、萨哈廉、豪格等率大军西征，收服林丹汗之子额哲，彻底征服察哈尔部。

1635年2月底，多尔衮等率军出发。这是一次有胜无败的作战，皇太极搁置了与自己关系密切的岳托、萨哈廉，单独挑多尔衮为主帅，栽培意义浓厚。3月末，多尔衮等人在西喇珠尔格地方找到了林丹汗正妻娜木钟（囊囊太后），娜木钟率1500户投降后金，并告诉多尔衮等人额哲的下落。

在将娜木钟等人送回沈阳后，多尔衮与岳托等人日夜兼程，西渡黄河，历经千辛万苦找到了额哲。额哲已经没有了林丹汗的心气和威望，看到后金大军也不做抵抗，献上传国玉玺后率一千部众归降。多尔衮带着传国玉玺，与岳托、额哲等回到沈阳，将此宝献给了皇太极。

多尔衮带着一干林丹汗的妻妾亲信来到了沈阳，受到了皇太极、代善等人的热烈欢迎。按照女真人的规矩，林丹汗的妻妾们由八旗贵族分娶。早在1634年5月，林丹汗的一位妻子窦土门福晋巴特玛璪就嫁给了皇太极。现在多尔衮又将林丹汗的妻妾、妹妹一块带了回来，贝勒们乐开了花，忙不迭地向皇太极请婚，求娶这些可怜的女子。

林丹汗有所谓的"八大福晋"，除了窦土门福晋已嫁给皇太极，乌云娜福晋下落不明外，还有其余六位，以及几位汗妹。其中最富有的是苏泰大福晋，为代善、济尔哈朗等人觊觎；地位最高的是娜木钟，但财产不多，年纪也较大；最漂亮的是侧福晋伯奇，一下子就被豪格看上了。

按照皇太极的意思，娜木钟地位高贵，应该嫁予代善，苏泰大福晋赐予济尔哈朗，伯奇赐予豪格。没想到代善一下子就看上了富有的苏泰大福晋，与济尔哈朗争夺不已，令皇太极十分恼火。而地位最高的娜木钟因为财产不多，部属却不少，如何安排成了难题。本来皇太极是打算将娜木钟嫁给济尔哈朗，没想到代善却极力向皇太极请求娶娜木钟，皇太极也应允了。

等看到了娜木钟，代善发现这位蒙古人口中的囊囊太后已经过了最好的年华，积蓄不多，手下要养活的人还不少，当即悔婚。众贝勒也避之唯恐不及，结果大家一起上奏，以娜木钟地位高为由，强迫皇太极娶了娜木钟；苏泰大福晋最后嫁给了济尔哈朗，代善空欢喜一场，只好娶了林丹汗之妹泰松公主；豪格欢天喜地地娶了俏丽的伯奇；阿巴泰得到了俄尔哲图福晋为妻；多尔衮为大家带来了这么多的新娘，自然也不能闲着，娶了林丹汗之女为妻。

有人高兴，就有人不高兴。高兴的是济尔哈朗、豪格、阿巴泰、多尔衮，不高兴的是皇太极、代善和莽古济。这么多美女皇太极只娶了个人老珠黄、部民众多的娜木钟，财产上受到重大损失；代善眼见苏泰大福晋嫁给了济尔哈朗，不由得生出煮熟鸭子生双翼的感慨；莽古济眼见女婿豪格娶了个狐狸精，肯定要冷落自己的女儿，更是愤愤不平。于是就发生了前文所述的莽古济与皇太极发生口角后踹门而去，代善又将莽古济迎接到大帐盛宴款待的一幕。皇太极得知后龙颜震怒，结果八日不理朝政，逼迫众贝勒大臣议代善之罪，最终树立了自身的最高权威。现在读者朋友们明白当初皇太极、代善、莽古济为何这么冲动了吧？他们的心里都憋着一股无名之火哩。

皇太极总算没有忘记可怜的额哲，将自己的次女固伦温庄长公主马喀塔嫁给了他，并封额哲为察哈尔亲王。黄金家族终于成为爱新觉罗家族的臣属，林丹汗也作为最后一名蒙古大汗而载入史册。

1636年3月，漠南蒙古十六部49位贝勒、台吉齐聚沈阳，为皇太极上尊号"博格达·彻辰汗"，承认皇太极为新的蒙古大汗。除了新疆的卫拉特四部（准噶尔、和硕特、杜尔伯特、土尔扈特）外，皇太极已经能号令蒙古，在对明斗争中占据了更主动的地位。

1642年，达赖与班禅两位黄教大师派遣使臣来到沈阳，标志着西藏地方势力在明清之间的战争中，已明确地站在了清朝一边。皇太极对明战略包围已经合拢，明朝的陆地边境，已经尽是清朝的势力范围。

大清第一帝

1635年12月，就是莽古尔泰等人谋逆事发的那个月，后金诸贝勒大臣以获得传国玉玺的缘故，请求皇太极即皇帝位。皇太极表示拒绝。代善之子萨哈廉看破了皇太极的心思，派遣希福、刚林等儒臣向皇太极表示，诸贝勒大臣真心拥戴汗称帝，只要汗接受大家的拥戴，诸贝勒大臣愿意立誓，效忠于汗，请汗接受皇帝尊号。

皇太极对"懂事"的萨哈廉大为赞赏。萨哈廉征求了诸贝勒大臣和众位汉官们的意见，大家伙一致同意立誓效忠于汗，请汗即皇帝位。不久，诸位贝勒、大臣和高级汉官都写就誓词，呈送给皇太极审阅。

皇太极在阅读了大家的誓词后，发出汗命："大贝勒年迈，只有数年光景，姑且免其誓。"代善一听大急，这无疑是要将自己排挤出新的权力结构之外，知道圣汗还在为数月前娜木钟和苏泰大福晋的事不高兴，借机敲打自己。

多年的风霜已将当年豪气干云的古英巴图鲁变成了一个狡猾猥琐的政客，代善连忙表示，"汗念我年老，恐犯誓词以致死亡。然以往之事，不载于誓词，自今以后，若不与诸贝勒同誓，则食不下咽、坐不安席矣。汗若不令我与议事之列，我何可违背汗命？即不与盟誓可也。若汗怜我而仍令居议事之列，我性顽钝健忘，若出誓词，必将不忘警惕，可免于汗之谴责也。"皇太极看到代善近乎摇尾乞怜的表演后，微微一笑，同意了代善参与盟誓。

12月28日，代善领着诸贝勒大臣焚香立誓：诸贝勒愿向苍天保证，忠于皇太极，如有违反，请上天夺其寿算。皇太极利用上尊号的机会，进一步增强了自己的权势，对八旗贝勒的约束也进一步加强，这对后金的发展壮大，政权建设的正规化都是很有利的。

1636年4月5日，满洲、蒙古、汉诸贝勒大臣联合上表，请求皇太极即皇帝位。4月11日，盛大的称帝典礼在沈阳举行。皇太极身穿皇帝冠冕，接受了百官的朝贺，受尊号"宽温仁圣皇帝"，改元崇德元年，国号由"大金"改为"大清"。

早在1635年10月13，就在皇太极和代善为娶妻之事发生冲突的那几天，皇太极下令将女真族名改为"满洲"，并命令今后一律不得使用"女真"这个名称。从此，女真这个古老的族名不再出现，代之以"满洲"这个新名称，最终发展为后来的满族。"宽温仁圣皇帝"煞费苦心，将族名改为"满洲"，这就将许多八旗内的汉人吸收进"满洲"这个新共同体，成为大清夺取天下的重要支持力量，也因此部分改变了八旗女真人数不足，难以与明朝争天下的状况。

4月23日，皇太极下诏，封代善为和硕礼亲王，济尔哈朗为和硕郑亲王，多尔衮为和硕睿亲王，多铎为和硕豫亲王，豪格为和硕肃亲王，岳托为和硕成亲王。阿济格被封为多罗武英郡王，杜度被封为多罗安平贝勒，阿巴泰为多罗饶余贝勒。这差不多就是八旗旗主的阵容，当然杜度和阿巴泰是例外。

杜度是广略贝勒褚英长子，属于"长房长子长孙"，褚英又因获罪被杀，早在太祖年间就被罢去了杜度的旗主之位；阿巴泰受晚年的努尔哈赤青睐，成为镶白旗（后来的镶黄旗）最大的强宗，是镶白旗事实上的旗主。后来因妄想与四大贝勒平起平坐而受到申斥，皇太极乘机控制了镶黄旗。

在莽古尔泰一系被封杀后，皇太极将豪格和阿巴泰送往正蓝旗，自己正式成为两黄旗旗主。萨哈廉因得重病，暂不在封爵之列。不久萨哈廉去世，追封颖亲王，其子阿达礼继其父为正红旗主，封为颖郡王。

皇太极之所以能登上皇位，与即汗位以来对汉族政策的调整有着莫大的关系。在努尔哈赤时代，努尔哈赤推行了一条防范汉官汉民的路线，与国内汉官汉民关系紧张。据记载，许多汉官有地不能耕种，有马不能骑，被安置到诸贝勒属下，几同奴隶。一旦亡故，妻子俱降为奴仆。汉官如此，民众的待遇可想而知。这种情形当然会引起汉官汉民的反抗，毛文龙利用这种形势，不断引诱汉民出逃，并在汉官当中发展了大量的内线和间谍。汉官在政治上虽然不受信任，但这些汉官政治经验丰富，又熟悉经史，许多重要的文书和参谋工作还是要他们去完成。这些汉官借机将大量后金军政情报源源不断地传递给毛文龙，使毛文龙在与后金的争斗中经常占据主动地位。皇太极成为汗之后，首要政策就是要调整对汉官汉民的政策。在这个方面，他得到了岳托贝勒的大力支持。

1631年大凌河之役获胜后，岳托向皇太极建议，应该妥善安置明朝降人，不再妄加杀戮。在生活上也应该予以优待，让他们看到开始新生活的希望。岳托进一步提出，如果能得汉官汉民之心，天下可定。要做到这一点，最好的办法无过于鼓励金汉通婚。岳托建议，有一品大员来降者，妻以诸贝勒女；二品大员来降者，妻以国中大臣女；兵士则以俘获的汉人女子给配，不足者妻以八旗旗下庄头女子。

岳托还进一步建议，这些女子如果敢在家中欺凌丈夫，不但本身要受严惩，还要治其父母之罪。岳托的建议为皇太极所全盘接受，为了说服众贝勒，岳托还以身作则，与汉官佟养性结成儿女亲家。

岳托的建议收到奇效：金汉通婚不仅让汉官汉民的对抗心态大大降低，而且这些汉官汉民有相当一部分加入八旗，成为满族不可分割的一部分。岳托家族也世代与旗下汉人通婚，到了岳托重孙讷尔苏一代，讷尔苏以平郡王之尊娶江宁织造曹寅之女为妻，成了大文学家曹雪芹的亲姑父，下一代平郡王福彭就是曹雪芹的亲表哥。可见岳托的这一建议，不仅扩大了满族的阵容，而且使满汉两个民族建立起不可分割的血肉联系，实在是功莫大焉。岳托既有军事才能，在政治上亦有远见卓识，无愧于贤王之美誉！

当然岳托的建议能够被采纳，与皇太极本人的开明也是分不开的。"聪明恭睿汗"努尔哈赤去世后，麾下的范文程、宁完我等被压抑的汉臣，立即受到皇太极的重用，在政治上、生活上信任、关怀备至。范文程本是宋朝名臣范仲淹之后，出生于辽东辽阳，十八岁即中秀才。1618年努尔哈赤攻占抚顺，范文程投降后金，受到努尔哈赤的重视，令其参与军事谋划，倍加优待。

但努尔哈赤对汉官始终存有防范之心，范文程虽然生活上受优待，但在政治上却不是十分得意。皇太极任新汗后，对范文程大加重用，范文程得以参与一系列重大的军国政事的决策过程，成为后金的重要智囊和大臣之一。

除了对范文程之外，皇太极对投降的汉官也多加优待，注意到充分发挥他们的长处，效果很显著，大量明朝官吏纷纷归顺，最重要的就是孔有德等人。毛文龙死后，其部将孔有德等驻扎山东登州，受登州巡抚孙元化节制。大凌河战役期间，孙元化命孔有德等率兵三千从海路增援大凌河城，结果遇上飓风，几乎全军覆没。孙元化事后仍命孔有德率骑兵从陆路增援大凌河城，孔有德等愤怒，起兵造反，攻占了登州，俘获了孙元化。鉴于以往交情，孔有德释放了孙元化。崇祯得讯，立即下令将孙元化处死。崇祯之果于诛戮大臣，由此可见一斑。

数万明军奉命围剿孔有德部，孔有德军不敌，于1632年11月渡海投降后金。在海上漂流数月后，1633年4月，孔有德率兵从镇江（今辽宁丹东）登岸降金。

孔有德降金给明朝将吏降金开了一个极坏的榜样。在此之前，明朝将吏降金多是个人行为，或者被俘无奈投降，像孔有德这样主动率成建制部队投降的几乎没有。在开了这个头之后，明朝官员投降后金和大清已经没有了心理障碍，主动性大为提高。其实这些人世世代代居住辽东，在努尔哈赤时代都和后金结下了不共戴天之仇，结果袁崇焕杀了毛文龙之后，这支部队感到被明朝抛弃，军心一下子涣散，结果最后投降了后金，成为清朝对付明朝的有力助手。

这支部队熟习水战，原统帅孙元化深通西洋算学和火炮，孔有德部又从孙元化这里学到了当时最先进火器的用法，结果一下子将后金军的火器水平提升到超越明朝的地步。而孙元化被崇祯处死，明军的火器应用失去了一个异常宝贵的人才，明军的火器水平也随之落后于清军。由此可见，崇祯和袁崇焕的误国，到了何等地步！后果又何其严重！

对于大批汉官来降，皇太极自然不会舍不得钱财。每有汉官来降，先设大宴宴请，再根据地位和能力的高低授予相应官职，还赏赐大量财物、土地和奴仆等，无妻的甚至为之娶妻。这些汉官在后金待了几年，就积累了大量财富，甚至有的上等家庭占有一千余人丁，而当时满洲大臣占有千丁的几乎没有。结果有的满洲大臣感叹："昔日太祖诛戮汉人，抚养满洲。今汉人有为王者矣，有为昂邦章京者矣。至于宗室，今有为官者，有为民者，时势颠倒，一至于此！"

皇太极不但注意改善汉人待遇，也注意改善汉民的待遇。努尔哈赤时代，大量被俘的明朝兵丁和汉族百姓被降为农奴，在八旗国家的土地上进行无偿的集体劳作。努尔哈赤规定，女真人和汉人合居一处，同住、同食、同耕。一些女真人乘机欺压汉民，引发真、汉关系紧张。在毛文龙的招诱下，大量汉民逃亡，严重削弱了后金国的经济基础。

皇太极改变了努尔哈赤的这一弊政，下令汉民独立居住，受汉官管辖，并编为民户，将这些民户变成个体农民。皇太极称帝后，更是改变了掠取汉民为奴的政策。历次战争俘获的明朝军民，除了一部分精壮男丁用于弥补各旗的损失和缺额外，大多授予田地，编为民户。皇太极的这一政策不仅增强了八旗国家的经济基础，而且使得八旗国家逐步转变为囊括满、蒙、汉多种民族成分的国家，为入关建立大一统王朝做好了组织上的准备。

作为一名优秀的政治家，皇太极矢志改变八旗国家落后的管理制度，于1631年7月仿照明朝建立了六部，大量满汉官僚被充实到六部，完善了后金的国家机器。皇太极下令，各部设管部贝勒一名，命各位贝勒分管部务，大大锻炼和提高了他们的行政才能。一个生机勃勃的文武双全的军政集团正在中华大地上茁壮成长。

为了增强专制君主的执政能力，1636年，皇太极下令设立"内三院"，即内国史院、内秘书院、内弘文院。内国史院负责记录国史，记录皇帝日常起居，编撰史书，撰拟表章和收藏御制文字等职责；内秘书院负责起草谕旨、国书、皇帝祭祀文字和誊录各衙门疏状等职责；内弘文院负责注释史书，总结历代为政得失和向皇帝和皇子们进讲古今经验教训等职责。

从表面上看，内三院与明朝的内阁十分相似，但仅仅具有内阁的文字功能，对于行政事务是不能置喙的。皇太极设立内三院也只不过是要更有效率地集权，并无意设立一个权力衙门与自己分庭抗礼。何况此时政权、军权和财权高度分散于八旗王贝勒之手，还有一个议政王大臣会议议论大政，内三院实在只是依附于皇帝的秘书机构。

皇太极设立内三院，用意与永乐帝设置内阁辅佐君主行政相一致。从效果上看，内三院的设立使得皇帝的集权效率大大提高。有了内三院的辅佐，一些大事小情就无须拿到议政王大臣会议上讨论，无形中将议政王大臣会议架空。皇太极的手段着实高超！

如果大家以为皇太极是一个"汉化狂"，整日里埋头推行汉化，一切学习汉族中原王朝的制度，加强君主集权，那就大错特错了。事实上，皇太极学习汉文化的目的很明确，那就是汉文化必须服务于八旗国家的建设，而不是相反。皇太极对于后金进入辽东地区之后，统治阶层出现的汉化现象可谓是痛心疾首，一直大力反对八旗贵族沾染汉风。皇太极幼弟多铎喜爱汉族消费文化，与一些唱戏的打成一片，自己还涂红抹朱，扮成戏台人物的模样，为此多次遭皇太极的劝诫和申斥。对于那些进驻沈阳后逐渐乐于安享富贵的八旗贵族，皇太极也多次敲打，经常带着他们射猎练武。有一次皇太极带着众人行猎，贝勒阿巴泰借口"手痛"，在家逍遥，结果被皇太极连劝带哄，数落了一通，直到阿巴泰认错方才罢休。皇太极将"国语"（满语）、骑射作为保持民族性的根本，多次敦促八旗子弟勤加练习，不可效汉人重文轻武的陋习。皇太极的这一思想为后来的历代清帝所承袭，一直到嘉庆、道光之后汉化已深方才有所缓和。

努尔哈赤在建立政权之初，曾仿照明朝武官制度，设立总兵、副将、参将、游击、备御等官职，授予女真贵族。皇太极认为官职都用明朝的称号，不利于女真人建立自己的民族认同，决计有所匡正。1634年4月，皇太极发出汗谕，更改武官名称，一等总兵官改称一等昂邦章京（余下两等以此类推），一等副将改称一等梅勒章京，一等参将改称甲喇章京，游击改称三等甲喇章京，备御改称牛录章京等。

皇太极声称，此后必须采用新取女真名称，如仍采用汉字原名，定不轻饶。皇太极维持本民族认同，不仅有着文化上的意义，更有始终保持女真统治地位的考虑，甚至为了加强女真的统治地位和民族性不惜放弃采用汉族制度强化皇权，可谓是用心良苦！

当然，皇太极也不是故步自封的君主，对汉族文化中有利于君主统治的一面，他也会积极加以学习。大凌河之战明军誓死不降，宁愿人吃人也要坚持抵抗，给了皇太极以很大的震动。他不由自主地将明军的坚守和阿敏等人在永平四城的不战而逃联系起来，认为明军之所以能坚守，完全是知书明理的原因。皇太极因此要求八旗子弟学习儒家经典，培养忠君爱国意识。

1631年11月，即大凌河之战后数月，皇太极以汗谕的形式要求八岁以上、十五岁以下的八旗子弟入学读书，如有不读书者，不能披甲出征。这无疑是将读书作为参政的前提，大大提高了八旗子弟读书学儒的积极性。从此以后，八旗内部对儒学十分重视，上下行事非常注重礼法，而这一切都与皇太极的首倡有着密切的关系。

掏空大明的根基

大凌河之战后，皇太极忙于解决林丹汗和安定内部，暂时无力进攻明朝。林丹汗远走青海后，察哈尔故地已为后金控制，明朝防守比较薄弱的宣府、大同一带，不得不直接面对后金的兵锋。皇太极在与明军的多次作战中也发现，明军在山海关、宁远、锦州一带的防守还是比较严密的，明朝廷集天下财力建设关宁锦防线，确实令八旗劲旅裹足不前。

因此，皇太极决意沿着当年攻打北京的路线进攻明朝。由于侧翼已不用再担心林丹汗的掣肘，八旗军将会有更多的时间用于在关内的作战。

1634年5月，皇太极发八旗大军和外藩蒙古兵约十万，浩浩荡荡地杀向宣府、大同。一路上，大量林丹汗的残部纷纷投降皇太极，不肯投降的都被消灭。大量熟悉当地情况的蒙古兵加入皇太极大军，使得明朝对宣大的防守更显薄弱。6月下旬，皇太极将后金兵兵分四路，毁边墙而入，杀向关内。

八旗大军横扫关内达三个多月，河北西北部、山西北部深受蹂躏，金兵几乎杀到山西中部，由此可见对明朝的破坏之深。后金军在华北驰骋攻击，攻占数十座城池，大量村庄被夷为平地。按照皇太极的指示，此次作战，意在饱掠，因而后金军所过之处，大量精壮和妇孺皆被掠走。

带着如此多的财物和俘虏，必然要降低后金军的攻击力，但腐败的明军认为后金军意在抢掠，不在攻城夺地，因而放任后金军攻城掠地，不与后金军交战。8月底，皇太极方才带着大军离开关内。9月19日回到沈阳。

1636年5月，称帝后的皇太极决定再次出兵伐明。5月30日，多罗武英郡王阿济格、多罗饶余贝勒阿巴泰等领命挂帅出征。大军按满族习俗拜过堂子后，向着宣府、大同一带出发。

清军已经两次进入宣府、大同一带作战，可谓是轻车熟路，6月底毁长城而入关内。七月初三，京师宣布戒严。但这一次清军没有进攻山西，而是通过延庆进入居庸关，直向昌平杀来。

阿济格使出清军惯用的内应伎俩，派遣2000降兵诡称逃归，赚开昌平城门。待到清军杀到昌平城下时，这些内应杀掉守城军兵，打开城门放清军入城，昌平宣告陷落。

初九，阿济格率兵到了沙河与清河镇，做出进攻京师的姿态，崇祯连忙派兵增援京师。未料到阿济格进攻京师只是做个姿态，目的就是吸引明军主力在京师附近驻扎,为清军蹂躏地方减少阻力。眼见得崇祯上当,阿济格带着清军扬长而去,先后攻克宝坻、房山、文安、顺义等地,共计攻克十二座城池,取胜五十余阵,俘获人畜十七万有余。

饱掠后的清军带着大量人畜、大包小包等东归。8月30日,阿济格离开冷口,居然大刺刺地将辎重部队断后,自己则带着精兵先行离开。这本来是袭杀清军的绝好机会,而明军却畏清军如虎,眼睁睁地看着清军带着大批人畜、辎重离开。皇太极得知阿济格居然如此孟浪行事,狠狠地将他训了一通。

1638年8月,皇太极决计再度伐明。这次比上次要重视得多,没挑选比较鲁莽的王、贝勒为帅,而是由智勇双全的多尔衮和岳托领衔。多尔衮担任左路军主将,豪格和阿巴泰为副;之前岳托因替莽古尔泰说话而得罪皇太极,又不肯杀掉自己的发妻(莽古济之女),早已被皇太极视同陌路,遂借机将岳托由成亲王降为贝勒。这次入关伐明,将才难觅,皇太极只得启用岳托为右路军主将,贝勒杜度为副。8月底,十几万大军兵分两路,大举攻明。

9月底,左右两路清军先后在墙子岭和青山关毁边墙而入关内。两路清军在越过迁安和丰润后,在通州河西会合,又从北边绕过京师一直到涿州,分兵八路进攻明朝。这一带号称冀中平原,一马平川,正有利于清军骑兵作战。清军铁蹄过处,京西六府皆遭蹂躏,到了山西边界方停止进攻步伐。

11月,清军接连攻陷良乡、涿州、高阳、衡水、武邑、枣强等地,告老还乡的大学士孙承宗被清军俘虏,不屈而死,子孙十九人皆力战而死。12月初,清军又接连攻破平乡、南和、沙河、元氏、赞皇等城邑,随后兵分三路,继续抄掠。

崇祯派太监高起潜率关宁军(山海关、宁远军),督师卢象升率宣大(宣府、大同)军迎战。高起潜与朝臣杨嗣昌等合谋与清军讲和,拒绝支援主动向清军邀战的卢象升部。12月11日，卢象升在巨鹿贾庄遇上清军主力，于次日英勇战死，为国殉身。高起潜率关宁军不战而溃，却误入清军埋伏，大败而逃。清军得胜后继续深入河北南部，杀向山东。

1639年正月，左右两路清军在济南城下会合，只用了一天时间就攻下城防空虚的济南，俘获明德王朱由枢，城内军民死亡十余万。但清军也付出了意想不到的代价：在济南城下，岳托贝勒病重身死，皇太极失去了一个制约多尔衮的最佳人选。不久，岳托之弟马瞻也因病去世。清军饱掠后退出济南，又先后攻占十六处城邑。

2月，多尔衮率两路清军至天津卫，渡过运河向长城进发。三月从青山口出关，回到盛京（此时皇太极已经将沈阳改名为盛京）。此次作战，清军收获丰厚，共俘人畜四十六万余，黄金四千余两，白银九十七万七千余两。

正当多尔衮和岳托带着大军在关内横冲直撞的时候，皇太极带着多铎和汉军石廷柱、孔有德、耿仲明等部乘机向山海关一线进攻，结果多铎部为祖大寿击败，不得不返回盛京。

1639年2月，正当入口清军在山东杀掠时，皇太极再次进攻宁锦，团团围住了锦州的卫星城松山。清军使出浑身解数，甚至动用了经孙元化改良的新型红衣大炮，都未能攻下松山。

此时岳托死讯传来，皇太极如五雷轰顶。虽然岳托与皇太极已渐行渐远，但仍然是清军中仅能与多尔衮分庭抗礼的名将，战略眼光甚至超过多尔衮，只是性情刚直，人品高洁，不愿意像济尔哈朗、萨哈廉那样无条件屈从于皇太极而已，更不愿意像多尔衮那样两面三刀谄事皇太极，因而多次遭到皇太极打击。皇太极得知岳托死讯后大为悲痛，追封岳托为克勤郡王。当多尔衮得胜回到盛京的时候，盛京城中弥漫着欲喜还悲的诡异气氛。

此次作战，皇太极有得有失，甚至可以说是失大于得。尽管明朝损失惨重，但岳托的去世却断了皇太极一臂。特别重要的是，当多尔衮在关内节节取胜的时候，皇帝和礼亲王代善却在关宁锦防线打了败仗，不得不把多铎拉出来做替罪羊，罚夺去16牛录的人口。

皇太极与多尔衮的威望一升一降，对于皇太极本人可不是什么好事。多尔衮和麾下两白旗正以极其迅猛的速度崛起，引起了皇太极和代善的警觉。本来皇太极和代善已渐生嫌隙，但为了对付两白旗，两人又重新联手。皇太极等借口多铎被祖大寿打败，重惩多铎，就是为了削弱两白旗。须知多铎总共才努尔哈赤那里继承了30牛录人口！即使算上新增的蒙古、汉军八旗牛录，这次被罚的也不是小数。

不过，皇太极惩罚多铎只是为了给自己蒙羞。按照八旗规矩，这16个牛录皇太极不能据为己有——上次吞并正蓝旗已经犯了众怒，事后皇太极不得不保证下不为例。这样一来罚没的人口只能赏赐给多尔衮和阿济格。权衡之下，皇太极将这16个牛录还给了多铎。

皇太极意识到，如果不能攻占山海关，单凭绕道宣大进攻明朝，充其量只能杀掠一番，却无力攻占明朝寸土。要真正对明朝构成难以承受的打击，甚至取代明朝统治全国，必须在关宁锦一线有所进展。但从大凌河战役以来，清军就在这一线所获甚微，可以说明朝已成功地遏制住了清朝在东北的攻势。

如果要对明朝进行致命的打击，必须攻占锦州，逼近山海关。如果清军能够攻占山海关，就可以在数日内急驰京师，失去天险倚仗的京师必将失守，清朝就可以毫不费力地攻占黄河以北。一番斟酌之下，皇太极命令汉官们提出进攻锦州的方案。

虽说如此，锦州可不是易于攻取的。锦州城有数万精兵，汉、蒙古精锐云集。锦州正南十八华里处是松山城，松山西南十八华里处是杏山城，杏山西南二十华里处就是塔山城。三城如羽翼一般护卫着锦州，宁远更是锦州的坚强后盾，源源不断地为锦州补充人马粮秣。

自从祖大寿逃回锦州之后，锦州的防卫进一步加强，八旗精锐竟不能越雷池一步。要攻打锦州这样一座坚固的堡垒，必须有严密的规划。皇太极决计命军政经验丰富的诸位汉官讨论下一步的进取方略。

在皇太极的诏命之下，汉官张存仁、祖可法（祖大寿养子，大凌河之役中归降）等上奏，提出三个方案：上策是直取京师；中策是直抵关门；下策是稳扎稳打，进攻锦州。皇太极最终拒绝进行军事冒险，选择了所谓的下策。由此可见皇太极擅长于汇总集体智慧，充分发挥"智库"的作用，在一系列重大问题上都由汉官充分讨论后将意见上报，从中择优而行。

松锦大决战

1640年3月，皇太极派兵进入荒废已久的义州（今辽宁义县），通知明军将领不得在义州耕种。义州位于锦州东北方向，距离锦州九十华里，而且土地肥沃，适合耕种。在这里屯兵，不仅可以对锦州施加强大的军事压力，还可以就地耕种，解决后勤的压力。明朝中的有识之士早已看出义州的重要价值。辽东巡抚方一藻早在1637年就向朝廷提出在义州建立军事前哨，阻挡清军的攻击。颟顸的明廷搁置了这个很有价值的建议。现在义州为清军所据，锦州的形势一下子就危急起来。

镇守锦州的主帅还是皇太极的老相识祖大寿。自从大凌河之战诈降以来，祖大寿仍然与清军为敌，拒不投降。明朝臣工早有探知大寿降金的情事，向崇祯告发。崇祯这次总算开了窍，不但不惩办大寿，反而好言抚慰，升大寿为左都督。

祖大寿虽蒙赦免，但不敢离锦州半步，崇祯皇帝多次诏命大寿到京师朝觐，都被祖大寿托词拒绝，生怕做了袁崇焕第二。尽管如此，祖大寿对明廷还是忠心的，多次击退了清军对锦州的攻击。皇太极爱惜祖大寿的才能，多次派人致信，要求与祖大寿相见，但都被拒绝。八旗王、贝勒都不以此事为然，纷纷讥笑皇太极被祖大寿愚弄。但皇太极爱才心切，招降祖大寿的心情不减，并决定充分利用这一层关系，动摇锦州的城防。

为了筹划对锦州的攻击，皇太极做出了周密的准备。郑亲王济尔哈朗被任命为左翼军主将，多罗贝勒多铎被任命为右翼军主将，带着数万清兵和民夫来到了残破的义州。仅仅一个多月，义州城就焕然一新，周围的田地也被民夫们开垦，以供应清军粮草。

此外，皇太极又诏命朝鲜出米一万包，水师五千人，助清军攻打明朝。喀喇沁部也以半卖半送的方式献上一万匹骏马，皇太极又在国内招募一千名善于制作工程云梯的工匠，并下诏赶造六十门红衣大炮。这些物资筹集到位后，源源不断地向义州运送。

4月29日，皇太极亲临义州巡视战备情况，随后离开义州，带着亲军来到锦州察看地形。皇太极来到锦州城下，绕城一周，仔细地查验了祖大寿的城防。此时清军人马不多，祖大寿倘若率军出战，是有可能打清军一个措手不及的。可能祖大寿因为负恩在先，心中于皇太极有愧，竟无一矢相加。

皇太极从锦州前线归来，心中更加有底。此时明军在锦州城外种植的小麦已开始成熟，皇太极下诏命清军将这些庄稼抢收完毕，减少了明军的供应。八旗汉军此次带来了大量的红衣大炮，皇太极命令汉军立即向锦州周围的几个据点发动攻击。在红衣大炮的轰击之下，锦州周围的据点纷纷陷落，为清军进一步进攻扫清了障碍。皇太极眼看清军对锦州的包围态势已逐步形成，满意地离开了锦州前线。此次巡视活动历时一个月。

祖大寿感觉到了空前的危机正在向他逼近。多年以来，清军都将攻击矛头对准了宣大地区和蒙古诸部，仅以偏师与驻防关、宁、锦的明军作战。现在看清军这个架势，明摆着是要夺取锦州。锦州一失，山海关势必大震，整个明朝的国运就会岌岌可危！祖大寿本人的前途也可想而知。祖大寿急忙派出使者，向京师告急。

接到祖大寿的告急，以及其他渠道传来的皇太极巡视锦州前线的消息，明廷大恐。崇祯帝急忙传谕新任兵部尚书陈新甲等人谋划应对方略。经过仔细合议，明廷命名将出任蓟辽总督洪承畴为统帅，主持对清战事。

1641年正月，洪承畴率吴三桂、王廷臣、曹变蛟、白广恩等各镇兵马，进驻宁远，试图救援锦州。洪承畴也模仿皇太极，亲自到松山巡视地形。经过一番巡察，洪承畴清醒地意识到，要有效增援锦州，必然导致一场明清军主力的大决战。洪承畴认为，现有关外明军兵力不足以实现与清军作战的目标，于是上表请求崇祯帝增援兵力。在崇祯帝的严命之下，大同总兵王朴、宣府总兵杨国柱、蓟镇总兵唐通都派遣重兵，增援宁锦一线。一场决定中国命运的大决战即将爆发。

那边厢皇太极也没有闲着。1641年3月，皇太极诏命绕锦州城四面开挖一条长壕，断绝锦州与外界的联系；四面各配备八营兵力，沿着长壕筑上垛口，再在外面开挖一条长壕，两条长壕之间以各垛口为据点，派遣兵马巡逻。经过皇太极这一番布置，锦州城已被彻底合围。祖大寿唯有盼星星盼月亮，指望洪承畴救援成功，方能逃出生天。

清军对锦州的重重包围首先使得防守锦州外城的蒙古将士丧失了信心。有的蒙古将士看到巡逻的士兵，大喊："我们城中有两年的存粮，你们焉能得锦州啊？"巡逻的士兵毫不示弱："即使你们有四年的存粮，那么四年一过，你们还有什么可吃的？"蒙古将士们一听，当即慌了手脚，军心大为动摇，防守外城的蒙古军将吴巴什、诺木齐等密谋向清军投降，约定于3月27日行动。

此事为祖大寿得知，于是设下鸿门宴，宴请吴巴什等人。吴巴什等人干脆一不做二不休，带着蒙古兵向明军发起进攻。明军与蒙古军大战，声震城外。济尔哈朗和多铎立即带着清军，越过壕沟，向锦州外城发动攻击。蒙古兵放下绳梯，八旗兵攀城而入。两白旗兵首先登上城楼，与蒙古军一起向明军发动攻击。明军不敌，败退进锦州内城。祖大寿闭关死守，连连向洪承畴告急。

洪承畴接到祖大寿的求援文书后，不敢怠慢，连忙带着王朴、杨国柱、白广恩、曹变蛟、吴三桂、王廷臣、马科等诸将兵马在宁远会合，前来救援。明军大队人马在松山东西石门与清军遭遇，展开激战。

祖大寿听到外面都是厮杀的声音，不由得大感振奋，也派出军队攻击清军。清军遭受内外夹击，伤亡甚多，不得不让明军在松山西北扎营。虽说锦州之围并没有完全得解，但城内粮食足以支撑半年，援军又近在咫尺，锦州的军心民心开始稳定，祖大寿更是坚定了对清的作战意志。战局开始向对明朝有利的方向转化。

洪承畴是明军宿将，赐进士出身，文笔清奇，为廷议所重，1627年被任命为陕西督道参议。崇祯初年陕西民众起义，洪承畴弃文从武，大力参与镇压农民起义，屡立战功，积累了丰富的实战经验。与袁崇焕不同，洪承畴虽然也是文人从军，却少了几分书生的浪漫主义，多了几分洞察世态人情的冷酷。也正因为如此，在与多疑的崇祯帝打交道的过程中，洪承畴比袁崇焕更加注意把握分寸，因而赢得了崇祯发自内心的敬重，这对以屠戮大臣为乐事的崇祯显然是很不容易的。

袁崇焕、毛文龙死后，对清（后金）战事愈加败坏，亟须将才挽回局面，洪承畴于是被崇祯授予重任，主持对清战事。1640年，洪承畴被任命为蓟辽总督，一身肩负起了当年万历朝两大名将——戚继光和李成梁的职责，由此可见崇祯帝对其寄望之深。

洪承畴在皇太极发起锦州攻势后，冷静地分析了双方形势，认为清朝远道而来，骑兵精锐，利在速战，但粮饷耗费巨大，而且国小民贫，难以支撑长期战争；明军虽然野战能力不如清军，但国力雄厚，能够支撑长期战争，因而利在持久。洪承畴进一步指出，蒙古喀尔喀等部和朝鲜为锦州之役贡献了大量的资源，民众困苦不堪。只要明军坚持持久战略，喀尔喀和朝鲜必然发生变故，威胁清朝的后方。如此一来，锦州之围定然可解。崇祯帝对洪承畴的谋划极为赞赏，诏命按洪承畴的谋略行事。

在洪承畴的谋划之下，战局的发展越来越不利于清军。6月，在济尔哈朗的严令之下，右翼清军向明军发动了猛烈的进攻，结果被明军击败，伤亡惨重，梅勒章京翁阿岱被击毙，清军镶红旗、正红旗和镶蓝旗在乳峰山上的营地被明军夺占。不久，济尔哈朗就为已被降为睿郡王的多尔衮所取代。明军自与清军作战以来，很少有这样的大胜利，洪承畴的谋划定策之功，由此可见。

果然不出洪承畴所料，蒙古和朝鲜对于清朝的不断征兵、征粮也是困苦不堪，对清朝的不满越来越深，被征来的蒙古骑兵逃往明朝的事情不断发生。清朝为了准备锦州之战，已经耽误了当年春耕，到了夏天，粮饷不足的情况也越发严重，骑兵尚能按满人的规矩一日二餐，以汉军为主的步兵就只能一日一餐，战斗力快速下降。

在得到这些情报后，更加坚定了洪承畴持久作战的决心。洪承畴认为，如果坚持到秋后，不但清朝，而且朝鲜的储粮都要基本耗尽。等到那个时候，明军粮食运到，固守松山的明军就可以发起反攻，清军必将崩溃，锦州之围必解！

就在明军曙光初现的时候，北京城的形势对前线又产生了强有力的影响。兵部尚书陈新甲看到明军多次击败清军，认为可以速战速决，尽早获胜，于是不断劝说崇祯逼迫洪承畴尽早决战。崇祯虽然刚愎自用，却是个耳朵根子软的人，听了陈新甲的话之后，也就将洪承畴的方略忘得一干二净，逼迫洪承畴尽早出战。

为了督促洪承畴出战，陈新甲拨给洪承畴十三万大军，还将前绥德知县马绍愉任命为兵部职方主事，赴洪承畴大营，名为参赞军机，实则督促监视。洪承畴不得已，带着六万大军先行，其余部队继后，各军到松山集合，与清军决战。

老于军事的洪承畴带着明军来到松山，发现清军在乳峰山东侧安营扎寨，立即下令明军抢占乳峰山西侧，居高临下以制清军；此外，洪承畴又令在东西石门扎营，以分清军之势，使清军陷于腹背受敌的困境中。明军立车为营，在车前又立起木栅，造起了坚固的营寨，令清军触目惊心。

明军在扎营完毕后，洪承畴就带着明军向清军发起进攻。八月初二，明军向清军发动进攻，祖大寿军也趁机向清军发动攻击，冲破了清军两层包围圈，但被第三层的清军击退，返回锦州。松山明军与清军大战，斩清军首级一百三十，其中固山、牛录官员二十余人。明军损失与清军不相上下，但宣府总兵杨国柱不幸战死，李辅明代领其军。

初八，清军两次进攻明军在乳峰山西侧的营寨，都被明军击退。初九，明军向清军发动猛烈进攻，被清军击退。初十两军再战，明军大败清军。多尔衮感到明军势头难挡，己方兵力严重不足，连忙闭门不战，再三遣使急赴沈阳，请求济尔哈朗带着另一半的军队出战，扭转不利形势。

不待多尔衮飞信传书，皇太极早已从日常的军务汇报中得知锦州前线的不利状况，心中异常焦急。早在初六，皇太极就着手准备于11日御驾亲征。却未料到当日又收到前线失利的战报，皇太极急得"忧愤呕血"，鼻中血流不止，不得不暂时休息。本以为过一二日鼻血即止，结果一连三天，鼻血都滴滴答答地直流，丝毫无止血的迹象。此战关系到明清两朝的国运，皇太极决定置个人安危于不顾，于14日拖着病体启程。

皇太极带着三千精锐骑兵，风驰电掣，于19日来到了锦州前线，从多尔衮手中接管了指挥权。大队清军也源源不断地赶到锦州战场，加上前线清军，与明军兵力相差无几，清军的军心终于稳定下来。

皇太极一来到前线，就带着多尔衮等人察看明军营寨。只见明军营寨严整，战旗猎猎，兵士虎视狼顾，一派如临大敌的气象，不由感叹："人皆说洪承畴善于用兵，今日一见，果然如此，难怪我军诸将对他如此惧怕！"面对如此大敌，皇太极自然不敢怠慢，盯着明军的营盘苦苦思索，突然一拍脑袋："有了！洪承畴的营寨前阵强大，后阵颇弱，这是顾头不顾尾的阵法。如果切断明军与后方的联系，不难大破明军！"皇太极立即布置，派遣重兵切断明军粮道，并指挥清军开挖三条从锦州朝南直通大海的壕沟，切断了松山明军与后方塔山、杏山的联系，仅仅用了一天多的时间挖好了壕沟。

8月20日，明军继续向清军发动进攻。清军拼死抵抗，明军不得前进寸步。皇太极派遣阿济格、博洛、图尔格等率兵绕到明军背后，夺取了明军储藏在笔架山的十二堆粮食。此时明军已发现清军在自身背后挖掘壕沟，不由大为惊慌，但洪承畴这个时候却没有采取任何措施，眼睁睁地看着清军壕沟完工，断了己方的后路。皇太极料定，明军远道而来，携带的粮食不会太多，只要断了明军的粮饷，明军定然不战自溃！

皇太极所料果然不差，明军仅仅携带了三天的粮食。眼看粮道被清军截断，明军上下一片惊慌，将吏与兵士皆有逃往宁远就食之心。洪承畴连忙召集军事会议，在会上慷慨直言，力主全军突围："虽然我军粮尽被围，但应当立即晓谕全军，战亦死，不战亦死，全军突围，或可死中求生。本帅已决定明日全军突围，孤注一掷，希望诸君（参加会议的诸位总兵）明日全力以赴！"但多数将领都主张放弃与清军的决战，撤回宁远就食。

在这个危急关头，陈新甲派出督战的张若麒积极支持诸将逃往宁远的主张，进一步涣散了军心。尽管洪承畴以主帅的身份强令各位总兵明日与清军决战，但诸将此时已将洪承畴的命令抛于九霄云外，逃跑将军王朴率先带着兵马，自行向宁远逃遁。

王朴一逃，诸将纷纷拔腿开溜，只留下洪承畴率大约两万的兵马死守松山城。皇太极防着明军将领的这一招，在明军所过之处皆布置重兵堵截。明军所过之处，皆遭清军追杀。明军慌不择路，吴三桂等人带着部下，全力以赴地奔向松山南部的海岸线，企图沿着海岸线逃跑，却遇上涨潮，大量明军士兵为潮水吞没。饶是如此，还是有大量明军从其他方向突出重围，奔向塔山和杏山。

皇太极早有准备，命多尔衮等人堵住通往塔山和杏山的通路，一路截杀明军。可怜的明军经过一夜的折腾，体力早已耗尽，哪里是养精蓄锐的清军的对手？跑得快的还能逃出一条生路，跑得慢的纷纷成了清军的刀下鬼。

吴三桂等慌不择路，在家丁们的保护下撒丫子狂奔，终于逃到了塔山城。李辅明与张若麒等也侥幸逃出生天，只有洪承畴带着曹变蛟、王廷臣等两位总兵退入松山城死守。清军大获全胜，共斩杀明军五万三千余人，被海水淹死的更是不计其数。

当夜，皇太极彻夜未眠，指挥清军四处截杀明军。紧张、焦虑、狂喜自不待言。皇太极本身疾病未愈，情绪又在数日之内大起大落，对身体是有很大戕害的。一年多以后，皇太极就将尝到这个苦果。

不过眼下，皇太极还顾不上自己的身体，只顾为此次大战善后。虽然明军主力已被消灭，但主将洪承畴尚有一万多名精兵，死守松山；祖大寿麾下也有万余精兵，死守锦州内城。洪承畴和祖大寿都日日困守孤城，盼着崇祯发兵来救。皇太极意识到，如果攻下松山，锦州之敌自当不战而降，因此在松山厚集兵力，多放大炮，又调来蒙古兵支援，一意要困死洪承畴部。

洪承畴带着一万多名明军苦守松山危城，粮饷皆绝，一人一天只能食米一碗。洪承畴以身作则，与将士们一样，每天只吃一碗饭。就这样苦苦支撑了半年，城中守军知道，救兵已经不可能来了。

一些意志不坚定的人心眼开始活络起来，松山副将夏成德派人偷偷联络清军，愿为清军内应，约定了投降的日期。

2月18日夜，夏成德偷偷放清军入城，并于次日凌晨率兵擒获了洪承畴、丘民仰、曹变蛟、王廷臣等将领。丘民仰、曹变蛟等不屈而死。皇太极命围城的杜度、多铎和阿济格等人将洪承畴和祖大乐送到盛京，试图说服他们投降。松山城被夷为平地，其余守城将士除夏成德部外，三千多人被全部杀死。

松山一破。锦州明军斗志迅速瓦解。此时的锦州又和当年的大凌河城一样，陷于人吃人的状态。皇太极不改初衷，继续招抚祖大寿。祖大寿眼见粮尽援绝，不得不含泪投降清军。可怜祖大寿与清军作战数十年，还是逃不了投降的下场，可谓是虽然苟活，情何以堪。

清军进入锦州，除了祖大寿所部外皆屠戮，将全城财物收取一空。城中还有数千蒙古兵不愿投降清朝。清军大怒，又害怕他们的骁勇，于是假意请这些蒙古兵赴宴，收取了他们的兵器，再出动铁骑屠杀这些义士。蒙古兵与清军赤手搏杀，全都壮烈牺牲。

4月底，塔山、杏山亦被清军攻占，至此明朝关外四座坚固的堡垒——锦州、松山、杏山、塔山都被清军攻占，重镇宁远直接暴露在清军的面前。明军主力基本被歼，宁远和山海关的失陷只是时间问题了。而清朝经过两年的围攻，国力上也受到很大的损伤，需要一段时间来休养生息。因此，皇太极暂时停止了对明朝的进攻。

洪承畴被送到盛京，皇太极派人多次劝降，洪承畴皆不答，一心求死。早在被杜度、多铎等人俘虏时，清兵要他向杜度、多铎等人下跪，洪承畴傲慢地回答："我乃天朝大臣，岂能跪拜小邦王子？"试图激怒清军，将其杀死。不过杜度、多铎等人已经收到皇太极要他们将洪承畴送往盛京的诏书，虽然愤怒，还是不敢擅杀洪承畴，而是将其交给了皇太极处置。皇太极派降清的诸位汉臣纷纷劝降，洪承畴皆不应，这些汉官只得铩羽而归。

范文程也加入了劝降的行列。虽然未获成功，但洪承畴久闻其名，对其也颇为客气。交谈之间，梁上有些灰尘落到洪承畴的衣服上，洪承畴顺手将这些灰尘掸去。这个举动引起了范文程的注意。范文程回禀皇太极，认为洪承畴对衣服尚如此爱惜，更不用说对自己的性命了。只要好好劝说，洪承畴定会投降。

皇太极听了，决定亲自出马，说服洪承畴投降。皇太极到了洪承畴的住处，也不多言，解下身上的名贵貂裘，披在洪承畴的身上，用不太熟练的汉语对他说："北地苦寒，先生不会感到寒冷吧？"

洪承畴望着皇太极，眼中闪过复杂的光芒。这些天他应该是想了许多。松锦之战，明朝精锐尽丧，清军入关只是时间问题了，这个明眼人都看得出来，更何况军政经验丰富的洪承畴！秦失其鹿，天下共逐之。能继大明而起的恐怕也只有清朝和李自成了。

洪承畴对李自成可谓是知根知底，对李自成军和清军的战斗力，也有一个比较精确的比较。这些天，来劝降的满汉官员有如过江之鲫，络绎不绝，洪承畴也借机对盛京政坛的重要人物做了一番考察。他发现，这些满汉官员身上都有一种勃然向上之气，这在大明官员的身上是看不到的，洪承畴不由得感慨万千。

现在，传说中极其奸狡的"奴酋"亲自出马劝降，此人看上去便知是文武双全，文韬武略冠于当今，难怪一出手便能遏制住明军强大的攻势，大败明军。洪承畴虽说品行端正，但并不是正气凛然的血性汉子。眼见得皇太极用诚恳的眼神看着自己，不由得长叹一口气："真命世之主也！"缓缓地向皇太极下跪称臣。

皇太极大喜,立即厚厚赏赐了洪承畴。不过,终皇太极之世,洪承畴并没有被授予显赫官职,而是作为皇太极的私人顾问而开展政治活动。是啊,投降前你是主动,投降了就身价倍跌,凡事都得听从别人安排了是不?多尔衮上台之后,一开始也让洪承畴坐了一段时间的冷板凳,直到入关的时候才将洪承畴带到身边,利用他与李自成丰富的作战经验来对付农民军。洪承畴这才被重新启用,参加了与李自成的战斗。

定都北京之后,洪承畴开始飞黄腾达起来,先后被任命为太子太保、兵部尚书和内秘书院大学士。1645年闰6月,洪承畴受命招抚江南,采取剿抚并用的手段,将江南人民的反抗残酷地镇压了下去。洪承畴在南京的日子也不好过,不但位列平南大将军勒克德浑之下,而且经常遭到身边八旗将领的构陷,可谓是如履薄冰。

顺治十年(1653年)后,多尔衮、多铎、阿济格、济尔哈朗、阿巴泰等清军名将或亡故,或老去,或栽倒在内部争斗上,洪承畴成为清军头号名将。此时全国大致平定,只有西南一隅的永历政权还在坚持抗清斗争。无将可用的清廷只得派洪承畴上阵对付永历南明军,洪承畴立即向老东家伸出黑手。

在他的谋划下,永历政权被消灭,清廷占据了云贵一带。老谋深算的洪承畴为了身家性命计,防止清廷兔死狗烹,于是上表请求立吴三桂为镇守云南的藩王,作为自己的后盾,并对吴三桂面授机宜"不可使滇中一日无事",唆使吴三桂日日生事,使得清廷不敢撤藩。

洪承畴为清廷卖命半生,最后仅捞了个"三等轻车都尉"的世职,仅相当于从三品,而且只能承袭四次,与索尼的一等伯、鳌拜的二等公,相差不可以道里计。洪承畴去世后,清廷在悼文对其多有冷嘲热讽的词句,如"破明兵十三万时获尔,蒙太宗皇帝宽恩抚育""大兵南下,尔图报豢养之恩"等。1776年,乾隆帝下诏编撰《贰臣传》,将洪承畴和范文程一干人等打入"贰臣"。曹雪芹的好友,英亲王阿济格的五世孙敦诚也作诗嘲讽洪承畴，其《追悼洪经略》云：

> 千古伤心是此间，
> 感恩无奈得身还。
> 当时倘使容君死，
> 不比文山比叠山。

这也许就是洪承畴一生的写照吧。

巨星陨落与清兵入关

皇太极取得了松锦大决战的胜利，这场胜利来得实在不易，某种程度上是以皇太极的健康为代价取得的。早在亲自奔赴锦州前线与洪承畴决战之前，皇太极身体就已不适，鼻血直流三天不止。为了不耽误战役进程，皇太极不顾身体状况强行行军，整整五天才到前线，对身体的戕害可想而知。

不仅皇太极，连多尔衮的健康也因松锦之战而受到很大影响。多年后多尔衮曾心有余悸地回顾松锦大决战，对明军的炮火印象尤其深刻。可以说这兄弟二人的生命都因松锦之战而缩短了，这对清朝乃至整个中国的政治格局都产生了不容忽视的影响。就在洪承畴困守松山，明军主力几乎被皇太极全歼的时候，一个新的打击降临在皇太极的身上。

原来就在皇太极指挥清军牢牢包围松山和锦州的9月，皇太极最喜爱的宸妃海兰珠病重，太医诊断后认为病势难起，宫中急忙派人向皇太极汇报。接到此消息，皇太极表现出了儿女情长的一面，不顾清军围城正紧、胜利在望，连忙轻车简从，飞一般地赶回盛京。

只可惜天妒红颜，就连天子就要回到海兰珠身边的消息，都未能让海兰珠病情好转。9月17日夜，宸妃海兰珠病逝，可怜此时皇太极尚在路上，夫妻未能最后见上最后一面便天人永别。皇太极回宫看到此情形，回想起多年的夫妻情分，不由得号啕大哭，居然不食不眠，以致晕厥，着实令人慨叹。当年德格类、萨哈廉、岳托去世的时候，皇太极也是呜咽痛哭，不能自已，但这次的确是动了真感情。

宸妃博尔济吉特氏，名海兰珠，蒙古黄金家族出身，为科尔沁贝勒寨桑之女，庄妃布木布泰之姐。博尔济吉特氏是元朝国姓，成吉思汗即姓此姓。据称宸妃在嫁给皇太极之前，已经有过夫婿，但为何人、何时婚配，皆不可考。1625年，海兰珠之妹布木布泰嫁给了还是四贝勒的皇太极。九年后，也就在1634年，海兰珠也来到沈阳，嫁给了已是后金汗的皇太极。

皇太极对于海兰珠可谓是一见倾心，恩宠倍于其他嫔妃，甚至海兰珠的亲妹妹布木布泰也被冷落。皇太极称帝后，海兰珠被封为宸妃，皇太极将宸妃所居宫殿命名为"关雎宫"，取《诗经》中"关关雎鸠，在河之洲，窈窕淑女，君子好逑"之意，可见皇太极对于宸妃的深情。

宸妃位列皇后之下，众妃之首，妹妹布木布泰也只是封为庄妃，居永福宫。1627年七月初八，宸妃诞下皇八子，皇太极为此大赦天下，这是清朝第一道大赦令，其用意可想而知。只可惜皇八子只活了不到两岁就染病去世，皇太极与宸妃不由得伤心欲绝。宸妃由此郁郁寡欢，终于病倒，以致未能在临终前与皇太极见上一面。皇太极数年来先丧爱子，又失爱妻，对他身体的打击可想而知。病魔，正悄悄地向皇太极逼近。

皇太极对自己所面临的危险似乎并无所知。在松锦决战获胜的一片欢腾中，皇太极再一次否决了八旗将帅乘胜进攻山海关，夺取明朝天下的建议。众将帅们不解，皇上总是说时机尚未成熟，那么，到底何时时机才算成熟？

作为一名优秀的政治家，皇太极的眼光要比手下群臣高上不止一个档次。皇太极意识到，相比于先进的汉族，满族在文化上要处于弱势。边疆民族入主中原的，并不算少，但最后都融于汉族的汪洋大海之中。大清能避免这个趋势吗？皇太极心中并没有底，这也是他为什么对入关灭明迟迟下不了决心的重要因素。

或许，皇太极也并不想完全吞并明朝，只是想先占据黄河以北，再见机行事；或许皇太极根本就没有预料到大明会那么轻易地被攻灭。那么这么多年，皇太极在等什么？他在等待着彻底消化既有的胜利果实，从政治上、组织上做好取明而代之的准备。

1642年6月，随着松锦之战的胜利，清朝又收编了大量明朝投降的军民，原来明朝辽东军民除了山海关和宁远的一小部分之外，基本归顺了清朝。皇太极眼看时机成熟，将这些汉族军民编入八旗，称为"八旗汉军"，置于各旗管辖之下，成为满洲旗主的属人。

八旗汉军的成立进一步壮大了八旗旗主们的力量，也使得清朝的政权基础进一步增强。入关后，八旗汉军在清初的政治和军事活动中发挥了重要的作用，当时各省督抚，大多是八旗汉军出身的。

正因为吸收了明朝最精锐的辽东军镇主力，并将他们编为八旗汉军，清朝夺取天下才解决了人丁不足的难题。天下最强大的两支军事力量——满洲和旧明辽东镇结成了同盟，谁能从中原逐鹿中胜出还用问吗？

1642年10月，皇太极决定趁明朝在松锦之战中主力遭到歼灭性打击的机会，再次派兵绕道宣大地区，袭扰明朝。虽然明朝已经是一个空架子，皇太极并没有从宁远一线发动正面进攻，而是仍采取了绕道口外的方式，向明朝发动又一次的打击。

14日，饶余贝勒阿巴泰被任命为奉命大将军，率满、蒙、汉八旗军进攻明朝。从宣大绕道，毁长城边墙进攻明朝，如果从毛文龙被杀的那年（1629年）算起，已经是第五次了。每一次入口之战，都掠走大量财富、人口和牲畜，给明朝造成重大打击，这一次也不例外。十万清军在华北横冲直撞，如入无人之境，所获比前几次还要多得多。阿巴泰在华北征战八个多月，直到1643年5月底，方才饱掠而归。

阿巴泰回到盛京，受到皇太极的大肆嘉奖。盛京城也一片喜气洋洋，八旗将士忙着受赏，人人都盼望着再次入关，得到更大的收获。在这片欢乐的海洋之中，谁也没有预料到，一代天骄皇太极的生命已经开始进入倒计时。

1643年八月初九晚亥时，皇太极于沈阳故宫清宁宫南宫逝世，享年五十二岁。皇太极逝世得是那样突然，以至于臣民们几乎毫无思想准备，陷入一片慌乱之中。在他们的心目中，圣汗是无所不能、力壮如牛的，怎么能突然逝世？但从对皇太极晚年的身体状况，以及所遭遇的一系列事情就可以知道，皇太极突然逝世，绝非偶然。

从清宫遗留下来的画像来看，努尔哈赤身材颀长矫健，即使到了晚年也没有什么变化，但皇太极则不然。皇太极的身高不如乃父，但健壮似有过之。到了晚年，皇太极开始发福，身体看上去十分圆润，比努尔哈赤要胖得多。这种身材往好里说是健壮，但一旦到了发福的时候，就成为各种疾病的源泉。

皇太极晚年发福后，连他的坐骑都受不了，两匹骏马承载着全身铠甲的"圣汗"，一匹日行百里，另一匹只能日行五十里。松锦之战前一年，皇太极的身体开始出现病变，不但四处征集名医诊治，还到鞍山的温泉去疗养。当时的满洲人身体健壮，特别是八旗贵族，没有大病是不会前去疗养的。次年的松锦战役进一步摧残了皇太极的身体，他的神经处于高度紧张之中，以至于忽略了自己身体进一步病变的各种信号。在皇太极的努力之下，仗是打赢了，但心爱的宸妃却病倒了。皇太极五内俱焚，连夜轻骑赶赴盛京，却未能与宸妃见上最后一面，对皇太极的精神和肉体造成了双重打击。

1642年10月，皇太极再得重病。这次病情是如此沉重，一直到他逝世也未能完全康复。皇太极不能不采纳祖可法、张存仁等人的建议，将日常政务交给济尔哈朗、多尔衮、豪格与阿济格等"理事四王"处理，一心养病，未料到再也没有等到康复的那一天。

皇太极盛年去世不仅与过于操劳有关，饮食习惯也有一定的影响。满洲习俗喜爱吃肥猪肉、肥鸭肉等厚味，据说皇太极尤其爱吃肥软猪肉，每次宴会都要大快朵颐。满洲饮食多用蜂蜜，厨师常在糕点中加入大量蜂蜜，制成酥软可口、甜入心扉、花色多样的各种点心，令人食欲大开。不过蜂蜜虽然是好东西，但过度食用也会引发各种疾病，过犹不及。

此外，满人还喜欢吃腌制食品，腌制食品不但耐保存，而且香气扑鼻，盐分适当的话，不失为人间至味、特别是冬夜，烫上几壶小酒，就着香气袭人的腌肉，在大雪覆盖的东北寒夜可谓是快活至极。皇太极常年坚持这种饮食习惯，对身体无疑有着极为不利的影响。

不管如何，一代雄主皇太极在山海关近在咫尺，入关指日可待的时候，突发急病去世，这个如山般雄伟的汉子还是与更大的功业无缘，在黎明到来的时候倒了下去，留给后人的是无尽的遗憾和一个个未解的谜团。

皇太极为人雄才大略，深谋远虑，其政治素质在中国古代帝王中是相当突出的，多尔衮与之相比远远不如。皇太极生前，心中念念不忘的，不单是如何摧毁明朝的统治，还有如何在汉人的汪洋大海中，避免北魏、辽、金被汉化，从而整个民族消失在汉人的海洋之中的命运。这就是皇太极晚年为什么一而再再而三向明朝求和。

在一开始，这只不过是一种策略，麻痹明朝君臣，并且获得政治上的主动。到了后来，当清朝的实力越来越强，入主中原的希望越来越大的时候，作为一名负责任的政治家，皇太极反而犹豫起来，决心与明朝媾和，以避免重蹈金朝覆辙。

我们甚至可以大胆推想，如果李自成攻破北京的时候皇太极还健在的话，他会出兵击败农民军，重新扶持明朝太子登基。不过，皇太极会挟天子以令诸侯，迫使明朝从属于清朝，在保持明朝一定独立性的情况下建立清朝在整个东亚的霸权，待时机成熟后再吞并明朝。就像金朝灭了北宋没有立即一口吞下中原，而是扶植了伪齐政权，待时机成熟后再取消伪齐政权，正式将中原纳入版图一样。历史就是这么的复杂和迷人！

皇太极的骤然去世，将一个天大的难题留给了八旗贵族：到底由谁来做这个远东霸主的当家人。按照中国封建王朝的传统规矩，当由皇帝嫡子继位。如果嫡子年幼，难以把握住局面的话，则应该由年岁较大的长子为帝。但在那个时候，清朝尚未全面汉化，本民族传统还有很大影响，那就是八王共议，选举贤君。

此外，蒙古习俗对于清朝的影响也不可忽视，那就是"幼子守灶"的不成文法，即主人去世的时候，家产主要由幼子来继承。当年成吉思汗去世的时候，大约十三万蒙古人丁，幼子拖雷继承了九万多。努尔哈赤去世的时候，两黄旗（后来的两白旗）最大份额的遗产则留给了幼子多铎。

到了这个时候，不仅皇长子豪格认为自己有天然的继承权，各方英雄好汉，如多尔衮、多铎、代善等人，都被认为有继承权。大家摩拳擦掌，四处串联，试图将自己的主子拥戴上帝位。诸王贝勒约定，中秋节在皇宫崇政殿议定皇帝人选，一出好戏即将开场。

最跃跃欲试的是代表两白旗的多尔衮。两白旗原来是努尔哈赤亲将的两黄旗，实力雄厚，又有当年努尔哈赤的垂青，主旗的王、贝勒多尔衮、多铎和阿济格都是国之栋梁，而对手豪格有勇无谋，代善廉颇老矣，济尔哈朗又不是努尔哈赤的直系后人，都不是多尔衮、多铎的对手，因而在皇位争夺中占据了相当有利的地位。

不过两白旗也有不利之处：一是多尔衮三兄弟关系向来不睦。努尔哈赤去世后，两白旗屡遭皇太极打击和压制。多尔衮好汉不吃眼前亏，乖巧地站在了皇太极一边，事事承顺，协助皇太极打击其他贝勒，一时大受信用。

多铎和阿济格看到此等场景，对多尔衮觍颜服侍杀母仇人大为不满，于是抱成一团，事事与多尔衮为难，这反而加深了多尔衮和皇太极的关系。在这个节骨眼上，多铎和阿济格是否会为多尔衮当皇帝赴汤蹈火，连多尔衮自己都没有十足把握。

二是两黄旗和两红旗虽有嫌隙，但十七年前，正是代善和皇太极合谋，逼死阿巴亥，将多尔衮一系生生地排挤在汗位继承序列之外。代善不会这么健忘，盲目拥戴多尔衮，这是给自己找不痛快。因而扶植皇太极一系即皇帝位，乃是两红旗特别是代善本人的利益所在。豪格是正蓝旗主，济尔哈朗的镶蓝旗又事事唯皇太极马首是瞻，因而在帝位争夺上，多尔衮面临的是二比六的劣势。多尔衮有办法扭转乾坤吗？

多尔衮仔细地研究了对方的情况：力主皇统属于皇太极一系的铁杆势力有失去主人的两黄旗、豪格的正蓝旗、济尔哈朗的镶蓝旗，以及代善的两红旗。其中，代善、豪格和济尔哈朗的态度不可能松动，唯有从两黄旗的大臣们身上打开缺口。

毕竟豪格是正蓝旗主，如果他当上皇帝的话，两黄旗势必要进行改组和清洗，一朝天子一朝臣！这些天两黄旗大臣悲痛欲绝，不但是因为失去了旗主，更是为自身命运和既得利益而担心。

多尔衮想到此处，决计和两黄旗大臣联系，探探他们的口风。1643年8月14日，多尔衮将两黄旗的"智囊"和"文胆"索尼召到三官庙，打听两黄旗的态度。

索尼，赫舍里氏，满洲正黄旗人。索尼通晓满、汉、蒙语，智计超群，是满洲人中不多见的文臣，深受皇太极倚重。难得的是，索尼文武双全，曾在1629年京师之战中亲身杀退大量明军，救出被袁崇焕部包围的豪格，也因此得到豪格的推崇。

多尔衮召索尼到三官庙，无疑是看重索尼在两黄旗的地位和影响力。三官庙中，面对当时清朝政坛实力最强的亲王多尔衮，索尼毫不畏惧，力主皇子继位。多尔衮眼见索尼如此强硬，不由得大为恼怒，谈话自然是不欢而散。

当晚，两黄旗重臣图赖前来会见索尼，指名拥立豪格。两黄旗大臣磨刀霍霍，发誓要将皇统保留在两黄旗内部，结果却给了多尔衮可乘之机。

在索尼那里碰了一鼻子灰的多尔衮悻悻然地回到王府，知道拉拢两黄旗大臣拥戴自己为帝已再无可能，不得不思考退而求其次的方案。经过仔细盘算，多尔衮决定次日与多铎见机行事。不过有一个原则是肯定的，那就是绝不能让豪格为帝！

天刚蒙蒙亮，诸王贝勒们就骑马来到了崇政殿。当日正是中秋节，本是全家团圆共庆佳节的日子，爱新觉罗家族的精英们却要在这一天来一场龙争虎斗，令人感慨万千。

代善、多尔衮等人来到皇宫，却发现两黄旗的精兵早已控制了整座皇宫，特别是崇政殿外，布满了全副武装的两黄旗兵士。诸王贝勒看着空空的双手，面面相觑。知道今日不流点血恐怕不会善罢甘休。多尔衮、多铎和阿济格更是心中叫苦，但如果随意调两白旗兵到皇宫，即使皇太极已死，也是谋逆大罪，只得硬着头皮与代善等人进入皇宫。

代善、多尔衮等人进了崇政殿，刚一落座，只见得索尼、鳌拜带着两黄旗甲兵，杀气腾腾地逼上殿来。索尼、鳌拜一文一武，一唱一和，声称两黄旗大臣蒙先帝厚养之恩，愿以死相报先帝，请诸王贝勒务必立皇子为帝。

此言一出，诸王贝勒一阵哗然，这不是恶奴欺主吗？本来代善等德高望重的宗族长者愿意助两黄旗和豪格一臂之力，眼见得这种情景，不由得想起了当年遭受皇太极打击的种种事情，不满情绪油然而生。

多尔衮何等聪明，一下子就看出了诸王贝勒们的不满情绪，立即起身呵斥索尼和鳌拜。索尼、鳌拜等本想来个先声夺人，胁迫诸王，却不料多尔衮和代善等人根本不吃这一套。主子大于天，索尼、鳌拜等人只得讪讪退下，却兀自站在殿旁不去。诸王贝勒这才开始议事。

豫亲王多铎、多罗郡王阿济格跪在多尔衮面前，请求多尔衮即皇帝位。多尔衮看着满脸杀气的豪格、济尔哈朗等人，未敢点头。

此时多铎急不可耐地说："如果你不愿意为帝，应当立我为帝。我是太祖幼子，太祖遗诏上有我的名字。"多尔衮立即反驳："太祖遗诏上也有豪格的名字，这个不足为凭。"多铎眼见多尔衮不敢立即点头，又反对自己为帝，不由得急红了眼："那按照推长而立的原则，应该立礼亲王代善为帝。"

多铎的意思很清楚，立谁也不能立豪格为帝，所以提出立代善，就是为了堵住那些用"推长而立"的借口拥戴豪格的臭嘴，顺手把代善也拉下水，制造代善与豪格的矛盾。

代善久经风雨，老奸巨猾，哪里会上这种当？自古被废的太子没几个能善终，代善被废去太子之位，居然还能掌握重权二十年，可见其能耐。代善连忙表示年老体衰，请睿亲王即大位；睿亲王如若不允，当立皇子。

代善的话可谓老辣，首先把球踢给多尔衮，多尔衮不敢应允，那就立皇子，一下子封住了多铎继续闹场的路，少了很多扯皮，更逼着多尔衮立即表态，不让他"停留长智"。高，实在是高！

豪格眼见诸王贝勒迟迟不立自己为帝，不由得心中焦躁，一听说代善要拥立皇子，条件反射式地站起来假惺惺地推辞一番："我福小德薄，不堪为帝，请叔王另择贤明为帝。"话声刚落，多铎和阿济格就连声赞同，建议另择明君。

豪格见状大怒，当即气呼呼地退出会场，向着门外的索尼、鳌拜等人使了个眼色。索尼、鳌拜等会意，立即仗剑进入殿内："今日若不立皇子为帝，吾等宁从先帝于地下。"

代善一见不妙，流血事件一触即发，鳌拜如与多尔衮互殴，自己有可能遭池鱼之殃，犯不着为豪格把老命送掉，不值！连忙也退出了崇政殿。会场有分量的诸王只剩下多尔衮、济尔哈朗、多铎等人。

索尼、鳌拜等人仗着控制了皇宫，眼看就要向多尔衮动粗。多尔衮如果犯怵，跟着代善离开崇政殿，无疑是放弃皇位和权力的争夺，只能任豪格等人摆布了。

重压之下，多尔衮不愧为"睿"亲王，聪明无比，立即抛出深思熟虑的议案："既然肃亲王不愿为帝，那么按照立皇子的原则，就应该立庄妃之子福临为帝，由郑亲王与我任辅政，诸位王、贝勒看如何？"

诸王、贝勒一听，如释重负，索尼、鳌拜等也如醍醐灌顶一般，心中透亮。本来两黄旗大臣心中还有一个顾虑，担心豪格为正蓝旗主，与自身渊源不深，担任皇帝后肯定要重用正蓝旗大臣。正是出于这样的考虑，两黄旗大臣才全力表现，以图拥立之功。

现在如果福临登基，那么皇统不仅留在了皇太极一系，还保留在了两黄旗，对这些大臣们来说可是天上掉下来的馅儿饼，一下子将这些大臣们的头都砸晕了。两黄旗大臣们晕晕乎乎，兴奋恍惚之下一口应允。多尔衮的提议立即被会议通过，最后牺牲的，不过是区区一个豪格而已。

豪格很快意识到自己被两黄旗大臣出卖，不由得暴跳如雷，但此时还有什么用？倘若岳托尚在，有岳托压场，多尔衮夺权肯定不会这么顺利。但皇太极多年为巩固权力，对诸王贝勒多有打击，诸王贝勒已经不再愿意拥立长君，以免阿敏、莽古尔泰的旧事重提，也是可以理解的吧。

经过十几日的争执，皇太极第九子福临继位，给这场残酷而激烈的政治斗争画上了句号。一些对福临继承大统不服的人，比如多罗郡王阿达礼、贝子硕托等人，都遭到了镇压。

从这个过程中我们可以看出，满洲贵族作为一个整体，从努尔哈赤起兵进攻尼堪外兰算起，积五十年的军政经验，在政治上已经相当成熟，其政治经验，已经超过了当时的明朝君臣，更不用说与李自成、张献忠等人相比。因而在争夺明朝天下的过程中，清朝占据了明显的有利地位，最终统一全国，也就是可以理解的了。

当然，清朝贵族们也不是一开始就具有如此丰富的军政经验的，努尔哈赤时代的满洲贵州与皇太极时期相比，在政治经验上就明显不足，他们自身也经历了一个痛苦的成长过程。这个成长过程不一定都指向成功的道路，如果当家人不行，那么满洲贵族作为一个整体，是不会有后来那样的光明前途的。

在这个过程中，皇太极发挥了最重要的作用。他的文韬武略和政治才能，为后金国家闯出了一条血路，赢得了生存、发展乃至统一全国的机会。可以设想，如果努尔哈赤再多几年的寿命，那么他晚年执行的一系列错误政策，将会置后金国家于险境之中，届时皇太极要想收拾残局，势必要付出更大的代价，甚至变得困难重重，最终失去建立全国统一政权的机遇而变成第二个西夏。

如果按照阿巴亥的设想，多尔衮在努尔哈赤之后成为国君，那么主少国疑的政治现实也会使后金国家陷于高度的不稳定过程之中，内斗和相互残杀会成为政治生活的常态，而不可能致力于对外征战，从而给明朝以喘息的机会，甚至袁崇焕也不会被崇祯杀害。

实际上，终皇太极统治之世，满洲贵族的内斗几乎从未停止。正因为皇太极有着出色的才能，才在对明征战和对内斗争中保持了艰难的平衡，利用对明作战的胜利确保了自身在八旗贵族中的政治优势，这才推动了全方位的改革，建立了多民族的大清国家，从而为入关建立清朝奠定了基础。

否则按照努尔哈赤时期后金国家古朴的政治形态，入关后是站不住脚的！只能像五代时期的耶律德光一样，在中原杀掠一番后退回关外，顶多是长期占领北京一带，成为第二个契丹。皇太极可谓是历史巨人，改变了千千万万人的命运，还有历史发展的轨迹。

1644年1月，李自成攻占西安，建立政权，国号"大顺"。在经过一番整顿之后，李自成于正月底亲自率兵进攻明朝，明朝州郡闻风而降。大顺军势如破竹，到了3月中旬，李自成军已兵临北京城下。

守城明军只剩五六万老弱病残，无力也无心对抗李自成军。3月19日，李自成攻占北京，崇祯帝在景山投缳身亡，立国达二百七十六年之久的明朝灭亡。

大顺军进了北京，并没有做好建立统一封建王朝的政治准备，也没有在北京定都的打算，更没有做好与关外清军周旋，稳住山海关防线的准备。政权来得太快、太容易，李自成还没有考虑到如何安抚旧明臣僚，借助这些人的力量将自己的统治扩展到全国，反而大肆追赃，对这些旧明臣子严刑拷打，故明臣子苦不堪言。

当时吴三桂已成为关外明军的最高将领，为了救援北京而放弃了宁远，明军全线撤进关内。清朝在血战二十多年之后，终于拥有了东北全境。

吴三桂本想投奔大顺，但在得知大顺勇将刘宗敏霸占了他的爱妾陈圆圆之后，不由得"冲冠一怒为红颜"，决计向清朝借兵，剿杀大顺军。中国的命运，就在这几天被决定了。

多尔衮和八旗统治集团在此时已经获得了明朝灭亡、崇祯自缢的重要情报，决计趁机进军中原。多尔衮在拥立顺治帝之后权力膨胀，很快便越过济尔哈朗成为第一辅政王。但对于多尔衮而言，代善、济尔哈朗等人对其的制约作用仍不可忽视，两黄旗大臣对多尔衮也存有戒心。

要想改变这一状况，唯有建立大功业以树立威信，将代善和济尔哈朗彻底边缘化。因此，在接到北京被大顺军攻占的消息后，多尔衮决心空国而来，以摘取农民军胜利的果实。

多尔衮下令，满洲八旗、蒙古八旗三分之二的兵力，汉军八旗全部的兵力，再加上外藩蒙古的兵力，总共约十四万人，以阿济格、多铎等白旗诸王为将，撇下了红、蓝旗诸王，浩浩荡荡地向山海关杀来。

吴三桂很快就与多尔衮接上了头。在多尔衮的威逼利诱下，慑于大顺军兵锋的吴三桂不得不改"借兵"为"投降"，并且在清军军营正式剃发降顺，并且打开了山海关城门，放清军入关。清朝几代人的梦想终于以一种戏剧性的方式实现，而且没有损失一兵一卒。

在山海关一带，清军、吴三桂与大顺军展开了激战，歼灭了大顺军主力。李自成仓皇退出北京，逃向西安。大顺军将士在北京的四十多天中收获不菲，已经失去继续战斗的意志。在清军和吴三桂的联合绞杀下，大顺起义军不久就被镇压，李自成本人也在湖北九宫山一带遇害。

1644 年 10 月，多尔衮奉顺治帝进京，举办了盛大的登基典礼，标志着清王朝成为全国性的政权。因为定鼎中原的战功，两白旗三王——多尔衮、多铎、阿济格获得了最大的利益，代善和济尔哈朗迅速被边缘化。多尔衮的权力急剧膨胀，以致出现了"关内关外，咸知睿王一人"的格局。

在多尔衮的攻势下，两黄旗大臣有的被收买，有的被打击，代善也在 1648 年去世，实际上已经无人可以制约多尔衮，皇太极一系的皇统被严重威胁。多尔衮猖狂至极，甚至恶狠狠地发出了"文皇帝皇位原系夺立"的狂言，自封为"皇父摄政王"。如果多尔衮此时以"皇父"的身份将顺治帝降为太子，自己坐上宝座，也不是不可能的事。就在这个节骨眼上，多尔衮在行猎时坠马，身受重伤，不久病故。顺治帝的皇位这才安稳，皇太极一系的皇统这才得到保全。历史，往往就由一些突发性的事件而改变它的方向，甚至造成完全不同的结局！

图书在版编目（CIP）数据

兴衰的密码：评说影响中国历史演变的六位君主 / 棹夫，呈瑞著.
—北京：中国青年出版社，2024.4
ISBN 978-7-5153-7115-3

Ⅰ.①兴… Ⅱ.①棹…②呈… Ⅲ.①皇帝—生平事迹—中国—古代—通俗读物 Ⅳ.①K827=2

中国国家版本馆CIP数据核字（2024）第003990号

责任编辑：彭　岩　刘晓宇
出版发行：中国青年出版社
社　　址：北京市东城区东四十二条21号
网　　址：www.cyp.com.cn
编辑中心：010-57350407
营销中心：010-57350370
经　　销：新华书店
印　　刷：中煤（北京）印务有限公司
规　　格：710mm×1000mm　1/16
印　　张：27.5
字　　数：400千字
版　　次：2024年4月北京第1版
印　　次：2024年4月北京第1次印刷
定　　价：60.00元

如有印装质量问题，请凭购书发票与质检部联系调换。
联系电话：010-57350337